# Zu diesem Buch

Mit der Erfindung der Streichhölzer fing eigentlich alles an. «Es war eine Tat, so weltbewegend, so befreiend, so symbolisch wie die Anlegung der Eisenbahnen», meinte Louise Otto, eine der wichtigsten Persönlichkeiten der deutschen Frauenbewegung aus der Mitte des vorigen Jahrhunderts.

Wie ging es weiter, mit den Arbeits- und Lebensbedingungen, mit der Rechtsstellung, der Politisierung, mit den Emanzipationsbemühungen der Frauen?

Die Soziologin und Frauenhistorikerin Ute Gerhard nimmt sich dieses Themas engagiert und kenntnisreich an. Obgleich sie mit ihrer Begeisterung über den Mut und die Hartnäckigkeit der kämpferischen Fauen keineswegs hinter dem Berg hält, ist ihre Geschichte der deutschen Frauenbewegung alles andere als ein unkritischer Jubelbericht über heroische Frauen. Denn zu oft haben die Frauen selbst sich gegenseitig immer wieder behindert, haben miteinander konkurriert und ihre Kräfte in Richtungsstreitereien verschlissen. Um so erstaunlicher ist, daß in nur gut 60 Jahren die Hauptforderungen erfüllt waren: gleiche Bildungschancen und gleiches Wahlrecht für Frauen und Männer.

Doch es war ein langer, mühseliger Weg von dem Verbot, politische Versammlungen zu besuchen, bis zur ersten freien, geheimen politischen Wahl auch für Frauen. Und viele der damals aufgegriffenen Themen beschäftigen uns auch heute noch: die Auseinandersetzungen um den § 218, Prostitution und Doppelmoral, Frauen als manipulierbare Arbeitskraftreserve für die Wirtschaft, die gesetzliche Anerkennung der nichtehelichen Lebensgemeinschaften, ein «Recht auf Sitzen» für die Verkäuferinnen, um all diese Probleme kümmerte sich bereits die «alte» Frauenbewegung. Sie ist spannend und macht nachdenklich zugleich, diese lebendige Chronik aus der Geschichte der Hälfte der Menschheit.

Prof. Dr. Ute Gerhard-Teuscher, geboren 1939, studierte Rechtswissenschaften, Soziologie und Geschichte. Sie ist verheiratet, hat drei Töchter, arbeitete mehrere Jahre als Journalistin für Rundfunk und Zeitungen. Seit gut zwei Jahren ist sie Professorin für Soziologie mit dem Schwerpunkt Frauenarbeit/Frauenbewegung an der Universität Frankfurt. Sie ist Mitherausgeberin der Zeitschrift «Feministische Studien» und hat Bücher und Aufsätze zu den Themen Frauenbewegung, Frauenrechte und Sozialpolitik veröffentlicht.

Dr. Ulla Wischermann, geboren 1952, studierte Medienwissenschaften, Germanistik und Pädagogik. Sie ist wissenschaftliche Mitarbeiterin der Universität Frankfurt, Mitherausgeberin der Zeitschrift «Feministische Studien» und veröffentlicht schwerpunktmäßig zum Thema «Zeitschriften der alten Frauenbewegung».

Ute Gerhard

# UNERHÖRT

## Die Geschichte
## der deutschen Frauenbewegung

**Unter Mitarbeit
von Ulla Wischermann**

Rowohlt

11.–15. Tausend April 1991

Originalausgabe
Veröffentlicht im Rowohlt Taschenbuch Verlag GmbH,
Reinbek bei Hamburg, August 1990
Copyright © 1990 by Rowohlt Taschenbuch Verlag GmbH,
Reinbek bei Hamburg
Redaktion Beate Laura Menzel
Umschlagentwurf Barbara Hanke
Satz Walbaum (Linotronic 500)
Gesamtherstellung Clausen & Bosse, Leck
Printed in Germany
1680-ISBN 3 499 18377 3

*Für Nele, Ulrike und Gesine*
*und andere Töchter*

# Inhalt

# Anhang

# Vorbemerkung

Das Buch beabsichtigt, einen Überblick zu verschaffen über die Geschichte der deutschen Frauenbewegung in einem Zeitraum von 100 Jahren und in ihren verschiedenen Richtungen. Es versucht, diese «versäumte Lektion» vornehmlich aus den Quellen der Frauenbewegung, den bisher sehr verstreuten Zeugnissen und Selbstdeutungen der beteiligten Frauen, zu rekonstruieren und die Geschichte der Bewegung als Teil der Sozialgeschichte und im politischen Zusammenhang zu verstehen. Meine Perspektive ist eine persönliche, die ihren Standort nicht verhehlt, sich gleichwohl um Gründlichkeit und Nachprüfbarkeit bemüht. Das Unterfangen ist dennoch nur ein erster Schritt und will insbesondere Lust machen, weiterzulesen und weiterzuforschen, um die Spuren endlich zu sichern, die nach Krieg und politischen Katastrophen verschüttet bzw. von der Geschichtswissenschaft bisher nicht beachtet wurden. Und es bleibt noch viel zu tun.

Aus diesem Grund war auch das ursprüngliche Vorhaben, ein «schnelles» Buch zu schreiben, nicht zu verwirklichen und nicht zu verantworten. Daß es dennoch jetzt erscheint, dafür danke ich dem Verlag für seine Geduld, insbesondere aber Beate Laura Menzel für ihren Zuspruch und ihre erfahrene und engagierte Lektorierung. Den Anstoß, dieses Buch zu schreiben, verdanke ich Barbara Schönfeldt als einer der verantwortlichen Redakteurinnen der Fernsehserie «Unerhört».

Neben denen, die wegen der Schreibarbeiten Nachsicht mit mir übten, möchte ich Herrad-Ulrike Bussemer erwähnen, die mir aus gemeinsamer Vorarbeit viele Anregungen und Auskünfte gab. Danken möchte ich auch Ulle Schröder für wertvolle Hinweise sowie meinen Frankfurter Studentinnen im Seminar über die Geschichte der Frauenbewegung, nicht zuletzt aber Ulla Wischermann, ohne deren sachkundigen Beistand das Buch neben neuen beruflichen Aufgaben nicht fertig geworden wäre.

Prof. Dr. Ute Gerhard

# 1. KAPITEL

**Um 1830**

Voraussetzungen und erste Schritte

**D**ie Geschichte der deutschen Frauenbewegung setzt bereits vor 1848 ein, im Aufbruch der demokratischen Bewegung des Vormärz. Und doch ist ein genaues Datum nicht zu benennen, erst recht keines, das in unseren Geschichtsbüchern steht. Hiermit aber beginnt die Schwierigkeit, diese Geschichte chronologisch zu erzählen.

Denn selbstverständlich haben Frauen auch schon vor 1848 eine Geschichte gehabt, gearbeitet, geliebt und gelitten. Sie sind schließlich *«die Hälfte der Menschheit»* – eine Redewendung, die in der Französischen Revolution aufgekommen war und damals, unter der Parole der «Freiheit und Gleichheit» aller Menschen, von den Zeitgenossen bereits als Herausforderung verstanden wurde. Wie um über die Einseitigkeit der Geschichtsschreibung hinwegzutäuschen, werden mit Vorliebe einige «große Frauen der Weltgeschichte» genannt – als Ausnahmen wohlgemerkt, die die Regel bestätigen: ein paar Regentinnen, wenige außerordentliche Talente, zumeist Künstlerinnen, im 18. Jahrhundert zunehmend sog. *«gelehrte Frauenzimmer»*, in deren Gesellschaft allerdings – wie der Bestsellerautor A. v. Knigge in seinem Anstandsbuch zu berichten weiß – jeden anständigen Mann *«eine Art von Fieberfrost befällt»*.

Denn im Hause solcher Damen *«geht alles verkehrt; Die Speisen kommen kalt oder angebrannt auf den Tisch; Es werden Schulden auf Schulden gehäuft; der arme Mann muß mit durchlöcherten Strümpfen einherwandeln; Wenn er nach häuslichen Freuden seufzt, unterhält ihn die gelehrte Frau mit Journals-Nachrichten, oder rennt ihm mit einem Musen-Almanach entgegen…»*[1]

Abgesehen von solchen bis heute noch üblichen Entgleisungen wird niemand leugnen, daß Frauen zu allen Zeiten – insbesondere in denen der Not – einen unverzichtbaren Beitrag nicht nur zur Geschichte, sondern eben zum Leben geleistet haben, auch wenn die Geschichtsschreiber hierüber bisher wenig Worte verloren haben.

Doch die Behauptung und der Anspruch von Frauen, eine eigene und damit eine andere Geschichte zu haben, eine Geschichte, die bisher vergessen oder bewußt nicht erzählt und auch nicht von der

1 Adolf v. Knigge, Über den Umgang mit Menschen, Hannover 1788, S. 196.

14

sog. allgemeinen Geschichtsschreibung aufgenommen wurde, hatte noch mehr zur Folge. Dieser Anspruch mußte erst einmal angemeldet, ausgesprochen und bewußtgemacht werden, und zwar von Frauen als Vertreterinnen ihres Geschlechts, als Mittäterinnen, als Opfer oder als Zeuginnen der Geschichte. Und er setzt voraus, daß Frauen es gewagt haben, sich als einzelne zu exponieren, aus der gewohnten Rolle und der ihnen vorgeschriebenen Bahn der Bescheidenheit und Unmündigkeit auszubrechen. Damit haben sie oft mehr riskiert als ihren Ruf, insbesondere auch materielle Sicherheit und geliebte Gewohnheiten.

Kennzeichnend für den Aufbruch der Frauen im deutschen Vormärz und der Grund dafür, hier zum erstenmal von einer Bewegung der Frauen zu sprechen, war die verblüffende Gleichzeitigkeit ihres Aufbegehrens und ihrer Erkenntnis, nicht nur eine einzelne, sondern eine von vielen zu sein, die mit ihrer «Bestimmung» hadert. Zu offensichtlich waren für sie die Widersprüche geworden zwischen den neuen politischen und sozialen Forderungen und den besonderen Zumutungen, denen Frauen ausgesetzt waren.

*«Wenn die Zeiten gewaltsam laut werden, so kann es niemals fehlen, daß auch die Frauen ihre Stimme vernehmen und ihr gehorchen.» […] «Die Zeiten sind gewaltsam laut geworden. Der freie deutsche Geist ist aufgewacht, der schlummernd und gebunden in Ketten lag… Es zieht eine heilige Frühlingsluft über das deutsche Land, welches seine Blütezeit verkündet. Es ist Ostern und Pfingsten in Deutschland zugleich… Es ist ein Leben und Streben in unserer Zeit, wie es nie vorher gewesen.»*[2]

Nie vorher? – Deutschland hatte bisher keine Revolution erlebt. Seit 1830, seit der Julirevolution in Frankreich, knackte es gewaltig in den Fugen der alten Ordnung auch in Deutschland, das seit dem Wiener Kongreß von 1815 im Deutschen Bund unter der Vorherrschaft Österreichs und Preußens nur mit politischer Repression zusammengehalten wurde. Feudale Kleinstaaterei, politische Rückständigkeit, wirtschaftliche Umwälzungen und soziale Mißstände spitzten sich zu, überstürzten sich, drängten auf Veränderung. Dies war der Anlaß einer revolutionären und demokratischen Bewegung, an der auch die Frauen teilhatten, die sie mit vorantrieben und die viele *«aus ihrem lethargischen Schlummer»*[3] riß.

2 Louise Otto in: Volkstaschenbuch Vorwärts, 1847, S. 432.
3 Aufruf an deutsche Frauen und Jungfrauen zur Begründung einer echt

15

Und doch beginnt die Geschichte der Frauenbewegung in Deutschland keineswegs mit einem Paukenschlag, ganz im Gegenteil, nicht wie im Frankreich der Französischen Revolution mit einem Protestzug der Frauen nach Versailles oder spektakulären Auftritten in der Nationalversammlung, auch nicht wie in den USA mit einer «Feierlichen Erklärung» auf dem Frauenkongreß in Seneca Falls im Jahr 1848, sondern eher unauffällig, schüchtern und zu Anfang beinahe unbemerkt: z. B. mit einer anscheinend harmlosen Zeitungsdebatte in den «Sächsischen Vaterlandsblättern» in den Jahren 1843/44, mit einzelnen persönlichen Befreiungsversuchen aus der Enge bürgerlicher Verhältnisse und Konvenienzehen und mit viel politischer Poesie. Es mußte vieles zusammenkommen, bis sich aus der Erfahrung alltäglicher Ungerechtigkeiten, aus vielfältigen Erlebnissen von Not, Behinderung und Kränkung und schließlich aus der Weigerung von Frauen, dies alles hinzunehmen, jenes Gefühl von Gemeinsamkeit bildet, das in Wort und Tat zu einer Bewegung wird, die ihren Protest laut und *für alle* verkündet.

Versuchen wir uns daher zunächst die Voraussetzungen zu vergegenwärtigen: Dazu gehören die soziale Lage, insbesondere der Alltag von Frauen, politische Ereignisse und Anstöße auch aus dem Ausland, aber auch einzelne Lebensgeschichten.

# 1. «So weltbewegend wie die Anlegung der Eisenbahnen!»
## (Louise Otto) – Die Erfindung der Streichhölzer

### Frauenalltag

«...es sah zur Zeit unserer Großmütter und Mütter gewaltig anders aus in Haus und Stadt und nun gar auf dem Lande. Fast alle, auch die einfachsten Bedürfnisse einer Haushaltung mußte man erst in dieser sich selbst bereiten. Die Wäsche ward im Hause gewaschen, Brod und Kuchen selbst gebacken, alle Vorräthe für den Winter, Früchte vom einfachsten Dörren an bis zum complicirtesten Gelee, Fleisch in den verschiedensten Zuberei-

weiblichen Emanzipation, in: «Dem Reich der Freiheit werb' ich Bürgerinnen». Die Frauen-Zeitung von Louise Otto (Neuausgabe), hg. v. Ute Gerhard u. a., Frankfurt 1979, S. 52.

*tungen, Butter und Eier – Alles war durch eigene Hausarbeit für den Haus-*
*verbrauch bereitet und aufbewahrt…»*

*«Aus einzelnen Bildern, die wir herausgreifen, wird auch die jüngere*
*Generation sich eine Vorstellung machen können, wie es im deutschen Va-*
*terlande aussah, als eben erst die Webstühle das Spinnrad verdrängten, aber*
*noch keine Nähmaschinen der Handarbeit Concurrenz machten, als das*
*Handwerk und die Industrie noch nicht auf der Stufe waren, die weibliche*
*Hausarbeit auf allen Gebieten zu überflügeln, als es noch keine Zündhölz-*
*chen gab und kein Gas, keine Eisenbahnen und Telegraphen, als das Meiste*
*von dem, was wir heute in unseren Wirthschaften noch nicht einmal Luxus,*
*sondern nur Bedürfniß nennen, noch gar nicht oder nur in sehr unvollkom-*
*menem Grade, in unbequemer Weise oder nur für die Paläste der Vorneh-*
*men vorhanden war; als es noch viele Frauen im Volke gab, die nicht schrei-*
*ben oder nur Gedrucktes oder gar nichts lesen konnten, – und Damen, bei*
*denen man es noch liebenswürdig fand, wenn sie nicht orthographisch*
*schrieben – als die Lernzeit der Mädchen durch die Confirmation im Alter*
*von 14 Jahren beendet ward und auch die ältesten Frauen vor Gericht gleich*
*den Kindern eines Vormundes bedurften…»*[4]

So begann Louise Otto aus der Rückschau fast eines halben Jahrhunderts (1876) ihre Schilderung des Frauenlebens um 1830.

Mit ihren «Erinnerungen aus der Vergangenheit» hat uns L. Otto
eine seltene und unschätzbare historische Quelle hinterlassen –
selten, weil es trotz einer Fülle sozialgeschichtlicher Literatur und
Alltagsgeschichten bisher bezeichnenderweise keine Technikge-
schichte gibt, die auch über die Arbeitsweisen und technischen
Veränderungen im Haushalt und Alltag der Frauen Auskunft geben könnte.

Die Grundlage jeder Hauswirtschaft um 1830 war die Vorratshal-
tung, die ständige Aufmerksamkeit und viel Aufwand erforderte.

*«In großen Kellern lagerten ganz Kufen vom Rhein… Daneben auf*
*besonderen Gestellen viele Scheffel Äpfel wohlgeordnet, darunter die Kar-*
*toffeln, dann zwei riesenhafte Pökelfässer, wohlgefüllt mit Rind- und*
*Schweinefleisch… In den Gewölben des Erdgeschosses Buttertöpfe von al-*
*len Größen, zum Kochen für den Winter, Fässer und Krüge mit Gurken und*
*Gemüsen, ganze Schränke voll Büchsen mit eingemachten Früchten,*
*ganze Horten voll gebackenem Obst, Eier in Stellagen mit Löchern zier-*
*lich aufgestellt… – ein Erträgnis der eigenen Hühnerzucht.»*[5]

4  Louise Otto, Frauenleben im deutschen Reich, Leipzig 1876, S. 2 und
   S. V/VI.
5  Alle Zitate, auch die folgenden, aus: L. Otto, Frauenleben, S. 5 ff.

Aber auch Kolonialwaren und Textilien wurden im großen einge-
kauft, Zucker und Kaffee in Viertel- oder halben Zentnern, Leinen
in großen Ballen oder andere Stoffe nach Metern, denn alle Wäsche und Kleidung wurde noch im Hause gefertigt in unendlicher
Handarbeit. Kleine Mädchen wurden schon im Alter von vier Jahren angeleitet und angehalten mitzutun beim Sticken, Stricken und
Nähen oder auch beim Gemüseputzen – auch wenn diese frühe
Einübung in die Hausfrauenpflichten in der bürgerlichen Familie
mit kulturellen Genüssen, ja beinahe Gewohnheiten verbrämt
wurde.

*«Ja, die Welt der Poesie war nie und nirgend über der Hausarbeit verges-
sen! Wenn man beisammen saß, …wenn man da Gemüse zuputzte oder
Obst zu Einsetzen vorbereitete – es war eben nicht die hübscheste Arbeit,
Johannisbeeren abzubeeren, Bohnen zu schneiden, Schoten aufzubre-
chen, Pilze zu putzen usw. – aber da wurde dabei vorgelesen, das mußten
sich die englischen wie deutschen Romanschriftsteller gefallen lassen:
Walther Scott, Cooper und Bulwer, Wilhelm Hauff, Ernst Wagner, Henriette Hanke, Caroline Pichler u. A., sie verloren nichts von ihrer Würde.
Ihre Charaktere prägten sich uns umso lebendiger ein, als man gleichsam
zusammen mit ihnen lebte, von ihnen sprach in Ernst und Scherz. Ebenso
ward vorgelesen bei der gemeinsamen Näharbeit…»*

Ganz und gar nicht romantisch oder gemütlich aber waren die
Wasch- und Putztage, die in den bürgerlichen Haushaltungen einen
ganzen Trupp von Hilfskräften, sog. Tagelöhnerinnen, erforderten
und zu mehrtägigen Unternehmungen ausarteten. Da in den Wohnungen vor dem Biedermeier offensichtlich Teppiche noch nicht üb-
lich waren, gehörten die weißgescheuerten Holzdielen *«zum Ruhm
der Hausfrau»*. Zur täglichen Reinigung wurde auf Treppen und
Fluren weißer Sand ausgestreut, mit dem der Schmutz zusammen-
gefegt, jedoch viel Staub aufgewirbelt wurde, und jeder Schritt
knirschte. Bevor aber die «Scheuerfrau» mit *«drei Fässern, mit Stroh-
wisch und grauen Scheuertüchern»* erschien, um, auf einem Scheuer-
brett kniend, Diele für Diele mit Sand zu schrubben, wurden die
Fettflecken mit Töpferton vorbehandelt und allen schweren Möbeln
*«an den Füßen gewissermaßen Strümpfe»* übergezogen, um sie vor
den Wassermassen zu schützen. Noch tagelang nachher waren die
Zimmer *«trotz allen Lüftens mit einer Atmosphäre nassen Holzes an-
gefüllt, die Zahnschmerzen und Gliederreißen aller Art erzeugte. Kein
Wunder»*, weiß selbst L. Otto etwas zu verständnisvoll zu berichten,

*«daß besonders den Männern solche Scheuertage ein Gräuel waren»*
und ihnen anscheinend das Recht gaben, über den *«Scheuerteufel»*
zu schimpfen.

Dieser Aufwand wurde nur in bürgerlichen Haushaltungen unternommen. Doch niemand wird annehmen können, daß Hausarbeit etwa in der bäuerlichen Wirtschaft oder bei den ländlichen
Unterschichten, die für ihren allernotdürftigsten Lebensunterhalt
schufteten, für die Frauen einfacher war. Die Chronistin L. Otto
wechselt im übrigen oft genug die Perspektive und nimmt ausdrücklich Partei für die Frauen aus dem Volk, die sich in den bürgerlichen Haushaltungen verdingten und hart arbeiteten, gegen
viel zu geringen Lohn, ohne Rücksicht auf ihre Gesundheit und
ohne Begrenzung der Arbeitszeit. Zum Beispiel für die Wäscherinnen:

*«Die Waschfrauen der alten Zeit erschienen in der Regel schon früh um
drei Uhr bei ihrer Arbeit. Meist galt es aus selbst gesammelter Holzasche
die Lauge zu bereiten, an deren Stelle wir uns jetzt der Soda bedienen,
und so standen sie dann bis zum späten Abend im zugigen dumpfen
Waschhaus bei ihrer beschwerlichen Arbeit. Nachher ging es auf den
Bleichplatz, wo sie in der Regel zwei Tage und eine Nacht zubrachten,
letztere oft unter freiem Himmel auf nasser Wiese, dicht am Wasser, und
wenn die Wäsche gespült ward, so wateten sie oft stundenlang im Fluß,
nachdem sie vorher den heißesten Brand der Mittagssonne ertragen.»*

## Frauenerwerbstätigkeit [6]

Wäscherinnen, «Näherinnen», «Scheuerfrauen» gehören zur großen Gruppe der Tagelöhnerinnen, einem typischen Frauenerwerbs-
zweig auch schon vor der industriellen Revolution. Denn mit einem
weitverbreiteten, idyllischen Irrtum über die Lebensverhältnisse der
Vergangenheit ist aufzuräumen: Frauenerwerbstätigkeit, auch die
aushäusige, bezahlte Frauenarbeit, ist keineswegs erst eine Folge
der Industrialisierung oder beklagenswerte Errungenschaft der
Neuzeit.

Richtig ist: In einer Agrarwirtschaft, in der die große Mehrheit der

6  Vgl. hierzu im einzelnen Ute Gerhard, Verhältnisse und Verhinderungen.
Frauenarbeit, Familie und Rechte der Frauen im 19. Jahrhundert,
Frankfurt 1978, S. 16 ff., 42 ff.

Bevölkerung von und in der Landwirtschaft lebte und nicht Lohnarbeit, sondern Eigenarbeit, richtiger wohl eine notdürftige Subsistenz in der bäuerlichen Wirtschaft die vorherrschende Nahrungsgrundlage war, haben Frauen selbstverständlich in der Garten-, Land- und Viehwirtschaft einen gleich wichtigen und auch anerkannten Beitrag zum Lebensunterhalt der Familie geleistet.

Unter feudalen Verhältnissen, in denen die «erbuntertänige Landbevölkerung» über Jahrhunderte bei Guts- und Grundherren zu den verschiedensten Diensten, Arbeitsleistung und Abgaben verpflichtet war, galt der Arbeitszwang ebenso für Frauen. Sie waren gleichermaßen zur Fronarbeit oder Hand- und Spanndiensten verpflichtet, weshalb man von «Weiber- und Männertagen» sprach, besonders aber zum Gesindedienst. Ebenso selbstverständlich war die Arbeit der Frauen im Handwerk und im Gewerbe. Obwohl Frauen seit dem Mittelalter durch verschiedene Zunftordnungen immer wieder daran gehindert wurden, selbständig einen Meisterbetrieb zu führen, war ihre Arbeitskraft als Gehilfin oder Zuarbeiterin unentbehrlich und immer eingeplant. Von der Zunft ausgeschlossen, waren sie darum auch die ersten, die mit dem Aufkommen der Manufakturen und des Verlagswesens von den neuen Fabrikanten als billige Arbeitskräfte angeworben und insbesondere in der Heimarbeit zu Hungerlöhnen ausgebeutet wurden.

Nach der Aufhebung der Leibeigenschaft und Einführung der Gewerbefreiheit (in Preußen-Deutschland am Beginn des 19. Jahrhunderts) waren die Voraussetzungen für eine kapitalistische Wirtschaftsweise geschaffen. Arbeit war nun «frei» und zur käuflichen Ware geworden. Doch damit hatte sich die Situation der Frauen keineswegs verbessert. Die neue kapitalistische Wirtschaftsweise, die Trennung von Haushalt und Betrieb, die zunehmende Bindung der Frau an ihre Familienaufgaben warfen die Frauen aus der Konkurrenz, ließen sie erst recht ins Hintertreffen geraten. Ohne die alten Mittel, ihr Leben zu fristen, ohne eigenes Land oder Garten, gezwungen, alles zu kaufen, wurden sie immer abhängiger vom Lohn des Mannes als dem erst seither sog. «Familienernährer».

Um so bemerkenswerter ist ein statistisches Ergebnis, das allen üblichen Vorstellungen über die Frauenerwerbstätigkeit in der Vergangenheit widerspricht: Schon in den ersten Berufsstatistiken, die vom Statistischen Büro in Berlin seit 1810 gesammelt wurden, betrug die Erwerbsquote der Frauen fast 30 Prozent, die entsprechende Erwerbsquote lohnabhängiger Männer lag zur gleichen Zeit bei nur 45

Prozent, denn Lohnarbeit war zu dieser Zeit eben noch nicht die vorherrschende Lebens- und Arbeitsweise.

Zur Orientierung und zum Vergleich: Heute sind von allen Frauen im erwerbsfähigen Alter rund 54 Prozent erwerbstätig, bei den Männern ist die Quote inzwischen wieder leicht rückläufig; sie beträgt 83 Prozent.

Die historischen Daten sind um so erstaunlicher, da unter der Rubrik «Erwerbstätigkeit» – damals nannte man sie «arbeitende Classen» – nur vier Berufsgruppen erfaßt wurden:

1. Dienstboten und Gesinde (die für die Mehrheit der unverheirateten Frauen typische und einzige Erwerbsquelle),

2. Tagelöhnerinnen (all die schlecht bezahlten und unregelmäßigen, aber vielseitigen Aushilfstätigkeiten, Zuarbeiten insbesondere der verheirateten Frauen, wie die oben erwähnten Wäscherinnen, aber auch alle Schneiderinnen, die im Hause ihrer Auftraggeber arbeiteten, oder die vielen Tagelöhnerinnen in der Landwirtschaft),

3. Sog. Fabrikarbeiterinnen (wir müssen uns dabei vor 1850 vorwiegend Manufaktur- oder Heimarbeiterinnen vorstellen),

4. Gewerbsgehilfen und Lehrlinge (eine nur sehr kleine Berufsgruppe bei Frauen, da sie nicht zum Handwerk zugelassen wurden bzw. zu denselben Arbeiten in der Regel ohne Arbeitsvertrag und ohne Bezahlung herangezogen wurden).

Nicht als Erwerbstätigkeit registriert und nicht mitgezählt war also die große Mehrheit der großen und kleinen Bäuerinnen oder all die unverheirateten weiblichen Mitglieder der Familien, heute nennt man sie mithelfende Familienangehörige. Sie konnten als zusätzliche Esser in der bäuerlichen Wirtschaft oder im Handwerksbetrieb ihre Hände keineswegs in den Schoß legen, sondern mußten sich ihren Lebensunterhalt, eine karge Kost und Logis, in der Regel hart verdienen.

## Lichtmachen

Die Zündmasse der ersten Zündhölzer enthielt Schwefelantimon und Kaliumchlorat (J. Walcker 1829). Das überall zündende Z. mit weißem Phosphor und Kaliumchlorat erfand J. F. Kammerer 1833. R. Ch. Boettger erfand 1848 das Sicherheits-Z. mit Mennige und Kaliumchlorat.

*(Der Große Brockhaus, 1957)*

Wer heute abends vor die Tür geht, kann sich gar nicht mehr vorstellen, wie finster eine Nacht sein kann. Aber auch die gewaltigen Fortschritte in der Beleuchtung, von denen die Chronistin Otto im letzten Viertel des 19. Jahrhunderts berichtet, lassen uns heute unbeeindruckt:

*«Wenn wir jetzt abends im Dunkeln ein befreundetes Haus verlassen, so verabschieden wir uns an der Vorsaaltür und gehen die mit Gas – oder doch mindestens mit Petroleumlampen – erleuchtete Treppe hinab. Auf der Straße brennen überall Gaslaternen… aber wir sehen genug, um jeden Begegnenden, jede bedenkliche Wegstelle früh genug wahrzunehmen. Wenn wir dann unsere Haustür erreicht haben, empfängt uns auf's Neue der beleuchtete Hausflur… (In der Wohnung) bedarf es nur eines Griffes nach dem bereitgelegten Zündhölzchen – so haben wir Licht…»*[7]

Ja, die Erfindung dieses kleinen Streichholzes hatte offensichtlich den Alltag aller Menschen entscheidend verändert. Es hat nicht nur das abendliche Lichtmachen, das allmorgendliche Schüren der Glut in der Feuerstelle oder in den Öfen erleichtert, sondern über-

Licht machen! Ja, das war zur Zeit unsrer Großmütter eine Kunst, die nur wenige verstanden — und wenn sie eine Magd mietheten, so war mit eine der ersten Fragen die: ob sie auch Licht machen könne?

In jeder Küche stand damals meist auf einem Sims über dem Herd ein länglich viereckiges Kästchen von weißem Blech, dasselbe enthielt vier Gegenstände, die man haben mußte, um Licht zu machen: einen Stahl, ein Stück Feuerstein, Schwefelfaden und in einer nach unten mit Blech geschlossenen Abtheilung, eine braunschwarze trockne Masse, die man „Zunder" hieß. Dieselbe ward hergestellt meist aus — alten Strumpfsocken, welche man deshalb in jeder Haushaltung sorgfältig aufhob und die von der Hausfrau oder Köchin am Licht so weit gesengt oder gebrannt wurden, daß sie schwarzbraun aussahen und leicht auseinanderfielen. [...] Wollte man also Licht haben, so schlug man mit Stahl und Feuerstein zusammen über dies Zunderkästchen bis einer der heraussprühenden Funken da hineinfiel und als glühendes Pünktchen sich darin so lange verhielt, bis es gelang mit Hilfe des Athmens den daran gehaltenen Schwefelfaden ein blaues Flämmchen zu entlocken und damit das bereitstehende Licht zu entzünden — pustend und hustend,

---

7  L. Otto, Frauenleben, S. 19.

denn der Schwefeldampf kam meist in die Kehle — und so geschah es manchmal, daß ein unfreiwilliges Husten und Nießen das Licht wieder auslöschte und die Arbeit von Neuem beginnen mußte.

[...]

War es nun schon unendlich peinlich, wenn man schnell Licht bedurfte, nicht allein beim Nachhausekommen, sondern vielleicht wenn Besuch kam oder die Kinder schrien oder der Hausherr klingelte oder sonst ein Ereigniß in der Dämmerung schnell Licht erheischte, oder auch am frühen Morgen, die Magd in der Küche nicht nur Minuten, oft viertel und halbe Stunden lang picken und anschlagen zu hören, ohne daß es zu einem Resultat kam, so war es noch schlimmer sich selbst vergeblich zu mühen und sich über sich selbst ärgernd, noch als ungeschickt verlacht zu finden. Wie viel Verdruß und Aufenthalt in Haus und Wirthschaft entstand nicht allein nur dadurch „daß man kein Licht brachte"!

Etwa Mitte der zwanziger Jahre wurden die Schnellfeuerzeuge erfunden — es war ein kleines Blechgeräthe, roth angestrichen wie die Feuerspritzen. Darin stand ein Fläschchen mit Asbest und Vitriol, daneben eine Partie Schwefelhölzchen, die man in jenes tauchte. Aber auch sie waren vom Wetter abhängig [...] — da auf einmal ward das Phosphorhölzchen erfunden — es ist nicht viel über zwanzig Jahre her — und alle Noth hatte ein Ende.

Es war eine That, so weltbewegend, so befreiend, so symbolisch wie die Anlegung der Eisenbahnen. „Die große Rennbahn der Freiheit" nannte ein österreichischer Dichter, Karl Beck, damals die Eisenbahn — das Streichhölzchen aber, der Lichtbringer, ließ nun eben keinen Winkel mehr unbeleuchtet, ermächtigte jede Hand, selbst die jedes Kindes, nun Licht zu machen. Es drang in das Haus, es half die Wirthschaft, die Küche reformiren — es erlöste Tausende, Millionen von Frauen von der Sorge um Licht. Sie konnten fortan ruhig schlafen — sie wußten, daß sie beim Erwachen am frühen Morgen nicht gleich mit einer schweren, problematischen Arbeit zu beginnen hatten, sie konnten gleich wohlgemuth an ihr Tagewerk gehen.

(Auszüge aus: «Licht und Feuer». In: Louise Otto, Frauenleben im Deutschen Reich)

haupt erst die Entwicklung pflegeleichter Öfen und Kochmaschinen möglich gemacht und in vielfältiger Hinsicht die Arbeit der Frauen im Haushalt revolutioniert.

## 2. «Wenn die Zeiten gewaltsam laut werden...!» (Louise Otto)

Die staatliche Ordnung Deutschlands nach der Französischen Revolution, der Napoleonischen Herrschaft und den Befreiungskriegen war der Deutsche Bund, eine Konföderation von insgesamt zunächst 39 Einzelstaaten, dem sich kurz darauf drei weitere Staaten anschlossen: ein Kaiserreich, nämlich Österreich, fünf Königreiche, ein Kurfürstentum, insgesamt achtzehn Großherzogtümer und Herzogtümer, dreizehn Fürstentümer und schließlich vier Freie Städte (Hamburg, Bremen, Lübeck und Frankfurt).

*«Die Kleinstaaterei war nun das wahrhafte deutsche geschichtliche Schicksal im 19. Jahrhundert – sie schrie nach Revolution… Im Reiche von ehemals hatte es über all den Hoheiten, Hochwürden und Erlauchten, über kurfürstlichen, herzoglichen und sonstigen Gnaden doch noch den Kaiser gegeben, dessen große Majestät sie alle klein machte. Nun war auch die Majestät etwas Billiges geworden… Kleine Herren mit großen Titeln, kleine Residenzen mit großen Schlössern, kleine zusammengestückte, durch sinnlose Grenzen abgeteilte Länderfetzen mit großem Apparat an Bürokraten und Soldaten, kleine Würdenträger mit großen Manieren, kleiner Geist und große Mäuler, kleine Seelen und große Ordenskreuze: so sah das Leben der Kleinstaaterei aus.»*[8]

Unter der Vorherrschaft der beiden Großmächte, insbesondere Österreichs unter der Führung des Fürsten Metternich und erst in zweiter Linie Preußens, wurde der Deutsche Bund durch eine Politik der Restauration zusammengehalten, d. h. einer Politik der Wiederherstellung alter angestammter Vorrechte oder Unfreiheiten. Die demokratischen Hoffnungen und politischen Einigungsbestrebungen, die die Teilnehmer der Befreiungskriege beflügelt hatten – auch der Frauen, die hier zum erstenmal ihre patriotische Begeisterung in Frauenhilfs-

8  Veit Valentin, Geschichte der deutschen Revolution, Köln 1977, 1. Bd., S. 141/142.

24

und Lazarettvereinen unter Beweis stellten –, wurden eingefroren. Unerfüllt blieb das Verfassungsversprechen, die Bildung einer «*Repräsentation des Volkes*», die der König von Preußen, Friedrich Wilhelm III., 1815 in Aussicht gestellt hatte. Aber auch die konstitutionellen Verfassungen, die von einigen süd- und mitteldeutschen Fürsten «gewährt» wurden, anerkannten keineswegs das Prinzip der Volkssouveränität, sondern konservierten alte geburtsständische Vorrechte und räumten in ihrem Zweikammersystem allenfalls den adligen und besitzenden Oberschichten begrenzte Mitwirkungsrechte ein. Die Oppositionsbewegung der männlichen akademischen Jugend, die sich in Geheimzirkeln und ersten Studentenverbindungen, den sog. Burschenschaften, zusammenfand, wurde grausam verfolgt und unterdrückt. Auf Grund der Karlsbader Beschlüsse war in den meisten Bundesstaaten bis 1848 die Überwachung der Universitäten, waren Berufsverbote und Zensur an der Tagesordnung.

Die angeblich so gemütliche Biedermeierzeit barg also eine Fülle politischer Widersprüche und sozialen Sprengstoffs. Oder wurde ihre Gemütlichkeit und bürgerliche Kultur gerade deshalb so betont, weil sie mit politischer Bedeutungslosigkeit erkauft wurde? Spätestens seit 1830 war die Freiheitssehnsucht der Völker jedoch nicht mehr zu unterdrücken. Überall in Europa flammte der Kampf gegen die alten Ordnungsmächte auf, z. B. der Freiheitskampf Griechenlands gegen die Türkei (1821–1829) oder der Aufstand der Polen gegen das zaristische Rußland (1830), Ereignisse, an denen die Jugend Europas regen Anteil nahm.

In diesem Zusammenhang werden auch erste Frauenvereine mit politischer Tendenz erwähnt, so heißt es zum Beispiel in einer Flugschrift des deutschen Preßvereins von 1833:

«*Die Frauen von Zweibrücken haben, um der freundlichen Unterstützung der unglücklichen Polen einen neuen Segen zu geben, nach dem vorleuchtenden Beispiele des Mainzer und Donnersberger Frauenvereins eine große Zahl von Arbeiten* (gemeint sind Handarbeiten) *teils schon verfertigt, teils vorbereitet. Das Ganze soll zum Vorteil der Polen verlost werden, das Los zu 12 Kreuzer.*»[9]

9  Zit. n. Helmut G. Haasis, Volksfest, sozialer Protest und Verschwörung. 150 Jahre Hambacher Fest, Heidelberg 1981, S. 152/153.

Den entscheidenden Anstoß aber hatte die Juli-Revolution 1830 in Frankreich gegeben, mit der die Ideen und politischen Forderungen von 1789 wieder lebendig wurden. Zwar wurde dabei nur ein «Bürgerkönigtum» inthronisiert, mit dessen Hilfe das Besitzbürgertum seinen politischen Einfluß sicherte. Zwar wurden die Aufstände der Arbeiter und Arbeiterinnen, z. B. in Lyon, niedergeschlagen, seit 1834 durch die Septembergesetze die Vereins- und Pressefreiheit wieder aufgehoben. Doch die Erschütterung, die diese bürgerliche Revolution überall in Europa ausgelöst hatte, war nachhaltiger als ihre unmittelbaren politischen Folgen. Dies gilt insbesondere auch im Hinblick auf die politischen Forderungen von Frauen.

*«In einer Zeit, da alle Völker sich im Namen der Freiheit auflehnen und der Proletarier seine Befreiung fordert, sollen wir Frauen da etwa passiv bleiben angesichts der großen sozialen Emanzipationsbewegung, die vor unseren Augen abläuft? Ist unser Schicksal so glücklich, daß wir nichts zu fordern hätten? Bis jetzt wurde die Frau ausgebeutet und tyrannisiert. Diese Tyrannei, diese Ausbeutung muß aufhören. Wir werden frei geboren wie der Mann, und die eine Hälfte des Menschengeschlechts darf nicht ungerechterweise der anderen unterworfen sein.»*[10]

So beginnt der erste Artikel einer neuen feministischen Zeitschrift, die im Jahr 1832 von drei Frauen zunächst unter dem Titel «La Femme libre» («Die freie Frau») herausgegeben wurde. Die Anknüpfung an die Versprechen der Menschenrechtserklärung von 1789 – oder an die Frauenrechtserklärung der Olympe de Gouges aus dem Jahr 1791 – ist offensichtlich. Die drei Frauen Désirée Véret, Reine Guindorf und Jeanne-Victoire Jacob, nur wenig später die überaus engagierte und begabte Suzanne Voilquin und viele andere, von denen wir nur die Vornamen kennen, waren Arbeiterinnen. Die meisten schlugen sich mühsam durch als Näherinnen oder Stickerinnen, hatten weiter nichts gelernt, als das Leben zu meistern und die Not. Doch die Lehren Claude-Henri Saint-Simons (1760–1825) und insbesondere sein um 1830 in Paris wirkender Anhänger Pros-

---

10  Zit. n. Helga Grubitzsch u. a., «Freiheit für die Frauen – Freiheit für das Volk», Frankfurt 1980, S. 62, auch zum Folgenden.

per Enfantin hatten sie begeistert. C. H. Saint-Simon, der Begründer des von K. Marx sogenannten utopischen Sozialismus, hatte eine Gesellschaftstheorie des «Industrialismus» entworfen, in der «Arbeit» im weitesten Sinne die Basis einer Gesellschaft ohne Ausbeutung sein und das *Glück der größten Zahl* einem Parlament aus Intellektuellen und «Industriellen», durchaus im Sinne von Kapitalisten, Bankiers und Technikern, anvertraut werden sollte. Er setzte sich vehement für die Überwindung der Klassenschranken wie auch der Geschlechtsbarrieren ein, dennoch nicht ausdrücklich für die Befreiung der Frau.

In dieser Frage engagierten sich erst seine Schüler, insbesondere Armand Bazard und Prosper Enfantin, die zugleich von Charles Fourier (1772–1837) beeinflußt waren, dem ersten explizit als Feminist zu bezeichnenden Sozialphilosophen. Für ihn war die Stellung der Frau der Probierstein einer jeden gesellschaftlichen Ordnung, oder, wie seine Kernthese, immer wieder variiert und zitiert, lautete: *«Der soziale Fortschritt… erfolgt aufgrund der Fortschritte in der Befreiung der Frau.»*[11]

Seit 1828 hielten Bazard und Enfantin in Paris Vorlesungen über die Lehren Saint-Simons, an denen bei hohem theoretischem Niveau von Anfang an zahlreiche Frauen teilnahmen. Um 1830 erhielten diese Vorlesungen einen großen Zulauf, zunehmend auch von Arbeitern und Arbeiterinnen, sie wurden zu «Predigten», in denen schließlich Enfantin als «Vater» der Saint-Simonistischen Familie eine neue Religion der Liebe, ein neues Moralgesetz verkündete, das die Rehabilitierung der Sexualität, die «Emanzipation des Fleisches» und damit die Gleichrangigkeit von Geist und Materie, von Intellekt und Sinnlichkeit, heute sagen wir von Kopf und Bauch, meinte. Obgleich der Versuch der Verbindung von Theorie und Praxis, der Gründung von Saint-Simonistischen Gemeinschaften als Wohn-, Lebens- und Arbeitsgemeinschaft mit Werkstätten, Gesundheitsvorsorge und sozialen Einrichtungen scheiterte, hat der Frontalangriff auf die herrschende Moral und ihre Institutionen, insbesondere auch die Ehe, weit über die Grenzen Frankreichs hinaus schockiert. Bezeichnend ist, daß insbesondere in der deutschen Rezeption, auch in der Berichterstattung H. Heines in seinen «Brie-

---

11  Charles Fourier, Die Theorie der vier Bewegungen und der allgemeinen Bestimmungen, Frankfurt 1966, S. 190.

fen aus Paris», weniger die sozialrevolutionären Ideen als *«die lustige Sinnentummelei»* die Provokation und den Gesprächsstoff lieferte: *«Wir müssen unseren Weibern neue Hemden und neue Gedanken anziehen.»*[12]

Die Herausgabe einer eigenen Frauenzeitschrift geschah aus der Einsicht heraus, daß auch in der Praxis dieser Sozialrevolutionäre die Frauen wiederum nur in den zweiten Rang verwiesen und ihre Befreiung auf ihre Geschlechtlichkeit reduziert werden sollte. Es war der Versuch, die eigenen Genossen zu überzeugen, insbesondere aber die Frauen aufzuklären und mehr Gefährtinnen zu gewinnen für die Freiheit der Frauen und die des Volkes (siehe Seite 29).

Diese Zeitung war ein kühner und zugleich mitreißender Versuch – und ein finanzielles Risiko. Die Häme der bürgerlichen Presse ließ nicht auf sich warten:

*«Empören sich doch wahrhaftig etwa ein Dutzend junger Näherinnen gegen die Versklavung ihres Geschlechts. Sie verstehen sich als ‹freie Frauen› und veröffentlichen unter eben diesem Titel eine Zeitschrift. Indem sie sich abwechselnd der Feder und der Nadel bedienen, greifen sie Woche um Woche die Gesellschaft an, stopfen zerrissenes Zeug und rufen die Frauen zum Widerstand auf. Um die Rebellion einzuleiten, haben sie ihre Familiennamen abgelegt, weil diese von Männern aufgezwungen seien.»*[13]

Der Titel der Zeitschrift «Die freie Frau» wurde wegen dieser Anzüglichkeiten bald durch andere ersetzt: «Apostolat des femmes», «La Femme nouvelle», «Tribune des femmes» u. a., doch im übrigen wußten die Frauen sich gut zu verteidigen, ja gingen immer wieder zum Angriff auf die intellektuellen Borniertheiten und die schlechten Gewohnheiten der Männer über:

*«Ich bitte Sie, meine Herren des uneigennützigen ‹Figaro›, sagen Sie mir doch, was Sie unter menschlicher Würde verstehen, und ob ein halbes Dutzend Näherinnen, wie Sie uns nennen, wenn sie ihre Unabhängigkeit mit Näharbeiten sichern, nicht ebenso respektabel sind, wie so viele andere, die beispielsweise ihre leichte und geübte Feder in den Dienst dieser oder jener Clique stellen.*

12 Heinrich Heine, Die Jungdeutschen, zit. n. Renate Möhrmann, Die andere Frau, Stuttgart 1977, S. 47 f.
13 Figaro v. 4. 11. 1832, zit. n. H. Grubitzsch u. a., Freiheit für die Frauen, S. 63, und Das nächste Jahrhundert wird uns gehören. Frauen und Utopie 1830–1840, hg. v. Claudia v. Alemann u. a., Frankfurt 1981.

Unser Jahrhundert, sagt man, sei das Jahrhundert der Aufklärung. Warum also sich wundern, wenn ein Strahl dieses göttlichen Lichtes auch in die Seele der Frau eingedrungen ist und sie ihren Sklavenstand deutlich sehen läßt? [...]

Frauen, an euch wende ich mich. Geht aus eurer Trägheit heraus! Macht die Augen auf, und seht endlich den erniedrigenden Zustand, in den man euch gedrängt hat! Erschuf die Natur euch so? Schuf sie euch als Eigentum des Mannes? Schuf sie euch, damit ihr sein Spielzeug werden solltet? Schuf sie euch, damit ihr seinen Gesetzen, seinem Willen und seinen Launen folgt? Ja, schuf sie euch schließlich, damit ihr seine Sklavin seid und Sklavin der Vorurteile, die er in die Welt setzt?

Nein! Ihr seid geschaffen, um ihm gleichgestellt zu sein, und gemeinsam mit ihm auf dem Pfade des Lebens angenehm zu wandeln ...

Unsere Sache ist die der Natur und zugleich die Sache der Männer, selbst ohne daß sie es ahnen; denn von unserer Befreiung hängt unser gemeinsames Glück ab! Mut also und Energie! Laßt uns dieses größte Werk vollbringen, das Übel ist nicht so groß, als daß es kein Heilmittel gäbe. Überspringen wir die Hürden, die man uns in den Weg stellt. Ewige Schande über diejenigen, die beim Anblick der Hindernisse zurückschrecken! Laßt uns einen einzigen Ruf, eine einzige Devise haben: »Freiheit, Freiheit!« Vereinen wir unsere schwachen Stimmen, geben wir ihnen solche Kraft, daß sie sogar bei den Witwen von Malabar und im Harem des Sultans ein Echo finden! [...]

Wir werden endlich Frauen sein und keine Sklavinnen mehr! Wir werden Frauen sein, und die List, die Verstellung und Falschheit, diese Begleiterinnen der Versklavung, werden von uns weichen. Treu den Gesetzen der Natur werden wir ohne Heuchelei lieben und für Vorurteile nur Spott übrig haben.

(Auszüge aus: «An die Frauen», in: «Apostolat des femmes / Tribune des femmes»)

*Nein, meine Herren, nicht aus Scham oder Furcht verzichten wir auf die Namen unserer Ehemänner und Väter, sondern weil wir selbst mit unseren Worten und unseren Werken antworten wollen.»*[14]

Was diese Frauen heute zu so bewundernswerten Vorkämpferinnen macht, ist ihre frühe Einsicht in die doppelte Unterdrückung und Ausbeutbarkeit der Frau als Angehörige der proletarischen Klasse und als Vertreterin des weiblichen Geschlechts. Wie beides miteinander zusammenhängt, hatten die Frühsozialisten von Fourier gelernt, doch niemand hat das gesellschaftliche Problem der Frauen so prägnant auf den Begriff gebracht wie die Saint-Simonistin Claire Démar, die in «Meine Moral der Zukunft» u. a. schrieb:

*«Ja, die Befreiung der Proletarier, der ärmsten und zahlreichsten Klasse, ist nur möglich – davon bin ich überzeugt – mit der Befreiung unseres Geschlechts, mit der Assoziation von Kraft und Schönheit, Härte und Lieblichkeit des Mannes und der Frau.»*[15]

Modern, und das heißt bis heute nicht gelöst, sind die Widersprüche, die diese Frauen bereits benannt haben und an denen sie scheiterten. Denn so verdienstvoll die grundlegende Ehekritik und der Angriff auf die herrschenden Moralvorstellungen ihrer Zeit durch die Saint-Simonisten waren, sie wurden auch schon von ihren männlichen Vertretern auf eine «freie Liebe» zurechtgestutzt, der die ökonomischen und politischen Konsequenzen zur Gleichstellung der Frauen fehlte. Die Frauen selbst wollten viel mehr, als «nur» der Liebe leben, sie waren sich auch der Konsequenzen bewußt.

Die Provokation, die in dem gleichen Recht auf Liebe lag, wurde populär in den Romanen und in der Lebensweise der George Sand, deren Männerkleidung und *«Zigarren rauchende Emanzipation»* für die Philister ein Stein des Anstoßes wurde. Die Rehabilitierung der Sinnlichkeit und Sexualität und die Thematisierung der Geschlechterbeziehungen unter dem Schlagwort *«Emanzipation des Fleisches»* haben in der Folge zu vielen Mißverständnissen geführt, gegen die sich auch Frauenrechtlerinnen meinten verteidigen zu müssen. So etwa, wenn Louise Otto immer wieder beteuerte, nicht zu den «Emanzipierten» zu gehören. Hier also sind Berührungspunkte

14  Zit. n. Das nächste Jahrhundert, S. 91.
15  Zit. n. Das nächste Jahrhundert, S. 212.

bzw. Abgrenzungsversuche zwischen französischer und deutscher Frauengeschichte. Was ist parallel zu diesen *«Französischen Zuständen»* über die *«heimische Misère»*[16] zu berichten?

## Deutsche Zustände

Zu den politisch bemerkenswerten Ereignissen gehört das Hambacher Fest, eine Volksversammlung von 30000 Demokraten vom 27. bis 30. Mai 1832 auf dem Hambacher Schloß in der Nähe des kleinen pfälzischen Neustadt an der Weinstraße. Das Hambacher Fest war Ausdruck eines politischen und sozialen Protestes gegen die absolutistischen Regime des Deutschen Bundes und plädierte für einen liberalen Verfassungsstaat und eine nationale Einigung. Es heißt: Frauen nahmen massenhaft teil. Im Aufruf zur Feier des Hambacher Festes waren sie von den Veranstaltern gesondert angesprochen worden:

*«Deutsche Frauen und Jungfrauen, deren politische Mißachtung in der europäischen Ordnung ein Flecken ist, kommet und schmücket die Versammlung durch eure Gegenwart.»*[17]

Einer der Initiatoren, Jacob Siebenpfeiffer, widmete ihnen in seiner Rede besondere Aufmerksamkeit, doch seine politische Schlußfolgerung blieb biedermännisch patriarchal.

Er wußte *«die emsige Hausfrau»* zu schätzen, *«die jeden Kreuzer zu Rate hält, Weißzeug und Kleidung, Küch' und Keller, Speicher und Garten besorgt… Im Hause sei das Weib freie Genossin, liebende Mutter, mitverwaltende Wirthin… Doch – herrschen sollen sie nicht! Die Staatsgesetze, welche das Weib zur Regierung berufen, mögen im Interesse der regierenden Familien erdacht seyn; dem Interesse der Völker, der Würde der Männer widerstreiten sie…»*[18]

Im Königreich Sachsen wurde zwischen 1828 und 1838 endlich die Geschlechtsvormundschaft über Frauen abgeschafft, eine noch aus dem Mittelalter stammende Rechtsregel, wonach Frauen sich grundsätzlich bei allen Rechtshandlungen, insbesondere auch vor

16  So Heinrich Heine, Vorrede zur Vorrede der Schrift Französische Zustände, 1832, Heines Werke in fünf Bänden, Weimar 1958, 4. Bd., S. 7 f.
17  H. G. Haasis, Volksfest, S. 151 f.
18  Ebd., S. 156/157.

Gericht, immer durch einen Mann vertreten lassen mußten. In der Regel war dies der Vater oder der Ehemann, manchmal auch, zumindest bei Witwen, ein Ratgeber der eigenen Wahl. Dennoch wurden Ehefrauen – unabhängig von diesem gewaltigen Rechtsfortschritt – über die Ehegesetze auch noch nach der Verabschiedung des Bürgerlichen Gesetzbuches, des BGB, bis 1953 wie Minderjährige behandelt, d. h. bei allen wichtigen Rechtsgeschäften blieben sie von der Genehmigung und Zustimmung ihres Ehemannes abhängig.

In dem Maße, in dem zunehmend individuelles Glück, Zuneigung, Liebe gar und nicht nur die elterliche Entscheidung oder ökonomische Gründe für die Eheschließung eine Rolle spielen, ist auch die Konvenienzehe für die Frauen immer weniger zu ertragen. Die individuelle Emanzipation wird zur Voraussetzung des politischen Handelns. Zum Beispiel:

**Kathinka Zitz**, geb. Halein: geboren 1801 in Mainz, Schriftstellerin, Mitarbeiterin von Zeitungen, Zeitschriften und Almanachen, Autorin zahlreicher Gedichte, Novellen, Romane. Sie hatte 1837 den radikal-demokratischen Anwalt Dr. Franz Heinrich Zitz, später Abgeordneter der Frankfurter Nationalversammlung, geheiratet, sich jedoch schon ein Jahr nach ihrer Heirat von ihm getrennt, ein Jahr in Paris mit Übersetzungen (u. a. Victor Hugos) ihren Unterhalt bestritten, ließ sich aber nicht scheiden. Eine lange Leidensgeschichte ehelicher Zerrüttung und gleichzeitig doch politischen Engagements begann.[19]

**Mathilde Franziska Anneke**, geb. Giesler: Sie war 1817 geboren, seit 1837 in erster Ehe verheiratet mit dem Weinhändler A. v. Tabouillet, von dem sie sich 1843 scheiden ließ. Nach einem aufsehenerregenden Prozeß wurde ihr sogar die einzige Tochter zugesprochen. Ihren Lebensunterhalt versuchte sie sich als Journalistin zu verdienen. Sie veröffentlichte seit 1839 Dichtungen, Feuilletons und ein Theaterstück. Ihr Weg zur Politik begann mit ihrem Eintritt in den «Demokratischen Verein» in Münster, in dem sie auch ihren späteren Mann, Fritz Anneke, kennenlernte.[20]

19  Vgl. Schwestern, zerreißt eure Ketten, hg. von Gerlinde Hummel-Haasis, München 1982, S. 259 f.
20  Maria Wagner, Mathilde Franziska Anneke in Selbstzeugnissen und Dokumenten, Frankfurt 1980.

Kathinka Zitz

Mathilde Franziska Anneke

Louise Aston

**Louise Aston**, geb. Hoche: Sie war knapp 30 Jahre alt, als sie sich 1844 mit ihrer Tochter Jenny Louise in Berlin niederließ. Sie hatte eine unglückliche Ehe mit dem 23 Jahre älteren Industriellen Samuel Aston hinter sich. Sie hatten sogar zweimal geheiratet und sich zweimal scheiden lassen. In der Folgezeit hat sie nicht nur als «Amazone des Kostüms» für Aufsehen gesorgt, sondern immer wieder ihre Existenz als Frau aufs Spiel gesetzt und auf eine das Bürgertum provozierende Weise für die Frauensache gestritten.[21]

Der in diesen Biographien beispielhaft gewordene Bruch mit traditioneller Fügsamkeit und Frauenrolle war mehr als ein gesellschaftlicher Skandal. Er deutete Beunruhigung, Protest und zumindest individuellen Widerstand an. Denn abgesehen von den politischen Zuspitzungen, war die innere Rebellion seit langem vorbereitet, im Protest der Romantikerinnen gegen die Zumutungen der Ge-

21 Vgl. Germaine Goetzinger, Für die Selbstverwirklichung der Frau: Louise Aston, Frankfurt 1983.

schlechterrolle, gegen bürgerliche Ordnungen und Institutionen wie Ehe und Familie, gegen *«den Mottenfraß der Häuslichkeit, weil man in einer glücklichen Häuslichkeit sonntags immer die Dachziegel vom Nachbarn zählt»* (Bettina von Arnim). Zugegeben, dieser frühe romantische Protest blieb unpolitisch, individuell, subjektiv. Doch die Radikalität dieser Subjektivität war eine Voraussetzung für die Personwerdung der Frau, für ihr Selbst-Bewußtsein. Rahel Varnhagen von Ense, geb. Levin (1770–1833), mehr als 30 Jahre lang Zentrum literarischer Gesellichkeit in Berlin, hat in ihren Briefen ihre Zeit entlarvt: *«...und kann ein Frauenzimmer dafür, wenn es auch ein Mensch ist?»* Briefe hat die Zeit den Frauen als den ihnen gemäßen Ausdruck zugestanden, und Rahels Briefe gehören zur Weltliteratur:

*«...kein ‹Jungfernkranz›, kein Elephant über Theaterbrücken; keine Wohltätigkeitsliste, kein Vivat, keine Herablassung, keine gemischte Gesellschaft, kein neues Gesangbuch, kein bürgerlicher Stern, nichts, nichts konnte mich je schwichtigen.»*[22]


## 3. «Wo der Mangel an Freiheit fühlbar wird, kann es auch kein Glück geben!» (Flora Tristan) – 1843: Ein Jahr des Aufbruchs

War es ein zufälliges Zusammentreffen, oder waren die Zeiten nun endlich so «laut» geworden, daß die Stimmen der Frauen nicht mehr fehlen konnten? Das Jahr 1843 ist in vieler Hinsicht als Aufbruch, als Neubeginn zu bezeichnen.

### Das Königsbuch von Bettina von Arnim

1843 erschien Bettina von Arnims umfängliche Schrift «Dies Buch gehört dem König»[23], eine sozialkritische Studie über die feudalen

22  Rahel Varnhagen, Brief v. 21. Sept. 1830 an Heinrich Heine, Rahel Bibliothek, Gesammelte Werke, München 1983, Bd. III, S. 445.
23  «Dies Buch gehört dem König», erschienen in: B. v. Arnim, Werke und Briefe, 3. Bd., Frechen 1963.

Zustände ihrer Gegenwart, die sie literarisiert der «Frau Rat» Goethe in den Mund legt, ergänzt – und dies war in der Tat für eine Literatin ungewöhnlich – durch eine journalistische Reportage über die Vogtlande, ein Armenviertel vor den Toren Berlins. Wie viele preußische Zeitgenossen war sie enttäuscht von dem autoritären Regierungsstil und den anhaltenden politischen Mißständen nach der Thronbesteigung Friedrich Wilhelms IV. und wollte mit ihrer Widmung nicht nur die Zensur umgehen, sondern dem König ins Gewissen reden. Sie machte sich zur Wortführerin einer politischen Opposition, ohne sich doch selbst zu gefährden – listig hatte sie durch viele weiße Flecken bzw. Gedankenstriche in ihrem Text Selbstzensur geübt, auch dadurch prangerte sie die Mißstände an.

Ihre Wende zur politischen Schriftstellerin, die öffentlich und praktisch für politisch Verfolgte Partei ergriff, war mit dieser Schrift vollzogen. Doch ihr bereits angekündigtes «Armenbuch» hat Bettina – sehr bald verdächtig als «Kommunistin» oder Aufrührerin beim Weberaufstand (1844) – nicht mehr geschrieben.

## «Die Arbeitervereinigung» von Flora Tristan

Ebenfalls im Jahr 1843 – und d. h. fünf Jahre vor dem «Kommunistischen Manifest» von Marx und Engels – veröffentlichte Flora Tristan ihr Buch «Arbeitervereinigung» («Union Ouvrière»), das die Proletarier als Klassen leidenschaftlich und mit großer Überzeugungskraft zu «universaler» Vereinigung aufrief. Denn bis dahin waren die Arbeiter allenfalls in berufsspezifischen, zunftähnlichen Arbeiterbünden zusammengeschlossen. Ausdrücklich sprach sie Männer und Frauen an und begründete im einzelnen, warum sie die Frauen – *«die Hälfte der Menschheit»* – in diesem Gesellschaftsprojekt für unentbehrlich hielt, ja warum es im Interesse der Männer liegen mußte, ihre Frauen nicht als Sklaven zu behandeln:

*«Ich klage die Rechte der Frauen ein, weil ich überzeugt bin, daß alles Unglück dieser Welt aus dem Vergessen und der Mißachtung folgt, mit der man bisher die natürlichen und unveräußerlichen Rechte der Frauen behandelt hat… Das Verhältnis zwischen dem Herrn und der Sklavin ist belastet durch die Schwere der Kette, die sie beide miteinander verbindet. Da, wo der Mangel an Freiheit fühlbar wird, kann es auch kein Glück geben. …In eurem eigenen Interesse, Männer, zur Verbesserung eurer eige-*

*nen Situation, ihr Männer, schließlich im Namen des allgemeinen Wohls (de tous et toutes) fordere ich euch auf, für die Rechte der Frauen einzutreten und sie bis zu ihrer Verwirklichung wenigstens im Prinzip anzuerkennen.»*[24]

Obgleich Flora Tristan bereits eine bekannte und erfolgreiche Schriftstellerin war, fand sie für dieses Werk keinen Verleger. Es gelang ihr, in einer großangelegten Werbe- und Subskriptionskampagne das nötige Geld für eine Veröffentlichung aufzutreiben. Doch auf einer ihrer Propagandareisen für die Vereinigung der Arbeiter durch Südfrankreich starb sie, erst 41 Jahre alt, an Erschöpfung und Typhus. Ihre Beerdigung wurde zu einer Demonstration von Tausenden von Arbeiterinnen und Arbeitern. Um so erstaunlicher ist, daß Marx und Engels, die ihre Schriften kannten und von ihr lernten, sie nur beiläufig oder verächtlich erwähnten.[25]

## Leserzuschriften

Geradezu brav und harmlos müssen uns dagegen die Anfänge der deutschen Frauenemanzipationsbewegung vorkommen. Louise Otto hatte 1843 eine Leserzuschrift an die «Sächsischen Vaterlandsblätter» geschickt. Der Herausgeber der Zeitung, Robert Blum, hatte in einem Leitartikel vom 22. August 1843 unter der Überschrift «Die Theilnahme der weiblichen Welt am Staatsleben» die Frage aufgeworfen, welche Rolle denn Frauen in Staat und Gemeinde zu spielen haben, und behauptet: *«Die Theilnahme der weiblichen Welt am Staatsleben ist nicht nur ein Recht, sie ist eine Pflicht.»* Er hatte um Stellungnahmen zu dieser Ansicht gebeten und löste damit eine ganze Flut von Leserinnenzuschriften aus. Louise Otto war die erste, deren Brief, unter der Überschrift «Aus Meißen» und unterzeichnet mit ihrem vollen Namen – also nicht anonym, wie immer wieder falsch erzählt wird –, abgedruckt wurde.

Nach vielen zaghaften und entschuldigenden Vorreden – und frau bedenke, L. Otto war damals immerhin 24 Jahre alt und hatte kurz

24 Flora Tristan, Union Ouvrière, Paris 1967, S. 62, 63, 69. Deutsch: Arbeiterunion. Sozialismus und Feminismus im 19. Jahrhundert, hg. v. Paul B. Kleiser, Frankfurt 1988.
25 Friedrich Engels, Karl Marx, Die heilige Familie (1845), in MEW 2, S. 19/20.

vorher ihren ersten Roman «Ludwig der Kellner» veröffentlicht –
leitete sie sehr geschickt zu ihrer Rechtfertigung für die politische
Teilhabe der Frauen über. Sie begründete ihr Interesse an der Politik mit ihrer Liebe zu ihrer nächsten Umgebung, ihrer Heimat, die
sich in den zerrissenen politischen Verhältnissen Deutschlands erst
neuerdings, aber notwendigerweise zur Vaterlandsliebe und Staats-
bürgerschaft erweiterte. Ihr war klar, warum in anderen Ländern,
z. B. in Amerika und England, *«die Politik den Frauen nicht so ferne
lag»*, es waren schließlich konstitutionelle Staaten. Denn – so lautete
ihre Schlußfolgerung –

*«An der Stellung, welche die Frauen in einem Lande einnehmen, kann
man sehen, wie dick von unreinen Nebeln, oder wie klar und frei die Luft
eines Staates sei: – die Frauen dienen als Barometer der Staaten.»*[26]

Dieser Gedanke, daß die Stellung der Frauen in einer Gesellschaft
der Gradmesser für sozialen und politischen Fortschritt sei, ist uns
nun schon mehrfach begegnet, bei Charles Fourier, den Saint-Simonisten, auch bei Flora Tristan. Kannte Louise Otto vielleicht ihre
Schriften, oder liegen solche Gedanken, wenn sie fällig sind, für wache Zeitgenossen einfach in der Luft?

Auch andere Zuschriften und Antworten der Redaktion wurden
zu diesem offensichtlich heißen Eisen in der sächsischen Zeitung
abgedruckt. Die anderen Frauen schrieben nur anonym «Aus
Schlesien» oder «Aus dem Weimarischen». Auch für sie war es ein
*«beglückendes Gefühl, Ansichten, mit welchen man sich bisher verein-
zelt fühlte, nun als das Gemeingut mehrerer Gleichdenkenden öffentlich aussprechen zu hören»*. In der Form ebenso zaghaft, waren ihre
Ansichten doch nicht weniger radikal. Die Schreiberin aus Weimar
z. B. untersuchte die Gründe, die für die *«jämmerliche Teilnahmslo-
sigkeit der Frauen für die öffentlichen Zustände unseres Volkes»* verantwortlich wären, und schrieb:

*«Ich antworte und stelle allen anderen Ursachen voran: Ihr selbst, Ihr
Männer, tragt den wesentlichen Teil der Schuld; euer frostiges, begeiste-
rungsloses Leben bedarf der woll'nen Socken, und darum habt Ihr auch
nur Ehre für die also flechtenden und webenden Frauen.»*

26  Louise Otto: Die Theilnahme der weiblichen Welt am Staatsleben. In:
     Sächsische Vaterlandsblätter, 3. Jg., 1843, S. 633.

Erst als zweiten Grund nannte sie die schlechte und mangelhafte Erziehung der Mädchen, die fehlenden Erziehungsanstalten, die Zurichtung der Frauen auf eine Rolle, die dem Gedanken der Humanität, dem Geist und den Bedürfnissen der Zeit ihrer Meinung nach nicht mehr angemessen war.[27]

Damit war das Thema Frauenemanzipation endlich auf der Tagesordnung, die politische Debatte war eröffnet und Louise Otto mit der nun folgenden Artikelserie «Frauen und Politik» zur politischen Schriftstellerin und Wortführerin einer deutschen Frauenbewegung avanciert.

---

**Louise Otto** (geb. am 26.3.1819 in Meißen, gest. am 13.3.1895 in Leipzig) gilt unumstritten als Initiatorin, als «Mutter der deutschen Frauenbewegung». Denn sie hat diese Bewegung fast ein halbes Jahrhundert lang angeführt, organisiert und schließlich kommentierend begleitet. Wie wenig man ihrem Werk mit den üblichen biedermeierlichen Anekdoten und verehrungsvollen Klischees gerecht wird, zeigt eine gründliche und vorurteilslose Beschäftigung mit ihrem Lebenswerk. Sie war eine ungewöhnliche und unbequeme Frau, treffend ist ihre Kennzeichnung als «rote Demokratin» (so Ernst Bloch) oder ihre Selbstbeschreibung als «soziale Demokratin» und «sozialistische Republikanerin» noch in der weiten, für die frühe Arbeiterbewegung typischen Verknüpfung der Forderung nach Freiheit, Demokratie und Einheit des Vaterlandes. Zugleich war sie trotz Distanzierung von den zigarrerauchenden «Emanzipierten» eine frühe Feministin, die in allen Lebensphasen ihren Mut zu politischem Engagement aus der Beziehung und Orientierung an Frauen und einem «umfassenden Freundinnenkreis» bezog.[28]

Louise Otto wuchs in einem bürgerlichen, liberalen Elternhaus in Meißen auf, in dem viel gelesen und diskutiert wurde, auch mit den Töchtern und auch über Politik und die Rechte der Frauen. Früh auf sich allein gestellt, unternahm sie als junge Frau Bildungsreisen in die nähere und fernere Umgebung, arbeitete als Dichterin und Journalistin, zunächst unter Pseudonym, und engagierte sich in der demokratischen Bewegung des Vormärz. Als «Lerche des Völkerfrüh-

---

27  In: Sächsische Vaterlandsblätter, 3. Jg., 1843, S. 792–794.
28  Ruth-Ellen Boetcher-Joeres, Die Anfänge der deutschen Frauenbewegung: Louise Otto-Peters, Frankfurt 1983, S. 14 f, auch zum Folgenden.

lings» und Autorin sozialkritischer Romane war sie schon um 1848 eine prominente Persönlichkeit.

Mit der Herausgabe ihrer Frauen-Zeitung «Dem Reich der Freiheit werb' ich Bürgerinnen» im Jahr 1849 gab sie den Anstoß zur Organisierung von Fraueninteressen und Frauenvereinen, die jedoch mit dem Scheitern der Revolution verboten wurden. Sie war lange mit dem zu Zuchthaus verurteilten Revolutionär August Peters verlobt und heiratete ihn nach seiner Entlassung im Jahr 1856. Die Ehe endete mit dem frühen Tod Peters 1864. 1865 gründete sie zusammen mit Auguste Schmidt den «Allgemeinen Deutschen Frauenverein» (ADF), gab ab 1866 das Vereinsorgan «Neue Bahnen» heraus und regte auch die Gründung von Arbeiterinnenvereinen an.

Sie veröffentlichte wichtige Schriften zur Frauenemanzipation, eine große Zahl historischer Romane, Erzählungen und Gedichte sowie Arbeiten zu Kunst und Kultur. Auch wenn sie sich seit 1870 zunehmend aus der aktiven Vereinsarbeit zurückzog – sie lebte in Leipzig in äußerst bescheidenen Verhältnissen, da ihr väterliches Erbe mit der Herausgabe der Frauen-Zeitung verbraucht war –, blieb sie doch der Frauenbewegung allein durch die Redaktion der «Neuen Bahnen» bis zu ihrem Tod wegweisend verbunden.

## Lesetips

Ruth-Ellen Boetcher-Joeres: Die Anfänge der deutschen Frauenbewegung: Louise Otto-Peters, Frankfurt 1983

Frauenemanzipation im deutschen Vormärz, hg. v. R. Möhrmann, Stuttgart 1978

Das nächste Jahrhundert wird uns gehören. Frauen und Utopie 1830 bis 1840, hg. v. C. v. Alemann, D. Jallamion, B. Schäfer, Frankfurt 1981

Ingeborg Drewitz: Bettine von Arnim. Romantik – Revolution – Utopie, München 1986

# 2. KAPITEL

**Um 1848**

**Vormärz und Revolution**

# 1. «Wir wollen lieber fliegen als kriechen.» (Louise Otto) – Emanzipierte und «Femme scandaleuse»

«*Die politische Poesie hat die deutschen Frauen aufgeweckt*», schrieb Louise Otto in einem ihrer ersten Artikel der «Sächsischen Vaterlandsblätter». Die Dichter und Schriftsteller des Jungen Deutschland, allen voran Heinrich Heine und Ludwig Börne, Karl Gutzkow und Theodor Mundt hatten seit den dreißiger Jahren die Literatur aus dem Himmel der Kunst, des Erhabenen, auf die Erde zurückgeholt und politisch zur Verantwortung gezogen. Ihre Prosa und ihre Lieder sollten wirken in ihrer Zeit, waren «tendenziös», oppositionell, politisch engagiert im Kampf gegen den Polizeistaat, für Verfassung, Demokratie, Presse- und Meinungsfreiheit. Andere, Georg Herwegh und Ferdinand Freiligrath oder Alfred Meißner z. B., hatten sich in ihrem Werben für die Einheit und Freiheit Deutschlands ausdrücklich an die Frauen gewandt.

> «*Traget Ihr ein Schwert in Myrten,*
> *Denn mich dünket: Frau und frei,*
> *Nicht so fremd einander klingen*
> *Diese Worte, diese zwei.*»
> (G. Herwegh)

Doch die Frauen mußten nun gar nicht mehr gerufen werden. Viele, die bisher nur noch nichts voneinander wußten, waren einzeln bereits in Bewegung und brachten so etwas in Gang. Poesie war eines der Ausdrucksmittel, mit denen sie sich nun – zunächst unter «Veilchen» und «Rosen» versteckt, dann immer offenherziger und offensiver – zu Wort meldeten. Da war die Rede von «Märzveilchen», die nur schüchtern zum Vorschein kamen (Kathinka Zitz), oder von «Wilden Rosen» «in der Freiheit wilder Pracht» (Louise Aston), von «wirbelnden Lerchen» und «Lenzbegeisterungsglut» (Louise Otto) – Bilder und Symbole, die dem Zensor ein Schnippchen schlagen sollten und auch verstanden wurden.

Der Gedichtzyklus «Lieder eines deutschen Mädchens» machte Louise Otto im Vormärz mit einem Schlag berühmt und brachte ihr den Ruf einer «*Lerche des Völkerfrühlings*» ein. Das heißt, sie muß vielen aus der Seele gesprochen haben, «*weil*» – wie sie selbst feststellte – «*meine Lieder nur von Freiheit tönen*», «*weil ich ein Weib und doch begeistert bin*».[1]

Zwei Themen beherrschen nicht nur die politische Poesie der Frauen, sondern auch ihre Schriften und politischen Aktivitäten. Sie haben anscheinend nichts miteinander zu tun und umschreiben doch das Bündel der Widersprüche im Lebenszusammenhang von Frauen: soziale Mißstände, Ungerechtigkeit einerseits und die Probleme der Ehe als von Staat und Kirche geschützter Institution andererseits. Denn nach der Meinung der Frauen, die sich im Vormärz zu Wort meldeten[2], war gerade auch die bürgerliche Ehe vor allem anderen durch Ungleichheit, Abhängigkeit und Gewalt gekennzeichnet. Gegen diese Übel klagten sie ihr Selbstbestimmungsrecht als Menschenrecht ein, und zwar das Recht zu gleicher und auch freier Liebe sowie das Recht zur Selbständigkeit und Mündigkeit im Staat.

Der «Fall» der Louise Aston, der deutschen George Sand, ist ein Beleg dafür, wie ein freies Liebesleben nicht nur zu einem «öffentlichen Ärgernis», sondern in einem reaktionären Staat auch zu einem Politikum hochgespielt werden kann. Nach ihrer Scheidung von Samuel Aston genoß Louise, ohne wirtschaftlich abgesichert zu sein, das freie Berliner Leben «in vollen Zügen». Ob sie dabei gelegentlich Männerkleidung trug, Zigarren rauchte oder öffentliche Lokale besuchte, war eigentlich unwichtig. Alle, die sich zu ihrer Person äußerten – in Memoiren, Zeitungsartikeln und Polizeiberichten –, betonen ihre Anmut, ihre geschmackvolle, elegante Toilette, ihren Witz und ihre Intellektualität und den Zauber ihrer Persönlichkeit. Sie verkehrte in Literaten- und Künstlerkreisen und in der Hippelschen Weinstube, einem Treffpunkt der Berliner Linken. Mit der Veröffentlichung ihrer Gedichtsammlung «Wilde Rosen», einem freimütigen Bekenntnis zu freier, sinnlicher Liebe, war ihr Ruf als «femme scandaleuse» und als «Emanzipierte» perfekt – ver-

---

1 L. Otto, Lieder eines deutschen Mädchens, Leipzig 1847, S. 3. Vgl. Louise Otto-Peters, hg. von Ruth-Ellen Boetcher-Joeres, Frankfurt 1983, S. 67 ff.

2 Dies gilt für L. Otto, L. Aston und M. F. Anneke, vgl. insbes. auch Louise Dittmar, Das Wesen der Ehe, Leipzig 1849, oder die von R. Möhrmann in: Die andere Frau, Stuttgart 1977, vorgestellten Schriftstellerinnen der 48er Revolution.

gleichbar etwa dem heutigen Schimpfwort «Emanze». Sie wurde von der Polizei bespitzelt, anonyme Briefschreiber denunzierten sie beim Polizeipräsidenten oder gar beim preußischen König und forderten das Einschreiten der Staatsgewalt:

*«An den Königlichen Polizei-Präsidenten*
*Herrn von Puttkammer Hochwohlgeboren!*

*(Berlin, Ende Dezember 1845)*

*Hochwohlgeborener Herr*
*Eine Sache, die jedem guten Patrioten tief zu Herzen geht, und gehen muß, bekümmert auch mich, und ich sehe mich daher veranlaßt, Euer Hochwohlgeboren dies ans Herz zu legen um so möglich die strengsten Maßregeln dagegen zu ergreifen! – Eine gewisse Asten oder Aston… zieht durch ihre Verführungskünste, und durch entsetzliche Ausschweifungen, Männer jedes Standes und Alters nach sich; nicht genug, daß Männer ihr Einkommen und Vermögen dieser Buhlerin opfern müssen, so hat dies Weib im Verein mit vielen Männern, Dichtern, Künstlern, Offizieren, Juden etc. ein Komplott gegen den Staat, den König und (die) Religion gebildet… Ist diese gefährliche Person nicht in 14 Tagen aus der Stadt, und überhaupt unschädlich gemacht, so geht ein eben solches Schreiben an den König!!!»*[3]

Die Aston wurde polizeilich verhört und schließlich trotz persönlichen Einspruchs beim Innenminister am 21. April 1846 aufgefordert, Berlin innerhalb einer Woche zu verlassen. In dem Bericht des Polizeipräsidiums an den preußischen König ist wörtlich nachzulesen, was sie bei ihrer Vernehmung «ohne Scheu» erklärt haben soll:

*«…sie glaube nicht an Gott und rauche Zigarren. Sie beabsichtige die Frauen zu emanzipieren und sollte es ihr Herzblut kosten. Sie halte die Ehe für ein unsittliches Institut und erst, wenn der Glaube an Gott und das Institut der Ehe fortfalle, würden die Menschen glücklich sein.»*[4]

In der unmittelbar nach ihrer Ausweisung erarbeiteten Schrift «Meine Emancipation, Verweisung und Rechtfertigung» hat L. Aston ihren «Fall» sorgfältig dokumentiert. U. a. ist da auch das Gespräch mit dem Innenminister protokolliert, das mit der Bemerkung endet: *«Nun, Exzellenz, wenn sich erst der preußische Staat vor einer*

3  Zit. n. G. Goetzinger, Louise Aston, S. 30/31.
4  Ebd., S. 53.

*Frau fürchtet, dann ist es weit genug mit ihm gekommen.»*[5] Vor allem
aber nutzte sie diese Schrift noch einmal zu einer grundsätzlichen
Ehekritik, und es wird deutlich, wie der Verdacht, *«eine solche
Frauen-Emanzipation zu organisieren, gefährliche Ideen ins Leben
rufen zu wollen»*, an den Grundfesten eines patriarchalischen Staates rütteln mußte, also ein politisches Unternehmen war:

*«Keiner äußern Gewalt, am wenigsten der Staatsgewalt steht das Recht zu,
dies mein innerstes Heiligthum anzutasten, solange ich für diese Ideen
keine äußere Propaganda stifte. Ich glaube allerdings nicht an die Notwendigkeit und Heiligkeit der Ehe, weil ich weiß, daß ihr Glück meistens
ein erlogenes und erheucheltes ist... Ich kann ein Institut nicht billigen, das
mit der Anmaßung auftritt, das freie Recht der Persönlichkeit zu heiligen,
ihm eine unendliche Weihe zu ertheilen, während nirgends gerade das
Recht mehr mit Füßen getreten wird... Ich verwerfe die Ehe, weil sie zum
Eigenthum macht, was nimmer Eigentum sein kann: die freie Persönlichkeit; weil sie ein Recht giebt auf Liebe, auf die es kein Recht geben kann;
bei der jedes Recht zum brutalen Unrecht wird.»*[6]

Der Fall Aston hat zu seiner Zeit Aufsehen erregt, viele Stellungnahmen hervorgerufen, u. a. auch von Mathilde Franziska Anneke:

*«Die Stimme dieses Büchleins rief manche Schläferinnen wach, die von
dem Brodeln ihres Kochtopfes am Herde noch nicht zu tief eingenickt waren... Es gilt auch in diesem Falle, die Stellung des Weibes innerhalb der
Gesellschaft zu vertreten..., (und) seine äußeren Rechte gegen die Gewalten dieser Erde offen zu verteidigen.»*[7]

5  L. Aston, Meine Emancipation, Verweisung und Rechtfertigung, Brüssel
   1846, S. 26.
6  Ebd., S. 45/46.
7  Mathilde Franziska Anneke, Das Weib im Konflikt mit den sozialen Verhältnissen, o. O. 1847, zit. n. Renate Möhrmann, Frauenemanzipation im
   deutschen Vormärz. Texte und Dokumente, Stuttgart 1978, S. 83 u. 82.

## 2. «Seht ihr sie sitzen am Klöppelkissen . . .» (Louise Otto)

Die soziale Not, das zunehmende Elend der «arbeitenden Klassen» im Zuge der industriellen Revolution waren der Boden, auf dem am Vorabend der 48er Revolution soziale Proteste, Hungerrevolten und das Bewußtsein von der Notwendigkeit einer grundlegenden – revolutionären – Veränderung der gesellschaftlichen Verhältnisse erwuchsen. Ursache der Massenarmut, des sog. Pauperismus, war neben einer ungeheuren Bevölkerungsvermehrung nicht die Industrialisierung selbst, sondern die Tatsache, daß sie erst so spät einsetzte und deshalb z. B. mit dem weiter entwickelten England und der Konkurrenz der dort industriell hergestellten Güter nicht mehr mithalten konnte. Die Folge waren sinkende Löhne für Hand- und Heimarbeit bei gleichzeitiger Teuerung oder überhaupt fehlende Nahrungsquellen für die Masse der ehemaligen Landarbeiter und seit der Bauernbefreiung landlosen Unterschichten. Die Lage wurde in den Jahren 1846/47 verschärft durch eine Mißernte an Kartoffeln, dem Hauptnahrungsmittel zu dieser Zeit.

### Soziale Not und soziale Fragen

Bekannt geworden, auch als Gegenstand literarischen und politischen Protests (z. B. in Gerhart Hauptmanns «Die Weber»), ist das Elend der Heimarbeiter durch den Aufstand der schlesischen Weber im Jahr 1844, der mit Waffengewalt niedergeschlagen wurde. Dieser Aufstand erlangte deshalb soviel publizistische Aufmerksamkeit, weil er beispielhaft war für viele andere Notlagen wie etwa Hungersnöte, örtlich aufflackernde Unruhen und Streiks, und den Klassenkonflikt und die neue «soziale Frage» grell beleuchtete.

Mindestens die Hälfte dieser Weber waren Frauen, Arbeiterinnen, Betroffene, Leidtragende. Besonders Louise Otto hat von Anbeginn mit ihrem Eintreten für die Rechte der Frauen auch die soziale Not der Arbeiterinnen, der *«Ärmsten im Volke»*, zu ihrer Sache gemacht und sich als ihre Anwältin verstanden. Bei Familienbesuchen im sächsischen Erzgebirge, bei Reisen in die Weberdörfer der Lausitz und ins Riesengebirge hatte sie das Heimarbeiterelend der

Weberaufstand (Käthe Kollwitz)

Klöpplerinnen, Weberinnen und Stickerinnen aus nächster Nähe kennengelernt und sich genauestens über das Ausmaß der Ausbeutung und Ungerechtigkeiten informiert. In ihren Romanen – «Schloß und Fabrik» wurde deshalb zunächst von der Zensur verboten –, in Gedichten und Novellen griff sie die Problematik auf. Sie schrieb in den Zeitschriften ihrer politischen Freunde – in «Unser Planet», im «Leuchtturm», beide herausgegeben von Ernst Keil, weiter in den «Sächsischen Vaterlandsblättern» oder in der «Leipziger Arbeiter-Zeitung» – Reportagen und Leitartikel *Für die Arbeiterinnen*[8].

8 Zuerst erschienen im Leuchtturm 1848, hier zit. n. Frauen-Zeitung v. L. Otto, 1849, Nr. 20, vgl. auch die verschiedenen Quellen bei R.-E. Boetcher-Joeres, a. a. O.

[...] Diejenigen aber, die nicht gelernt haben, diese gröbsten Arbeiten zu verrichten, oder die durch ihre Kinder oder alte Eltern ans Haus gefesselt sind, sich also auch nicht vermieten können, müssen sogenannte weibliche Arbeiten verrichten: Stricken, Nähen, Stikken. — Welche Konkurrenz hierin, welches Angebot der Arbeitskräfte im Verhältnis zu ihrem Verbrauch, und daher welch geringer Lohn!

Eine Strickerin bekommt für ein Paar Strümpfe zu stricken in der Regel 5 Ngr. — 2 bis 3 Tage muß sie darüber stricken, wenn sie nicht nebenbei etwas anderes tut. Da es die leichteste Arbeit ist, fällt sie meist den Kindern und alten Frauen zu, die zu anderen Arbeiten unfähig sind. Aber welche Konkurrenz! [...] Die armen Strickerinnen schätzen sich daher oft glücklich, wenn sie für die „Strumpfstricker", die damit handeln, stricken können; sie dürfen da doch immer auf Arbeit rechnen, wenn sie gleich dieselbe n o c h s c h l e c h t e r  b e z a h l t bekommen. Derselbe Grund ist es, welcher die Stickerinnen antreibt, für die Fabriken zu arbeiten. Sie werden für diese Weißstickereien sehr schlecht bezahlt, aber sie haben wenigstens keine Auslagen, da sie die Stoffe, Garne und Zeichnungen geliefert bekommen und, außer wenn eine Handelskrisis eintritt, doch sichere Beschäftigung. — Eine solche Stickerin — und gewiß kennt jedermann die kunstreichen Arbeiten des modischen Weißzeugs — verdient den Tag etwa 2 bis 3 Ngr., wenn sie von früh bis zum späten Abend arbeitet. [...] — Auch die Arbeiterinnen der großen Städte schätzen sich glücklich, wenn sie für eine Handlung, ein Putzgeschäft oder dergleichen arbeiten können — sie haben dann doch immer zu tun —, aber wenn sie von früh 6 bis abends 9 Uhr mit der geringen Unterbrechung der Mittagszeit arbeiten, können sie etwa, je nachdem die Arbeit ist, 3 bis 5 Ngr. verdienen — m e h r  g e w i ß  n i c h t. [...] Was soll ich von den Klöpplerinnen im Erzgebirge sagen? Hier sind 3 bis 5 Pfennige der gewöhnliche Verdienst eines Tages! [...] Hättet ihr diese Mädchen und Frauen des oberen Erzgebirges gesehen! — Die Kinder, die in den dumpfen Stuben aufwachsen, sehen gespenstisch aus, bleich, mit abgemagerten Armen und Beinen und aufgetriebenen Leibern — von der einzigen Nahrung, die sie haben, der Kartoffel. [...] Die kleinen Mädchen müssen klöppeln, sobald sie die Händchen regelrecht regen können — da verkümmern sie am Klöppel-Kissen, an dem die Mutter schon verkümmerte, daß sie nur s ch w ä ch l i ch e n Kindern das Leben geben konnte, am Klöppel-Kissen, an dem die Großmutter erblindete! Denn das unverwandte Sehen auf die feinen Fäden und Nadeln raubt den Augen frühe die Sehkraft, und die spielende Bewegung der kleinen Klöppel mit den Fingern macht diese fein und die Arme schwach und mager, untauglich zu jeder andern Beschäftigung. [...]

(Auszüge aus: Louise Otto, Für die Arbeiterinnen. In: «Frauen-Zeitung», Nr. 20 / 1849)

### Das Verhältnis von Lohn zur Kaufkraft

1 Neugroschen = 1/30 Taler entsprach etwa 10 Pfennig. Für einen Tageslohn von 2 bis 3 Groschen konnte sich eine Stickerin allenfalls ein Pfund Schweinefleisch kaufen, aber noch nicht einmal ein halbes Pfund Butter. Billigstes und hauptsächliches Nahrungsmittel war die Kartoffel, ein Kilo Kartoffeln kostete um 1845 etwa 3 Pfennig. Um so verheerender waren die Folgen, als 1846/47 diese Nahrungsgrundlage durch eine Mißernte entfiel. Fast die Hälfte der gesamten Ausgaben einer Arbeiterfamilie wurde für Brot und Kartoffeln ausgegeben. Entsprechend eintönig und arm an lebenswichtigen Nährstoffen war der tägliche Speisezettel:

Da gab es morgens Schwarzbrot und Kaffee – d. h. bei den meisten einen aus der Zichorienwurzel gewonnenen Kaffee-Ersatz –, mittags Kartoffeln und abends wieder Kartoffeln, allenfalls sonntags Sauerkraut und nur an hohen Festtagen ein Stück Fleisch. Selbst wenn man sich die Kartoffeln als «gequellte oder gekränzte», ein andermal als Kartoffelbrei oder -suppe oder als Wassersuppe mit Kartoffelstückchen zu denken hat, konnten doch die besten Kochkünste bei einer derartig ärmlichen und einseitigen Kost nicht viel ausrichten.[9]

Die Löhne von Frauen erreichten in der Zeit der industriellen Revolution in allen Branchen und Berufsgruppen nur einen Bruchteil des Männerlohnes und betrugen z. B. bei den Spinnerinnen und Weberinnen nicht einmal die Hälfte der Männerlöhne.[10]

9 Vgl. hierzu Lothar Schneider, Der Arbeiterhaushalt im 18. und 19. Jahrhundert, Berlin 1967, S. 33f. und Wolfram Fischer, Jochem Krengel u. Jutta Wietog, Sozialgeschichtliches Arbeitsbuch I, München 1982, S. 170.
10 Vgl. Jürgen Kuczynski, Die Geschichte der Lage der Arbeiter unter dem Kapitalismus, Bd. 18: Frauenarbeit, Berlin 1963, S. 73f.

# Weberlied.

Seht auf dem Felde die Lilien an:
   Die arbeiten nicht
   Und die spinnen nicht —
Doch scheint ja die liebe Sonne sie an,
Doch tragen sie Kleider, schön gemacht,
Noch schöner als Salomo in seiner Pracht.

Seht auf den Bäumen die Vöglein an:
   Die arbeiten nicht
   Und die spinnen nicht —
Die singen nur froh zu dem Himmel hinan
Und werden ja alle, all' ernährt
Und nimmer wird ihnen das Leben erschwert!

Am Webstuhl aber da stehen wir,
   Wir arbeiten früh
   Und wir spinnen spät:
Doch tragen wir Lumpen, doch hungern wir —
Doch finden wir nimmer des Lebens Freud'
Und schleppen mit uns ein nie endendes Leid!

(Aus: Louise Otto, Lieder eines deutschen Mädchens, Leipzig 1847)

Immer wieder hat Louise Otto die Aufmerksamkeit auch auf die Probleme eines typischen Frauenerwerbszweiges gelenkt, in dem die Frauen trotz der im 19. Jahrhundert eingeführten Gewerbefreiheit unter der Konkurrenz und den Schikanen der Männer zu leiden hatten: auf die Schneiderinnen oder, wie man damals sagte, «die Schneidermamselln».

> «Schafft ab zum ersten die Schneidermamselln,
> die das Brot verkürzen uns Schneidergeselln!»

lautet die bezeichnende Zeile eines Spottgedichts von Adalbert v. Chamisso. Zwar durften Mädchen und Frauen nach der Aufhebung der Zunftschranken bei einem Schneidermeister das Schneiderhandwerk erlernen, auch wenn sie in der Regel dafür bezahlen mußten. Doch aus Sorge um das Eindringen von «Emporkömmlingen» oder «Pfuscherinnen» – sprich: aus Konkurrenzangst – hatten die «tüchtigen» Handwerksmeister durchgesetzt, daß Frauen ihre Schneiderei nur im Haushalt der Auftraggeber, d. h. als Tagelöhnerinnen, niemals aber bei sich zu Hause oder als selbständige Handwerksmeisterinnen ausüben durften. L. Otto schildert in ihren Lebenserinnerungen,

*«wie damals jene Kleiderverfertigerinnen in Angst und Zittern lebten vor den strengen Herrn Damenschneidern und der Polizei – denn beide vereint, durften bei ihnen an jedem beliebigen Tag Haussuchung halten und die Stoffe oder angefangenen Kleider confiscieren, an denen sie die Schneiderin daheim arbeitend trafen».*[11]

In vielen Artikeln machte sie damals auf diese Ungerechtigkeit aufmerksam, unterzeichnete Petitionen der Schneiderinnen und forderte *«Schneiderwerkstätten, in denen nur von Frauen für Frauen gearbeitet wird»*[12].

Als im Verlauf der Märzrevolution die Arbeiterfrage auf die politische Tagesordnung kam und die Regierungen unter dem Druck einer neuen politischen Öffentlichkeit sogar Arbeiterkommissionen einrichteten, war ihre «Adresse eines deutschen Mädchens» vom 20. Mai 1848 an den sächsischen Minister Oberländer ein folgerichtiger, aber dennoch ungewöhnlicher Schritt. Der Appell fand weite Beachtung und wurde in vielen Zeitungen und Zeitschriften abgedruckt (Siehe Seite 52).

11  L. Otto, Frauenleben, S. 159.
12  Zit. n. R.-E. Boetcher-Joeres, Louise Otto-Peters, S. 103.

[...]

Meine Herren! Misverstehen Sie mich nicht: ich schreibe diese Adresse nicht trotzdem, daß ich ein schwaches Weib bin — ich schreibe sie, weil ich es bin. Ja, ich erkenne es als meine heiligste Pflicht, der Sache Derer, welche nicht den Muth haben, dieselbe zu vertreten, vor Ihnen meine Stimme zu leihen.

[...]

Sie wissen es Alle, daß unter den vorzugsweise sogenannten arbeitenden Classen die Frauen so gut wie die Männer für das tägliche Brot arbeiten müssen [...]

Meine Herren! im Namen der Moralität, im Namen des Vaterlandes, im Namen der Humanität fordere ich Sie auf: vergessen Sie bei der Organisation der Arbeit die Frauen nicht! [...]

Vergessen Sie auch die Fabrikarbeiterinnen, Tagelöhnerinnen, Strickerinnen, Näherinnen usw. nicht — fragen Sie auch nach ihrem Verdienst, nach dem Druck, unter dem sie schmachten, und Sie werden finden, wie nöthig hier Ihre Hülfe ist.

Und auch für Sie, meine Herren, auch für Sie, die ganze große Schar der Arbeiter habe ich diese Adresse geschrieben. Auch Sie haben als das stärkere Geschlecht die Pflicht, sich des schwächern anzunehmen! Sind es nicht Ihre Frauen, Schwestern, Mütter und Töchter, deren Interessen es zu wahren gilt, so gut wie Ihre eigenen? — Statt dessen hat es in Berlin geschehen können, daß die Fabrikarbeiter, die eine Verbesserung ihres Looses begehrten, darauf drangen, daß aus den Fabriken alle Frauen entlassen würden! — [...] Nein, geben Sie nicht zu, daß fortan noch das Elend Ihre Töchter zwingt, noch ihr einziges Besitzthum — ihre Ehre, da man ihre Arbeitskraft verschmäht, an den lüsternen Reichen zu verkaufen! — Dulden Sie nicht ferner, daß diese Schande im Geleit der Armuth ist! Denken Sie nicht nur daran, wie Sie sich selbst, sondern auch wie Sie Ihren Frauen und Töchtern Brot verschaffen können!

[...]

(Auszüge aus: Louise Otto, Für die Arbeiterinnen. In: «Die Frauen-Zeitung», Nr. 20 / 1849)

# 3. «Zum Volke gehören auch die Frauen» (Louise Otto)

Vormärz und Märzrevolution haben ihren Namen von den Ereignissen, die sich im März 1848 überstürzten, viele Erwartungen weckten und zu einer Volkserhebung, ja zum Bürgerkrieg führten. Vorausgegangen waren die sogenannte Februarrevolution in Paris, die Abdankung des Bürgerkönigs Louis Philippe und die Ausrufung der Republik in Frankreich sowie Aufstände und Unruhen in den meisten süd- und mitteldeutschen Staaten. Dann brach zunächst in Wien, wenige Tage später auch in Berlin die Revolution aus.

*«Volksversammlungen, Straßendemonstrationen, Sturmpetitionen, Adressen, Deputationen beim Fürsten oder Landtag, viel Unruhe, Wirrnis, hohes Pathos und edle Begeisterung auf Seiten des Volks, auf Seiten der überraschten und... erschreckten Regierungen, die allen Glauben an ihre eigene Sache plötzlich verloren zu haben schienen, meist schnelles, kopfloses Nachgeben und reichliches Versprechen.»*[13]

Die Forderungen waren überall die gleichen. Vor allem anderen ging es um Pressefreiheit, Vereins- und Petitionsrechte, um verfassungsmäßige Garantien wie auch die Einführung von Geschworenengerichten, schließlich aber um die Einberufung eines deutschen Parlaments.

In vielen Einzelstaaten wurden jetzt plötzlich innerhalb weniger Tage liberale Männer, die sog. Märzminister, an die Spitze der Regierungen gerufen. Damit wurden die alten Gewalten nicht beseitigt, vielmehr schienen die Fürsten und Monarchen ihre Position durch solche Konzessionen vorerst retten zu wollen. Immerhin wurde der meistgehaßte und gefürchtete Vertreter des alten Regimes, der österreichische Fürst Metternich, durch die Revolution in Wien zum Rücktritt und zur Flucht gezwungen. In Berlin, wo der preußische König Friedrich Wilhelm IV. noch meinte, seine «lieben Berliner» mit dem zögerlichen und widerwilligen Versprechen einer endlich regelmäßigen Einberufung der Vereinigten Landtage besänftigen zu können, kam es in der ersten Märzhälfte verstärkt zu Protesten und Massenversammlungen vor dem Berliner Schloß und

---

13 Otto Vossler, Die Revolution von 1848 in Deutschland, Frankfurt 1978, S. 63.

am 18./19. März schließlich zu einem Zusammenstoß zwischen Bürgern und Militär mit Straßenschlachten und Barrikadenkämpfen und vielen Toten. Der König, gezwungen, sich vor den Leichen der 200 Märzgefallenen im Schloßhof zu verneigen, schien sich mit dieser Geste den Zielen der Revolution zu unterwerfen. Er versprach erneut, dem Staat eine Verfassung zu geben und sich selbst an die Spitze der deutschen Freiheits- und Einheitsbestrebungen zu stellen.

## Frauen auf den Barrikaden der Revolution

Hier wie überall waren Frauen dabei, auch unter den Toten, denn *«zum Volke gehören auch die Frauen»*. Auffälligerweise begnügten sie sich nicht mit den ihnen zugeschriebenen Rollen: als Zuschauerinnen, Leidtragende, allenfalls als Helferinnen, die für den Barrikadenbau die Steine herbeischleppten, die Kämpfenden mit Nahrung und Trank versorgten oder den Flüchtenden Unterschlupf gewährten. Sie standen auch auf den Barrikaden der Revolution:

*«Eine Jungfrau, deren Bräutigam, ein Turner, am ersten Tage gefallen war, hat eine Barrikade drei Tage lang mit Löwen-Mut verteidigt und mit ihrem Pistol viele Soldaten niedergeschossen, bis sie selbst von einer feindlichen Kugel gefallen ist. Man erzählt noch von anderen Mädchen, die im persönlichen Kampf als wahre Heldinnen und durch ihr Beispiel die Männer begeistert haben.»*[14]

Diese Schilderung bezieht sich zwar auf den Aufstand in Dresden im April 1849, doch ähnliches wird berichtet von den revolutionären Kämpfen in Mainz, Wien, Berlin und anderswo. Da ist die Rede von einer Aufrührerin in Bruchsal, die *«in einer einstündigen Rede das Volk zur Empörung und Lossagung von Gesetz und Ordnung»*[15] aufrief, oder von «kecken Frauen» in Konstanz:

14  Frauen-Zeitung v. L. Otto 1849, Nr. 5, Blick in die Runde (Neuausgabe, S. 70). Vgl. auch ebd. die Geschichte der Pauline Wunderlich Nr. 7 u. 12, 1849 (Neuausgabe, S. 82 f. u. S. 110), sowie Nr. 12, 1850 (S. 241).
15  Schwestern, zerreißt eure Ketten, S. 137.

**Barrikadenbau bei der Rheinbrücke in Mannheim (Otto E. Lau)**

*«Mitten auf den Straßen, an den Ecken der Häuser, wurden Standreden gehalten, für und wider gesprochen, Briefe und Flugschriften vorgelesen, und kecke Frauen waren unerschöpflich an Witz und Spott über die Schläfrigkeit und den Hosenschlotter gewisser Männer…»[16]*

Vielfältig und bunt waren die Formen des Widerstands und der politischen Meinungsäußerung, die insbesondere Frauen in ihrem Alltag erprobten, denn diese Revolution, die keine Guillotine kannte, bei der überhaupt – wie die Geschichtsschreiber bemerkten[17] – ver-

16  Ebd., S. 26.
17  V. Valentin, Geschichte der deutschen Revolution, II. Bd., S. 583.

hältnismäßig *«wenig Blut floß»*, war um so reicher an symbolischen Handlungen und widerständigen Bedeutungen.[18] Der erste Akt, zu dem sich die Regierungen des Deutschen Bundes gleich Anfang März als Antwort auf die Unruhen genötigt sahen, war die Anerkennung von Schwarz-Rot-Gold als Bundesfarben. Als oppositionelle Kennzeichen der Burschenschaften waren sie nun Ausdruck eines neuen nationalen und demokratischen Selbstverständnisses. Es lag daher für politisch denkende Frauen jener Zeit auf der Hand, diese Farben auch modisch zu verwenden bei Bändern, Haarputz und Schals oder auch Briefbögen mit diesen Farben zu verzieren.[19] Als Demonstration galt auch das Anstecken roter Nelken und roter Schals oder das Tragen von Trauerkleidern *«um das Vaterland»*. Die Gräber von Freiheitskämpfern wurden seit dieser Zeit besonders von Frauen auch in der Arbeiterbewegung gepflegt. Daß dieses Bekennertum eindeutig politisch verstanden wurde, wird daran deutlich, daß diese anscheinend harmlosen Handlungen mit dem Scheitern der Revolution zunehmend verfolgt und bestraft wurden:

*«In Husum wurden mehrere Dienstmädchen und einige Bürgersfrauen mit Wasser und Brot auf 5 Tage bestraft, weil sie trotz wiederholentlich eingeschärften Verbots die Gräber der gefallenen ‹Insurgenten› daselbst mit Blumen und Kränzen geschmückt haben.»*[20]

## Formen weiblichen Widerstands

Eine besondere Form weiblichen Widerstands waren Aufrufe zum Frauenstreik, auch zu Liebes- und Heiratsverweigerungen, die in ihrer Radikalität beunruhigen mußten und – wohl deshalb – in zahlreichen Journalen abgedruckt und kommentiert wurden.[21] Diese Aufrufe provozierten Widerspruch und Spott – auch von seiten kö-

18  Vgl. hierzu auch Carola Lipp, Katzenmusiken, Krawalle und «Weiberrevolution». Frauen im politischen Protest der Revolutionsjahre, in: Schimpfende Weiber und patriotische Jungfrauen, hg. von Carola Lipp, Baden-Baden 1986, S. 112ff.
19  Vgl. L. Otto, Frauenleben, S. 75.
20  Frauen-Zeitung v. L. Otto, 1850, Nr. 49, Blick in die Runde (zit. n. Neuausgabe 1979, S. 325).
21  Frauen-Zeitung v. L. Otto, 1849, Nr. 6 (zit. n. Neuausgabe 1979, S. 78f.).

nigstreuer Frauen. Das wirksamste Mittel gegen die Vernunft der Frauen war schon damals der Versuch, sie lächerlich zu machen:

*«Dies (dieser Streik) könnte allerdings einen großen Teil der Männer für die Republik gewinnen, wenn man nicht wüßte, daß diese so eifrigen Verteidigerinnen der Republik lange schon über die Zeit der Jugend hinaus sind und jetzt nur darum für die Republik schwärmen, weil sie in den letzten zwanzig Jahren unter den Monarchisten keinen fanden, der sich um Herz und Kuß bei ihnen bewarb.»*[22]

Doch es wäre falsch anzunehmen, die deutschen Frauen hätten mehrheitlich auf der Seite der Revolution gestanden. Die politisch engagierten beklagten immer wieder die Gleichgültigkeit und Lauheit, den «Indifferentismus», wie sie es nannten[23], sowie die mangelnde Bildung und politische Engstirnigkeit der meisten Frauen. Woher sollten sie auch politische Einsichten gewinnen, wenn sie mit Gewalt und mit Hilfe von Gesetzen und Konventionen auf ihre häusliche Rolle und Unterordnung hin erzogen wurden?

*«Was es damals für Frauen bedeutete, auf öffentliche Versammlungen zu gehen, läßt sich nur ermessen, wenn die praktischen Schwierigkeiten mitbedacht werden, die dem öffentlichen Auftreten entgegenstanden.» […] «Ein wesentliches Hemmnis in der politischen Betätigung begann bereits zu Hause: beim Ankleiden… Im Unterschied zu den Unterschichtfrauen, die sich von Berufs wegen bei Wind und Wetter draußen bewegen mußten, war die Kleidung der bürgerlichen Frau auf den Sommer und auf schönes Wetter ausgerichtet. Gegen Regen schützte nur eine unelegante Pelerine. Und sowohl der aus England importierte Kaschmir-Schal als auch die billigeren Wollumschlagstücher der schlichten Bürgerin waren eher ein Provisorium, als dazu geeignet, vor Kälte zu schützen.»*[24]

Deshalb entschied oft das Wetter über die politische Partizipation der Frauen. Da verwundert es nicht, daß jene 48erinnen besonderes Aufsehen und Empörung erregten, die sich wie Emma Herwegh, Amalie Struve oder Mathilde Franziska Anneke und Louise Aston

---

22  Zit. n. Schwestern, zerreißt eure Ketten, S. 13, vgl. auch ebd. S. 24, Antwort der «Jungfrauen Preußens».
23  Vgl. Frauen-Zeitung v. L. Otto, 1849, Nr. 20 (zit. n. Neuausgabe 1979, S. 139).
24  Carola Lipp, Frauen und Öffentlichkeit, in: Schimpfende Weiber, S. 289, 330.

Emma Herwegh

als Freischärlerinnen, auch «hoch zu Roß», unmittelbar an den Kampfhandlungen beteiligten. So mißverständlich dieses *«Amazonentum»* uns Nachgeborenen heute auch vorkommen mag, das – wie selbst Clara Zetkin spottete – *«mehr Kostüm als Tat»* war[25], die Bedeutung dieses Auftretens für ein neues Frauenbild und eine andere, selbstbewußte Identität ihrer Zeitgenossinnen ist nicht zu unterschätzen. Denn noch während des ganzen 19. Jahrhunderts hat die angebliche Fehdeunfähigkeit der Frauen, d. h. ihre mangelnde Fähigkeit oder Bereitschaft (?), Krieg zu führen, allen Juristen und Staatsmännern als hinreichende Begründung dafür gedient, Frauen

25 Clara Zetkin, Zur Geschichte der proletarischen Frauenbewegung Deutschlands, Frankfurt 1971, S. 18.

nicht als gleichberechtigte Staatsbürger anzuerkennen. Und schon damals fand das Erscheinungsbild dieser Frauen, ihre provozierende «Unweiblichkeit» mehr Interesse als ihre demokratischen Motive oder gar ihr lebensgefährlicher Einsatz für politische Ziele. So las man am 5. Mai 1848 in der «Karlsruher Zeitung»:

*«Frau Herwegh erschien einigemal in Männertracht und zwar in spanischem Kostüm von blauem Samt mit weiten Beinkleidern, hohen Stulpenstiefeln und weißem Schlapphut. Natürlich fehlten hierbei nicht die Pistolen im ledernen Gürtel. Die Amazone drückte ihren Unmut über die gut getroffenen militärischen Maßregeln und über die Treue der Soldaten, deren Eid ihnen heilig und kein leerer Wahn ist, bei verschiedenen, öffentlich gehaltenen Reden heftig aus, bis sie zuletzt mit ihrer Rede- und Verführungskunst scheiternd, ebenfalls die Flucht ergriff…»*

Der Steckbrief gegen E. Herwegh in der «Karlsruher Zeitung» lautete:

*«Haare blond, Gesichtsform oval, Gesichtsfarbe blühend, Stirne hoch, Augen schwarzbraun, Nase gebogen, Mund klein, Zähne weiß, Kinn spitz. Sie spricht den Berliner Dialekt. Sie soll jüdischen Ursprungs sein.»*[26]

Mehr Karikaturen als Informationen gibt es deshalb auch über die Frauen, die nun zum erstenmal auf insgesamt 200 Plätzen wenigstens auf der Tribüne der im Mai 1848 eröffneten Nationalversammlung als Zuschauerinnen zugelassen wurden. Das allmorgendliche Gedränge vor den Sitzungen des ersten deutschen Parlaments in der Frankfurter Paulskirche und auch das Interesse der «Damen» soll überraschend groß gewesen sein. Doch in dieser ersten Volksvertretung der Honoratioren und Gelehrten von *«ungewöhnlich, ja, unerreicht geistigem Niveau»*[27] kam niemand, wirklich niemand, auf die Idee, daß diese Volksvertreter auch Frauen sein könnten, ja daß wenigstens auch ihre Interessen zu vertreten seien. Verhandelt wurden die «Grundrechte» und das Wahlrecht «des deutschen Volkes». Doch das hieß nur die Rechte der über fünfundzwanzigjährigen männlichen Volksgenossen, und bitter mußten die Frauen sehr bald feststellen: *«Wo sie das Volk meinen, zählen die Frauen nicht mit.»*[28]

26 Zit. n. Schwestern, zerreißt eure Ketten, S. 202.
27 O. Vossler, Die Revolution von 1848, S. 88.
28 Frauen-Zeitung v. L. Otto, 1849, Nr. 1 (zit. n. Neuausgabe 1979, Seite 41).

# 4. «Dem Reich der Freiheit werb' ich Bürgerinnen...» (Louise Otto)

## Politische Frauenzeitschriften

Viele wichtige Informationen über die Frauen in der 48er-Revolution, über den weiteren Verlauf und das Scheitern des ersten grundlegenden Versuchs, eine soziale Demokratie in Deutschland zu etablieren, erfahren wir aus den nun zum erstenmal auch von Frauen herausgegebenen politischen Frauenzeitschriften. Nach der – allerdings nur vorübergehenden – Aufhebung der Pressezensur erschien eine Fülle neuer, oppositioneller, fortschrittlicher, insbesondere aber auch satirischer Zeitungen und Zeitschriften, z. B. auch der berühmte und freche «Kladderadatsch» in Berlin. Obgleich die Presse zunehmend wieder gegängelt und zensiert wurde, meldeten sich auch die Frauen zu Wort. Zu nennen sind:

● Auf Mathilde Franziska Annekes Initiative hin entstand im September 1848 die «Neue Kölnische Zeitung», die sie zunächst gemeinsam mit ihrem Mann, Fritz Anneke, redigierte. Als dieser als angeblicher Anführer der Kölner Unruhen im Gefängnis saß, führte Mathilde, obgleich hochschwanger, die Zeitung allein weiter und gründete nach deren Verbot die «Frauen-Zeitung», die am 27. September 1848 zum erstenmal erschien. Das Programm der ersten Nummer aber zeigt, daß es sich eher um eine verdeckte Fortsetzung der «Neuen Kölnischen Zeitung» handelte als um eine ausgesprochene Frauenzeitschrift mit feministischen Zielsetzungen: *«In die Verpflichtungen der beiden Männer* (der vorherigen Herausgeber Fritz Anneke und Friedrich Beust) *gegen Euch, geehrte Abonnenten, trete ich, ein Weib. Ich bringe Euch anstatt der Neuen Kölnischen Zeitung, die von heute, wie man mir erzählt, nicht mehr erscheinen soll, die ‹Frauen-Zeitung›. Begnügt Euch mit ihr, solange es geht; ich prophezeie ihr auch kein langes Leben – aber das schadet nicht –, ich trete wieder mit ihr ab von dem öffentlichen Schauplatze, auf den mich die Noth herausgefordert hat, in meinen stillen häuslichen Kreis...»*[29]

---

[29] Frauen-Zeitung, hg. v. M. F. Anneke, 1848, Nr. 1, vgl. auch Martin Henkel/Rolf Taubert, Das Weib in Conflict mit den socialen Verhältnissen.

M. F. Anneke sollte, was ihre «Frauen-Zeitung» betrifft, recht behalten. Schon die dritte Nummer wurde beschlagnahmt und gar nicht mehr ausgeliefert.

Mathilde und Fritz Anneke schlossen sich im Frühjahr 1849 auf der Seite der Revolutionsarmee dem badisch-pfälzischen Feldzug an. Nach der Niederschlagung der Volkserhebung durch preußische Truppen trat das Ehepaar, das inzwischen zwei Kinder hatte, die Flucht an, die sie über Frankreich in die USA führte. Im Gegensatz zu ihrem Mann lebte sich Mathilde, die noch vier weitere Kinder bekam, relativ schnell in der Neuen Welt ein. Sie nahm Kontakt zur amerikanischen Frauenbewegung auf und wurde wieder schriftstellerisch tätig. Ab 1852 gab sie eine «Deutsche Frauen-Zeitung» heraus, in der sie sich für ein freies und gleiches Staatsbürgertum der Frauen einsetzte. Außerdem unternahm sie ausgedehnte Vortragsreisen, besuchte zahlreiche Frauenkongresse und gründete 1865 in Milwaukee eine Mädchenschule, die sie bis zu ihrem Tod am 25. 11. 1884 leitete. Zu Recht gilt sie als eine der Pionierinnen der amerikanischen Frauenrechtsbewegung.

● Nach ihrer Teilnahme als Freischärlerin im deutsch-dänischen Krieg, bei dem sie sich eine Schußverletzung der Hand zugezogen hatte, gab Louise Aston vom 1. November bis zum 16. Dezember 1848 in Berlin die Zeitschrift «Der Freischärler. Für Kunst und soziales Leben» heraus. Das insgesamt in nur sieben Nummern erschienene Blatt kommentierte den Kampf um Verfassung und Demokratie unverblümt und ließ auch die braven Emanzipationsvorstellungen des «Demokratischen Frauenklubs» unter der Leitung von Lucie Lenz in Berlin nicht ungeschoren, sondern spöttelte über seine *«Frauenhemdenverfertigungsmanufaktursubscriptionseröffnungen und dergleichen»*. Ihre Berichterstattung über den Schleswig-Holstein-Feldzug, insbesondere ihre heftigen Angriffe gegen den preußischen General von Wrangel, der im Auftrag des Deutschen Bundes für den Anschluß Schleswig-Holsteins an Deutschland kämpfte, führten zum schnellen Verbot der Zeitschrift und zu ihrer erneuten Ausweisung aus Berlin.

Mathilde Franziska Anneke und die erste deutsche Frauenzeitung, Bochum 1976.

Louise Aston schrieb noch zwei Romane: «Lydia» und «Revolution und Conterrevolution». Dieses ihr letztes Werk, bereits 1849 erschienen, ist der einzige 48er-Revolutionsroman, geschrieben aus der Perspektive einer politisch aktiven Frau. In der Folge begann für die politisch unliebsam gewordene Frau eine richtige Odyssee. 1850 heiratete sie den Bremer Arzt Daniel Eduard Meier, der wegen seines radikal-demokratischen Engagements, aber auch wegen der «skandalösen» Vergangenheit seiner Frau 1854 seine Stelle als Oberarzt in Bremen verlor. Beide verließen Deutschland, zogen bis nach Rußland, wo Meier am Krimkrieg teilnahm. Weitere Stationen waren Polen, Österreich und Ungarn. Louise Aston starb 1871 in Wangen im Allgäu.

● Ab Januar 1849 brachte Louise Dittmar, eine bis heute weitgehend unbekannte Feministin und Philosophin – von der nicht viel mehr als ihre Lebensdaten (1807–1884) und ein paar Schriften bekannt sind[30] –, in Leipzig vier Hefte ihrer Zeitschrift «Soziale Reform» heraus. Das Programm dieser Monatsschrift war ebenfalls *«vorzugsweise weiblichen Interessen»* gewidmet, jedoch *«mehr auf philosophischem Gebiet».*[31] Das hieß keineswegs, daß hierin eine weniger deutliche Sprache gesprochen wurde. Im Gegenteil, die Artikel sind sehr grundsätzlicher Art und behandeln – früh feministisch – den engen Zusammenhang zwischen privater und politischer Gewalt. Interessanterweise finden sich auch mehrere Aufsätze über die Französische Revolution und insbesondere über Charlotte Corday, die Mörderin Marats, die als Heldin gefeiert wird.[32] Andere Themen waren: die Monarchie, die männliche Bevormundung, das Wesen der Ehe u. a.

*«Der Mann ist der Fürst des Weibes, der absolute Monarch, der unumschränkte Gebieter in ihrem Bereich; nicht einmal die Scheinrechte der konstitutionellen Phraseologie sind auf das Weib anwendbar… Arm und rechtlos, gesetzlich und grundsätzlich unterdrückt, physisch zum Kampfe*

30  Vgl. Christina Klausmann, Louise Dittmar – Ergebnisse einer biographischen Spurensuche, in: Amsterdamer Beiträge Bd. 28, 1989, S. 17–39.
31  Frauen-Zeitung v. L. Otto, 1849, Nr. 5, Bücherschau (zit. n. Neuausgabe 1979, S. 69.)
32  Vgl. hierzu den überaus kritischen Kommentar in der Frauen-Zeitung v. L. Otto, 1849, Nr. 22 (zit. n. Neuausgabe 1979, S. 148.)

*ungeeignet, geistig verwahrlost, in ihren Rechtsgründen nicht rechtsgültig, in ihren Mitteln beeinträchtigt, verhöhnt, verspottet, mit allem Gewicht einer ihr feindlichen Lebensmoral verdrängt und verfolgt – wo soll sie die Kräfte sammeln, wo pflügen und säen ohne Land? Wächst ihr ein Saatfeld auf der flachen Hand? Und dennoch wird sie pflügen und säen und erndten tausendfältig, wie noch kein Arbeiter im Weinberg des Herrn!»*[33]

● Das wichtigste Dokument und Sprachrohr der Frauen um 1848 ist die «Frauen-Zeitung», von Louise Otto herausgegeben unter dem Motto *«Dem Reich der Freiheit werb' ich Bürgerinnen»*. Sie erschien wöchentlich, enthielt auf ihren acht Seiten politische Kommentare, Nachrichten und Korrespondenzen, vorwiegend von Schreiberinnen aus vielen Städten des Deutschen Bundes, sowie Abhandlungen zu frauenspezifischen, ja feministischen Themen neben sog. Novelletten oder Gedichten mit sozialkritischer Tendenz. Beinahe am interessantesten ist auch hier das Kleingedruckte: Im «Blick in die Runde» finden sich viele wichtige Informationen über Fraueninitiativen und Frauenvereine und die neue Art und Weise, in der Politik nun ihren Alltag und ihre Arbeit bestimmte.

Als die «Frauen-Zeitung» am 21. April 1849 mit ihrer ersten Nummer erschien, war der revolutionäre Elan der Märzbewegung bereits durch die Gegenwehr der reaktionären Mächte gebrochen. Zwar hatte das Frankfurter Parlament Ende März 1849 endlich die Reichsverfassung verabschiedet. Doch die mühsam errungene «kleindeutsche» Lösung unter der Führung Preußens war nach der Ablehnung der Kaiserwürde durch den preußischen König am 3. April praktisch nicht durchführbar. Es folgte die Abberufung der parlamentarischen Vertreter aus der Paulskirche und bald darauf auch die Auflösung des sog. Rumpfparlaments der übriggebliebenen Linken in Stuttgart. Die Volkserhebungen, die im Mai 1849 zuerst in Sachsen (insbesondere auch am Verlagsort durch den Dresdener Aufstand), dann in Württemberg und in der Pfalz losbrachen, waren der verzweifelte Versuch, die demokratischen und sozialen Ziele der Revolution zu retten. Doch sie wurden von den inzwischen erstarkten

---

33 L. Dittmar, Das Wesen der Ehe. Nebst einigen Aufsätzen über die soziale Reform der Frauen. Leipzig 1849, S. 16. Vgl. auch R. Möhrmann, Frauenemanzipation im deutschen Vormärz, Stuttgart 1978, S. 55 ff., S. 62 f., S. 94 f., S. 208 f. u. S. 230.

**Probe-Nummer.**

# Frauen-Zeitung.

Jeden Sonnabend
erscheint eine Nummer.

Inserate werden
mit 6 Pf. pro Zeile
berechnet.

**Redigirt von
Louise Otto.**

Preis:
15 Ngr. vierteljährlich.

Alle Postämter und
Buchhandlungen
nehmen Bestellungen
darauf an.

Motto: Dem Reich der Freiheit werb' ich Bürgerinnen!

No. 1. Sonnabend, den 21. April. 1849.

Mächten und ihrem Militär – zuletzt am 23. Juni in der lange verteidigten Festung Rastatt – blutig niedergeschlagen.

Die Zeitschrift der L. Otto spiegelt diese Entwicklung, das Bangen, die Hoffnungen, schließlich die Enttäuschungen und Verfolgungen auch von Frauen, also das Scheitern der Revolution. Welche politische Rolle die Presse von Frauen in diesem Zusammenhang gespielt hat, daß sie als gefährlich oder subversiv von den Regierenden eingeschätzt wurde, ist daran abzulesen, daß als erste Maßnahme der Reaktion auch in Sachsen extra ein Gesetz, eine «Lex Otto» verabschiedet wurde, wonach von nun an, wie in allen anderen Bundesstaaten, Frauen die verantwortliche Redaktion oder Herausgabe einer Zeitschrift verboten wurde. L. Ottos sarkastischer Kommentar:

*«Während in unzähligen Gesetzen im allgemeinen von ‹Personen› oder ‹Staatsangehörigen› oder gar ‹Untertanen› die Rede ist und es nun meist dem Brauch oder Herkommen überlassen bleibt, ob darunter nur Männer zu verstehen sind oder auch Frauen, enthebt uns der vorstehende Paragraph (des Pressegesetzes) jeder weiteren Frage… Wir loben diese Bestimmtheit und wünschten nur, daß sie sich in allen anderen Gesetzen fände. Denn wir machen uns niemals Illusionen. Wir wissen, daß die Gleichheit von Männern und Frauen vor dem Gesetz bis jetzt noch nicht existiert, was man auch fabeln möge, wir wissen, daß die Gesetze, welche im allgemeinen von ‹Staatsbürgern› handeln, höchst willkürliche Auslegungen finden in bezug auf die Staatsbürgerinnen, daß diese in dem einen Fall als solche anerkannt werden und mitzählen, im anderen hingegen als*

64

*gar nicht existierend betrachtet werden, und dies alles infolge einer schwei-
genden Übereinkunft.»*[34]

Durch Verlegung des Verlagsortes von Dresden nach Gera in Thü-
ringen, wo noch kein Presseverbot für Frauen bestand, gelang es
L. Otto, die Zeitschrift noch in zwei weiteren Jahrgängen herauszugeben. Nach eigenem Urteil hatte sie auf diese Weise *«eine
harmlose Zeitung aus dem allgemeinen Schiffbruch gerettet».*[35] Möglicherweise war dies aber auch nur eine Schutzbehauptung, denn
trotz des gemäßigteren Tons mit versteckten Bildern und Anspie-
lungen blieb sie in der Sache ihren demokratischen und feministischen Anliegen treu. So schrieb sie im November 1851 in einem
«Offenen Brief an einige Mitarbeiterinnen und Leserinnen der
Frauen-Zeitung»:

*«Es ist ein anderes, im Tatdrang und Sturm der bewegten Zeit auch mitzu-
reden, zu schreien, auch nach Tat zu dürsten und aufzulodern zu großen
Entschließungen und Bestrebungen – oder im Sklaventum einer kleinen
Zeit auch noch mit gefesselten Händen, kaum bemerkt und dennoch verfolgt, rastlos fortzuarbeiten – und wenigstens mit den Ketten zu klirren, die
man nicht lösen kann. Dies ist jetzt die Aufgabe unserer Zeitung und aller,
die ihr mit mir treu geblieben sind.* **Aushalten!** *ist unsere Losung.»*[36]

## 5. «Assoziation für alle!» (Louise Otto)

Eng verbunden mit dem Scheitern der 48er Revolution ist auch das
Schicksal der ersten politischen Frauenvereine in Deutschland, die
als Anfang einer organisierten Frauenbewegung zu verstehen sind.
Nur so ist zu erklären, daß diese organisatorischen Anfänge der
deutschen Frauenbewegung wieder ausgelöscht, ihre Spuren und

34 Frauen-Zeitung v. L. Otto, 1850, Nr. 51 (zit. n. Neuausgabe 1979,
S. 328).
35 Zit. n. Margrit Twellmann, Die deutsche Frauenbewegung. Ihre Anfänge und erste Entwicklung. 1843–1889, Meisenheim am Glan 1972,
Bd. 2, S. 41.
36 Frauen-Zeitung von L. Otto, 1851, Nr. 45, zit. n. R.-E. Boetcher Joeres,
Louise Otto-Peters, S. 118.

Quellen zum größten Teil verschüttet und damit auch aus der historischen Erinnerung völlig verdrängt wurden. Erst allmählich und mühsam, insbesondere durch das Studium der Presse, der Frauenpresse, gelingt es, sich ein Bild von der Vielzahl und Arbeitsweise der Frauenvereine um 1848 zu machen.[37]

Schon vor dem «März» gab es in Deutschland Frauenvereine. Sie waren in den Befreiungskriegen gegen Napoleon entstanden, als Frauen, angeführt von der preußischen Königin Luise, aus patriotischer Gesinnung Lazarett- und Wohltätigkeitsvereine gründeten. Neu an den Vereinigungen von 1848 war ihre politische Zielsetzung, die schon in der Bezeichnung «demokratische Frauenvereine» zum Ausdruck kommt. Gewiß ist der Schritt zur Vereinsgründung nicht ohne den allgemeinen Zug der Zeit zum Vereinswesen zu verstehen und bildete, wie sich zunehmend in den Fraktionen der Paulskirche zeigte, die Vorstufe zu politischen Parteien. Dennoch war eine derartige Initiative für Frauen in der nur von Männern dominierten Öffentlichkeit in jedem Fall ein persönliches Wagnis, das Mut und Organisationstalent erforderte.

«...lassen wir uns aber durch das Geschrei der ‹am alt Hergebrachten› festhängenden Menge über Emanzipation nicht irre machen, verlieren wir den Mut nicht, wenn man uns lächerlich zu machen sucht, sondern legen wir kräftig Hand an, um die veralteten Schranken niederzureißen... Viele werden mir entgegenhalten, daß es in diesen unruhigen Tagen nicht an der Zeit sei, solche Neuerungen und Reformen zu beginnen, doch ich halte die Jetztzeit gerade für die passendste, weil die Not der Arbeiterinnen jetzt einen so hohen Grad erreicht hat, daß Zögerung Sünde wäre...»[38]

Für die einen war die soziale Not und der Gedanke der «Assoziation für alle» das Hauptmotiv für die Vereinsgründung, für die anderen die Einsicht in die Notwendigkeit politischer Einmischung. Unter der Vielzahl der Initiativen und Zusammenschlüsse, die, wie die Frauen träumten, bald wie ein *«diamantener Gürtel das ganze Vaterland umgeben»* sollten, lassen sich in etwa drei Typen unterscheiden.

---

37 Vgl. Ute Gerhard, Über die Anfänge der deutschen Frauenbewegung um 1848, in: Frauen suchen ihre Geschichte, hg. v. Karin Hausen, München 1983, S. 196 ff.
38 Georgine, Die Arbeiterinnen, in: Frauen-Zeitung v. L. Otto, 1849, Nr. 11 (zit. n. Neuausgabe 1979, S. 104).

## Demokratische Frauenvereine

Die demokratischen Frauenvereine führten in der Regel den Zusatz «zur Unterstützung hilfsbedürftiger Familien». Obgleich diese Frauenvereine auf den ersten Blick wie traditionelle Wohltätigkeitsvereine wirkten und mit zunehmender Behinderung durch die Reaktion zur Tarnung auch so wirken wollten, waren ihre Ziele doch politische, ja ihre Mitglieder verwahrten sich ausdrücklich dagegen, nur «Wohltätigkeit» zu üben. Denn sie nahmen mit ihrer praktischen Hilfe Partei für die Aufständischen, die «Freiheitskämpfer» und «Vaterlandsfreunde», nach der Niederschlagung der Revolution für die politisch Verfolgten, die Flüchtlinge und ihre Angehörigen. Sie finanzierten ihre Hilfe durch Vereinsbeiträge oder Spenden, die durch öffentliche – oftmals verbotene – Veranstaltungen (durch Konzerte, Bazare oder sog. Banquette) aufgebracht wurden, und hatten daher bei Erstarken der Reaktion mit zunehmenden Repressalien zu rechnen. So wurde Mitte April 1850 von dem überaus regen Dresdener Frauenverein berichtet:

*«Das Verbot der Versammlungen des ‹Frauenvereins für hilfsbedürftige Familien› ist bereits keine Neuigkeit mehr... Man geht jetzt so weit, nicht nur Vereine, sondern auch einzelne Personen zu überwachen und sie für alles, was sie reden und tun, wenn es nicht ganz ultramontan, reaktionär oder schwarz-gelb ist, verantwortlich zu machen.»*[39]

Ein anderer, für kurze Zeit sehr erfolgreicher Frauenverein dieser Art war der Mainzer «Frauenverein Humania» unter seiner rührigen Präsidentin Kathinka Zitz, geb. Halein. Ihr war es zu verdanken, daß der Verein in kürzester Zeit rund 1700 Mitglieder zählte, und zwar – so wird betont – «jeglichen Standes»[40]. In zwei gefährlichen Reiseunternehmungen brachte K. Zitz ihre Hilfsgüter persönlich zu den Gefangenen in den badischen und pfälzischen Festungen und zu den Flüchtlingen in der Schweiz und verhandelte mit dem Kommandanten der Festung Rastatt über eine Sendung «Leibweißzeug» (= Unterwäsche) für die Gefangenen. Doch auch

*«der demokratische Frauen-Verein in Mainz teilt(e) das Schicksal der meisten derartigen Frauenvereine. Früher bestand er aus 1700 Mitglie-*

39 Briefe, in: Frauen-Zeitung v. L. Otto, 1850, Nr. 17 (zit. n. Neuausgabe 1979, S. 248).
40 Siehe auch Schwestern, zerreißt eure Ketten, S. 264.

*dern, später, als Kathinka Zitz das Amt der Präsidentin niedergelegt hatte, schmolz er auf 200 zusammen, und jetzt ist er so gut wie aufgelöst, da in Hessen alle politischen Vereine verboten sind.»*[41]

## Frauenbildungsvereine

Andere Frauenvereine hatten vorrangig die Erziehung und Fortbildung der Frauen und Mädchen zu ihrem Vereinszweck gemacht. Denn die Parole «Wissen ist Macht» mußte gerade auch die bürgerlichen Frauen, die bisher von aller Bildung ausgeschlossen waren, überzeugen. Sie kritisierten ihre Erziehung und die *«Redensart von der weiblichen Bestimmung»*, die schuld daran sei, daß die Frauen *«nur bei verschlossenen Türen»* von der Freiheit *«flüstern»*.[42]

Der profilierteste Verein dieser Art hatte sich in Hamburg gebildet. Getragen von der Hamburger «Freien Gemeinde», einer oppositionellen deutsch-katholischen Bewegung, die sich auch um die Verständigung mit den anderen Konfessionen bemühte und die Gleichberechtigung der Frauen praktizierte, gelang es dem Frauenverein unter der Leitung von Emilie Wüstenfeld, eine Hamburger Hochschule für das weibliche Geschlecht einzurichten und bis zu ihrem Verbot Anfang 1851 erfolgreich zu erproben. Rektor der Hochschule war Professor Karl Fröbel, der Neffe des Begründers der Fröbelschen Kindergärten, ihre berühmteste Dozentin Malwida von Meysenbug. Diese Lehranstalt, die als Pensionat mit angegliedertem Kindergarten theoretische und praktische Ausbildung ermöglichte, wollte *«die ökonomische Unabhängigkeit der Frau möglich machen durch die Entwicklung zu einem Wesen, welches zunächst sich selbst Zweck ist und sich frei nach den Bedürfnissen und Fähigkeiten seiner Natur entwickeln kann».*[43] Der Lehrplan umfaßte wissenschaftlichen Unterricht von der Philosophie über Sprachen bis zu den Naturwissen-

41 Frauen-Zeitung v. L. Otto, 1850, Nr. 46, Blicke in die Runde (zit. n. Neuausgabe 1979, S. 313).

42 Frauen-Zeitung von L. Otto, 1850, Nr. 2, Die Demokratinnen (zit. n. Neuausgabe 1979, S. 205).

43 Malwida von Meysenbug, Memoiren einer Idealistin, zit. n. Daniela Weiland, Geschichte der Frauenemanzipation in Deutschland, Düsseldorf 1983, S. 125.

schaften sowie praktische Übungen in Haushaltsgeschäften, Buchhaltung und erziehender Beschäftigung mit Kindern.

Die Anerkennung der Mütter, ja aller Frauen als «Erzieherin des Menschengeschlechts», die neuen, im Sinne Fröbels geführten Kindergärten als Brutstätten demokratischer Opposition – diese Zielsetzung erklärt, warum auch die Fröbelschen Kindergärten 1851 vom Preußischen Kultusministerium wegen *«destructiver Tendenzen auf dem Gebiet Religion und Politik»* für fast neun Jahre verboten wurden.

### Arbeiterinnenvereine

*«Assoziation für alle, auch für die Arbeiterinnen»*, war das Zauberwort, das viele Märzinitiativen beflügelte und gerade auch von der neuen Bewegung unter den Frauen verbreitet und getragen wurde:

*«Assoziationen für alle! es ist nicht genug, daß die Männer sich assoziieren, auch die Frauen müssen es tun; sie müssen entweder mit den Männern vereint handeln oder, wo die Interessen auseinandergehen, sich unter sich verbinden.»*[44]

Es wird in der «Frauen-Zeitung» von verschiedenen Vereinigungen auch für Arbeiterinnen berichtet, z. B. von der Assoziation der Strumpfarbeiterinnen in Berlin oder der Schneider in Bielefeld, die auch Frauen zuließen. Doch offensichtlich ist das Assoziationswesen bis zum Erstarken der Reaktion über zaghafte Anfänge nicht hinausgekommen.

Die Arbeiterinnenvereine ereilte das Schicksal aller Frauenvereine: Seit der Mitte des Jahres 1850 waren sie zunehmenden Repressalien ausgesetzt durch Hausdurchsuchungen, Beschlagnahmungen der Vereinskassen, Verhaftung der Vorstände. Schließlich wurden sie ganz verboten.

Wie sehr die Regierungen offensichtlich diese erste organisierte Bewegung von Frauen in Deutschland fürchten gelernt hatten, zeigt ihre repressive und reaktionäre Politik speziell gegenüber Frauen. Neben den schon erwähnten Pressegesetzen, die Frauen mundtot machten, wurden in allen Staaten des Deutschen Bundes 1850 Ver-

44  Frauen-Zeitung v. L. Otto, 1849, Nr. 4 (zit. n. Neuausgabe 1979, S. 59).

einsgesetze verabschiedet, die *«Frauenspersonen»* wie Minderjährigen nicht nur die Mitgliedschaft in politischen Vereinen, sondern sogar schon den Besuch politischer Versammlungen verboten. Diese gesetzliche Form politischer Entmündigung, diese prinzipielle Behinderung weiblicher Politik mit Hilfe von Gesetzen war mehr als ein halbes Jahrhundert (in Preußen und Bayern bis 1908) in Kraft. Sie hat die deutsche Frauenbewegung entscheidend geprägt und in ihrer Geschichte tiefe Spuren hinterlassen.

## Lesetips

«Dem Reich der Freiheit werb' ich Bürgerinnen». Die Frauen-Zeitung von Louise Otto, hg. v. U. Gerhard, E. Hannover-Drück, R. Schmitter, Frankfurt 1979

Schwestern, zerreißt eure Ketten. Zeugnisse zur Geschichte der Frauen in der Revolution von 1848/49, hg. v. G. Hummel-Haasis, München 1982

Schimpfende Weiber und patriotische Jungfrauen. Frauen im Vormärz und in der Revolution von 1848/49, hg. v. C. Lipp, Moos, Baden-Baden 1986

# 3. KAPITEL

1865 – 1871
## Die Frauenbewegung organisiert sich

# 1. «Verschneite Märzblüthen» (Louise Otto)

Nach dem Scheitern der 1848er Revolution herrschte im ganzen Deutschen Bund die Reaktion, *«eine kompromißlos konservative Unterdrückungs- und Stabilisierungspolitik»*.[1] Und obgleich die alten Zustände nicht gleich wiederherzustellen waren, wurde doch der größte Teil revolutionärer Errungenschaften wieder zurückgenommen: vor allem anderen die Presse-, Vereins- und Versammlungsfreiheit. Denn nun wurden Verfassungen «oktroyiert», Kammern aufgelöst und z. B. in Preußen an die Stelle der ersten Kammer ein «Herrenhaus» eingesetzt, das sich aus geborenen Vertretern des preußischen Landadels, der «Junker», und aus vom Monarchen persönlich berufenen Mitgliedern zusammensetzte. Da kein Gesetz in Preußen ohne seine Zustimmung passieren konnte, bildete dieses «Herrenhaus» bis 1918 ein «Bollwerk des Konservatismus in Deutschland». Aber auch die Vertreter der zweiten Kammer, des preußischen Abgeordnetenhauses, wurden nicht durch ein allgemeines, sondern nur männliches und zudem ungleiches Wahlrecht bestimmt, ein Drei-Klassen-Wahlrecht, in dem die 82 Prozent Wahlberechtigten der untersten Steuerklasse nur ebensoviel Stimmengewicht erhielten wie die knapp fünf Prozent der obersten Klasse. Überall in den Bundesstaaten wurden Liberale und radikale Demokraten aus den öffentlichen Ämtern entfernt, wenn nicht gar verfolgt und in die Emigration getrieben. Auf Bundesebene schließlich etablierten die Regierungen einen «Reaktionsausschuß», ein bürokratisches und polizeiliches Überwachungssystem und scheuten sich nicht, die in der Paulskirche einmal feierlich verkündeten «Grundrechte der Deutschen» ausdrücklich wieder aufzuheben.

*«Der schöne Traum währte nicht lange – es kam die Reaktion, es kamen die Kämpfe um die Reichsverfassung – es kamen Angst und Schrecken und Not für die einen – Hohn und Triumpf und Übermut machten sich nun bei den anderen geltend.»*[2]

---

1  Reinhard Rürup, Deutschland im 19. Jahrhundert, 1815–1871, in: Deutsche Geschichte, hg. v. R. Rürup, H.-U. Wehler, G. Schulz, 3. Bd., Göttingen 1985, S. 180.
2  L. Otto, Frauenleben, S. 78.

So kommentierte L. Otto aus der Rückschau diese Zeit, die sog. «stille Zeit», in der sie selbst wie viele andere «*in die Vergangenheit flüchtete*». Während ihr Verlobter, August Peters, noch bis 1856 als politischer Häftling in Rastatt einsaß, trieb sie kulturhistorische Studien, veröffentlichte historische Romane und mahnte ihre Geschlechtsgenossinnen mit der Bearbeitung von «Hexengeschichten» versteckt zur Wachsamkeit.[3]

## Pressezensur und Versammlungsverbot

Die politische Betätigung, die gemeinsame und öffentliche Behandlung ihrer wirtschaftlichen, rechtlichen, staatsbürgerlichen Interessen war den Frauen in Deutschland noch unerbittlicher und nachhaltiger als etwa den des Sozialismus verdächtigen Arbeitern untersagt. Zwar waren die ersten Verordnungen «*über die Verhütung eines die gesetzliche Freiheit und Ordnung gefährdenden Mißbrauchs des Versammlungs- und Vereinigungsrechts*», die Bayern und Preußen im Frühjahr 1850 fast gleichlautend erließen, vorrangig gegen die politischen Zusammenschlüsse der Arbeiter gerichtet. Doch alle vereinsrechtlichen Regelungen, auch die in den anderen deutschen Staaten – verstärkt durch einen Bundesbeschluß von 1854 –, liefen darauf hinaus, neben der Maßregelung aller demokratischen und oppositionellen Kräfte die «eine Hälfte der Menschheit», die Frauen, auszuschalten, politisch mundtot zu machen, für mehr als ein halbes Jahrhundert zu bevormunden und zu gängeln, so der berüchtigte und folgenreiche Paragraph 8 des Preußischen Vereinsgesetzes vom 11. März 1850:

«*Für Vereine, welche bezwecken, politische Gegenstände in Versammlungen zu erörtern, gelten… nachstehende Beschränkungen:*
*   a) sie dürfen keine Frauenspersonen, Schüler, Lehrlinge als Mitglieder aufnehmen;*
*   b) sie dürfen nicht mit anderen Vereinen gleicher Art zu gemeinsamen Zwecken in Verbindung treten, insbesondere nicht durch Komités, Aus-*

3 Vgl. den Text bei R.-E. Boetcher Joeres, S. 146 f: «Zu den Beschäftigungen mit der Hexenzeit trieb mich nicht allein meine Weltflucht – oder meine Vorliebe für Mittelalter und Romantik – es trieb mich auch dazu: die Frauenfrage…» (S. 148).

*schüsse, Central-Organe oder ähnliche Einrichtungen oder durch gegen-*
*seitigen Schriftwechsel [...]*
  *Frauenspersonen, Schüler und Lehrlinge dürfen den Versammlungen*
*und Sitzungen solcher politischen Vereine nicht beiwohnen. Werden die-*
*selben auf Aufforderung des anwesenden Abgeordneten der Obrigkeit*
*nicht entfernt, so ist Grund zur Auflösung der Versammlung oder der Sit-*
*zung vorhanden.»*[4]

Trotz der politischen Erstarrung gehören die fünfziger und sechzi-
ger Jahre des vorigen Jahrhunderts in der Beurteilung der Historiker
wirtschaftlich und gesellschaftlich zu den wichtigsten Umbruchpe-
rioden der deutschen Geschichte. Denn in dieser Zeit wurde durch
das Anwachsen der industriellen Produktion der entscheidende
Schritt zur Durchsetzung einer kapitalistischen Warenwirtschaft
vollzogen. Von nun an lebten und arbeiteten immer weniger Menschen von und in der Landwirtschaft. Von nun an bestimmte die
Abhängigkeit vom Lohnerwerb zunehmend auch die Beziehungen
zwischen Männern und Frauen.

  Unter den Bedingungen wirtschaftlicher Prosperität, von der vor
allem das Bürgertum profitierte, und getragen von der Idee eines
deutschen Einheitsstaates unter der Führung Preußens aber, waren auch viele ehemalige 48er, Liberale und Demokraten mehr
und mehr bereit, «realpolitisch» zu denken, und das hieß, ihren
Frieden mit dem autoritären Staat zu machen. Der Liberalismus,
ursprünglich eine Bewegung, jetzt eine politische Partei, die «Fortschrittspartei», setzte nun auf Reform statt Revolution und wurde
im preußischen Verfassungskonflikt mit dem harten Kurs Bismarcks konfrontiert. Seit 1862 zum Ministerpräsidenten berufen,
soll dieser schon im Jahre seines Amtsantritts vor der Budgetkom-
mission des preußischen Abgeordnetenhauses sein Politikverständnis folgendermaßen formuliert haben:

*«Die großen Fragen der Zeit werden nun einmal nicht durch Reden und*
*Majoritätsbeschlüsse, sondern durch Eisen und Blut entschieden.»*[5]

Dabei hatte zu Beginn der 1860er Jahre, mit dem Thron- und Regie-
rungswechsel in Preußen, der Übernahme der Regentschaft durch
Kronprinz Wilhelm, den späteren ersten Deutschen Kaiser, eine

4  Zit. n. U. Gerhard, Verhältnisse, S. 443.
5  Zit. n. R. Rürup, Deutschland, S. 189.

«neue Ära» begonnen, die viele Hoffnungen weckte und nicht zuletzt durch eine Amnestie für Teilnehmer der Revolution von 1848/
49 Liberalisierung und Entspannung versprach. Auch in den anderen Bundesstaaten wurde die Reaktion nach einem Jahrzehnt brü-
chig, die Gesetze, u. a. auch die Koalitions- und Zensurverbote, ge-
lockert, versuchten die Herrschenden, *«Frieden zu haben mit dem
Volk»*.[6]

Dies war die Voraussetzung dafür, daß neue Bewegung in die Ar-
beiter- und Handwerkervereine kam, daß unter Förderung liberaler
Politiker zahlreiche Arbeiterbildungsvereine gegründet wurden,
daß 1863 in Leipzig unter der Führung von Ferdinand Lassalle der
«Allgemeine Deutsche Arbeiterverein» (ADAV) und damit eine erste deutsche Arbeiterpartei entstand. Dies aber war auch die politische Situation, in der die Frauen sich wieder aus ihrer Vereinzelung
herauswagten, das Schweigen durchbrachen und die Initiative zur
Organisation ihrer Interessen übernahmen:

*«Was damals* (um 1848) *gekeimt und geblüht hatte, verfiel dem Schicksal
aller Märzblüthen – sie verschneiten wieder – aber jetzt, wo der Schnee
wieder hinweggethaut, kommt Alles auf's Neue zum Vorschein. Im Stillen
ist fortgewachsen und hat sich ausgebreitet, was zu jener Zeit nur Keim
war und schießt jetzt in frischen Halmen lustig empor.*

*Im Dienste der Subjectivität, wie im Dienste der Politik sind die weib-
lichen Bestrebungen beendet worden, nicht etwa um nun am Ende zu sein,
sondern um nach Verirrungen und Prüfungen geläutert und erstarkt wieder neu aufgenommen zu werden im Dienste der Humanität und des Socialismus.»* [7]

6  Vgl. Thomas Nipperdey, Deutsche Geschichte, München 1983, S. 699, u.
   James J. Sheehan, Der deutsche Liberalismus, München 1983, S. 114ff.
7  Louise Otto, Das Recht der Frauen auf Erwerb, Hamburg 1866, S. 79.

## 2. «Im Dienste der Humanität und des Socialismus» (Louise Otto)

### Die Gründung des «Allgemeinen Deutschen Frauenvereins»

Vom 16. bis zum 18. Oktober 1865 fand in Leipzig eine erste Frauenkonferenz statt, auf der die Gründung des «Allgemeinen Deutschen Frauenvereins» (ADF) beschlossen wurde. Dieses Ereignis, das in der zeitgenössischen Presse Aufregung und Aufmerksamkeit hervorrief und – wie könnte es anders sein – auch mit Spott als *«Leipziger Frauenschlacht»* [8] kommentiert wurde, galt auch schon im Selbstverständnis der alten Frauenbewegung als Geburtsstunde der deutschen organisierten Frauenbewegung.[9] Der «Allgemeine Deutsche Frauenverein» war von nun an die Keimzelle vieler Fraueninitiativen und weiterer Vereinsgründungen.

Für die Idee und Einladung zur Konferenz verantwortlich zeichnete der «Leipziger Frauenbildungsverein», der erst ein halbes Jahr vorher von Louise Otto und einigen gleichgesinnten Frauen gegründet worden war. Eine von ihnen war die Lehrerin Auguste Schmidt, die nun L. Otto auf den «Neuen Bahnen» der Frauenbewegung begleiten sollte.

Noch länger als L. Otto verkörperte A. Schmidt die Kontinuität der deutschen Frauenbewegung. Während M. Stritt in einem Nachruf 1902 noch einmal ihre *«bestechende Liebenswürdigkeit»*, *«eminente Rednergabe… und echt weiblich-mütterliche Art»* rühmte,[10] ist ihre Person für uns Nachgeborene eher *«farblos»*, zu traditionell, steht sie doch für die Richtung im ADF, deren emanzipatorische Forderung nach Vertiefung und Erweiterung der Frauenbildung

8 In Anlehnung an die sog. Völkerschlacht bei Leipzig vom 16. bis zum 19. Oktober 1813, dem für die Befreiungskriege entscheidenden Sieg über die Truppen Napoleons, und es ist nicht von der Hand zu weisen, daß die Frauen dieses nationale Datum für ihre Konferenz mit Bedacht gewählt haben.

9 Vgl. hierzu G. Bäumer, Die Geschichte der Frauenbewegung in Deutschland, in: H. Lange u. C. Bäumer, Handbuch der Frauenbewegung, hg. I. Teil, Berlin 1901, S. 48 f.

10 Marie Stritt, Auguste Schmidt, in: Centralblatt des Bundes deutscher Frauenvereine, IV. Jg., vom 1. 6. 1902, S. 50.

**Auguste Schmidt** (geb. 3. Aug. 1833 in Breslau, gest. 10. Juni 1902 in Berlin), als Tochter eines preußischen Berufsoffiziers in bildungsbürgerlichem Milieu aufgewachsen, legte schon mit siebzehn Jahren ihr staatlich anerkanntes Lehrerinnenexamen ab. Sie unterrichtete zunächst als Erzieherin, dann als Schulvorsteherin ab 1861 in Leipzig, im sog. Steyberschen Institut, einer höheren Töchterschule mit angeschlossenem Lehrerinnenseminar, dessen Leitung sie nach Ottilie Steybers Tod übernahm.

Sie galt als gute Lehrerin – Clara Zetkin gehörte zu ihren berühmtesten Schülerinnen – und als begeisternde Rednerin. Ihre öffentlichen literarischen Vorträge wurden *«nicht allein von vielen Frauen, sondern stets von einer großen Zahl Leipziger Studenten besucht».*[11]

1865 lernte Auguste Schmidt Louise Otto(-Peters) kennen und schätzen, mit der sie von da an eine dreißigjährige Freundschaft verband. Beide Frauen gründeten im gleichen Jahr den «Allgemeinen Deutschen Frauenverein», der für den Neubeginn der Frauenbewegung in Deutschland steht.

Vorangegangen war die Konstituierung des «Leipziger Frauenbildungsvereins», zu dessen Eröffnung A. Schmidt einen Vortrag hielt unter dem Motto «Leben ist Streben». Dieser Vortrag schloß mit den Worten:

*«Wir verlangen nur, daß die Arena der Arbeit auch für uns und unsere Schwestern geöffnet wird, und Freiheit für die Entwicklung der Frau ist eine Forderung der Gerechtigkeit. Freiheit zur Arbeit muß der Frau gegeben werden, um ihrer eigenen sittlichen Vervollkommnung, um des erzieherischen Wertes der Arbeit willen. Denn das Ziel der Frauenbewegung ist die Erhöhung der sittlichen Werte in der Menschheit.»*[12]

Gemeinsam mit Louise Otto gab sie die Zeitschrift «Neue Bahnen» heraus und gründete zusammen mit Helene Lange und Marie Loeper-Houssselle 1890 den «Allgemeinen deutschen Lehrerinnenverein». 1894 wurde A. Schmidt erste Vorsitzende des «Bundes Deutscher Frauenvereine», ein Amt, das sie bis 1899 innehatte.

---

11 Vgl. Anna Plothow, Die Begründerinnen der Deutschen Frauenbewegung, Leipzig 1907, S. 32.
12 Zit. n. Johanna Waescher, Wegbereiter der deutschen Frau, Kassel 1931, S. 9/10.

**Auguste Schmidt (links) und Louise Otto-Peters (rechts)**

sich unmerklich auf ein pädagogisches Reformprogramm für bürgerliche Töchter verengte und sich damit in der bürgerlich-patriarchalen Gesellschaft nur auf eine geringfügige Veränderung der Frauenrolle einrichtete.[13]

Ähnlich den zu dieser Zeit unter den Arbeitern gegründeten liberalen Arbeitervereinen, z. B. dem «Leipziger Arbeiterbildungsverein» unter dem Vorsitz des Drechslermeisters August Bebel[14], galt für die Frauen die Losung: *«Nur Einigkeit macht stark, nur Bildung macht frei.»* Dieses Programm war zunächst keine bildungsbürgerliche Beschränkung, war nicht Selbstzweck, sondern zielte in der Tradition der Aufklärung auf «allgemeine Menschenbildung», auf Menschenwürde und sollte zugleich nützliches Wissen vermitteln, das Frauen sowohl für die Berufstätigkeit vorbereiten als auch zur Teilhabe an gesellschaftlicher und politischer Macht befähigen sollte. Aus diesem Grund schienen diese Bestrebungen das geeignete Mittel zu sein, auch die sozialen Unterschiede zwischen den Frauen verschiedener Klassen zu überbrücken, war die *«geistige Speise»* gerade auch *«für die leiblich Hungernden»*[15] die emanzipato-

13 Vgl. Herrad-Ulrike Bussemer, Frauenemanzipation und Bildungsbürgertum, Weinheim 1985, S. 186 u. 249.
14 Zu den Kontakten zwischen L. Otto und A. Bebel vgl. M. Twellmann, Die deutsche Frauenbewegung, Bd. I, S. 34 f.
15 L. Otto, Die Wiege des Allgemeinen Deutschen Frauenvereins, in: Neue Bahnen 1866 Nr. 5, S. 34.

rische Provokation, die die frühen, von liberalen Demokraten initi-
ierten Arbeiterbildungs- wie Frauenvereine einte.

Auch der «Leipziger Frauenbildungsverein» war nicht als Da-
menkränzchen oder *«Wohltätigkeitsverein in gewohntem Sinne»*
mißzuverstehen, denn er leistete *«gewissermaßen Pionierdienste»*.[16]
Gegen einen monatlichen Beitrag erhielt jedes Mitglied für alle Veranstaltungen drei Billetts und war verpflichtet, sie *«an ihm bekannte
Arbeiterinnen oder andere Frauen und Mädchen ... zum Besuch der
‹Abendunterhaltungen› des Vereins auszugeben»*, zu denen im übrigen *«nur weibliche Personen Zutritt hatten»*. Geboten wurden Vorträge über Geschichte, Natur und Literatur *«stets mit spezieller
Berücksichtigung des Vereinszwecks: Erweiterung des weiblichen Ge-
sichtskreises, ...Erweckung und Stärkung freudiger Berufstätigkeit
usw., Deklamation klassischer wie neuerer Gedichte, Pianoforte- und
Gesangsvorträge, sämtliche von Frauen gehalten»*.[17] Neben diesen
*«Abendunterhaltungen»* gab es eine Fortbildungsschule für konfir-
mierte Mädchen, *«Bureaus für Abschreiberinnen»*, eine Stellenvermittlung, eine Kochschule und Speiseanstalt für Frauen, schließlich
noch eine Sonntagsschule – für die interessanterweise das Vereins-
lokal des «Arbeiterbildungsvereins» genutzt wurde[18] – und eine Bibliothek – insgesamt also ein recht umfassendes feministisches
Selbsthilfeprojekt.

Ein wichtiger Passus in der Satzung dieses Frauenbildungsvereins, auf den es insbesondere für L. Otto ankam, war die Selbstver-
pflichtung, *«eine Frauenkonferenz von deutschen Frauen der verschiedensten Städte und Staaten»* einzuberufen, denn *«obwohl die
deutsche Einheit (1865) noch ein Traum war»*, sollte nun in der
Frauenfrage das Ende der Bescheidenheit eingeläutet werden: Es
ging nicht mehr nur um das Wirken in einer Stadt, *«das ganze
Deutschland soll(te) es sein!»*[19]

16  L. Otto: Das Recht der Frauen, S. 80f. und dies., Das erste Vierteljahrhundert des Allgemeinen deutschen Frauenvereins, Leipzig 1890, S. 2f.
17  L. Otto, Das Recht der Frauen, S. 80.
18  Vgl. den Nachweis bei M. Twellmann, Die deutsche Frauenbewegung,
Bd. 1, S. 37.
19  L. Otto, Das erste Vierteljahrhundert, S. 4.

Diese erste gesamtdeutsche Frauenkonferenz in Leipzig wurde ein beachtlicher Erfolg. Einladungen zu der Konferenz waren in mehreren Zeitungen erschienen, viele persönlich verschickt worden[20], ganz gezielt nicht nur kleindeutsch oder preußisch orientiert, sondern in alle Richtungen des Deutschen Bundes, nach Wien, Prag, München, Mannheim und Köln – auch an einige wohlwollende Männer, Liberale, radikale Demokraten, führende Köpfe auch der jungen Arbeiterbewegung, z. B. an den Bijouterie-Fabrikanten Moritz Müller, der auf dem 3. Vereinstag deutscher Arbeitervereine im September 1865 eine denkwürdige Rede zugunsten von Frauenarbeit gehalten hatte mit dem Kernsatz:

*«Die Frauen sind zu jeder Arbeit berechtigt, zu welcher sie fähig sind.»*[21]

Er sandte diesmal eine Grußadresse.

Schließlich versammelten sich etwa 120 Frauen, gewiß die meisten aus der sächsischen Umgebung, doch eine stattliche Zahl aus allen Teilen des Bundes, und es kamen auch ein paar Männer, darunter: August Bebel, der Justizrat Joseph Heinrichs aus Lissa und der mit dem Ehepaar Otto-Peters befreundete radikale Demokrat Ludwig Eckhardt aus Karlsruhe. Als L. Otto ihn am Vorabend der Konferenz bat, die Versammlung zu eröffnen, soll er geantwortet haben:

*«Der Frauentag darf doch nicht mit einer Inkonsequenz beginnen und von einem Mann eröffnet werden? Die Frauen müssen ihre Sache selbst führen, sonst ist sie von vornherein verloren!»*[22]

Welcher Kühnheit es in jener Zeit bedurfte, als Frau in einer öffentlichen Versammlung eine politische Rede zu halten, ist allenfalls noch an dem Spott der konservativen Presse abzulesen, so in der «National-Zeitung» vom 17. 10. 1865:

---

20  Vgl. z. B. die Einladung an Lina Morgenstern, abgedr. in: R.-E. Boetcher Joeres, Louise Otto-Peters, S. 192.
21  Vgl. M. Twellmann, Die deutsche Frauenbewegung, Bd. 2, S. 135.
22  L. Otto, Das erste Vierteljahrhundert, S. 7.

*«Es ist eine auffallende und dem deutschen Geschmack wenig zusagende Erscheinung, Frauen auf so hohem Piedestal zu sehen und mit so weithin tönender Stimme reden zu hören.»* [23]

Louise Otto leitete die Verhandlungen mit Bravour, doch sie wußte sehr wohl, daß sie selbst *«mit ihrer leisen Stimme und ihrem stark sächselnden Dialekt keine Rednerin»* [24] war. Deshalb übertrug sie die Festansprachen in Zukunft in der Regel ihrer Gefährtin Auguste Schmidt, deren *«zündende Rednergabe»* immer wieder gerühmt wurde.

Zwei Tage lang wurde lebhaft debattiert. Der Dreh- und Angelpunkt aller Forderungen und Reformvorschläge war das Recht der Frauen auf Arbeit, präziser noch auf Erwerb. Der gemeinsame Beschluß zu diesem wichtigsten Programmpunkt lautete darum:

*«§ 1. Wir erklären… die Arbeit, welche die Grundlage der ganzen neuen Gesellschaft sein soll, für eine Pflicht und Ehre des weiblichen Geschlechts* (und) *nehmen das Recht der Arbeit in Anspruch und halten es für notwendig, daß alle der weiblichen Arbeit im Wege stehenden Hindernisse entfernt werden.»* [25]

Das Recht auf Arbeit stand für die Proletarierinnen, die Frauen der unteren Schichten und Stände kaum zur Debatte. *«Unter den Proletariern muß Jeder arbeiten, der nicht verhungern will»*, schrieb L. Otto in ihrer 1866 erschienenen programmatischen Schrift «Das Recht der Frauen auf Erwerb». Scharf kritisierte sie darin die übliche Rede von dem Mann als dem *«Ernährer der Familie»*, beklagte die Hungerlöhne für die schwersten weiblichen Arbeiten, bei denen keine Rücksicht auf das sog. *«zarte Geschlecht»* genommen werde, und analysierte den weiblichen Arbeitsmarkt, *«die Unzulänglichkeit der gegenwärtigen weiblichen Erwerbszweige»*. Bürgerliche Frauen hatten allenfalls die Wahl zwischen dem Beruf der Gouvernante, der schlecht und privat bezahlten Lehrerin oder verschämter Heimarbeit (und liefen mit ihren Strick-, Stick- und Näharbeiten noch Gefahr, den noch Ärmeren Konkurrenz zu machen). [26] Darum ging es für die bürgerlichen Frauen zunächst einmal darum, ein selbständi-

23  Zit. n. H. U. Bussemer, Frauenemanzipation, S. 121.
24  A. Plothow, Die Begründerinnen, S. 42.
25  Zit. n. L. Otto, Das erste Vierteljahrhundert, S. 10.
26  L. Otto, Das Recht der Frauen, S. 19ff.

ges Recht auf Erwerb überhaupt erst zu erkämpfen. In § 2 des in Leipzig verabschiedeten Programms hieß es dazu:

*«Wir halten es für ein unabweisbares Bedürfnis, die weibliche Arbeit von den Fesseln des Vorurteils... zu befreien. Wir halten in dieser Hinsicht die Errichtung von Industrie-Ausstellungen für weibliche Arbeitserzeugnisse, die Gründung von Industrieschulen für Mädchen, die Errichtung von Mädchenherbergen, endlich aber auch die Pflege höherer wissenschaftlicher Bildung für geeignete Mittel, dem Ziele näher zu kommen.»* [27]

Auch § 1 der am letzten Versammlungstag beschlossenen Satzung des «Allgemeinen Deutschen Frauenvereins» bezeichnete noch einmal den wichtigsten Vereinszweck, die Förderung der Bildung und die *«Befreiung der weiblichen Arbeit von allen ihrer Entfaltung entgegenstehenden Hindernissen».* Kühn und heftig umstritten aber blieb der § 2 des Statuts, da er nur Mädchen und Frauen die Mitgliedschaft ermöglichte, Männer dagegen lediglich als Ehrenmitglieder mit beratender Stimme zuließ. Dieser grundsätzliche Ausschluß von Männern, der frühe Wahlspruch *«alles für die Frauen durch die Frauen»* [28] hat den ADF von Anbeginn in feministischen «Verruf» gebracht und schon damals nicht nur Männer, sondern gerade auch Frauen abgeschreckt. Doch L. Otto, die vor allen anderen den Grundsatz der Selbstorganisation und Selbsthilfe der Frauen verfocht, ließ sich nicht beirren, sondern meinte, *«daß es das Unweiblichste ist, was es gibt, wenn Frauen in ihren Frauenangelegenheiten die Männer entscheiden lassen. Was sich für sie ziemt und was sich nicht geziemt, wußten von je die Frauen selbst am besten.»* [29]

Schließlich wurde in Leipzig neben der Vereinbarung, die jährlichen Mitgliederversammlungen als «Deutsche Frauentage» an wechselnden Orten abzuhalten, auch die Gründung einer eigenen Vereinszeitschrift beschlossen, ein unentbehrliches Mittel zur Förderung der Öffentlichkeits- und Propagandaarbeit: Die «Neuen Bahnen», von 1866 bis 1895 von L. Otto und A. Schmidt gemeinsam herausgegeben, erschienen vierzehntägig bis 1920 in mehr als 50 Jahrgängen. Sie blieben ein Vereinsblatt mit kaum die Mitgliederzahl übersteigender Auflage, das, *«dem weiblichen Fortschritt»* die-

27  L. Otto, Das erste Vierteljahrhundert, S. 10.
28  Vgl. A. Plothow, Die Begründerinnen, S. 60.
29  L. Otto, Das Recht der Frauen, S. 94.

nend, «*keine Modebilder, keine Stick- und Schnittmuster, keine Recepte*» enthielt – «*dies alles findet sich anderwärts zur Genüge*».[30] Doch es sorgte für den Zusammenhalt unter den in der Frauenbewegung aktiven Frauen und ist – heute kaum noch verfügbar – als «*Chronik der Frauenbestrebungen jener Zeit*»[31] eine unschätzbare Quelle für die Geschichte der deutschen Frauenbewegung.

## 3. «Was wir nicht wollen..., ist die politische Emanzipation und Gleichberechtigung der Frauen» (W. Adolph Lette)

### Die Gründung des Lette-Vereins

Wie unabhängig und bewußt feministisch die Gründung des «Allgemeinen Deutschen Frauenvereins» in seiner Zeit war, wird deutlich, wenn wir seine Prinzipien und seine Organisationsweise mit der anderen Vereinsinitiative vergleichen, die sich der Lösung der Frauenfrage als sozialer Frage verschrieb, mit dem «Verein zur Förderung der Erwerbsfähigkeit des weiblichen Geschlechts». Er wurde 1866 von dem Präsidenten des «Centralvereins für das Wohl der arbeitenden Klassen», Dr. W. Adolph Lette, in Berlin ins Leben gerufen. Der nationalliberale Lette, einst Abgeordneter der Frankfurter Paulskirche und später des preußischen Abgeordnetenhauses, Vorsitzender vieler gemeinnütziger Gesellschaften, hatte diese Gründung wohl vorbereitet und groß angelegt. In einer berühmt gewordenen «Denkschrift über die Eröffnung neuer und die Verbesserung der bisherigen Erwerbsquellen für das weibliche Geschlecht» aus dem Jahre 1865 hatte Lette einer zeitgemäßen Sorge des Bürgertums Ausdruck verliehen, und zwar dem Problem der unverheirateten, nicht durch die Ehe versorgten Frauen des Mittelstandes. Angeregt durch Erfahrungen im westlichen Ausland und gestützt auf Erwerbsstatistiken, ein gerade in bürgerlichen Beamtenpositio-

30 Neue Bahnen 1870, Nr. 1, zit. n. H.-U. Bussemer, Frauenemanzipation, S. 134.
31 A. Plothow, Die Begründerinnen, S. 60.

nen höheres Heiratsalter und den angeblichen Rückgang der Ehe-schließungen in Deutschland/Preußen, war er zu dem Schluß ge-kommen:

«*Das Bedürfnis* (nach Sicherung ihrer Existenz) *dränge die unverheirate-ten Frauen der mittleren und höheren Klassen dazu, auch ihrerseits im Bereich gewerblicher und technischer bürgerlicher Beschäftigungen eine Stellung einzunehmen; daraus folge mit Notwendigkeit, daß sie sich auch eine der männlichen Befähigung für solche Beschäftigungen nicht nach-stehende Ausbildung aneignen müssen.*»[32]

Die Anerkennung der Frauenfrage als «*Brotfrage*» speziell in den bürgerlichen Kreisen – und wer kannte sie nicht, die «*altgewordenen Tanten*, (die) *nur noch wie jeder andere alte Hausrath geduldet wer-den*»[33]? – war durch andere Autorinnen vorbereitet worden. Louise Büchner (1821–1877) z. B., zugleich Gründerin eines entsprechen-den Frauenerwerbsvereins in Hessen, des «Alice-Vereins», wie auch Fanny Lewald-Stahr (1811–1889) hatten in ihren vielgelesenen Büchern für und wider die berufliche Emanzipation auch der bür-gerlichen Frauen argumentiert.[34] Die Einsicht, daß standesgemäße Berufswege zu eröffnen seien, gab die Richtung der von Lette vor-geschlagenen, heute noch typischen Berufe für Frauen an. Da-zu gehörten in der Medizin «*jedenfalls* (die) *Assistenzärzte bei Frauenkrankheiten*», im übrigen aber vorwiegend technische und kaufmännische Dienstleistungen wie «*Buchhalterei, Kassenführung, Warenverkauf... Postdienst*» oder später Photographie.[35]

Den «*Besorgnissen der Männerwelt*» vor der Konkurrenz der Frauen trat Lette mit Entschiedenheit entgegen, zumal er der weib-lichen Erwerbstätigkeit «*eine naturgemäße Grenze in der Verschie-denheit der Befähigungen*»[36] zog. Keinesfalls aber durfte die zuge-

32  Wilhelm Adolph Lette: Denkschrift, zit. n. M. Twellmann, Die deutsche Frauenbewegung, 2. Bd., S. 137 ff. (hier S. 139), u. n. Anne Schlüter, Quellen und Dokumente zur Geschichte der gewerblichen Berufsausbil-dung von Mädchen, Köln, Wien 1987, S. 89–92.
33  L. Otto, Das Recht der Frauen, S. 18/19.
34  Vgl. Louise Büchner, Die Frauen und ihr Beruf, Frankfurt 1856; Fanny Lewald, Osterbriefe für die Frauen, Berlin 1863; dies., Für und wider die Frauen, Berlin 1870.
35  W. A. Lette, Denkschrift, zit. n. A. Schlüter, Quellen, S. 91.
36  W. A. Lette, Denkschrift, zit. n. M. Twellmann, Die deutsche Frauenbe-wegung, 2. Bd., S. 140.

standene Frauenerwerbstätigkeit nach Ansicht der Berliner Initiatoren in Konkurrenz zur eigentlichen Bestimmung der Frau, ihren familiären Pflichten, treten. Deshalb hatte Lette seine Denkschrift mit der unmißverständlichen Bemerkung eingeleitet:

«*Was wir nicht wollen und niemals, auch nicht in noch so fernen Jahrhunderten wünschen und bezwecken, ist die politische Emanzipation und Gleichberechtigung der Frauen. Wenn sogar der berühmte englische Nationalökonom John Stuart Mill*[37] *das aktive und passive Wahlrecht, die Vertretung und Teilnahme an politischen Versammlungen zu vindizieren geneigt ist, so befindet er sich dabei im Widerspruch, wie mit den tausendjährigen Einrichtungen aller Staaten und Völker, so auch mit der Natur und Bestimmung des Weibes und mit den ewigen Gesetzen der göttlichen Weltordnung. Der alte Satz der christlichen Kirche ‹mulier taceat in ecclesia›* (die Frau schweige in der Gemeinde) *gilt für alle Zeit, nicht bloß für die kirchliche, sondern auch für die politische Gemeinde.*»[38]

Als Lette nach der Veröffentlichung dieser Denkschrift im Februar 1866 in der Tagespresse seinen Aufruf zur Bildung eines «Vereins zur Förderung weiblicher Berufstätigkeit» verbreitete, wies dieser bereits eine stattliche Liste von prominenten Befürwortern auf. In der konstituierenden Versammlung im Februar 1866 trugen sich bereits 300 Mitglieder ein, allesamt Honoratioren des gehobenen liberalen Bürgertums, die nicht nur die soziale, sondern auch die materielle Basis künftiger Vereinsaktivitäten bildeten. Nicht zuletzt die Gunst Ihrer Königlichen Hoheit, das Protektorat der Kronprinzessin Viktoria, war werbewirksam und zahlte sich immer wieder in baren Talern aus.

Die Arbeitsweise und Organisationsstruktur des Lette-Vereins, wie er seit dem Tod des Gründers 1868 verkürzt genannt wurde, unterschied sich in zweierlei Hinsicht grundlegend vom «Allgemeinen Deutschen Frauenverein»:

● Der Lette-Verein war ein von Männern initiierter und verwalteter Verein zum Wohle der Frauen, wobei die Männer bestimmten, worin das Wohl der Frauen bestand. Die Leitung des Vereins oblag

37 Vgl. J. St. Mill, Die Hörigkeit der Frau, Berlin 1869. Die Pikanterie liegt darin, daß Jenny Hirsch, die loyale Schriftführerin des Lette-Vereins, die erste deutsche Übersetzung und damit die Verbreitung des Werkes besorgte.
38 W. A. Lette, Denkschrift, zit. n. A. Schlüter, Quellen, S. 89.

einem gewählten Ausschuß aus zwanzig Männern, die gemäß den Statuten befugt waren, Frauen vorzuschlagen. Zunächst durften lediglich fünf im Ausschuß mitarbeiten, eine von ihnen, Jenny Hirsch, wurde zugleich als einzige Frau und Schriftführerin in den fünfköpfigen Vorstand gewählt, das bedeutete, sie machte die ganze Arbeit.

---

**Jenny Hirsch** (1829–1902) hatte es schwer gehabt. Von Haus aus Autodidaktin, wurde ihr, *«nachdem sie ihre Lehrfähigkeit durch Probelektionen erwiesen* (hatte), *die Erlaubnis zum Schulehalten erteilt, obgleich sie Jüdin war».*[39] Sie schrieb unter dem Pseudonym Fritz Arnefeldt Romane und hatte auch vorübergehend in L. Ottos «Neuen Bahnen» unter dem Namen J. N. Heynrichs mitgearbeitet. Sie übersetzte J. St. Mills «Die Hörigkeit der Frau» und gab von 1870 bis 1882 die Vereinszeitschrift «Frauen-Anwalt» heraus.

---

Noch 1869, als in der Nachfolge des Präsidenten Lette der Wirtschaftsprofessor F. v. Holtzendorff sich anschickte, die inzwischen allerorten entstandenen Frauenerwerbs- und Frauenbildungsvereine zu einem großen Verband zusammenzuschließen, wehrte L. Otto stellvertretend für ihre Richtung die Zusammenarbeit ab mit dem Hinweis:

*«…ein grundsätzlich nur von Frauen geleiteter Verein* (kann) *sich nicht einem zum größten Theil aus Männern bestehenden Vorstand unterwerfen…»*[40]

Der 1869 auf der Berliner Konferenz gebildete «Verband deutscher Frauenbildungs- und Erwerbsvereine» vereinigte unter der Führung des Berliner Lette-Vereins also nur die sog. Frauenerwerbsvereine, während der *«ADF nebst den von ihm gegründeten Vereinen nicht beitrat».*[41] Trotzdem kam es wiederholt zu Kooperationen, z. B. einigten sich beide Richtungen 1872 auf eine Reichstagspetition, mit der die Anstellung von weiblichen Beamten im Post- und Telegraphen-

39  A. Plothow, Die Begründerinnen, S. 58.
40  L. Otto, Politische Frauen-Zeitung v. 19. 6. 1870, zit. n. H.-U. Bussemer, Frauenemanzipation, S. 117.
41  L. Otto, Das erste Vierteljahrhundert, S. 19, vgl. hierzu ausführlich auch H. U. Bussemer, Frauenemanzipation, S. 94 ff.

wesen gefordert wurde.[42] Erst nach 1876, als der Lette-Verein nach einigen Jahren zunehmend von Frauen geführt wurde – 1872 war die Tochter des Gründers, Anna Schepeler-Lette, Vorsitzende geworden – und auch im ADF die Pragmatikerinnen das Sagen hatten, vereinbarte man, die Verbandstage abwechselnd auszurichten und den jeweiligen Delegierten Stimmrecht zu gewähren.[43]

● Der Lette-Verein kümmerte sich ausdrücklich nur um die Verbesserung der Erwerbsmöglichkeiten von Frauen der gehobenen Stände: *«Die in den Fabriken und im Landbau beschäftigten Handarbeiterinnen, Dienstboten, Wäscherinnen und dergleichen...»* waren – so § 1 der Statuten – vom Vereinszweck ausgenommen. Anders im «Allgemeinen Deutschen Frauenverein», der sich zwar auch vorwiegend aus Frauen des Bürgertums rekrutierte, sich jedoch grundsätzlich und ausdrücklich der Arbeiterinnenfrage geöffnet und wiederholt den Versuch zur Organisation auch ihrer Interessen unternommen hat. Ein Beispiel war die Einladung Louise Ottos 1869 nach Berlin von dem «Louisenstädtischen Handwerkerverein», die zur Gründung eines Arbeiterinnenvereins führte.[44]

Selbst als der oben erwähnte § 1 wegen allzu häufiger Kritik 1871 aus der Satzung des Lette-Vereins gestrichen wurde, änderte dies nichts an der Praxis, daß alle sozialen, fürsorglichen und qualifizierenden Einrichtungen des Lette-Vereins, auch die oftmals vergebenen Stipendien, ausschließlich Frauen der höheren sozialen Schichten zugute kamen – selbst die in den 1880er Jahren eingeführte Dienstbotenausbildung. Zu den Einrichtungen gehörten insbesondere die Handels- und Gewerbeschule sowie ein Arbeitsnachweisbüro, der «Nähmaschinenfonds», eine Darlehenskasse für die Gründung eines selbständigen Geschäfts und schließlich das Victoriastift, eine Pension zum *«Schutz selbständig beschäftigter Frauen»*.

Dem Lette-Verein gebührt das Verdienst, gerade durch die Qualifizierung von Frauen für die kaufmännischen und gewerblichen Berufe, durch Industrie-Ausstellungen in Form sog. Bazare und damit

42 Vgl. Helene Lange/Gertrud Bäumer, Handbuch der Frauenbewegung, in 5 Bdn., Berlin 1901 ff., Bd. 1, S. 59.
43 Vgl. Jenny Hirsch, Geschichte der fünfundzwanzigjährigen Wirksamkeit des Lette-Vereins, Berlin 1891, S. 33.
44 Neue Bahnen 1869, Nr. 18, S. 141–143.

durch die Werbung für weibliche Arbeitsprodukte wichtige Pionierdienste geleistet, ja ganz neue Berufswege für Frauen erschlossen zu
haben.

## Die Frauenfrage als soziale Frage

Offensichtlich stand die Frauenfrage als soziale Frage nur im Aufbruch der Arbeiter- und der Frauenbewegung um die Mitte der
1860er Jahre gleichrangig neben der Klassenfrage auf der politischen Tagesordnung.

*«Frauenfrage! – Frauenverein!! – Frauenemancipation!!! – Ueberall, wo-
hin man hört, bei jeder geselligen Zusammenkunft, fast in jeder öffentlichen Versammlung tönen Einem jetzt diese Worte entgegen, werden diese
Themata jetzt regelmäßig und mit wahrer Leidenschaft discutirt...*

*Genug, die ‹Emancipation› ist eine ebensolch lächerliche und unaus-
führbare Theorie, wie alle anderen Theorien der Cummunisten und Socia-
listen. Indeß hat die ‹Emancipation› außer dieser lächerlichen auch ihre
sehr ernste und gefährliche Seite, welche wir nicht verschweigen dürfen,
zumal sie die Frauen am nächsten betrifft. Die letzte Consequenz ist nämlich nichts Geringeres als die Aufhebung der Ehe, die Zerstörung der Familie.»* [45]

So war in einer Artikelfolge der illustrierten Zeitschrift «Der Bazar»
im Jahr 1870 zu lesen. Alle männlichen Befürchtungen und patriarchale Abwehr sind hier auf den Begriff gebracht. Denn die *«verru-
fene»* Emanzipation der Frauen, wie W. H. Riehl sie schon 1855 in
seinem Bestseller «Hausbuch für die deutsche Familie» gescholten
hatte, die wirkliche Gleichberechtigung mit den Männern, berührte
nicht nur männliche Privilegien, sondern gefährdete, ja *«zerstörte»*
nach Meinung bürgerlicher Sozialpolitiker das Familienleben. Die
Familie galt und gilt nicht von ungefähr als Grundpfeiler der bürgerlichen Gesellschaft. Denn ihre «Ordnung», insbesondere die Arbeitsteilung zwischen Männern und Frauen, ist die selbstverständliche und immer wieder verteidigte Grundlage und Voraussetzung
kapitalistischer Wirtschaft und patriarchaler Macht. Dies hatten
auch fortschrittliche Zeitgenossen um 1870 ganz offensichtlich er-

45 Zit. n. H.-U. Bussemer, Frauenemanzipation, S. 14 und 54.

kannt, Gefahr drohte ihnen nicht nur «von unten», von der ihren neuen Besitz und ihre Ordnung bedrohenden Arbeiterklasse, sondern auch von innen, aus dem von Politik und Recht abgetrennten Raum privater Beziehungen.[46]

Die Verkürzung der Frauenfrage auf ihre ökonomische Seite, auf eine «*Brotfrage*» nur der unverheirateten und unversorgten Frauen des Bürgertums, war somit ein Ablenkungsmanöver. Der beharrliche Hinweis, daß hiermit die «*sogenannte Frauenemancipation*» ausgeschlossen, ja verhindert werden sollte, war die Art und Weise, wie die bürgerlichen Familienväter ihre sozialen Probleme mit den Frauen, den Widerspruch zwischen angeblicher bürgerlicher Gleichheit und der Ungleichheit der Frauen, zu lösen versuchten.

Für Louise Otto und ihre Gesinnungsgenossinnen war die Berufsfrage, «*das Recht der Frauen auf Erwerb*» dagegen nur Teil, allerdings wesentlicher Bestandteil weiterreichender Forderungen nach Emanzipation.

«*Selbständig kann auch dem Sprachgebrauch nach nur sein, wer selbst zu stehen vermag, d. h. wer sich selbst auf seinen eigenen Füßen und ohne fremde Hilfe erhalten kann. Den Frauen zu dieser Art der geforderten Selbständigkeit zu verhelfen ist der wichtigste Schritt… Freilich werden sich durch den Grundsatz, der jede Frau für selbständig erklärt… auch die bürgerlichen Gesetze modeln müssen.*»[47]

Berufliche Selbständigkeit war also ein wesentlicher Schritt, der sogar helfen sollte, die «*brutale Willkür*» bürgerlicher Gesetze zu beseitigen, doch eben nur ein Schritt. Deshalb betonten die ADF-Frauen gegenüber den sog. Realpolitikern im Lette-Verein immer wieder die «*ideale Seite*» der Frauenfrage. Diese Betonung des Ideellen, der besonderen «*Kulturaufgabe der Frau*»[48], wie sie wenig später formuliert wurde, ist weniger als weltfremder, abgehobener Idealismus mißzuverstehen, sondern meinte in dieser Zeit eher die weitergehenden Ziele der Emanzipation und darüber hinaus die Forderung nach gleichen Menschenrechten und nach Selbstverwirklichung. Nichts anderes bedeutete die Anknüpfung an die «*Bestrebungen* (von 1848)

46  Vgl. hierzu ausführlich H.-U. Bussemer, Frauenemanzipation, S. 11 f.
47  L. Otto, Das Recht der Frauen, S. 48.
48  Vgl. Johanna Goldschmidt, Die Frauenfrage, eine Kulturaufgabe, zit. in: L. Otto, Das erste Vierteljahrhundert, S. 42.

*im Dienste der Humanität und des Socialismus»* – Sozialismus hier
wohl verstanden im Sinne sozialer Demokratie, die auf dem Weg der
Reform, aber auch nur durch Beantwortung der anderen sozialen
Frage, der Frauenfrage, zu verwirklichen wäre.


## 4. «Das Vaterland erwartet, daß alle Frauen bereit sind, ihre Pflicht zu thun!» (Kaiserin Augusta)

### Die «Vaterländischen Frauenvereine»

Der Deutsch-Französische Krieg von 1870/71 ist für die deutsche
Geschichte, im ganzen gesehen, ein wichtiges Ereignis. Mit dem
Sieg über Frankreich war Preußen-Deutschlands Wende zum Na-
tionalstaat, zur politischen, militärischen und wirtschaftlichen
Großmacht vollzogen, mit der Proklamation des preußischen Kö-
nigs zum Deutschen Kaiser im Spiegelsaal von Versailles schließlich
die kleindeutsche Einigung erreicht, doch um welchen Preis? Die
Siege Preußens, 1866 zunächst zusammen mit Österreich über Dä-
nemark, dann über Österreich, 1871 über Frankreich, schufen die
Grundlage deutschen Nationalstolzes, eines unverhohlenen männlichen Chauvinismus und einer imperialistischen Politik. Die Verfassung des Reiches als konstitutionelle Monarchie kombinierte die
Privilegien alter Obrigkeiten mit einem demokratischen Männer-
wahlrecht und bewahrte doch, da der Reichstag nur Mitwirkungsrechte bei der Gesetzgebung hatte, unter der *«Kanzlerdiktatur»* Bismarcks das alte Machtgefüge von Krone, Heer, Landjunkern und
Bürokratie.[49]

Welche Bedeutung aber hatte dieses politische Datum für die
Frauen?

Die Geschichte der Frauen ist zumindest in den vergangenen 200
Jahren eng mit der Geschichte der Kriege verknüpft. Das ist nicht
weiter verwunderlich, weil in Kriegs- und anderen Notzeiten Frauen

49 Vgl. im einzelnen Hans-Ulrich Wehler, Das Deutsche Kaiserreich
    1871–1918, Göttingen 1983.

besonders gebraucht und deshalb ausdrücklich umworben werden: als Lückenbüßer für die in den Krieg ziehenden Männer, als Reservearmee im wahrsten Sinne des Wortes, für die seelische «Aufrüstung» und praktische Mobilmachung aller Kräfte – und nicht nur *«zum Charpiezupfen, Verwundete Pflegen, Kleidernähen und Kochen für das Heer».*[50]

Trotzdem war gerade der 1870er Krieg keineswegs Schrittmacher der Frauenemanzipation, ganz im Gegenteil, und dies, obwohl er Frauen zum erstenmal so massenhaft mobilisierte und Frauen ihren Patriotismus wohlorganisiert und tatkräftig unter Beweis stellen konnten.

Den Rahmen für dieses Engagement bildeten die «Vaterländischen Frauenvereine», die nichts mit den Vereinen der Frauenbewegung zu tun hatten, dennoch allein zahlenmäßig ein nicht unwesentlicher Teil eines problematischen Kapitels der Frauengeschichte sind: So werden für die «Vaterländischen Frauenvereine» in Deutschland schon 1873 mehr als 30 000 Mitglieder angegeben, als die Gesamtzahl der im ADF und damit in der Frauenbewegung engagierten Frauen zur gleichen Zeit *«nicht mehr als einige Tausend betragen haben kann».*[51]

Das Zahlenverhältnis blieb: In den achtziger Jahren zählte man bei den «Vaterländischen» 150 000 beitragzahlende Frauen, während die «emsige Insektenarbeit der Lokalvereine» (des ADF) allenfalls 12 000 Frauen im ganzen Deutschen Reich auf die Beine brachte.[52] Selbst in der Blütezeit der alten Frauenbewegung vor dem Ersten Weltkrieg waren die «Vaterländischen Frauenvereine» mit einer halben Million Mitglieder[53] immer noch die bei weitem größte Frauenorganisation gegenüber dem «Bund Deutscher Frauenvereine», dessen offizielle Mitgliederzahl für 1912 mit 328 000 angegeben wird.[54]

---

50 So schon L. Otto, Volkskreuzzug in Ungarn, in: Frauen-Zeitung v. L. Otto, 1849, Nr. 14 (zit. n. Neuausgabe 1979, S. 113).
51 So H.-U. Bussemer, Frauenemanzipation, S. 142.
52 L. Otto, Das erste Vierteljahrhundert, S. 44.
53 Vgl. Jahrbuch der Frauenbewegung 1912, S. 145.
54 Zit. n. Barbara Greven-Aschoff, Die bürgerliche Frauenbewegung in Deutschland 1894–1933, Göttingen 1981, S. 148.

Der erste «Vaterländische Frauenverein» wurde 1866 von der preußischen Königin, der späteren Kaiserin Augusta, im Zusammenhang mit dem deutsch-dänischen Krieg gegründet, als sich das Personal freiwilliger und ungelernter Helferinnen in der Verwundetenpflege als völlig unzureichend und überfordert erwies. Vorläufer waren bekanntlich die Frauenvereine, die die preußische Königin Luise in den Befreiungskriegen aus gleichem Anlaß ins Leben gerufen hatte. Die englische Krankenpflegerin Florence Nightingale hatte im Krimkrieg (1854–1856) vorbildlich gewirkt und Vorarbeit für die Gründung des Internationalen Roten Kreuzes geleistet.

Die preußische Königin erledigte – wie in ihrer Nachfolge andere Landesfürstinnen auch, z. B. die Großherzogin von Hessen und Nassau mit dem nach ihr benannten «Alice-Verein» – die allzu frauentypische Aufgabe mit großem Aufwand und Organisationstalent. Schon im Laufe des ersten Jahres bildeten sich weitere 44 Zweigvereine, und bis 1869, bis zu ihrem Zusammenschluß zum «Vaterländischen Central-Frauenverein» unter dem roten Kreuz, war ihre Zahl auf 291 gestiegen.[55] So war diese *«Armee der Kaiserin»* tatsächlich im Deutsch-Französischen Krieg 1870/71 auf die *«den Frauen im Krieg zufallenden Aufgaben»* schon viel besser vorbereitet. Doch nachdem einmal so viele Kräfte für Gott, Kaiser und Vaterland mobilisiert waren und sich auch im Krieg so gut bewährt hatten, ging es darum, Aufgaben wie Organisationsform auch für Friedenszeiten neu zu definieren:

*«Die deutschen Frauenvereine verfolgen den gemeinschaftlichen Zweck:*

*1. in Friedenszeiten innerhalb des Verbandes ausserordentliche Notstände zu lindern, sowie für die Förderung und Hebung der Krankenpflege Sorge zu tragen.*

*2. in Kriegszeiten an der Fürsorge für die im Feld Verwundeten und Kranken Teil zu nehmen und die hierzu dienenden Einrichtungen zu unterstützen.»*[56]

Als Abzeichen führte der Verband von nun an das rote Kreuz im weißen Feld. Der Führungsstil war autoritär, standesbewußt und

55  Lina Morgenstern, Die Frauen des 19. Jahrhunderts, II. Bd., Berlin 1889, S. 291.
56  Alice Salomon, Die Frau in der sozialen Hilfstätigkeit, in: Handbuch der Frauenbewegung, 2. Bd., S. 23.

militärisch. Der Vorstand wurde zur Hälfte von der Kaiserin ernannt und bestand vorwiegend aus Männern, Generälen, Geheimen Regierungsräten usf.; die weiblichen Vorstandsmitglieder kamen aus dem Adel. Die Vorsitzende des preußischen Vereins war von 1867 bis 1916 die Gräfin Charlotte von Itzenplitz. Für den Kriegsfall aber, so sahen die Statuten vor, sollte die Führung fest in den Händen der Generalität liegen.

Aber auch in Friedenszeiten redeten und organisierten in den meisten Generalversammlungen in der Regel nur die Männer. *«‹Ihre Majestät› sprach zumeist nur ‹huldvolle› Ermahnungs- und Entlassungsworte.»* [57]

Aus alledem ergibt sich, wie wenig dieses *«Frauenhilfscorps für den Fall eines Krieges»* [58] mit den Organisationen der Frauenbewegung, auch mit den Frauenerwerbsvereinen vergleichbar war.

## National oder pazifistisch?

Eine Frau, die die Geschichte der Frauenbewegung bis ins 20. Jahrhundert begleiten, ja entscheidend gestalten wird und erstmals im Zusammenhang mit den preußischen Kriegen zwischen 1866 und 1871 Frauengeschichte macht, war Lina Morgenstern, die *«Mutter der Volksküchen»* oder auch einfach *«Suppenlina»* genannt.[59] 1866 hatte sie die erste «Volksküche» gegründet, eine Speiseanstalt, in der der armen Bevölkerung Berlins eine warme Mahlzeit angeboten wurde, wohlgemerkt nicht als Almosen, sondern zum Selbstkostenpreis. Den Anlaß bot die Verknappung und Verteuerung der Lebensmittel im deutsch-österreichischen Krieg. Gestützt auf den von ihr gegründeten «Verein der Berliner Volksküchen» und ebenfalls getragen von dem Wohlwollen und unter dem Protektorat der Kaiserin Augusta, kam ihre große Zeit 1870, als sie auf den Bahnhöfen Berlins zugleich die Verpflegung und Versorgung der ausrückenden und durchziehenden Truppen übernahm. Sie eckte an, weil sie

57  M. Twellmann, Die deutsche Frauenbewegung, Bd. 1, S. 47 f.
58  M. Twellmann, Die deutsche Frauenbewegung, Bd. 1, S. 49.
59  Maya I. Fassman, Die Mutter der Volksküchen, in: Unter allen Umständen, hg. v. C. Eifert, S. Rouette, Berlin 1986, S. 34 ff.

**Lina Morgenstern** (1831–1909) repräsentiert mit ihren vielfältigen Initiativen die ganze Spannbreite, aber auch Ambivalenz weiblichen Engagements und fraulicher Politik.
Sie war eine schillernde und widersprüchliche Frau: bürgerliche Radikale – die allerdings bei der Organisation der Arbeiterinneninteressen die soziale Frage lediglich als «Brot- und Magenfrage» unterschätzte, sich jedoch 1896 z. B. beim Berliner Frauenkongreß auf der Seite der Radikalen für das Stimmrecht und in der Sittlichkeitsfrage engagierte –, Pazifistin und zugleich Monarchistin, weil eine glühende Verehrerin der Kaiserin Augusta; eine Praktikerin der sozialen Arbeit par excellence und zugleich eine beachtliche Literatin und Journalistin, auch als verantwortliche Herausgeberin der «Deutschen Hausfrauen-Zeitung», Vereinsorgan des von ihr gegründeten «Berliner Hausfrauenvereins», schließlich eine engagierte Pazifistin, die in den 1890er Jahren für die «Ligue internationale pour le Désarmement général» und für die «Deutsche Friedensgesellschaft» warb.

selbstverständlich auch die französischen Kriegsgefangenen versorgte. Doch auch der «Vaterländische Frauenverein» unter der Leitung der Gräfin von Itzenplitz und zahlreiche private Spender unterstützten ihr Unternehmen, das innerhalb nur weniger Monate mehr als 300000mal Soldaten bewirtet und mit Proviant versorgt hatte.[60]

Festzuhalten bleibt, daß der Krieg von 1870/71, der vorgeblich Deutschlands Größe vollendete, die Frauenbewegung zurückgeworfen hat. Die Tatsache, daß sich das neue Deutsche Reich auf militärische Gewalt, alte feudale Eliten und eine zunehmend repressive Klassenherrschaft stützte, mußte auch die Politik der bürgerlichen Frauenbewegung beeinflussen, ihr emanzipatorisch-feministisches Engagement lähmen. Im ADF führte dies nach 1871 zu einer Wachablösung: Zunehmend kamen andere und anderes zu Wort, war Anpassung spürbar. Schon während des Krieges und später in der Beurteilung des Sieges waren die Differenzen deutlich geworden. Die Trennlinien verliefen dabei nicht mehr eindeutig zwischen den Anhängerinnen des ADF und den Mitgliedern des Lette-Vereins, auch wenn die beiden Publikationsorgane die unter-

60  Neue Bahnen 1869, Nr. 19, S. 151.

94

Eine Berliner Volksküche (H. Scherenberg)

schiedlichen Orientierungen – mehr national oder mehr pazifistisch
– noch am deutlichsten markieren[61]:

Da veröffentlichte z. B. der «Frauen-Anwalt», das Organ des
Lette-Vereins, breit und mit ausführlicher Diskussion die Ablehnung einer Friedensbotschaft, die die Schweizerin Marie Goegg im
Namen der «Internationalen Friedens- und Freiheitsliga» an die
deutschen und die französischen Frauen gerichtet hatte.

*«Adresse der Frauen aller Nationen an die beiden kriegführenden Völker
und Regierungen:*
*In dem Augenblicke, wo zwei Völker, die bestimmt sind, einander zu lieben
und zu achten, von einer blinden Wuth getrieben, die Wohlthaten eines
55jährigen Friedens vernichten... protestieren wir Frauen aller Länder,
aller Stände, jedes Alters gegen den Krieg, der nur das Resultat der Ent-*

61  Aufschlußreich hierzu auch die Debatte um die «welsche Mode und den
französischen Putz», dem die deutschen Frauen nach Meinung wahrer
Patrioten entsagen sollten, vgl. H.-U. Bussemer, Frauenemanzipation,
S. 181 f.

*fernung ist, in welcher man die Frauen von Allem gehalten, was den Staat angeht, der nur hervorgegangen ist aus der Rivalität zweier Dynastien. In dem Augenblicke, wo in Europa so viele Frauen weinen, als es Männer unter den Fahnen giebt, verlangen wir, daß die Stimmen unserer Mütter, Gattinnen, Töchter, Schwestern, Bräute gehört werden, und daß die durch ihre Lippen sich kundgebenden Gesetze der Menschlichkeit und Gerechtigkeit endlich das Gehör finden, das man ihnen bis jetzt verweigert hat.»* [62]

Diese «Friedensliga», ein Zusammenschluß einer Gruppe internationaler Republikaner und Demokraten mit dem Zentrum in Genf, hatte 1868 auf Initiative von Marie Goegg eine besondere Frauengruppe gegründet, der ADF-Frauen wie Louise Otto und Rosalie Schönwasser angehörten. Trotzdem war es möglich, daß auch in den «Neuen Bahnen» die Zurückweisung des Friedensappells durch Henriette Goldschmidt erscheinen konnte, weil sich auch im ADF zunehmend die national Gesinnten durchsetzten.

*«Wir Frauen sind stolz auf unser Volk; wir hassen den Krieg, aber wir würden der Verachtung werth sein, wenn wir es versucht hätten, unsere Männer, die in dieser Weise herausgefordert wurden, von ihm zurückzuhalten.»* [63]

Während H. Goldschmidt immerhin noch von den Zeiten träumt, in denen *«Schwerter sich in Pflugscharen verwandeln»*, in denen *«Gattinnen, die Mütter den ihnen gebührenden Einfluß haben»*, um das *«Sichzerfleischen der Menschen»* zu beenden, ist die Antwort Jenny Hirschs als der maßgeblichen Vertreterin des Lette-Vereins im Ton unverhohlener:

*«Das deutsche Volk kämpft für Haus und Hof, für die deutsche Sprache und deutsches Wesen, es kämpft für die Zivilisation gegen die Barbarei und mit seinem vollständigen Sieg wird weit mehr für den Frieden Europas geschehen sein als mit allen Adressen für den Frieden, mit allen Protesten gegen den Krieg. Eine deutsche Frau, die diese Adresse unterschreiben könnte, würde sich des Namen einer Deutschen unwerth machen.»* [64]

---

62  Frauen-Anwalt, 1. Jg., 1870/71, S. 221/222.
63  Frauen-Anwalt, 1. Jg., 1870/71, S. 229, ebenso in: Neue Bahnen 1870, S. 157.
64  Frauen-Anwalt, 1. Jg., 1870/71, S. 223.

Zur gleichen Zeit veröffentlichte Louise Otto in den «Neuen Bahnen» mehrere nachdenkenswerte Leitartikel, die alle Argumente gegen den Krieg zusammenfassen. Da heißt es unter der Überschrift «Krieg»:

*«Uns Frauen lautet dieses Wort am schrecklichsten, obwohl es uns ja – scheinbar mindestens – am wenigsten berührt. Wir haben ja keine aktive Rolle dabei. Uns sendet man ja nicht den todbringenden Feuerschlünden entgegen, uns drückt man auch nicht das Mordgewehr in die Hand, uns zwingt man nicht zum Handeln gegen Gottes Gebot, noch gegen die Stimme unseres Gewissens und der Menschlichkeit, die ja alle drei einstimmig fordern: Du sollst nicht töten! Uns bürdet man keine Blutschuld auf.*

*Oft, wenn unsere neuern Frauenbestrebungen ‹Gleiche Rechte für Alle› – also auch für uns Frauen im Staate – fordern, hielt man uns entgegen: dies sei schon darum nicht möglich, weil die Frauen keine Kriegsdienste leisten könnten, leisten möchten und meinte uns damit zu schlagen. Wir aber erwidern: ein Culturzustand, in welchem noch Kriegsdienste nöthig und Kriege möglich sind, ist überhaupt ein noch so barbarischer, vom Ziel der Humanität entfernter, daß man mit allen Mitteln darauf hinarbeiten muß durch Belehrung, Bildung und Sitte die herrschende Rohheit zu beseitigen – und dies würde längst geschehen sein, wenn man nicht die Frauen mit ihrem zarteren Empfinden, mit ihrer Liebe und Milde zurückgehalten und zurückgedrängt hätte auf den allerbeschränktesten Wirkungskreis…»* [65]

Die auffällige Zurückhaltung der deutschen bürgerlichen Frauenbewegung in den 1890er Jahren, als überall in der Welt Friedensgesellschaften entstanden, hat Marie Stritt, eine der wenigen, die sich als Vorsitzende des «Bundes Deutscher Frauenvereine» für die Friedensbewegung engagierte, noch mit den Nachwirkungen des Deutsch-Französischen Krieges erklärt:

*«Vielleicht liegt das daran, dass seit dem Krieg 1870–71 im deutschen Volksempfinden – also auch dem Empfinden der Frauen – alle Vorstellungen von nationaler Größe und Wohlfahrt an den Militarismus geknüpft sind, und dass man demzufolge den Gedanken des Internationalismus, auf dem alle Friedensbestrebungen basieren, selbst in aufgeklärten Kreisen als Utopie betrachtet, trotzdem ihn Dampf und Elektrizität schon längst verwirklicht und damit zugleich die Solidarität der Völker erwiesen haben.»* [66]

65  L. Otto, Krieg, in: Neue Bahnen 1870, Nr. 16, S. 121, vgl. auch Nr. 18, S. 138 u. 139.
66  Marie Stritt, Der Anteil der deutschen Frauen an der internationalen Friedensbewegung, in: Handbuch der Frauenbewegung, II. Bd., S. 201.

# Lesetips

Herrad-Ulrike Bussemer: Frauenemanzipation und Bildungsbürgertum, Sozialgeschichte der Frauenbewegung in der Reichsgründungszeit, Weinheim 1985

Margrit Twellmann: Die deutsche Frauenbewegung. Ihre Anfänge und erste Entwicklung. 1843–1889, 2 Bände, Meisenheim 1972

Die Frauenfrage in Deutschland 1865–1915. Texte und Dokumente, hg. v. E. Frederiksen, Stuttgart 1981

Sieglinde Peters: Mütterlichkeit im Kaiserreich. Die deutsche Frauenbewegung und der soziale Beruf der Frau, Bielefeld 1984

Louise Otto-Peters: Frauenleben im deutschen Reich. Erinnerungen aus der Vergangenheit mit Hinweis auf Gegenwart und Zukunft. Leipzig 1876. Neudruck Paderborn 1988

# 4. KAPITEL

1870er und 80er Jahre
Unter Klassenherrschaft und Patriarchat

# 1. «Die Obrigkeit ist männlich» (Heinrich von Treitschke)

Die Zeit von der Gründung des Deutschen Kaiserreichs bis zur Entlassung des Reichskanzlers Bismarck im Jahr 1890, die Bismarck-Ära, ist die in der deutschen Geschichte meistbeschriebene Epoche[1]. Sie gilt als die Zeit des endgültigen wirtschaftlichen und sozialen Umbruchs Deutschlands vom Agrar- zum Industriestaat unter Ausbildung der industriellen Klassengesellschaft und ist gekennzeichnet von schweren politischen Konflikten und inneren Widersprüchen. Stichworte dieser Geschichte sind:

– Die Gründerjahre bis 1873, eine Periode stürmischen Aufschwungs, endeten mit dem Zusammenbruch vieler neugegründeter Firmen und Banken, dem sog. Gründerkrach, gefolgt von einer langanhaltenden, alle Industrieländer betreffenden wirtschaftlichen Depression,

– der Kulturkampf zwischen preußischem Staat und katholischer Kirche, bei dem es um die Trennung von Staat und Kirche z. B. bezüglich staatlicher Schulaufsicht und der nun obligatorischen Zivilehe ging,

– schließlich, 1878 durchgesetzt und bis 1890 viermal verlängert, die «Sozialistengesetze» gegen die angeblich *gemeingefährlichen Bestrebungen der Sozialdemokratie».

Auch die Begleitumstände dieses beschleunigten Industrialisierungsprozesses, die Schattenseiten des technischen Fortschritts, traten nun zum erstenmal in aller Deutlichkeit ins allgemeine Bewußtsein:

● Bevölkerungszuwachs, Landflucht und der Ausbau des Verkehrswesens, insbesondere der Eisenbahn – damals ein Gradmesser der wirtschaftlichen Entwicklung – und damit die Ausweitung des industriellen Arbeitsmarktes bedeuteten: Immer mehr Menschen lebten in der Stadt, oft auf engstem Raum, arbeiteten in abhängiger Beschäftigung.

● Zwischen 1848 und 1875 nahm allein die Zahl der in Industrie

1 Vgl. an neueren Werken nur beispielhaft H.-U. Wehler, Das Deutsche Kaiserreich, Michael Stürmer, Hg., Das kaiserliche Deutschland. Politik und Gesellschaft 1870–1918, (zuerst 1970) Düsseldorf 1984, Dieter Langewiesche, Liberalismus in Deutschland, Frankfurt 1988.

und Handwerk Beschäftigten von einer Million auf 5,4 Millionen zu bei insgesamt 18,6 Millionen abhängig Beschäftigten. Von 1875 bis 1907 stieg die Zahl der in Handwerk, Industrie und Bergbau Beschäftigten noch einmal um das Doppelte auf 10,8 Millionen bei insgesamt 28 Millionen Erwerbstätigen.

● Die Bevölkerung des Ruhrgebietes z. B. wuchs zwischen 1860 und 1870 um das Vierfache.

● Die tägliche Arbeitszeit betrug um 1870 durchschnittlich elf bis zwölf Stunden (in der Textilindustrie sogar dreizehn Stunden oder 72 Stunden in der Woche, d. h. einschließlich sonnabends.[2]

Schier unendliche Arbeitstage, die skrupellose Ausnutzung menschlicher Arbeitskraft, Kinderarbeit trotz ihres gesetzlichen Verbots, das Sinken der Reallöhne auf dem «freien» Markt, dies alles veränderte den Alltag und das Selbstverständnis der Menschen von Grund auf, im Haus und in der Fabrik. Die sozialen Gegensätze verschärften sich: bürgerliche Saturiertheit, die Anhäufung von Kapital und Privilegien auf der einen, Wohnungsnot und Massenelend auf der anderen Seite. Und man wußte voneinander, denn im Gleichschritt mit den Neuerungen hatten immer mehr Menschen, auch dank einer besseren Schulbildung, an den Informationen teil, weiteten sich das Nachrichtenwesen und die Massenmedien aus.

In allen diesen Aufstellungen sind auch die Frauen erfaßt, und doch spielen sie in den Geschichtsbüchern über diese beiden Jahrzehnte eine noch geringere Rolle als zu anderer Zeit, allenfalls am Rande als Untersuchungsgegenstand von Sozialenqueten oder unter dem Gesichtspunkt der Familie. In diesem Zeitalter *kernechter deutscher Männlichkeit*[3], das sich seines «Herr-im-Hause-Standpunktes» rühmte und von einem autoritären Herrschaftssystem gestützt wurde, hatten Frauen – so scheint es – erst recht nichts zu sagen. «Obrigkeit», dozierte der Nationalhistoriker H. v. Treitschke in seinen vielbesuchten Vorlesungen vor dem männlichen akademischen Nachwuchs: *«Obrigkeit ist männlich, das ist ein Satz, der sich eigentlich von selbst versteht.»*[4]

2  L. Schneider, Der Arbeiterhaushalt, S. 91/92 u. 95.
3  Vgl. die Zitate bei M. Twellmann, Die Deutsche Frauenbewegung, Bd. I, S. 203.
4  Heinrich von Treitschke, Politik, Vorlesungen gehalten an der Universität zu Berlin, Leipzig 1897, zit. n. M. Twellmann, Die deutsche Frauenbewegung, Bd. II, S. 194.

Gleichzeitig erlebten die Haushalts-, Koch- und Jungfrauen-
bücher der Henriette Davidis[5] seit den 1860er Jahren Massenaufla-
gen. Ihre «*dem häuslichen Wohlstand und Familienglück*» dienenden
Anweisungen, die Ansprüche bürgerlicher Häuslichkeit und die Bedürfnisse der modernen Menschen waren differenzierter geworden,
setzten besondere Qualifikationen oder zumindest Dienstboten voraus.

In der Geschichte der Frauenbewegung scheint eine Pause eingetreten zu sein, selbst die Chroniken aus der Frauenbewegung[6]
verzeichnen Stagnation, ein vorsichtiges Sich-Bescheiden und Zu-
rücktreten in den Pflichtenkreis des Hauses, das nun mit neuem
wissenschaftlichem Aufwand als das «*eigentliche Reich der Frau*» ge-
priesen wird[7].

*«Es war die Glanzzeit der Bismarckschen Ära, der gewaltige Wille des
Mannes war bestimmend, lähmend legte er sich auf die Frauenbestrebungen. Unter der Herrschaft des Sozialistengesetzes aber wurden alle freiheit-
lichen und reformerischen Bestrebungen mit Mißtrauen angesehen…»*[8]

Doch wenn wir genauer hinsehen, ist viel zu entdecken, nicht nur
ein «*stilles, viel zu unbekanntes Heldentum*»[9] unter den Frauen der
frühen Arbeiterinnenbewegung, sondern auch viel Unermüdliches
im ADF und mutige Einzelkämpferinnen, wie z. B. Hedwig Dohm
oder die Außenseiterin Gertrud Guillaume-Schack, die, alle Konventionen und Klassenschranken sprengend, für leider zu kurze Zeit
in der deutschen Geschichte für Aufregung sorgte.

Geprägt waren die Frauenemanzipationsbemühungen dieser
Zeit von dem Kampf an zwei Fronten: Als Arbeiterinnen, Angehö-
rige einer unterdrückten Klasse, waren für sie die Hauptgegner, der
Not gehorchend, «Herrschaften» und Unternehmer oder, anders

5 Vgl. Henriette Davidis, Die Hausfrau. Praktische Anleitung zur selbständigen und sparsamen Führung des Haushalts. Essen 1861.
6 Z. B. Gertrud Bäumer, Die Geschichte der Frauenbewegung in Deutschland, in: Handbuch der Frauenbewegung, I. Bd., S. 75 f.
7 Vgl. Lorenz v. Stein, Die Frau auf dem Gebiete der Nationalökonomie,
5. Aufl. Stuttgart 1876, S. 73.
8 A. Plothow, Die Begründerinnen, S. 166/167.
9 Marie Juchacz, Sie lebten für eine bessere Welt. Lebensbilder führender
Frauen des 19. und 20. Jahrhunderts, Hannover 1971, S. 27.

ausgedrückt, das Kapital; als Angehörige ihres Geschlechts kämpften die Frauen gegen Bevormundung und die Privilegien der Männer, gegen ein in Staat und Familie restauriertes Patriarchat. Zwischen diesen Fronten trennten sich nun auch die Wege der Frauen – entsprechend der Loslösung der Arbeiterbewegung aus der liberal-demokratischen Bewegung – in eine bürgerliche und eine proletarische Frauenbewegung. Weibliche Solidarität bleibt seither eine doppelte Herausforderung.

## 2. «Erwachet, Deutschlands Frauen» (Hedwig Dohm)

Das Patriarchat formierte sich neu, denn nach 1870 erschien eine ganze Flut antifeministischer und antiemanzipatorischer Abhandlungen, Reden und Aufsätze[10], in denen die «Herren Professoren» ihre Bastionen und Privilegien als «Wissenschaft» verteidigten und damit offensichtlich mehr als einer Männergeneration «aus der Seele» sprachen. Aufgefordert fühlten sie sich wohl weniger durch die von der Frauenbewegung aufgeworfenen Fragen als vielmehr durch die von ihrem englischen Kollegen John Stuart Mill herausgegebene Schrift «Die Hörigkeit der Frauen», die er gemeinsam mit seiner Frau Harriet Taylor Mill erarbeitet hatte[11] und die seit 1869 in Deutschland große Verbreitung fand.

---

10 Vgl. neben H. v. Treitschke, s. o., Theodor v. Bischoff, Das Studium und die Ausübung der Medizin durch Frauen, München 1872, oder Heinrich v. Sybel, Über die Emancipation der Frauen, Bonn 1870.
11 Vgl. hierzu John Stuart Mill u. a., Die Hörigkeit der Frau, hg. v. H. Schröder, Frankfurt 1976, S. 7 ff.

Eine, die gegen die vereinigte Männermacht, gegen das Patriarchat in Wissenschaft und Politik anschrieb, war Hedwig Dohm.

1872 erschien ihre erste Schrift «Was die Pastoren von den Frauen denken. Zur Frauenfrage, von Philipp von Nathusius und Herrn Professor der Theologie Jacobi in Königsberg», in der sie mit *«funkelnder Ironie und treffendem Spott»* die «Dogmen» der Herren

---

**Hedwig Dohm** (geb. 20.9.1833 in Berlin – gest. 4.6.1919) war das dritte von insgesamt achtzehn Kindern von Henriette Jülich und dem jüdischen Tuchfabrikanten Gustav Schleh in Berlin. Hedwig erhielt die übliche unzureichende Mädchenerziehung, bis sie fünfzehn Jahre war. Danach war es ihre Aufgabe, im Haushalt zu helfen und auf den Ehemann zu warten.

Sie beschrieb ihr Elternhaus als *«eng, philiströs und schlafmützig... Die gute Stube mit den stets verhüllten Möbeln, die Kostbarkeiten hinter Glas, der Vater im Flauschrock, gestickten Pantoffeln und Pfeife, die Mutter, morgens in Nachtjacke, mit fliegenden Haubenbändern, nachmittags in seidenen Kleidern mit einer Fülle von Ringellöckchen...»* [12] – eine Biedermeier-Idylle, unter der das wissensdurstige Mädchen sehr litt. Die Erlebnisse während der 1848er Revolution machten sie – wie sie später schrieb – zu einer *«blutroten Revolutionärin»*.[13] Wenigstens gelang es ihr als Achtzehnjähriger, den Eltern die Erlaubnis zum Besuch eines Lehrerinnenseminars abzuringen.

Ein Jahr später heiratete sie den Redakteur der satirischen Zeitschrift «Kladderadatsch», Ernst Dohm. In kurzen Abständen wurde sie fünfmal Mutter, sie hatte einen Sohn und vier Töchter, führte ein großes Haus, in dem die intellektuelle Elite Berlins verkehrte, und fing trotz Windeln und Hausarbeit an zu schreiben: zunächst eine spanische Literaturgeschichte, die 1867 erschien – ein nicht gerade üblicher Anfang für eine Schriftstellerin –, dann ab 1872 Feministisches, Streitschriften für die Emanzipation der Frau, deren Argumente heute noch (!) verfangen.

---

12 Adele Schreiber, Hedwig Dohm als Vorkämpferin und Vordenkerin neuer Frauenideale, Berlin 1914, zit. n. M. Twellmann, Die Deutsche Frauenbewegung, II. Bd., S. 184.

13 Hedwig Dohm, Schicksale einer Seele. Roman, Bd. 1, Berlin, 1899, S. 86.

Hedwig Dohm (Foto: Hof-Atelier «Elvira»)

Theologieprofessoren im Hinblick auf die notwendige Unterordnung der Frauen zerpflückte.[14]

In kurzen Abständen folgten:

– 1873 «Der Jesuitismus im Hausstande. Ein Beitrag zur
Frauenfrage». Hierin ging sie nicht nur mit den *«schmählichen Lü-
gen»* der Männer ins Gericht, sondern auch mit den *«guten Hausfrauen»*, die der Frauenemanzipation im Wege ständen. Als deren
auffälligste Laster bezeichnete sie *«die schlechte Behandlung der
Dienstboten, …ihren Hochmuth, ihren Tugendstolz und ihr Phari-
säertum»*.

Zum erstenmal forderte H. Dohm in diesem Beitrag auch die Beteiligung der Frauen an der Gesetzgebung, also das Stimmrecht der
Frauen, denn polemisch fragte sie:

14  So M. Twellmann, Die Deutsche Frauenbewegung, II. Bd., S. 177.

*«Wer macht die Gesetze? – Die Männer.*
*Auch die Gesetze, die das Verhältnis der Mutter zu ihrem Kinde regeln? –*
*Auch die …*
*Dieselben Männer, die da vorgeben, den einzigen und erhabenen Beruf*
*der Frau in ihrer Mutterschaft zu finden, erteilen in den Gesetzen, die sie*
*machen, der Frau als Mutter ein Mißtrauensvotum sondergleichen und*
*sonder Beispiel. – Verdorrt ihnen nicht die Zunge ob so schmählicher*
*Lüge! … Für mich liegt der Anfang alles wahrhaften Fortschritts auf dem*
*Gebiet der Frauenfrage im Stimmrecht der Frauen.»* [15]

– 1874 «Die Wissenschaftliche Emanzipation der Frau», womit sie
stichhaltig die Zulassung der Frauen zum Medizinstudium begründete, schließlich
– 1876 «Der Frauen Natur und Recht, zwei Abhandlungen über
Eigenschaften und Stimmrecht der Frau», ein mitreißendes Plä-
doyer für die völlige private und staatsbürgerliche Gleichberechtigung der Frau.

*«Erwachet, Deutschlands Frauen, wenn ihr ein Herz habt zu fühlen die*
*Leiden Eurer Mitschwestern und Thränen sie zu beweinen, mögt Ihr selbst*
*auch im Schooß des Glückes ruhen. Erwachet, wenn Ihr Grimm genug*
*habt, Eure Erniedrigung zu fühlen, und Verstand genug, um die Quellen*
*Eures Elends zu erkennen. Fordert das Stimmrecht, denn nur über das*
*Stimmrecht geht der Weg zur Selbständigkeit und Ebenbürtigkeit, zur*
*Freiheit und zum Glück der Frau.»* [16]

Wie kühn und wie weit war H. Dohm mit dieser Forderung doch
ihrer Zeit, auch den meisten ihrer Zeitgenossinnen voraus! Sie
schrieb mit spitzer Feder und meisterlicher Polemik und fürchtete
keine Autoritäten. Im persönlichen Umgang schüchtern und be-
scheiden, eine gütige Frau und geliebte Großmutter [17], war sie politisch eine unerschrockene Einzelkämpferin, die zunächst mit der
Frauenbewegung nichts zu tun hatte. Trotzdem wurde sie zu ihrem
Orientierungspunkt, zur Wegbereiterin der radikalen Feministinnen um die Jahrhundertwende.

15 Alle Zitate bei M. Twellmann, a. a. O., S. 214, 228.
16 Hedwig Dohm, Der Frauen Natur und Recht, Berlin 1876, S. 183.
17 Vgl. Marie-Luise Janssen-Jurreit, Sexismus. Über die Abtreibung der
   Frauenfrage, München, Wien 1979, S. 11 f.

1888 gehörte Hedwig Dohm dem Gründungskomitee des «Deutschen Frauenvereins Reform» an, der sich für eine gleichberechtigte Mädchenbildung einsetzte. Von 1889 bis 1901 war sie auch Beisitzerin im Vorstand des Vereins «Frauenwohl», der von M. Cauer geleitet wurde, sowie seit 1905 Mitarbeiterin in der von H. Stöcker herausgegebenen Zeitschrift «Mutterschutz» bzw. «Neue Generation». Das zeigt, sie engagierte sich sehr wohl in und für die Frauenbewegung, aber trat doch nie in der Öffentlichkeit auf. Neben einer Reihe von Novellen und Romanen, in denen sich die Probleme der *Übergangsfrau»* – hin- und hergerissen von *«Altererbtem und Neuerrungenem»* – spiegeln[18], sind als wichtigste feministische Schriften zu nennen:
«Die Antifeministen. Ein Buch der Verteidigung» 1902
«Die Mütter. Beitrag zur Erziehungsfrage» 1903
«Die Erziehung zum Stimmrecht der Frau» 1909
Als Hedwig Dohm am 4. 6. 1919 in Berlin starb, hatten die deutschen Frauen zum erstenmal das politische Wahlrecht erhalten – das Recht, für das sie ein Leben lang gekämpft hatte.

# 3. «... ein stilles, viel zu unbekanntes Heldentum» (Marie Juchacz)

## Die frühe Arbeiterinnenbewegung

Früher noch und anhaltender als zur Zeit der Sozialistengesetze wurden die Versuche der Proletarierinnen, ihre Interessen zu organisieren, von den staatlichen Behörden behindert und vereitelt, wurden ihre Versammlungen von der Polizei aufgelöst und ihre Führerinnen strafrechtlich verfolgt. Denn Frauen unterlagen von 1850 bis 1908 den berüchtigten Vereinsgesetzen (vgl. Kap. 3, S. 73ff), die ihnen grundsätzlich jede politische Betätigung untersagten. Dabei wurde auch in dieser Frage Recht mit zweierlei Maß gemessen.

Zwar hatten auch die Gründerinnen des ADF 1865 zunächst Schwierigkeiten, die sächsischen Behörden von dem unpolitischen Charakter ihres Vereins und insbesondere ihres überregionalen Zu-

18 Vgl. Gisela Brinker-Gabler, Die Frau ohne Eigenschaften. Hedwig Dohms Roman Christa Ruland, in: Feministische Studien Nr. 1/1984, S. 117f.

sammenschlusses zu überzeugen, war doch nicht nur L. Otto als Demokratin der 1848er Bewegung bekannt. Und in der Folgezeit wird die erzwungene politische Abstinenz ihr Teil zu dem immer wieder ängstlichen Bemühen des ADF und seiner Schwestervereine um parteipolitische Zurückhaltung beigetragen haben und erklärt die Betonung des Bildungsmoments in der Zielsetzung des ADF. Trotzdem waren die Initiativen der bürgerlichen Frauen den Behörden ohne Zweifel grundsätzlich unverdächtiger als die der Arbeiterinnen. Denn «politisch», darunter verstand man im kaiserlichen Deutschland, in dem *das rote Gespenst bis in die letzte Bierstube spukte*[19], vor allem die Nähe zur Sozialdemokratie und zur Arbeiterbewegung. Auch die in der Gewerbeordnung von 1869 angeblich garantierte Koalitionsfreiheit und die Versicherung der Arbeiterinnenvereine, sich lediglich mit Lohnfragen zu befassen, verringerte das Mißtrauen des Staates nicht, sondern machte sie in doppelter Hinsicht suspekt, als Sozialistinnen und Frauenrechtlerinnen.

Ein Beispiel hierfür war die «Affaire Schulze-Siebenmarck», die in Berlin Aufsehen erregt hatte, da sich hierbei zum erstenmal Heimarbeiterinnen gemeinsam gegen die ausbeuterischen Methoden der Wollefabrikanten gewehrt hatten und in einem Gerichtsurteil von dem Vorwurf der Unterschlagung freigesprochen wurden. Bei der Abrechnung ihres kargen Arbeitslohns waren die Gewichtsdifferenzen zwischen ausgeteilter und verarbeiteter Wolle den Arbeiterinnen abgezogen worden, eine betrügerische Manipulation, da die Wolle beim Austeilen vom Färben noch feucht und deshalb schwerer war. Obgleich die Arbeiterinnen in der Sache Recht bekamen, hat das gleiche Gerichtsurteil ihren Versuch, einen Rechtsschutzverein für Lohnfragen zu gründen, gem. § 8 des Vereinsgesetzes untersagt.[20]

In der sozialdemokratischen Geschichtsschreibung wird in der Regel die im Februar 1869 gegründete «Internationale Gewerksgenossenschaft der Manufaktur-, Fabrik- und Handarbeiter» mit dem Sitz in Crimmitschau in Sachsen als Beginn der organisierten Arbeiterinnenbewegung zitiert.[21]

19 Zit. n. H.-U. Wehler, Das Deutsche Kaiserreich, S. 87.
20 Neue Bahnen 1867, Nr. 2, S. 14/15 u. Nr. 5, S. 37, vgl. H.-U. Bussemer, Frauenemanzipation, S. 197 f.
21 C. Zetkin, Die Geschichte der proletarischen Frauenbewegung Deutschlands, S. 128.

Tatsächlich bestimmten die Statuten dieses ersten gewerkschaftlichen Zusammenschlusses in der sächsischen Textilindustrie, daß Arbeiter «*beiderlei Geschlechts*» zugelassen wären und gleiche Rechte und Pflichten hätten, also auch die gleichen Ansprüche auf Unterstützung bei unverschuldeter Arbeitslosigkeit oder Krankheit. Sogar eine Wöchnerinnenunterstützung für neun Tage nach der Entbindung wurde für die weiblichen Mitglieder eingeführt.

Dennoch ergibt die hier so ungewöhnlich und früh statuierte Gleichberechtigung der Frauen ein allzu harmonisches Bild. Schließlich waren gerade in der Textilindustrie der überwiegende Teil der Arbeiter Frauen. Crimmitschau war das Zentrum der Textilindustrie im sächsischen Erzgebirge. Und doch verstand sich die Beteiligung und Vertretung von Fraueninteressen nicht von selbst, war die ganze Initiative eindeutig der Durchsetzungsfähigkeit der beteiligten Frauen zu verdanken. Bei der Generalversammlung des Verbandes im Jahr 1870, dem sich inzwischen Spinn- und Webgenossenschaften und lokale Komitees aus anderen Orten angeschlossen hatten, war immerhin ein Sechstel der insgesamt 6000 bis 7000 Mitglieder Frauen. Aufsehen erregt hatte hier die «wahrscheinlich erste» öffentliche Rede einer Proletarierin, der Christiane Peuschel. Auch noch auf dem deutschen Webertag 1871 in Glachau setzte sie, von A. Bebel unterstützt, eine Resolution durch, die ihre Klassengenossen verpflichtete, «*dahin zu wirken, daß die Frauen in den Fabriken und Werkstätten mit in die Gewerks- und Fachorganisation als gleichberechtigt eintreten (und ...) daß die Löhne der Frauen und Männer gleichgestellt werden*».[22] Als jedoch der Deutsch-Französische Krieg die Reihen lichtete und Handel und Industrie in Mitleidenschaft zog, wurde den Frauen von den Genossen der Vorwurf gemacht, sie würden die Kranken- und Unterstützungskassen allzu stark in Anspruch nehmen. Auch wegen der allgemeinen Schikanen gegen die Organisationen der Arbeiterbewegung löste sich die «Gewerksgenossenschaft» 1873 auf. Erst in den 1880er Jahren nahmen die gewerkschaftlichen Organisationen wieder Frauen auf.[23]

22  Vgl. Hilde Lion, Zur Soziologie der Frauenbewegung, Berlin 1926, S. 28.
23  Rose Otto, Über Fabrikarbeit verheirateter Frauen, Stuttgart u. Berlin 1910, S. 141.

Inneres einer Handwerkerstube

### Frauenarbeit

Von den oben genannten (S. 101) 5,4 Millionen 1875 in Handwerk und Industrie Beschäftigten war rd. eine Million (960000) Frauen. Weitere 1,4 Millionen arbeiteten in häuslichen Diensten.[24]

Die Daten um 1875 sind noch ziemlich unvollkommen, leider sind auch die Angaben für Industrie und Handwerk wegen der fließenden Übergänge zwischen Hand- und Heimarbeit oder Fabrikarbeit nicht getrennt verfügbar. Immerhin gibt es eine erste besondere Erhebung «Über die Frauen- und Kinderarbeit in den Fabriken», die auf Beschluß des Bundesrats im Jahr 1875 durchgeführt wurde. Daher weiß man:

Von den 960000 in Handwerk und Industrie gezählten erwerbstätigen Frauen arbeiteten 220000 in Fabriken, d. h. in Betrieben mit mehr als 10 Beschäftigten. Von diesen 220000 waren 23,9 Prozent = 53925 verheiratete Frauen.

Der in dieser Enquête ermittelte große Anteil von Ehefrauen, die überaus hohe Säuglings- und Kindersterblichkeit, der schlechte Gesundheitszustand der Frauen lieferten damals die überzeugendsten

24  L. Schneider, Der Arbeiterhaushalt, S. 92; vgl. (auch zum Folgenden) R. Otto, Über Fabrikarbeit.

Argumente für die Beschränkung der Frauenarbeit bzw. die Einführung eines besonderen Frauenarbeitsschutzes. (1878 wurde daraufhin der erste Mutterschutz, ein Wöchnerinnenschutz für Fabrikarbeiterinnen von 3 Wochen eingeführt.)

Genauere Daten für das Deutsche Reich gibt es erst mit den großen Volks- und Berufszählungen von 1882, 1895 und 1907. Doch eine Fehlerquelle aller dieser Statistiken, die immer wieder sehr unterschiedlich interpretiert wurden, ist die ungenügende Erfassung der «familialen» Arbeitsformen[25], d. h. der Hausfrauenarbeit, der Arbeit der sog. mithelfenden Familienangehörigen in der Landwirtschaft und im Gewerbe und schließlich die Heimarbeiter oder «Hausindustriellen».

Bei einer Erwerbsquote von 33,8 Prozent (d. i. der Anteil von erwerbstätigen Frauen gemessen an der weiblichen Bevölkerung) arbeiteten 1882 von 7,79 Millionen erwerbstätigen Frauen 61,4 Prozent in der Landwirtschaft,

18 Prozent als Dienstboten,

12,8 Prozent als Arbeiterinnen oder Gehilfinnen in Industrie und Handwerk,

7,7 Prozent in übrigen Dienstleistungen, insbesondere in Handel und Verkehr.[26]

In diesen Statistiken sind die Heimarbeiterinnen nicht mitgezählt. Die Angaben dazu sind bis zur Jahrhundertwende mit knapp einer halben Million eindeutig unterschätzt.[27] Doch all die «Zwischenstufen» des Gelderwerbs zwischen den einzelnen «Handarbeiterin» und der Fabrikarbeiterin, die sog. «Hausindustriellen», die in ihren eigenen Wohnungen oder in kleinen Werkstätten für einen schäbigen Stücklohn Massenartikel produzierten, war das Hauptarbeitsgebiet der Frauen. Die ganze Textilindustrie, insbesondere die Konfektionsindustrie, aber auch die Tabak- oder Spielzeugindustrie waren überwiegend Frauenindustrien. Oftmals trat hier zwischen die einzelne Arbeiterin und das große Konfektionshaus oder den Unternehmer der sog. «Zwischenmeister» oder Verleger, der die Abnahme der Ware, Lohn und Auskommen der Arbeiterin diktierte. Wegen der

25 Vgl. hierzu und zu den folgenden Daten Angelika Willms, Grundzüge der Entwicklung von Frauenarbeit von 1880 bis 1980, in: W. Müller, A. Willms, J. Handl: Strukturwandel der Frauenarbeit 1880–1980, Frankfurt 1983, S. 25 ff.

26 A. Willms, Grundzüge, S. 35.

27 Vgl. hierzu Werner Sombart, Stichwort «Verlagssystem», in: Handwörterbuch der Staatswissenschaften, Jena 1911, S. 234 ff.

elenden Arbeitsbedingungen ist dieses System als «sweating» oder sog. Schwitz-System zu zweifelhaftem Ruhm gelangt.

Die Art der Hausindustrie war somit ein frauenspezifischer Kompromiß, und zwar vorwiegend der verheirateten Proletarierin, weil diese Arbeitsweise die *«Versöhnung von Mutterpflichten und Erwerbsarbeit»* zu garantieren schien, aber auch für die «verschämten» Armen aus dem Mittelstand. *«… der ganze Überschuß von Töchtern aus dem Krämer-, Handwerker- und Beamtenstand, die»* – nach Meinung des Experten G. Schmoller – *«nicht so glücklich* (waren) *in den Hafen einer auskömmlichen Ehe einzulaufen, sehr viele Witwen* (waren) *froh, solche Beschäftigung zu finden».*[28]

Zu einem der wichtigsten Hilfsmittel der Hausarbeiterin wurde in dieser Zeit die Nähmaschine.[29]

In den 1850er Jahren noch auf Jahrmärkten als «Eiserne Näherinnen» wie ein «Curiosum» bestaunt, *«wie man wilde Tiere, Wachsfiguren, Mißgeburten usw. sehen läßt»*[30], entwickelte sich dieses Arbeitsgerät der Frauen aller Klassen und Schichten schon in den 1860er Jahren zu einem Massenprodukt. Doch diese Erfindung brachte keineswegs nur *«Befreiung von den nachtheiligen Folgen der Handnäharbeit, Vermehrung der Arbeit und sogar bessere Bezahlung derselben»*, war (auch) nicht nur *«ein Segen in jeder Familie, wo der Hausfrau die Instandhaltung aller Hausnätherei obliegt…»*, sondern war in ihrer Verwendungsweise im 19. Jahrhundert ein *«Knotenpunkt»* (K. Marx) weiblicher Ausbeutung und geschlechtsspezifischer Unterdrückung.

---

28  Gustav Schmoller, Zur Geschichte der deutschen Kleingewerbe im 19. Jahrhundert, Halle 1870, S. 648.
29  Vgl. hierzu Karin Hausen, Technischer Fortschritt und Frauenarbeit im 19. Jahrhundert, in: Geschichte und Gesellschaft, 1978, H. 2, S. 148 ff.
30  Vgl. L. Otto: Die Nähmaschine, in: Neue Bahnen 1866, Nr. 10, S. 76.

[...]

Ich hatte inzwischen, wie schon gesagt, allerlei versucht. Jetzt aber lernte ich auf der Maschine nähen und kam in eine dieser Fabriken in der Spandauer Straße. Dort wurden etwa fünfzig Maschinennäherinnen und ebensoviele Vorrichterinnen beschäftigt. Je eine Arbeiterin dieser beiden Gruppen mußten sich immer zusammentun und gemeinsam arbeiten, und auch der Lohn wurde gemeinsam berechnet. Von morgens acht bis abends sieben Uhr dauerte die Arbeitszeit, ohne namhafte Pause. Mittags verzehrte man das mitgebrachte Brot oder lief zum „Budiker" nebenan, um für einige Groschen etwas Warmes zu sich zu nehmen. Sieben, höchstens zehn Taler die Woche war der von Vorrichterin und Maschinennäherin gemeinsam verdiente Lohn. Da das Maschinennähen körperlich anstrengender als das Vorrichten war, so bestand die Gepflogenheit, daß die Maschinennäherin vom Taler 17½ und die Vorrichterin 12½ Groschen erhielt. Vor der Teilung wurden aber von dem gemeinsam verdienten Lohn die Kosten für das vernähte Garn und etwa zerbrochene Maschinennadeln abgezogen, was durchschnittlich auf den Taler 2½ Groschen betrug.

[...]

Ich kaufte mir dann eine eigene Maschine und arbeitete zu Hause. Dabei habe ich das Los der Heimarbeiterin zur Genüge kennengelernt. Von morgens um sechs bis nachts um zwölf, mit einer Stunde Mittagspause, wurde in einer Tour „getrampelt". Um vier Uhr aber wurde aufgestanden, die Wohnung in Ordnung gebracht und das Essen vorbereitet. Beim Arbeiten stand dann eine kleine Uhr vor mir und es wurde sorgfältig aufgepaßt, daß ein Dutzend Kragen nicht länger dauerte wie das andere, und nichts konnte einem mehr Freude machen, als wenn man ein paar Minuten sparen konnte.

So ging das zunächst fünf Jahre lang. Und die Jahre vergingen, ohne daß man merkte, daß man jung war und ohne daß das Leben einem etwas gegeben hätte.

(Auszüge aus: Nähmaschine und Heimarbeit. In: Ottilie Baader, Ein steiniger Weg. Berlin / Bonn 1979)

Der Kampf der Arbeiter gegen Frauenarbeit – oder, wie es in der Terminologie der Zeit ein wenig freundlicher und verschleierter hieß: für die Beschränkung der Frauenarbeit in den Fabriken – ist ein Kapitel für sich, das sehr unterschiedliche Einschätzungen erfahren hat.[31] Eines der häufigsten Argumente schon der frühen Arbeiterbewegung war, daß der einzelne Fabrikarbeiter nicht nur unter der weiblichen Konkurrenz und dem durch diese Konkurrenz gedrückten Lohn leide, sondern auch unter dem *«öden und verlassenen Zuhause»*, der fehlenden Häuslichkeit und «Vernachlässigung» der Familienpflichten durch die Frau. *«Mit der Aufzählung* (der Nachteile) *können Foliobände gefüllt werden»*, hieß es bereits 1848 in einer Flugschrift an Leipziger Arbeiter, und sie sind gefüllt worden mit Argumenten über die «Zerstörung» der Familie, über die Fabriken *«als Pflanzstätten der Entsittlichung, des Lasters, des Wuchers, der Ausbeutung des Menschen durch den Menschen»*.[32] Überlieferte Gewohnheiten und die Anpassung an ein bürgerliches Familienideal auch bei der neuen Klasse der Proletarier, gerade auch ihrer klassenbewußten und bildungshungrigen Führungsschicht, kamen in Konflikt mit der sozialistischen Theorie, die Gleichheit und Emanzipation für alle, also auch für die Frauen versprach.

*«Schafft Zustände, worin jeder herangereifte Mann ein Weib nehmen, eine durch Arbeit gesicherte Familie gründen kann… Den Frauen und Müttern gehören die Haus- und Familienarbeiten, die Pflege, Überwachung und erste Erziehung der Kinder, wozu allerdings eine angemessene Erziehung der Frauen und Mütter vorausgesetzt werden muß. Die Frau und Mutter soll neben der ernsten öffentlichen und Familienpflicht des Mannes und Vaters die Gemüthlichkeit und Poesie des häuslichen Lebens vertreten,*

31 Vgl. hierzu ausführlich Werner Thönnessen, Frauenemanzipation, Politik und Literatur der deutschen Sozialdemokratie zur Frauenbewegung 1863–1933, Frankfurt 1969, sowie zur Übersicht über den umfangreichen Stand der Forschung: W. Albrecht/F. Boll/B. W. Bouvier/R. Leuschen-Seppel/M. Schneider, Frauenfrage und deutsche Sozialdemokratie vom Ende des 19. Jahrhunderts bis zum Beginn der zwanziger Jahre, in: Archiv für Sozialgeschichte, XIX. Bd., 1979, S. 459 ff.
32 Zit. n. R. Otto: Über Fabrikarbeit, S. 133 u. 134.

*Anmuth und Schönheit in die gesellschaftlichen Umgangsformen bringen und den Lebensgenuß der Menschheit veredelnd erhöhen.»*[33]

Von solcher *«Gemüthlichkeit»* war in einer Denkschrift die Rede, die auf der ersten Konferenz der «Internationalen Arbeiterassoziation», der sog. «Internationale», in Genf mit Eifer diskutiert wurde und mehrheitliche Zustimmung fand. Als *«aller Gesittung und Humanität hohnsprechend»* bezeichnete L. Otto denn auch den «Grundsatz» der Lassalleaner, wonach *«die Lage der Frauen nur verbessert werde durch die Lage des Mannes».*[34] Doch ihre scharfe Unterscheidung zwischen dem Antifeminismus der Lassalleaner, dem von Ferdinand Lassalle 1863 gegründeten «Allgemeinen Deutschen Arbeiterverein», und der «fortschrittlichen» Frauenfreundlichkeit der Eisenacher, den Arbeiterbildungsvereinen der Bebelschen Richtung, trifft wohl die historische Wahrheit nicht.[35] Zwar hatte der liberale Demokrat Moritz Müller bekanntlich auf dem 3. Vereinstag deutscher Arbeitervereine 1865 in Stuttgart durch seine Rede[36] eine Bresche für die Frauenarbeit geschlagen, doch 1867 bei der nächsten Zusammenkunft in Gera setzten sich auch bei den Eisenachern schon wieder die Gegner durch. Frauenarbeit wurde *«als in jeder Beziehung verwerflich angesehen, weil sie entsittlichend wirke, die Familie zerstöre, die Gesundheit der (kommenden) Generation untergrabe und damit das staatliche und damit das allgemein menschliche Interesse gefährde».*[37]

Dabei hatte der «Allgemeine Deutsche Frauenverein», noch in dem Gefühl politischer Verbundenheit, an den Arbeitertag eine Zuschrift gerichtet, in der es u. a. hieß:

*«Es ist gebräuchlich geworden, die Arbeiter den vierten Stand zu nennen, in gleichem Sinne könnte man die Frauen als den* fünften *bezeichnen, wenn man es wirklich schon dahin gebracht hätte, sie der socialen Gliede-*

---

33 Denkschrift der deutschen Abt. der Internationalen Arbeiterassoziation 1866, zit. n. W. Thönnessen, Frauenemanzipation, S. 19.
34 L. Otto, Das Recht der Frauen, S. 103, vgl. auch Neue Bahnen 1866, Nr. 1, S. 14.
35 Vgl. hierzu H.-U. Bussemer, Frauenemanzipation, S. 194.
36 Vortrag über die Frauenfrage, 357. Flugschrift, Coburg 1865, vgl. auch Kap. 3, Seite 80.
37 Zit. n. R. Otto, Über Fabrikarbeit, S. 132/133.

*rung des Staates mit einzureihen… Wahren Sie sich selbst das reine Be-*
*wußtsein, jede Unterdrückung, auch die der Frauen, zu bekämpfen und*
*gönnen Sie uns den Triumph: nicht auf den sogenannten Höhen der Ge-*
*sellschaft, sondern bei dem Kern des Volkes, den armen Arbeitern, unsere*
*besten Bundesgenossen gesucht und gefunden zu haben.»*[38]

Bei dem Gründungskongreß der «Sozialdemokratischen Arbeiterpartei» in Eisenach im Jahr 1869 kam es zu einem Kompromiß, den
die Frauen aus dem ADF schon sehr ironisch und distanziert kom-
mentierten:

*Der Arbeiter-Congreß zu Eisenach im Gasthaus zum «Mohren» beschäf-*
*tigte sich auch mit der Frauenarbeit in den Fabriken. Man beantragte*
*(Nippoldt aus Gotha) wieder einmal die vollständige Abschaffung dersel-*
*ben, erklärte zwar diese wie die Abschaffung der Kinderarbeit (– immer*
*diese Zusammenstellung von Frauen und Kindern! –) zur Zeit für unmög-*
*lich, wünschte sie aber doch als Ziel aufzustellen. Ehre dem Abgeordneten*
*Graulich aus der Schweiz, welcher gleichen Lohn für Frauen (das beste*
*Mittel gegen die Männerangst vor der Concurrenz der Frauen und das*
*nach allen Seiten hin einzig gerechte) vorschlug! Die Abstimmung lehnte*
*das Verbot der Frauenarbeit zwar ab, nahm aber die «Einschränkung von*
*Frauenarbeit» (und Verbot der Kinderarbeit) in industriellen Etablisse-*
*ments» an. Dieser Satz ist nun in das «Programm der sozial-demokrati-*
*schen Arbeiterpartei» aufgenommen worden. Unter II lautet § 2:*
*«Der Kampf für die Befreiung der arbeitenden Klassen ist nicht ein*
*Kampf für Klassenprivilegien und Vorrechte, sondern für gleiche Rechte*
*und gleiche Pflichten und für die Abschaffung aller Klassenherrschaft.»*
*(Aber die Herrschaft des Geschlechts bleibt bestehen? Wo sind die gleichen*
*Rechte und Pflichten der Frauen?) § 3 lautet:*
*«Die ökonomische Abhängigkeit des Arbeiters von dem Kapitalisten bil-*
*det die Grundlage der Knechtschaft in jeder Form und es erstrebt deshalb*
*die sozial-demokratische Partei unter Abschaffung der jetzigen Produk-*
*tionsweise durch genossenschaftliche Arbeit den vollen Arbeitsertrag für*
*jeden Arbeiter.» (Aber die ökonomische Abhängigkeit der Frau vom*
*Manne bleibt bestehen? – Wenn die Arbeiter ihren neuen Volksstaat nun*
*auf die Sklaverei der Frauen gründen können, begehen sie ja dieselbe Un-*
*gerechtigkeit an der Menschheit wie sie in den Sklavenstaaten alter und*
*neuer Zeit herrschte.)»*[39]

38 Vereinsnachrichten, in: Neue Bahnen 1867, Nr. 23, S. 184.
39 Alle Anmerkungen in den Klammern und alle Hervorhebungen im Ori-
ginal: Blicke in die Runde, Neue Bahnen 1869, Nr. 20, S. 154/155, vgl.
auch in: Neue Bahnen 1869, Nr. 21, den überaus kritischen Leitartikel

Auf dem Vereinigungskongreß der Lassalleaner und Eisenacher 1875 zur Gründung der «Sozialistischen Arbeiterpartei Deutschlands» in Gotha schließlich wurde von einer *Beschränkung der Frauenarbeit* abgesehen, jedoch das *«Verbot aller die Gesundheit und die Sittlichkeit schädigenden Frauenarbeit»* gefordert. Bei den politischen Zielsetzungen kam das von A. Bebel mit Vehemenz eingebrachte Frauenwahlrecht nicht durch, statt dessen wurde – geschlechtsneutral formuliert – der Kampf für das «allgemeine, gleiche direkte Wahl- und Stimmrecht aller Staatsangehörigen vom 20. Lebensjahr an» ins sog. Gothaer Programm aufgenommen.[40] Dieses bedeutete in jener Zeit nicht selbstverständlich den Einschluß der Frauen.

### Arbeiterin contra Bürgerliche

Um 1870 war also noch keineswegs entschieden, in welcher Bewegung die Interessen der Arbeiterinnen am besten aufgehoben wären, klar war nur, daß auch die Arbeiterinnen gegenüber den Männern ihre Sache selbst in die Hand nehmen mußten. Diese zunächst autonome, noch keiner der bestehenden Parteien zuzuordnende Geschichte der Arbeiterinnenbewegung beginnt deshalb 1869, als der «Verein zur Fortbildung und geistigen Anregung der Arbeiterfrauen» gegründet wurde. In den «Neuen Bahnen» findet sich hierüber z. B. folgende Notiz:

*«Der Berliner Arbeiterinnen-Verein macht erfreuliche Fortschritte, seit vier Wochen seines Bestehens zählt er schon 140 Mitglieder. Zu unentgeltlichem Unterricht haben sich bis jetzt 8 Lehrerinnen und 10 Lehrer bereit erklärt. Als Unterrichtsgegenstände sind aufgeführt: Deutsche Sprache, Briefstyl, Buchführung, Rechnen, Zeichnen, Handarbeit, Französisch, Englisch, Literatur, Chemie, Physik, Gesang und Turnen. Ein jeder Vereinsabend beginnt mit einem populären Vortrage, hierauf erfolgt eine Debatte über denselben, dann eine kleine Pause und nach dieser werden innere Vereinsangelegenheiten besprochen, wie Unterricht, geselliges Vergnügen etc. Zur unentgeltlichen Stellenvermittlung hat sich Frl. Pomtow,*

von Luise Büchner, dem L. Otto eine vermittelnde Anmerkung der Redaktion beifügt.
40 Vgl. W. Thönnessen, Frauenemanzipation, S. 33.

*Stallschreiberstr. 56, zur unentgeltlichen Wohnungsvermittlung Frl.*
*Heuer, Sebastianstr. 12 erboten...»*[41]

Bemerkenswert an den Statuten dieses Vereins ist, daß – wie auch
schon im ADF – nur Frauen und Mädchen ab sechzehn Jahren zugelassen waren; Männer hatten nur eine beratende Stimme. Ferner
sah der Vereinszweck ausdrücklich *«die Förderung geistiger und
materieller Interessen»* vor, und eine Stellen- wie auch Wohnungsvermittlung entsprach sehr konkreten, existentiellen Bedürfnissen.
Allerdings war es bei der ehrenamtlichen, d. h. kostenlosen Mitwirkung von Lehrerinnen praktisch auch leichter, zunächst die *«geistigen Interessen»* zu befriedigen, wozu ausdrücklich (so § 1 des Statuts)
*«die Förderung weiblichen Wissens und dadurch die Erhöhung der
Erwerbsfähigkeit»* gehörte. Die aus der Rückschau klassenkämpfe-
rische Kritik «einer Arbeiterin» (so das Pseudonym für Adeline Berger) war darum eigentlich ungerecht:

*«Es bleibt nun unbestritten ebenso vortheilhaft als angenehm, wenn die
Arbeiterin von vorzüglichen Lehrern gebildet und ihre Unterhaltung geleitet wird, aber ich habe noch niemals gehört, daß irgendwo eine Arbeiterin,
selbst wenn sie noch so gut zu deklamieren verstand, bessere Arbeitslöhne
erhielt als die ungebildete. Auch weiß ich, daß in Tagen der Noth die gebildete Arbeiterin den Schmerz des Hungers ebenso tief empfindet als die ungebildete...»*[42]

Nach hoffnungsvollem Beginn kam es im «Berliner Arbeiterinnen-
Verein» allerdings bald zu Querelen, z. B. auch über die Frage,
inwieweit der «Arbeiterinnenverein» in allgemeinen politischen
Auseinandersetzungen Stellung beziehen solle oder ob den Männern
– mit Ausnahme von *«wissenschaftlichen Vorträgen»* – nicht das Rede-
recht in den Versammlungen zu entziehen sei. Die Führungsspitze
wechselte zwischen den eher radikalen Demokratinnen (z. B. Marie
Funk), die sich mehr an der feministischen Politik des ADF orien-
tierten, und denen, die Anlehnung bei den männlichen Bildungs-
und Handwerkervereinen suchten (vertreten durch Frau Bischoff,
deren Ehemann im Handwerkerverein mitwirkte). Nach vielem Hin
und Her, Unterbrechung und Charpiezupfen für den Krieg, sogar

41  Briefe, Neue Bahnen 1869, Nr. 23, S. 182.
42  (A. Berger) Die zwanzigjährige Arbeiterinnen-Bewegung Berlins und
     ihr Ergebniß, beleuchtet von einer Arbeiterin, Berlin 1889.

einer Spaltung in eine neue Organisation, den «Bildungsverein für Arbeiterinnen», wurde 1872 wieder ein gemeinsamer Neuanfang gemacht, bei dem sich die inzwischen prominente Lina Morgenstern einschaltete. Doch zur Realisierung ihrer ehrgeizigen Vorhaben – Einrichtung einer gewerblichen Berufsschule, eines Arbeiterinnenheims und eines Arbeitsnachweisbüros – kam es vorerst nicht. L. Morgenstern hatte sich mit dezidierten Äußerungen gegen die Fabrikarbeit junger Arbeiterinnen und ihrer Initiative, die Gesindeordnung zugunsten der Hausfrauen und zu Lasten der Dienstboten zu ändern, die Sympathien der Arbeiterinnen verscherzt.

Damit war die Spaltung zwischen bürgerlicher und proletarischer Frauenbewegung an einem ihrer auch später noch wunden Punkte zutage getreten, in der **Dienstbotenfrage**. Einerseits hatte die erfolgreiche «Mutter der Volksküchen» durchaus richtig erkannt, daß Frauenpolitik auch den Privatbereich einbeziehen muß. Ihre Klage über die Gleichgültigkeit und den «Egoismus» der verheirateten Frauen, der angeblich glücklichen und «zufriedenen» Hausfrauen, die *«vor lauter Abstäuben, Räumen und Umherwirthschaften im Hause»* sich nicht um *«die wirtschafthlichen Angelegenheiten außerhalb des Hauses, auf dem Markt des Lebens»* kümmern[43], trifft ohne Zweifel ein Kernproblem der Frauenemanzipation. Und gegen die anläßlich steigender Lebensmittelpreise von ihr mit viel Umsicht organisierten Konsumgenossenschaften für Hausfrauen läßt sich kaum etwas einwenden. Andererseits aber geißelte sie die überzogenen Ansprüche und den neuerlichen *«Widerstandsgeist»* der Dienstboten, bei denen *«die Hausfrauen einen schweren Stand haben»*[44], und petitionierte für eine Verschärfung der ohnehin feudalen Gesindeordnung. Mit dieser Parteinahme für die bürgerlichen Hausfrauen aber blieb sie blind für die Probleme von Herrschaft, d. h. die Klassenprobleme auch unter Frauen. Denn das Dienstbotenverhältnis war und blieb vorerst ein Prüfstein weiblicher Solidarität, *«weil es überhaupt das einzige Verhältniß ist, in welchem wir Frauen uns selbst zur Rolle der Unterdrücker haben degradieren lassen».*[45]

43 Bericht in den Neuen Bahnen 1875, Nr. 9, S. 69/70, vgl. auch H.-U. Bussemer, Frauenemanzipation, S. 210 f.
44 Lina Morgenstern, Ueber Hausfrauenvereine, in: Frauen-Anwalt 1876, Nr. 4, S. 89 f.
45 So E. Ichenhäuser, Die Dienstbotenfrage und ihre Reform, Berlin 1900, S. 4. Vgl. auch U. Gerhard, Verhältnisse und Verhinderungen, S. 52 f.

Pauline Staegemann

Während L. Morgenstern nun, 1873, den ersten «Hausfrauenverein» gründete und damit für die nächsten Jahrzehnte ihr ureigenes
und erfolgreichstes Wirkungsfeld fand, konstituierte sich der «Berliner Arbeiterfrauen- und Mädchenverein», der zum erstenmal
von zwei entschiedenen Sozialdemokratinnen geleitet wurde, von
Bertha Hahn und Pauline Staegemann.

**Pauline Staegemann** (1838–1909) war als Dienstmädchen nach Berlin gekommen und stand früh in Kontakt mit Funktionären der Sozialdemokratischen Partei. Ihr Gemüseladen, aus dessen Einkünften sie
nach dem frühen Tod ihres Mannes den Lebensunterhalt für sich
und ihre vier Kinder bestritt, hatte sich zum heimlichen Treffpunkt
vieler Parteigenossen entwickelt. Sie wirkte zeit ihres Lebens an vor-
derster Front für die Arbeiterinnenbewegung und wurde deshalb
immer wieder strafrechtlich verfolgt.[46]

46  M. Juchacz, Sie lebten für eine bessere Welt, S. 25f.

Die Frauen vom «Berliner Arbeiterfrauen- und Mädchenverein» gingen scharf mit L. Morgenstern ins Gericht, luden sie ein zur Diskussion und versuchten erstmalig, Dienstmädchen zu mobilisieren. Aus ihrer Parteizugehörigkeit machten die beiden Vorsitzenden B. Hahn und P. Staegemann keinen Hehl, ja sie agitierten mit ihrem Verein für die Sozialdemokratie. Deren Organ «Neuer Sozialdemokrat» stellte daher mit Datum vom 7. März 1873 auch mit Genugtuung fest:

*«Am Freitag hat sich in Berlin ein Frauenverein konstituiert, der über 70 Mitglieder zählt. Die Tendenz des Vereins ist, die Lage des weiblichen Geschlechts zu verbessern, von der Grundlage ausgehend, daß das nur durch eine vollständige soziale Umwälzung der heutigen Gesellschaft geschehen kann. Wir begrüßen diese Erscheinung umso mehr mit Freuden, da wir wohl wissen, daß die Frauen bei allen großen Bewegungen eine bedeutende Rolle spielen.»*[47]

Die Idee steckte an; in verschiedenen Städten Norddeutschlands wurden Schwestervereine gegründet, die nun miteinander in regen Austausch traten. Doch als nach dem überraschenden Erfolg der Sozialdemokraten bei den Reichstagswahlen im Sommer 1874 (die Sozialdemokraten errangen 6,8 Prozent der Stimmen, 1877 9,1 Prozent, und waren damit bereits viertstärkste Partei[48]) eine Verfolgungswelle einsetzte, traf dies auch und vor allem die Frauenvereine, zumal die Vereinsgesetze bei ihnen wiederum eine viel schnellere Handhabe möglich machten. Bei verschiedenen Vorsitzenden wurden Hausdurchsuchungen durchgeführt, die Vereinsunterlagen beschlagnahmt, acht von ihnen der Prozeß gemacht.

*«Angeklagt waren 8 Mitglieder des ‹Allgemeinen deutschen Arbeiter-Frauen und Mädchenvereins›, weil sie, statt sich nur um Verbesserung der Lage weiblicher Arbeiterinnen zu kümmern, Politik getrieben, die Fahne Lassalles entfaltet, für die Reichstagswahlen agitiert und daß sie sich von der Führerin der Sozialdemokratie politische Reden halten ließen...»*[49]

47 Zit. n. H. Lion, Zur Soziologie der Frauenbewegung, S. 135.
48 Vgl. D. Langewiesche, Liberalismus, S. 308, sowie H.-U. Wehler, Das Deutsche Kaiserreich, S. 87.
49 Neue Bahnen 1875, Nr. 9, S. 69.

Die so Verurteilten aber gaben nicht auf, sie luden nun ein per An-
nonce, und sei es zum *«Kränzchen, arrangiert von mehreren
Frauen»*[50]. Mit der Verfolgung, erst recht durch die Sozialistengesetze seit 1878, rückten Arbeiterinnen- und Arbeiterbewegung enger zusammen. Die Frauen entwickelten sich zur findigen und listi-
gen Hilfstruppe einer Partei des Klassenkampfes, auch wenn diese
Verdienste um die Partei von den Genossen nur selten wahrgenommen, geschweige denn honoriert wurden. D. h. sie nahmen teil am
Vereinsleben ihrer Väter, Brüder oder Ehemänner und lasen Marx
und Bebel auch bei der Näharbeit:

*«Die beiden Bücher… August Bebels ‹Frau› und Karl Marx' ‹Kapital› er-
regten gerade in der Zeit des Sozialistengesetzes das allergrößte Aufsehen.
Beide Werke wurden sofort als staatsgefährlich verboten, aber trotzdem
recht viel und eifrig gelesen und diskutiert. Da harte Strafe auf die Verbreitung angedroht war, mußte man bei der heimlichen Beschaffung recht vor-
sichtig sein. […] Wir gingen dabei ganz vorsichtig zu Werke, die Frau trug
das Buch, den ersten Band, unter das Kleid geknöpft auf dem Körper.
Heimlich gingen wir beide an einen stillen Ort, und als wir den stillschweigend wieder verließen, da war das Buch unter mein Kleid geknöpft.»*[51]

August Bebels «Die Frau und der Sozialismus» war *«die populärste
und maßgebendste Schrift der sozialdemokratischen Bewegung»*. Sie
erschien 1879 und erreichte bereits bis 1909 50 Auflagen.[52]

50 H.-U. Bussemer, Frauenemanzipation, S. 212.
51 Ottilie Baader, Ein steiniger Weg (1921), Berlin/Bonn 1979, S. 20/21.
52 Richard J. Evans, Sozialdemokratie und Frauenemanzipation im deut-
    schen Kaiserreich, Berlin, Bonn 1979, S. 40/41.

# 4. «Das Ewig-Weibliche zu retten» (Auguste Schmidt)

## Tendenzwende und Vereinsaktivitäten
## im «Allgemeinen Deutschen Frauenverein»

Gleichzeitig mit dem wachsenden Klassenbewußtsein der Arbeiterinnen hatte im ADF und seinen Schwestervereinen eine Distanzierung von den ursprünglich gemeinsamen Zielen der «Humanität»
und des «Socialismus» eingesetzt, fand (siehe auch Kap. 3, Seite 94)
eine Wachablösung in den Führungsrollen statt, vollzog sich eine
politische Richtungsänderung. Nach den Erfahrungen der «Pariser
Commune» (1871), bei der ähnlich wie zur Zeit der Französischen
Revolution wiederum die revolutionären Frauen, die sog. «Petro-
leuses», dem Bürgertum den Hauptschrecken eingejagt hatten, ging
nun auch unter den Frauen *das rothe Gespenst der Frauenemancipation* um, *die nach Männertracht und Männergewohnheiten strebe*.

Diese Schreckgespenster, dozierte Lina Morgenstern vor einem
neugegründeten Hausfrauenverein 1874 in Potsdam und brachte in
der ihr eigenen praktisch-politischen Art die neue Zielsetzung auf
den Begriff,

*«gehören längst in die Rumpelkammer der Vorurtheile und andern
Aberglaubens. Die jetzige Frauenbewegung gehe von dem Grundsatz aus,
daß sie die heiligsten Güter des Lebens zu erstreben und zu vertheidigen
habe, nicht aber darauf Eroberungen zu machen, welche der weiblichen
Natur und Würde widersprächen. Auf dem Banner, unter das sich die edel-
sten Frauen des Jahrhunderts schaaren, die einheitlich vorwärts streben
wollen, stehe die Inschrift: ‹Für das Haus und für die Familie›, ‹für Erziehung und Bildung›, ‹für Gleichberechtigung in Arbeit und in Erwerbsthätigkeit, für Sittlichkeit und Gerechtigkeit, für Gesundheits- und Krankenpflege, für Wohltätiges und Gemeinnütziges!›»*[53]

Richtungsweisend wurde nun anstelle von L. Otto mehr und mehr
Auguste Schmidt, die Lehrerin, die immer schon die Betonung
auf *«Bildung als den eigentlichen Kern- und Schwerpunkt»*[54] der
Frauenfrage gelegt hatte und, statt Rechte zu fordern, Pflichterfül-

53  Blicke in die Runde, in: Neue Bahnen 1874, Nr. 15, S. 118.
54  Vgl. L. Otto, Das erste Vierteljahrhundert, S. 22.

lung und Dienen als genuin weibliche Tugenden predigte. Sie beharrte auf einer spezifischen Frauenbildung, die das studierende Mädchen «*nicht aus der Bahn der Sitte und von dem Charakter edler Weiblichkeit entferne*».[55] Von L. Ottos Forderung «*Menschen werden wollen die Frauen*» – so in ihrem Grundsatzreferat bei der Gründung des ADF 1865[56] – blieb nur noch das Bestreben, das «*Ewig-Weibliche*» zu retten.

Eine andere beliebte Festrednerin auf allen Frauentagen des ADF war Henriette Goldschmidt.

---

**Henriette Goldschmidt** (23. 11. 1825–30. 1. 1920) war schon in der 1848er Revolution zur Demokratin geworden. Seit 1853 war sie verheiratet mit einem Prediger der deutsch-jüdischen Gemeinde in Warschau, der drei Söhne mit in die Ehe brachte. Sie übersiedelte 1859 mit ihrem Mann nach Leipzig, wo sie in Kontakt kam mit den Pionierinnen der Frauenbewegung und dem «Allgemeinen Deutschen Frauenverein». Sie nahm von Anfang an eine eher gemäßigte Position ein. So soll sie bei der Debatte um den § 2 der Satzung des ADF, der den Ausschluß der Männer vorsah, die Sitzung mit der Erklärung verlassen haben, «*sie werde niemals einem Verein beitreten, dem ihr Gatte nicht als gleichberechtigtes Mitglied angehören dürfe*».[57] Obwohl ihr Mann nicht ihre, sondern L. Ottos Haltung in dieser Frage teilte, zögerte sie ein Jahr, bis sie sich mit großem Engagement in den Dienst des Frauenvereins stellte. Sie gründete 1871 in Leipzig den «Verein für Familien- und Volkserziehung» und half bei der Gründung vieler Kindergärten. Sie selbst leitete seit 1872 einen Volkskindergarten in Leipzig, dem ein Kindergärtnerinnenseminar sowie ein Lyzeum angegliedert war. Typisch für sie ist eine «Erklärung gegen das Frauenstimmrecht», mit der sie sich 1895 in die neu entfachte Debatte der Radikalen einmischte: «*… unser Programm (muß) ein gemäßigtes und kein überstürztes sein; besonders an die Stellung der Frau als Gattin und Mutter dürfen wir nicht rühren, sondern müssen ihren Wert und ihre Bedeutung immer an erster Stelle betonen.*»[58]

---

55 Vortrag, zit. in: L. Otto, Das erste Vierteljahrhundert, S. 70.
56 Vgl. L. Otto, Das erste Vierteljahrhundert, S. 9.
57 Vgl. A. Plothow, Die Begründerinnen, S. 49/50.
58 Henriette Goldschmidt, Erklärung gegen das Frauenstimmrecht, in: Die Frauenbewegung 1895, Nr. 3, S. 19.

H. Goldschmidt war es, die Fröbels Idee der Kindergärten und seine Erziehungslehre als *«Wissenschaft für Mütter»*[59] verbreitete und die *«zur Menschenliebe erweiterte Mütterlichkeit»*, geistige Mütterlichkeit als *«Culturaufgabe der Frau»*[60] zum Programm der bürgerlichen Frauenbewegung erhob:

*«Die Vergeistigung des Naturberufes der Frau führt nicht nur zu bewußtvoller Erfassung der Pflichten im Familienleben, sondern zu der Erkenntniß, daß es der ‹Culturberuf› der Frau sei, ‹das Mutterherz› für unsere Volkszustände zu erwecken, und auch hier das instinktive, passive Thun zu einem bewußten und zu gleicher Bedeutung wie das männliche zu erheben.»*[61]

Diese Programmatik wurde vor allem deshalb so emphatisch von der bürgerlichen Frauenbewegung übernommen, weil sie der traditionellen Rollen- und Arbeitsteilung, insbesondere dem Mutterberuf, eine kulturrevolutionäre Richtung wies, aber sie blieb eben traditionell, paßte sich ein in das Herrschaftssystem des Patriarchats und gab damit den demokratischen und feministischen Anspruch nach Aufhebung von Unterdrückung und sozialer Ungleichheit auf. L. Otto, bis zu ihrem Tod 1895 Vorsitzende des ADF, trat in den Hintergrund, blieb ihren Ansichten treu als Chronistin, Mahnerin und doch manchmal zu zaghafte Kritikerin.

Unter den Vereinsaktivitäten, den fleißigen Petitionen und den alle zwei Jahre in einer anderen Stadt veranstalteten Frauentagen (von Eisenach bis Düsseldorf, von Lübeck bis Stuttgart), waren zwei Initiativen für die weitere Geschichte der Frauenbewegung von Bedeutung:

● die Reichstagspetition zur Verbesserung der Rechtsstellung der Frau aus dem Jahr 1876 (*«Einige deutsche Gesetz-Paragraphen über die Stellung der Frau»*) und

● die Expertise von Marianne Menzzer über die Lohnverhältnisse der Arbeiterinnen (veröffentlicht 1882).

59 Henriette Goldschmidt, Ideen über weibliche Erziehung im Zusammenhang mit dem System Friedrich Fröbels, Leipzig 1882, S. 47.
60 Vgl. A. Plothow, Die Begründerinnen, S. 92 f., u. L. Otto, Das erste Vierteljahrhundert, S. 29, 42 u. 48.
61 H. Goldschmidt, Ideen über weibliche Erziehung, S. 169.

Den Anstoß zur Erarbeitung einer Petition hatte eine auf dem Frauentag in Gotha im Jahr 1875 verlesene Schrift gegeben. Charlotte Pape schilderte hier einen eklatanten Fall von Ausübung väterlicher Gewalt. Ein Ehemann hatte seiner Frau alle sechs Kinder weggenommen, um sie auf diese brutale Weise zur Scheidung zu zwingen. An diesem Beispiel wurde den Frauen blitzartig klar, daß selbst und gerade auch in dem Bereich, der ihnen *«in erster Linie als ihr natürlicher Beruf»* angetragen, zur *«heiligsten Pflicht»* gemacht wurde, die Frauen keinerlei Rechte hatten, vielmehr ganz der Gewalt und Willkür des Ehemannes und die Kinder nur der väterlichen Gewalt unterworfen waren.

*«Jeder Mutter kann begegnen, was Frau S. gelitten, wenn ihrem Mann es so beliebt. Das Gesetz kennt keine Mutterrechte; von Männern für Männer gemacht, kennt es nur den Vater.»*[62]

Da nach der Reichsgründung im Zuge der Rechtsvereinheitlichung 1874 gerade eine Vorkommission zur Vorbereitung eines Entwurfs für ein erstes deutsches Bürgerliches Gesetzbuch berufen worden war, beschlossen die Frauen auf der Versammlung in Gotha einstimmig, eine Petition an den deutschen Reichstag zu richten mit der Aufforderung, *«bei Abänderung der Civilgesetzgebung die Rechte der Frauen besonders auch im Ehe- und Vormundschaftsrecht zu berücksichtigen».*[63]

Um die Begründung zu erarbeiten, mußten sich die Frauen erst rechtskundig machen, und dies war gar nicht so einfach. Denn bevor es das schließlich 1900 in Kraft gesetzte Bürgerliche Gesetzbuch (das BGB) gab, war die Rechtslage der Frauen nicht nur schlecht, sie war überaus kompliziert und unübersichtlich. Selbst Juristen blickten da nicht durch, zumal Frauenrechte im 19. Jahrhundert für sie erst recht kein Thema waren und, abgesehen von einigen populären Auslassungen wie z. B. den nichtssagend-geschwätzigen «Juristischen Unterhaltungen am Damentisch»[64], auch die Rechtsge-

---

62 Der Vortrag ist abgedr. in den Neuen Bahnen 1876, Nr. 2, S. 9ff. (11).
63 Einige deutsche Gesetzparagraphen über die Stellung der Frau, hg. v. Allgemeinen deutschen Frauen-Verein, Leipzig 1876, S. 3.
64 Julius Weil, Die Frauen im Recht. Juristische Unterhaltungen. Berlin 1872.

schichte zu diesem Thema weitgehend schweigt. Sprichwörtlich geworden sind allein die über 100 unterschiedlichen Regelungen zum ehelichen Güterrecht, die den Verfassern des BGB unerhörtes Kopfzerbrechen bereiteten.

Wir müssen uns die Rechtslandschaft im Kaiserreich also wie einen bunten Flickenteppich vorstellen, in dem sich die verschiedenen Rechtsgebiete und Rechtsgewohnheiten je nach früheren Ländergrenzen und Staatsgewalten überlagerten und mischten, und wer zu seinem Recht kommen wollte, mußte oftmals erst gerichtlich klären lassen, welches Recht denn nun anwendbar war.

---

### Die vier wichtigsten Rechtsquellen

1. Das Preußische Allgemeine Landrecht von 1794: Es war verhältnismäßig frauenfreundlich, weil es der Mutter wenigstens bei Abwesenheit des Vaters gewisse Rechte zubilligte, auch ein Eigentumsrecht der Frauen kannte, wenn es vorher vereinbart war, und insbesondere nichtehelichen Müttern und ihren Kindern zumindest bis zur Mitte des 19. Jahrhunderts großzügige Ansprüche gegen den Vater gewährte. Auch das Scheidungsrecht war verhältnismäßig liberal, ja galt nach Meinung der Konservativen geradezu als «lax und frivol».[65]

2. Das sog. Gemeine Recht, es war aus der Rezeption Römischen Rechts und der Vermischung mit deutschen Rechten entstanden, war im Eherecht erstaunlich unvoreingenommen. Die Ehe beeinträchtigte die Rechtsstellung der Frau zunächst nicht, z. B. galt Gütertrennung. Doch es versteht sich beinahe von selbst, daß diese Vorteile für Frauen in den meisten Gegenden durch Gewohnheitsrecht oder örtliche Statuten, z. B. Stadtrechte, wiederum Mannesvorrechten weichen mußten.

3. Das Sächsische Recht, 1863 noch als Bürgerliches Gesetzbuch verabschiedet, beruhte auf deutschrechtlichen Traditionen des Mittelalters, insbesondere dem «Sachsenspiegel». Obwohl – wie L. Otto

---

65 Vgl. hierzu U. Gerhard, Verhältnisse, S. 154 ff., sowie zu den anderen Rechten Ute Gerhard, Die Rechtsstellung der Frau in der bürgerlichen Gesellschaft des 19. Jahrhunderts, in: Bürgertum im 19. Jahrhundert, hg. v. J. Kocka, 3 Bde., München 1988, Bd. 1, S. 439 ff.

immer wieder betonte – in Sachsen bereits in den 1830er Jahren die grundsätzliche Geschlechtsvormundschaft über Frauen aufgehoben wurde, galt dies nicht für verheiratete Frauen. Sie waren ausdrücklich «zum Gehorsam verpflichtet» und konnten keine Rechtshandlung, kein Geschäft des alltäglichen Lebens vornehmen, insbesondere nicht vor Gericht ohne den «Beistand» ihres Ehemannes.

4. Schließlich der in den Rheinlanden, der Pfalz und Baden seit 1804 bzw. 1810 geltende Code civil, das Gesetzbuch Napoleons, das sich durch eine despotische Frauenfeindlichkeit auszeichnete, «die Züge des mittelalterlichen Patriarchalismus am reinsten und längsten bewahrt hatte».[66]

Mehrere Aufrufe in den «Neuen Bahnen» um Mitteilung von Erfahrungen und um die Mitarbeit «gesetzkundiger Juristen» hatten eine unerwartete Resonanz:

*«… es sind uns darauf aus den verschiedensten deutschen Staaten, aus großen und kleinen Städten, von Edelsitzen und Dörfern, aus Hütten und Palästen eine Unzahl von Briefen unglücklicher Ehefrauen und Mütter zugegangen […]*

*Dies Material weiblichen Martyriums reichte aus, um Bände damit zu füllen.»*[67]

In der daraufhin veröffentlichten Denkschrift ließen die Frauen daher – aus weiblichem Taktgefühl und aus Rücksicht auf die betroffenen Frauen – nur die Gesetze sprechen, eine recht detaillierte, aber unsystematische Zusammenstellung von Unrechtstatbeständen. Das Ergebnis war eindeutig: Alle Gesetze regelten, in mehr oder weniger rigider Form, die Unterwerfung der Ehefrau unter den Willen, die Willkür des Mannes, er entschied in allen ehelichen Angelegenheiten und Erziehungsfragen. D. h. er war Eigentümer, zumindest Nutznießer des Vermögens der Frau, auch ihres Arbeitslohns, ja mit Hilfe der sog. ehelichen Pflicht auch ihres Körpers. Sogar um einem Frauenverein rechtsgültig beizutreten, war die Genehmigung des Ehemannes erforderlich.

66 So Marianne Weber, Ehefrau und Mutter in der Rechtsentwicklung, Tübingen 1907, S. 318.
67 Einige deutsche Gesetzparagraphen, S. 4.

## Die Lohnverhältnisse der Frauenarbeit

Die Ergebnisse ihrer Untersuchung über die Lohnverhältnisse von
Frauen in der Hausindustrie oder Manufaktur trug Marianne
Menzzer zum erstenmal 1881 auf dem Frauentag in Lübeck vor.
*«Lauter Beifall gemischt mit Thränen der Rührung dankte der Redne-
rin»*, verzeichnet die Chronik.[68]

> **Marianne Menzzer** (1814–1895), Erzieherin, die jahrelang ihrem Vater
> den Haushalt führte, war seit den 1840er Jahren mit L. Otto befreun-
> det und von 1865 an eine der treuesten Mitarbeiterinnen im ADF
> und Begründerin auch des «Frauen-Erwerbsvereins» in Dresden.
> Sie war Autodidaktin und hatte auch die Kenntnis sozialer Verhält-
> nisse im Selbststudium gewonnen. Sie sammelte nicht nur die viel-
> fältigen statistischen Belege für die Ausbeutung und Lohndiskrimi-
> nierung von Frauen, sondern schlug vor, über die Frauenvereine die
> ausbeuterischen Firmen bekanntzumachen und zu boykottieren, bot
> einen Rechtsschutz für Arbeiterinnen an und betonte immer wieder
> die Notwendigkeit von gewerkschaftlichen oder genossenschaft-
> lichen Zusammenschlüssen der Arbeiterinnen.
> Tatsächlich kam es auf Menzzers Anregung 1883 zur Gründung
> eines neuen Arbeiterinnenvereins, des «Frauenhilfsvereins für
> Handarbeiterinnen» in Berlin. Der Vorwurf, den Emma Ihrer später
> erhob, dieser Verein habe Fabrikarbeiterinnen ausgeschlossen[69], ist
> herbeigeholt, da die Unterscheidung zwischen Hand- und Fa-
> brikarbeiterin in der Blütezeit der Hausindustrie noch keinen
> Sinn macht.

Das Material, das M. Menzzer vorgelegt hat, spricht jedenfalls für
sich:

---

68  L. Otto, Das erste Vierteljahrhundert, S. 56.
69  So Emma Ihrer in ihrer Schrift: Die Arbeiterinnen im Klassenkampf,
    Hamburg 1898, S. 10.

Aber auch Deutschland hat energische Frauen und in Schlesien ward im v. J. ein Verein gegründet um der schamlosen Ausbeutung der weiblichen Arbeitskraft durch gewinnsüchtige Arbeitgeber, ein Ende zu machen! Um darzuthun wie nöthig es sei, energische Schritte dagegen zu thun, werden ein paar Belege gegeben.

„1.) Ein Kaufmann, der zugleich ein Wäsche=Geschäft hat, verkauft an arme Näherinnen Nähmaschinen mit 8 bis 10 Thaler Anzahlung, mit der Bedingung, daß sie zur vollen Bezahlung der Maschine für sein Geschäft Wäsche nähen. — Er zahlt dabei an Arbeitslohn: für ein gut genähtes Arbeiterhemd mit 5 Knopflöchern 13 Pf. für ein Paar Beinkleider 15 Pf: — für eine Züge 9 Pf. — für ein Dutzend Küchenschürzen mit Latz 35 Pf. und Zwirn und Band zu diesen Arbeiten, müssen die Arbeiterinnen selbst dazugeben und zwar in seinem Geschäfte entnehmen. — Der Betrag dafür wird ihnen von diesem Verdienste, nebst mindestens 2 Mark Abzahlung für die Maschine, wöchentlich abgezogen.

2.) Ein Getreide=Geschäft zahlt für einen, mit der Hand genähten Sack — an dem eine Frau wohl 2 Stunden näht — 3 Pfennige. — Ein zweites, ebensolches Geschäft zahlt sogar für 50, mit der Hand genähte Säcke, nur 60 bis 80 Pfennige, je nachdem Zwirnabzug ist oder nicht — es macht ein Bruchtheil mehr als 1 Pfennig.

3.) Ein Wollwaarengeschäft, zahlt für ein großes Mohairtuch, an welchem die geübteste Arbeiterin mindestens 12 Stunden anstrengend zu häkeln hat — 45 Pfennige.

4.) In einem Posamentirgeschäft wird für die Verzierung eines Meters schwarzseidner Franzen, durch schwarze Perlen — 6 Pfennig gezahlt. Bei der Mühsamkeit der Arbeit können täglich nur 5 Meter angefertigt werden.

Wenn man erwägt, daß sich zu diesem kümmerlichen Verdienste noch Viele vergeblich drängen, daß sie sich, um nur berücksichtigt zu werden, häufig in den Geschäften die schnödeste Behandlung gefallen lassen müssen, — in welchen Abgrund von Noth und Jammer lassen dann diese Zahlen blicken! — Ein einziger solcher Prinzipal, beschäftigte gegen 900 Arbeiterinnen!"

(Auszüge aus: M. Menzzer, Lohnverhältnisse der Frauenarbeit. In: «Neue Bahnen», Nr. 7/1882)

# 5. «Zwischen allen Stühlen» – Gertrud Guillaume-Schack, Frauenrechtlerin und Sozialistin

Eine andere Frau, der es in den 1880er Jahren vorübergehend gelang, die Kräfte der Frauenbewegung zu mobilisieren und zu bündeln, und die sich dabei politisch zwischen alle Stühle setzte, war Gertrud Guillaume-Schack.

Gertrud Guillaume, geborene Gräfin Schack (1845 bis 1903) war in Uschütz/Oberschlesien geboren, heiratete den Künstler Guillaume, den sie auf einer Reise in die Schweiz kennengelernt hatte, und zog mit ihm nach Paris. Doch schon nach wenigen Monaten trennten sie sich. In Paris erfuhr G. G.-Schack von der Arbeit des «Britischen, kontinentalen und allgemeinen Bundes zur Bekämpfung des staatlich reglementierten Lasters», später «Fédération abolitioniste internationale» genannt, die von der Engländerin Josephine Butler ins Leben gerufen worden war und der scheinheiligen doppelten Moral des Bordellwesens den Kampf ansagte.

Doppelt war die Moral, weil nach dem von Napoleon in Europa eingeführten System nur Frauen strafrechtlich verfolgt wurden. Trotz des Verbots von gewerbsmäßiger Unzucht wurden Lizenzen an Prostituierte vergeben, wenn sie sich einer ärztlichen Untersuchung unterzogen. So hoffte man, die Verbreitung von Geschlechtskrankheiten einzudämmen. Die Überwachung oblag der sog. Sittenpolizei, die ohne richterliche Kontrolle jederzeit das Recht hatte, verdächtige «Weibspersonen» (§ 361,6 StGB) zu verhaften und zwangsweise untersuchen zu lassen – ein gravierender Eingriff in die Freiheit der Person und ein einseitiges Unrecht gegenüber Frauen.

Um die Ziele der von England ausgehenden Sittlichkeitsbewegung auch in Deutschland zu verbreiten, gründete G. G.-Schack einen Zweigverein, den sie mit Rücksicht auf die Vereinsgesetze als «Kulturbund» tarnte, mit Sitz in ihrer Heimatstadt Beuthen in Schlesien. Sie bereiste viele Städte und fand ein großes – weibliches wie männliches – Publikum. Teilnehmerzahlen von 300 bis 1000 werden genannt. Daß eine Frau in jener Zeit öffentlich über Prostitution, Sexualität und Sittenwidriges sprach und dazu Versammlun-

Gertrud Guillaume-Schack

gen abhielt, zu denen nicht nur Frauen, sondern auch Männer, ja auch Jugendliche zugelassen waren, war damals ein Skandal. Daß sie diese Versammlungen *«zu einer Zeit repressiver Vereins- und Sozialistengesetze in Gegenwart der observierenden Polizeibeamten auch noch zu scharfen Angriffen auf Staat, Obrigkeit und Sittenpolizei nutzte, blieb nicht lange ungeahndet. Die Sittlichkeitsbewegung kam rasch in den Verruf ‹unsittlich› zu sein.»*[70]

Deshalb wurde schließlich ein Vortrag, den sie am 23. März 1883 vor dem Darmstädter Frauenverein «Sonntagsruhe» gehalten hatte, bereits nach zehn Minuten von der Polizei *«wegen groben Unfugs»* verboten und die Versammlung aufgelöst. Den anschließenden Prozeß gegen G. G.-Schack und die Vereinsvorsitzende Frau Lesser-Kiesling, in dem die beiden Angeklagten freigesprochen wurden, haben die Frauen zusammen mit dem Vortrag dokumentiert. Das

70 Die Staatsbürgerin, hg. v. Hartwig Gebhardt, Ulla Wischermann, München u. a. 1988, S. 10.

Protokoll liest sich heute wie eine Provinzposse, und doch wird deutlich, daß es den Vertretern der Staatsgewalt weniger um das Tabuthema Prostitution ging als um die Gefahr, die dem Staat von so viel weiblicher Aufmüpfigkeit drohte. Tatsächlich führte der Staatsanwalt in weitschweifiger Rede u. a. aus:

*«An einer Stelle leuchtet auch der Pferdefuß hervor, da wird von Gleichberechtigung der Geschlechter in Bezug auf die unehelichen Kinder gesprochen… als sollte daraufhin gewirkt werden, die bisherige gesellschaftliche Ordnung zu untergraben.»*[71]

G. G.-Schack ließ sich vorerst nicht beirren. 1883 gründete sie auch in Berlin und in Hannover Zweigvereine des «Kulturbundes» unter großer öffentlicher Aufmerksamkeit und großer Beteiligung von Arbeiterinnen. Der Zusammenhang zwischen Armut und Prostitution spielte in ihren Begründungen zunehmend eine Rolle, so auch in der Reichstagspetition, die von dem Berliner Verein verabschiedet wurde:

*«Indem die Gewalt der Sittenpolizei nur den Frauen gegenüber zu vollem Ausdruck kommt, die gezwungen sind, sich ihr Brot zu erwerben, und nicht durch zufällige äussere Verhältnisse geschützt werden, schafft sie nicht nur einen Unterschied der Geschlechter, sondern auch der verschiedenen Klassen vor dem Gesetz.»*[72]

Allmählich trat sie immer mehr in Kontakt mit Sozialdemokraten, veröffentlichte in sozialdemokratischen Blättern und ging mit den männlichen Genossen ins Gericht, die Frauenarbeitsbeschränkungen befürworteten.

*«Die Interessen der beiden Geschlechter gehen im Arbeiterstande Hand in Hand, während die Bourgoisie ihren Frauen eine Ausnahmestellung anweist, die im Laufe der Zeit in jeder Hinsicht redlich ihre faulen Früchte getragen hat… Es giebt nur eine gesunde Grundlage, auf der die Zukunft aufgebaut werden kann, und das ist die strenge Durchführung der Gleichberechtigung von Mann und Frau.»*[73]

---

71 Gertrud Guillaume-Schack, Über unsere sittlichen Verhältnisse und die Bestrebungen und Arbeiten des Britischen, Continentalen und Allg. Bundes, Berlin 1884.
72 Zit. n. Anna Pappritz, Die Teilnahme der Frauen an der Sittlichkeitsbewegung, in: Handbuch der Frauenbewegung, II. Bd. S. 166.
73 Gertrud Guillaume-Schack, Die Beschränkung der Frauenarbeit, in: Die Staatsbürgerin, 1886, Nr. 5, (zit. n. Neuausgabe 1988, S. 17), Fortsetzung des Artikels in Nr. 6 und Nr. 7 (Neuausgabe 1988, S. 21,25).

Bei den Reichstagsverhandlungen über die Einführung eines Nähgarnzolls, der für unendlich viele Textilarbeiterinnen die Existenz-
frage stellte, organisierte sie Protestversammlungen und wiederum
eine Petition, die mit Tausenden von Unterschriften aus ganz
Deutschland unterstützt wurde.

Der 1885 von ihr initiierte «Verein zur Vertretung der Interessen
der Arbeiterinnen» vereinigte alte und neue Führerinnen der Arbeiterinnenbewegung: 1. Vorsitzende wurde Marie Hofmann, 2. Pauline Staegemann und Schriftführerin Emma Ihrer. Gertrud G.-
Schack übernahm nur das Amt der Ehrenpräsidentin, da sie *als
schweizerische Staatsangehörige mit der Polizei und dem Sozialisten-
gesetz, das noch in bester Blüthe war, rechnen mußte*[74]. Auch in anderen Städten (z. B. Hamburg und Bremen) wurden im Laufe des
nächsten Jahres auf Anregung der Ehrenpräsidentin Arbeiterinnenvereine gegründet. Doch schon sehr bald machte die Staatsgewalt
den *«sozialistischen Umtrieben»* der Schack ein Ende: Die Berliner
Frauenvereine wurden im Mai 1886 geschlossen und Arbeiterin-
nenversammlungen polizeilich untersagt. Die seit Januar 1886 von
G. G.-Schack herausgegebene Zeitschrift «Die Staatsbürgerin»
mußte nach einem halben Jahr ihr Erscheinen einstellen. G. G.-
Schack selbst, *als «weiblicher Ferdinand Lassalle»* und *«Sozialdemo-
cratie im Unterrock»*[75] von Freund und Feind in die Schlagzeilen gebracht, wurde kurz darauf ausgewiesen und verließ Deutschland.

In der neuen Wahlheimat England gelang es G. G.-Schack nicht,
im Emigrantenkreis um Friedrich Engels ernst genommen zu werden. Engels diffamierte sie als Anarchistin und bezeichnet in einem
Brief an Bebel das Organisieren von Arbeiterinnenvereinen als
*«reine Bourgoisspielerei».*[76] Sie ist am 20. Mai 1903, sehr zurückgezo-
gen und nahezu vergessen, gestorben. Minna Cauer, die sie auf dem
Londoner Internationalen Frauenkongreß 1899 persönlich erlebt
hatte, schrieb 1903 in einem Nachruf über sie:

*«Wer sie, wie wir während des Londoner Kongresses (1899), auf dem Po-
dium hat stehen sehen, in lebhafter, hinreißender, fast jugendlicher Be-*

---

74  Vgl. auch E. Ihrer, Die Arbeiterinnen im Klassenkampf, S. 13.
75  So in Thüringer Waldpost und in der Schlesischen Morgenpost, zit. n.
    Die Staatsbürgerin (Neuausgabe 1988, Einleitung S. 35,15).
76  Zit. n. Die Staatsbürgerin (Neuausgabe 1988, Einleitung S. 37).

*geisterung flammende Worte der lauschenden Menge zurufend, der kann diese Frau nicht vergessen, der kann begreifen, daß sie... gegen alles Halbe, Unklare und Schwankende zu Felde zog.»*[77]

Das Verbot der Arbeiterinnenvereine hatte noch ein gerichtliches Nachspiel: Gegen die Führerinnen der Arbeiterinnenbewegung, Marie Hofmann, Emma Ihrer u. a., *«wurde auf je 60 Mark Geldstrafe oder entsprechende Gefängnißstrafe erkannt, die Angeklagte Staegemann wurde, weil bereits wegen desselben Vergehens vorbestraft, zu 90 Mark verurteilt».*[78] Das Reichsgericht entschied 1887 in einem Grundsatzurteil, was bei der Auslegung des preußischen Vereinsgesetzes unter «politischen Gegenständen» zu verstehen sei: *«alle Angelegenheiten, welche Verfassung, Verwaltung, Gesetzgebung des Staates, die staatsbürgerlichen Rechte der Unterthanen und die internationalen Beziehungen der Staaten zueinander in sich begreifen».*[79] Das bedeutete, jegliche Bestrebung, mit Hilfe von Recht und Gesetz zur Verbesserung der sozialen und rechtlichen Stellung der Frau beizutragen, fiel unter das Verbot politischer Betätigung.

## Lesetips

Ottilie Baader: Ein steiniger Weg, Stuttgart, Berlin 1921. Neudruck Berlin, Bonn 1979

Hedwig Dohm: Die Antifeministen. Ein Buch der Verteidigung (1902), Frankfurt o. J.

Die Staatsbürgerin. Offenbach a. M. 1886. Originalgetreuer Nachdruck der ersten Arbeiterinnenzeitschrift Deutschlands, hg. v. H. Gebhardt, U. Wischermann, München, New York, London, Paris 1988

Werner Thönnessen: Frauenemanzipation. Politik und Literatur der deutschen Sozialdemokratie zur Frauenbewegung 1863–1933, Frankfurt 1969

77 Minna Cauer, Ein Wort des Gedenkens: Gertrud Guillaume-Schack, in: Die Frauenbewegung, 1904, Nr. 2, S. 12 f.
78 E. Ihrer, Die Arbeiterinnen, S. 19.
79 Entscheidung des Reichsgerichts in Strafsachen vom 10.11.1887, Bd. 16, S. 383 f.

# 5. KAPITEL

**1888–1908**
# Die große Zeit der bürgerlichen Frauenbewegung – der Kampf um Frauenbildung

# 1. «Als die erste Frau lesen lernte, trat die Frauenbewegung in die Welt» (Marie von Ebner-Eschenbach)

Mit diesem Zitat versuchte Marie Stritt[1] 1907 als Vorsitzende im «Bund Deutscher Frauenvereine» ihren Gesinnungsgenossinnen Mut zu machen im mittlerweile mehr als zwanzigjährigen Kampf der organisierten Frauenbewegung um Frauenbildung und Frauenstudium. Wie weit und wie beschwerlich der Weg war, wie viele kurze Höhenflüge und lange finstere Zeiten die weibliche Hälfte der Menschheit vom Lesenlernen bis zur Zulassung zum Universitätsstudium in Deutschland im Jahr 1908 erlebt hat, kann nur ermessen, wer die Bildungsgeschichte über Jahrhunderte kennt, z. B. die Zeugnisse hoher Frauenbildung und -kultur, die allein das Mittelalter oder die Nonnenklöster aufzuweisen haben. Ganz zu schweigen von den beeindruckenden Beweisen weiblicher «Gelehrsamkeit» – etwa der Universalgelehrten Anna Maria Schürmann (1607–1678), der Insektenforscherin Maria Sybilla Merian (1647–1717) oder der ersten Doktorin der Medizin Dorothea Leporin-Erxleben (1715–1762) und der ersten deutschen Frau, die zum Doktor der Philosophie promovierte, Dorothea Schlözer (1770–1825). Auch die besonders im 18. Jahrhundert vielgescholtene *«Lesewuth der Frauenzimmer»*, die nach Ansicht des pädagogischen Ratgebers J. H. Campes wie *«eine wirkliche Seelenepidemie... in den gebildeten Classen mit sichtbarer Verminderung des Familienglücks»* um sich griff[2], hatte noch mit Frauenbewegung wenig zu tun. Sie ist möglicherweise als heimlicher und individueller Protest gegen die nur häuslichen Pflichten, die hier einsetzende Beschränkung auf den Wirkungskreis der *«Gattin, Hausfrau und Mutter»* zu verstehen. Die genannten Vorzeigefrauen aber waren auch in den vergangenen Jahrhunderten privilegierte Ausnahmen, eher «Kuriosa» der weiblichen Bildungsgeschichte.[3]

---

1 Marie Stritt, Die Einheitlichkeit in der Frauenbewegung, Vortrag geh. auf der 7. Generalversammlung des BDF zu Nürnberg, Frankenberg 1907, S. 12.
2 Johann Heinrich Campe, Väterlicher Rath für meine Tochter, Braunschweig 1789, S. 55.
3 Vgl. Elisabeth Blochmann, Das «Frauenzimmer» und die «Gelehrsamkeit», Heidelberg 1966, S. 25.

Und doch muß es stutzig machen, daß solche weiblichen Gelehrten-
karrieren im bürgerlichen Zeitalter erst einmal ganz unmöglich
wurden. Denn nun setzten trotz und mit der Aufklärung, trotz Verbreiterung der Volksbildung und mit der Etablierung moderner
Wissenschaften die ausdrückliche Diskriminierung und der Ausschluß der Frauen aus der Wissenschaft ein. Gleichzeitig und als
Antwort auf mögliche Freiheits- und Gleichheitsbestrebungen
wurde die Gegensätzlichkeit der Geschlechterrollen, die Verschie-
denheit von Mann und Frau zum politischen und pädagogischen
Programm der neuen bürgerlichen Gesellschaft.

Wegweiser einer besonderen Mädchenpädagogik und spezifischen, d. h. vom Mann notwendigerweise abweichenden Frauenbildung war der Revolutionstheoretiker J.-J. Rousseau, dessen Erzie-
hungsroman «Emile oder über die Erziehung» aus dem Jahr 1762
die Bildungsdiskussion auch in Deutschland angefacht und für
mehr als ein Jahrhundert entscheidend geprägt hat.

Als Leitmotiv seiner Erziehungslehre wurde immer wieder aus
dem V. Buch «Sophie oder das Weib» jener Satz zitiert, wonach *die
Frau eigens dazu geschaffen ist, dem Mann zu gefallen*. Im Klartext
hieß das – so der Originalton Rousseau:

> *«So muß sich die ganze Erziehung der Frauen im Hinblick auf die Männer
> vollziehen. Ihnen gefallen, ihnen nützlich sein, sich von ihnen lieben und
> achten lassen, sie großziehen, solange sie jung sind, als Männer für sie
> sorgen, sie beraten, sie trösten, ihnen ein angenehmes und süßes Dasein
> bereiten: das sind die Pflichten der Frauen zu allen Zeiten, das ist es, was
> man sie von Kindheit an lehren muß.»*[4]

Interessant nun ist festzustellen, daß bei seinen Nachfolgern, insbesondere den deutschen Mädchenpädagogen, der hier zwar von der
männlichen Erziehung abweichende, aber doch aufwendig ange-
legte Bildungsanspruch der Frauen auf ein flaches, spießbürger-
liches Erziehungsprogramm zurechtgestutzt wurde und die bei
Rousseau zugestandene *«heimliche Macht der Frauen»*[5], ihre eroti-
sche List und disziplinierende Mutterliebe, dem eigentümlich deut-

---

4  Jean-Jacques Rousseau, Emile oder über die Erziehung, Stuttgart 1963,
   S. 721 und 733.
5  Vgl. hierzu Christine Garbe, Sophie oder die heimliche Macht der
   Frauen. Zur Konzeption des Weiblichen bei J. J. Rousseau, in: Frauen in
   der Geschichte IV, hg. von I. Bremer u. a., Düsseldorf 1983, S. 65 f.

schen Ideal von biederer und tüchtiger Hausfrau Platz machen
sollte. Beispielhaft hierfür ist die Aussage einer Versammlung von
Mädchenschullehrern, die 1872 in Weimar zusammenkamen und
ihre pädagogischen Ziele in einer Denkschrift veröffentlichten, die
für das Mädchenschulwesen richtungweisend wurde:

*«Es gilt, dem Weibe eine der Geistesbildung des Mannes in der Allgemein-
heit der Art und der Interessen ebenbürtige Bildung zu ermöglichen, damit
der deutsche Mann nicht durch die geistige Kurzsichtigkeit und Engherzig-
keit seiner Frau an dem häuslichen Herde gelangweilt und in seiner Hin-
gabe an höhere Interessen gelähmt werde, daß ihm vielmehr das Weib mit
Verständnis dieser Interessen und der Wärme des Gefühles für dieselben zur
Seite stehe.»*[6]

### Die «Gelbe Broschüre»

Gemäß dem Wahlspruch des Bürgertums «Wissen ist Macht» war
der Kampf um Bildung offenbar ein Kampf um Macht, anders sind
die Widerstände und übertriebenen Reaktionen auf die bürgerlich-
liberalen Forderungen der Frauen überhaupt nicht zu verstehen.
Tatsächlich war der Kampf in Deutschland im Vergleich zu fast allen
anderen Ländern Europas und zu den USA besonders hart und
langwierig. Denn schon seit den 1830er Jahren gab es in den USA
eigene Frauencolleges, seit dem Beginn der 1840er Jahre waren
Frauen an der Universität Zürich als Gasthörerinnen zugelassen,
gab es hier 1867 die erste Doktorin der Medizin. Zürich entwickelte
sich bereits in den siebziger Jahren zu einer Oase des Frauenstudiums für die Europäerinnen, insbesondere die zahlreichen Russinnen (1872 beinahe 100) sorgten für beträchtliches Aufsehen. Aber
auch Frankreich öffnete den Frauen seine Universitäten bereits
1863, die skandinavischen Länder 1870, die Niederlande 1878, Belgien 1883 usf. Das Deutsche Reich, das Land der Dichter und Den-
ker, bildete in dieser Beziehung also ein Schlußlicht. Offenbar
fürchtete gerade das deutsche Bildungsbürgertum zuviel zu verlie-

6  Zit. n. Helene Lange, Die höhere Mädchenschule und ihre Bestimmung,
   in: dies., Kampfzeiten, 1. Bd. Berlin 1928, S. 10, Hervorh. b. Lange.

ren und wollte diese einzige Grundlage seines gesellschaftlichen Einflusses vorerst keinesfalls mit den Frauen teilen.

Unter den verschiedenen Vorstößen, Kampfschriften und Petitionen aus dem Kreis der Frauenvereine jedenfalls machte die sog. «Gelbe Broschüre» – so belegen viele Kommentare – am meisten Furore.[7] Sie war die von Helene Lange 1887 verfaßte Begleitschrift zu einer Petition an das preußische Unterrichtsministerium und das preußische Abgeordnetenhaus und war von einem Kreis «Berliner Damen» unterzeichnet, deren Namen von nun an in der Frauenbewegung noch häufig auftauchen werden:

*«Helene Lange, Frau Schulrat Cauer, Frau Henriette Schrader, Frau Stadtsyndikus Eberty, Frau Marie Loeper-Housselle.»*[8] (Beachtenswert sind die kleinen Nuancen bezüglich der Anrede: «Frau» durften offenbar nur die Verheirateten genannt werden, zudem ergänzt um die Titel der Ehemänner.)

Die Petition enthielt zwei Anträge:

1. für den *«wissenschaftlichen Unterricht auf der Mittel- und Oberstufe der öffentlichen höheren Mädchenschulen»* mehr Lehrerinnen einzustellen,

2. zur Ausbildung dieser Lehrerinnen *«von Staatswegen»* Anstalten zu errichten.

Die Begleitschrift schilderte detailliert die Misere der Mädchenschulen. Zwar bestand in den meisten Staaten des Deutschen Bundes seit dem Beginn des 19. Jahrhunderts eine allgemeine Schulpflicht (in Preußen eingeführt 1763) auch für Mädchen, doch um ihre Durchsetzung war es im Zeitalter der Industrialisierung und der Kinderarbeit und solange ihr Besuch nicht unentgeltlich war schlecht bestellt.[9] Meinte doch das berühmte königliche Regulativ, das ab 1839 in Preußen die Kinderarbeit verbot, nur das Verbot der Nacht- und Sonntagsarbeit für Kinder bis zu neun Jahren (ab 1853 bis zu zwölf Jahren), beschränkte die Arbeitszeit auf zehn Stunden (!) täglich und forderte lediglich einen dreijährigen Schulbesuch.

---

7  Vgl. hierzu M. Twellmann, Die deutsche Frauenbewegung, Bd. I, S. 88f.
8  H. Lange, Kampfzeiten, Bd. 1, S. 7.
9  Vgl. auch zum folgenden G. Bäumer, Geschichte und Stand der Frauenbildung in Deutschland, in: Handbuch der Frauenbewegung Bd. III Teil, S. 1 ff. (90 f.)

Und was speziell das Lesenlernen der Mädchen anlangte, so werden nicht ohne Grund immer wieder schulmeisterliche Äußerungen zitiert wie diese:

*«Bei den virginibus ist das Schreiben nur ein vehiculum zur Lüderlichkeit.»* Oder:
   *«Jene sollten das Schreiben nicht lernen, damit sie nicht frühzeitig Liebesbriefe schreiben. Konnten sie im neunten Jahre im Gebetbuche lesen, so hatten sie für ihr ganzes Leben ausgelernt.»*[10]

Auch an der im Zuge der preußischen Reformen zu Beginn des 19. Jahrhunderts von Wilhelm von Humboldt getragenen Bildungsreform mit dem Ziel eines neuen Humanismus und nationaler Kultur hatten Frauen nicht teil. Die neuen humanistischen Gymnasien und Universitäten blieben der männlichen Jugend vorbehalten.

Die einzige Fortbildungsmöglichkeit jenseits der Elementar- oder Volksschulen boten für Mädchen die sog. höheren Töchterschulen. Sie waren keine staatlichen Einrichtungen, waren weder im Hinblick auf die Lehrpläne noch in bezug auf Abschlußprüfungen und Berechtigungen in das öffentliche Schulwesen integriert. Sie verdankten ihre Existenz vielmehr vorwiegend privater Initiative. Noch am Ende des 19. Jahrhunderts waren rund zwei Drittel aller höheren und mittleren Mädchenschulen in privater Hand.[11] Der Besuch der höheren Töchterschule war für die Töchter des Bürgertums vor allem anderen eine Statusfrage, diente weniger der höheren Bildung als der Zurichtung auf *«die weibliche Bestimmung»*, zur Dame und als *«Schmuck im Salon».*[12] Ihr Lehrprogramm, nirgends festgelegt, bestand vorwiegend aus den Fächern Religion und Deutsch, der Einübung der Konversation in französischer und englischer Sprache, in Klavierspiel oder Gesang und zum wesentlichen Teil (bis zu 20 Prozent der Unterrichtszeit) in Handarbeiten.[13]

10  Zit. n. Jürgen Zinnecker, Sozialgeschichte der Mädchenbildung, Weinheim u. Basel 1973, S. 83.
11  H. Lange, Entwicklung und Stand des höheren Mädchenschulwesens in Deutschland, Im Auftrage des Königl. Preußischen Ministeriums... 1893, abgedr. in: Frauenbewegung und Frauenbildung, hg. v. E. Dauzenrath, Bad Heilbrunn 1964, S. 21ff.
12  Vgl. M. Twellmann, Die deutsche Frauenbewegung Bd. I, S. 76f.
13  Vgl. G. Bäumer, Frauenbildung, in: Handbuch der Frauenbewegung III. Band, S. 108.

Die «klavierspielende höhere Tochter», heute noch eine Witzfigur, die rein *«ästhetisch-sentimentale»* Bildung, die Oberflächlichkeit des Lernprogramms, all dies wurde seit der Mitte des 19. Jahrhunderts insbesondere von frauenbewegter Seite kritisiert und auch von denen, für die diese Mädchenschule Berufsfeld war, von den männlichen Mädchenpädagogen. Deren Interesse an staatlicher Anerkennung und Vereinheitlichung des mädchenspezifischen Lehrprogramms aber war vorwiegend ein berufsständisches, also ihre eigene soziale und finanzielle Gleichstellung mit den Lehrern an Jungenschulen, dem zunehmend eine gute Portion Konkurrenzangst vor dem Eindringen von Lehrerinnen beigemischt war. Denn die private Mädchenschule war lange das einzige Feld qualifizierter Berufstätigkeit für Frauen. Nur unter Szenen von *«fast tumultuarischem Charakter»* konnte etwa 1876 der Beschluß durchgesetzt werden, daß zumindest *«die Mitarbeit»* von Lehrerinnen in der Mädchenschule *«wünschenswert»* sei.[14] Doch auch dies bedeutete lediglich eine Lehrtätigkeit von Frauen in den unteren, allenfalls mittleren Klassen, keinesfalls aber in den wissenschaftlichen Fächern der Oberstufe.

War man sich über die Unzulänglichkeit der Mädchenbildung und die Notwendigkeit einer Schulreform auch im wesentlichen einig, so setzte Helene Langes Kritik doch an zwei Punkten an, die von den männlichen Pädagogen als Frontalangriff verstanden und mit Empörung beantwortet wurde: am Bildungsziel – *«um des Mannes willen»* – und in dem Anspruch, Frauen als Lehrerinnen nicht nur einen mitwirkenden, sondern den *«maßgebenden und bestimmenden»* Einfluß in der Mädchenschule einzuräumen. Unerhört und unüblich war auch die Form der Kritik, ohne Umschweife selbstbewußt, mit kühlem Sachverstand die Pädagogik betreffend, sarkastisch und unerbittlich im Hinblick auf männliche Geschlechtsinteressen:

*«... wir können unser Auge nicht davor verschließen, daß die wesentlichste Aufgabe einer Mädchenschule, zu bilden, zu innerer Ruhe zu bilden... nicht erfüllt wird. Unsere Schulen bilden nicht, sie erziehen nicht maßvolle Frauen von edler Sitte, sie lehren nur. Wir können ferner nicht unser Auge*

14 So der Schulrat Eduard Cauer, der Ehemann von Minna Cauer, in: ders., Die höhere Mädchenschule und die Lehrerinnenfrage, Berlin 1878, S. 17.

*davor verschließen, daß auch dieses Lehren vielfach in einer unpädagogischen Überbürdung mit positivem Stoff und einem falschen Systematisieren besteht, daß das Wissen unserer jungen Mädchen infolgedessen vielfach zerfahren, äußerlich und ungründlich ist. Von allem, was Männer gründlich lernen, darauf hauptsächlich geht die Klage, erfahren unsere Mädchen ein klein wenig; dies wenige aber selten so, daß das Interesse für spätere Vertiefung rege gemacht oder das Selbstdenken ernsthaft in Anspruch genommen würde, sondern als zu Übersichten gruppierte positive Tatsachen oder fertige Urteile, die, ohne Beziehung zum inneren Leben, dem Gedächtnis bald wieder entschwinden und nur das dünkelhafte Gefühl des ‹Gehabthabens› und der Kritikfähigkeit zurücklassen. Aus dieser Art zu lehren erklärt sich die Unfähigkeit unserer Schulen, zu bilden, von selbst…»*[15]

Sehr geschickt verknüpfte Helene Lange ihr Beharren auf dem Bildungsanspruch der Frau als Eigenrecht – um ihrer selbst und *«der werdenden Menschheit»* willen – mit der Forderung nach Beteiligung von Lehrerinnen und damit auch mit der Forderung nach einer staatlich zu organisierenden Lehrerinnenausbildung. Denn auch in dieser Beziehung lag zu dieser Zeit noch alles im argen, gab es z. B. 1876 in Preußen gegenüber 116 staatlichen Lehrerseminaren für die Ausbildung männlicher Pädagogen nur insgesamt fünf Lehrerinnenseminare, und auch diese vergaben nur die Berechtigung zum Unterrichten an Volksschulen. Lehrerinnen mußten also selbst sehen, auf welche Weise sie ihre Qualifikationen erwarben, im Privatunterricht oder Selbststudium, auf privaten Lehrerinnenseminaren, einem in der Regel zweijährigen Kurs im Anschluß an den Besuch der höheren Töchterschule.[16] Selbstverständlich bedeuteten die Nichtregulierung und Nichtanerkennung durch den Staat gleichzeitig auch den Ausschluß von Berechtigungen und die Minderbezahlung der Lehrerinnen.

*«Mit der ausschließlichen Beziehung der ganzen Entwicklung unserer Mädchen auf den Mann fällt auch ihre ausschließliche Erziehung durch den Mann; ja, solche Frauen, wie wir sie wollen, können gar nicht durch Männer allein gebildet werden, es bedarf dazu aus vielen Gründen durchaus des Fraueneinflusses, und zwar genügt nicht der Einfluß der Mutter im*

15  H. Lange, Die höhere Mädchenschule, in: Kampfzeiten, 1. Bd., S. 14, 19.
16  Vgl. im einzelnen G. Bäumer, in: Handbuch der Frauenbewegung III. Bd., S. 100f.

*Hause… es bedarf durchaus der Erziehung durch Frauen auch in der Schule, besonders auf der Oberstufe…»* [17]

Heute fragen wir uns, was an diesen Forderungen nur so empörend oder gar revolutionär war, wenn H. Lange für die Lehrerin *«das heilige Amt der Mutter in der Schule»* reklamierte und die *«echte Weiblichkeit»* gegen die *«Halbbildung»* einer von Männern und für Männer geformten Weiblichkeit verteidigte. Übertrieb und verfestigte diese Argumentation nicht eher die unterschiedlichen Geschlechterrollen und die damit gegebene Arbeitsteilung? In der Tat hat Helene Lange es auch in ihren späteren Schriften verstanden, die kulturelle Bedeutung von Weiblichkeit, das auch schon von den Fröbel-Anhängerinnen in der Frauenbewegung betonte *«mütterliche Element in den Frauen»* [18] zu betonen und sich zugleich kritisch gegen die bestehenden männlichen Normen zu wenden. Sie geißelte den *«toten Dogmatismus»*, den *«übertriebenen Respekt vor dem Positiven und dem Bestehenden, der jeden Fortschritt hemmt»*, die an den Universitäten praktizierte Wissenschaft, die sich *«Selbstzweck»* ist. Aus diesem Grund forderte sie für die Ausbildung der Lehrerinnen eigene Hochschulen, deren Mittel und Methoden *«weiblicher Eigenart»* angepaßt sind und deren Leitung *«lediglich Frauen anvertraut sein kann»*. [19]

**Helene Lange** (am 9.4.1848 in Oldenburg geboren, gestorben am 13.5.1930 in Berlin) entstammte einer Kaufmannsfamilie. Nach dem frühen Tod der Mutter, dann auch des Vaters empfing sie als Pensionstochter in einem schwäbischen Pfarrhaus prägende Eindrücke und machte hier zum erstenmal die schmerzliche Erfahrung der «geistigen Trennung der Geschlechter». [20] Da ihr Vormund ihr nicht gestattete, die Lehrerinnenausbildung zu beginnen, war auch sie bis zu ihrer Volljährigkeit zum Selbststudium über «Zwischenstufen» ge-

17  H. Lange, Die höhere Mädchenschule, in: Kampfzeiten, 1. Band, S. 24.
18  Maria J. Lyschinska, Henriette Schrader-Breymann, 2. Bd., Berlin 1922, S. 447, vgl. a. M. Twellmann, Die deutsche Frauenbewegung, Bd. 1, S. 74, vgl. a. Kap. 3.
19  Alle Zitate aus der «Gelben Broschüre», H. Lange, Die höhere Mädchenschule, in: Kampfzeiten Bd. 1, S. 50–52.
20  Vgl. auch zum folgenden Helene Lange, Lebenserinnerungen, Berlin 1925, S. 71 f. (73).

Helene Lange

zwungen: Eine «Au-pair»-Stelle in einem Mädchenpensionat im El-saß, eine Erzieherinnenstelle in der Nähe von Osnabrück. 1871 kam sie nach Berlin, um ihre Lehrerinnenprüfung abzulegen – und ist dieser Wirkungsstätte für 45 Jahre treu geblieben. 1876 wurde sie Lehrerin an einer privaten höheren Mädchenschule und schon nach wenigen Unterrichtsstunden zugleich Leiterin des angeschlossenen Lehrerinnenseminars.

Von 1887 an, dem Erscheinungsjahr der «Gelben Broschüre», hat sie die entscheidenden Stationen der bürgerlichen Frauenbewegung markiert und angeführt: 1889 Einführung der «Realkurse» für Frauen, 1890 zusammen mit Auguste Schmidt und Marie Loeper-Housselle Gründung des «Allgemeinen Deutschen Lehrerinnenvereins» (ADLV), 1893 Umwandlung der Real- in Gymnasialkurse, zugleich Gründung der Zeitschrift «Die Frau», des führenden Organs der gemäßigten bürgerlichen Richtung, von 1893 bis 1921 im Vorstand des «Allgemeinen Deutschen Frauenvereins» (ADF), von 1894 bis 1906 im Vorstand des «Bundes Deutscher Frauenvereine» (BDF). Sie war offensichtlich eine begabte Pädagogin, eine Vordenkerin und Wortführerin, ja, sie galt zu ihrer Zeit als *die* «Führerin der deutschen Frauenbewegung».

Helene Langes Überzeugungskraft und die ganze Stärke ihrer Argumentation lag offenbar in der Verknüpfung einer von vielen geteilten Kulturkritik, einer Kritik der modernen *«Welt der gesellschaftlichen Produktion mit der schauerlichen Unpersönlichkeit ihres Mechanismus, der den einzelnen rücksichtslos zu einer Triebkraft in dem großen Räderwerk macht»*[21], mit einer überaus differenzierten Geschlechterphilosophie, die anscheinend das tradierte Geschlechtsrollenkonzept bestätigte und doch auf gesellschaftliche Veränderung zielte. Mütterlichkeit als Programm, nicht nur traditionelle Weiblichkeit, gab die Richtung an, in die die Gesellschaft zu verändern war.[22] «Organisierte Mütterlichkeit» aber meinte nicht etwa nur biologische Mutterschaft, sondern gleichberechtigte Beteiligung und weiblichen Einfluß in allen Lebensbereichen, gerade auch in der Politik und gerade auch für kinderlose Frauen. In ihrem programmatischen Aufsatz über «Intellektuelle Grenzlinien zwischen Mann und Frau» hat H. Lange ihre Philosophie einprägsam auf den Begriff gebracht.[23]

Auf lange Sicht hatte dieses von Helene Lange ausformulierte Konzept von Frauenbildung und «Mütterlichkeit» einen durchschlagenden Erfolg, und zwar als Programm der bürgerlichen Frauenbewegung in ihrer mehrheitlichen, gemäßigten Richtung. So hieß es etwa in den 1905 bis 1907 diskutierten «Grundsätzen und Forderungen der Frauenbewegung», die als Flugblatt des «Bundes Deutscher Frauenvereine» verbreitet wurden:

*«Die Frauenbewegung will der Frau freie Entfaltung aller ihrer Kräfte und volle Beteiligung am Kulturleben sichern. Sie erkennt an, daß die Geschlechter ihrem Wesen und ihren Aufgaben nach verschieden sind, und ist gerade deshalb überzeugt, daß die Kultur sich um so reicher, wertvoller und lebendiger gestaltet, je mehr Mann und Frau gemeinsam an der Lösung aller Kulturaufgaben wirken…»*

*«In der Erkenntnis, daß die allgemeine Wohlfahrt nur gedeihen kann, wenn alle verfügbaren Kräfte an ihr mitarbeiten, sieht es die Frauenbewe-*

---

21 Helene Lange, Die Frauenbewegung in ihren modernen Problemen, Berlin 1908, S. 14.
22 Vgl. hierzu ausführlich Irene Stoehr, «Organisierte Mütterlichkeit». Zur Politik der deutschen Frauenbewegung um 1900, in: Frauen suchen ihre Geschichte, hg. von Karin Hausen, München 1983, S. 221 ff.
23 Helene Lange, Intellektuelle Grenzlinien zwischen Mann und Frau, in: dies., Kampfzeiten, Bd. 1, S. 197 f.

*gung als eine ihrer vornehmsten Aufgaben an, die Welt des öffentlichen Lebens dem mütterlichen Einfluß zu erschließen...»*[24]

Konnten – so fragen wir heute – die Frauen damals eigentlich die Gefahren dieses politischen Konzepts der «Gleichwertigkeit» statt Gleichheit, die «Mutterschaftsfalle» nicht sehen? Denn erfolgreich und politisch folgenreich war diese Programmatik gerade deshalb, weil das Sich-Einlassen auf eine sogar «intellektuelle» Verschiedenheit zwischen den Geschlechtern, auf die *«Gattungsaufgabe»* der Frau, *«Mutterschaft als Qualität, Wesensbestimmtheit»* im Sinne einer *«organischen, wesensgemäßen Arbeitsteilung»* letztlich doch die bestehende Arbeitsteilung unangetastet ließ, sich der bestehenden patriarchalen Ordnung einfügte bzw. bei nächster Gelegenheit auch gegen die Frauen verwendet werden konnte. Doch diese Fragen konnte man sich damals noch nicht stellen, denn natürlich war Mütterlichkeit, Muttersein um 1900 mehr als ein elitäres Konzept oder gefährliche Ideologie, vielmehr – in Anbetracht fehlender Verhütungsmittel oder sexueller Aufklärung – ein realer Zwang und der Alltag der Frauen. Die *«Kulturaufgabe der Frau»*, die an diese Mutterpflichten anknüpfte, versprach somit ein Stück konkreter Utopie, schien eine denkbare Alternative zu sein zu dem in dieser Zeit öffentlich und privat noch allmächtigen Patriarchat.

Doch diese Überlegungen greifen der Entwicklung weit vor, zunächst ereilte die mit der «Gelben Broschüre» eingereichte Petition das Schicksal aller Frauenpetitionen: Ihre Behandlung im Abgeordnetenhaus wurde immer wieder vertagt, schließlich auf Druck der Regierung abgesetzt und erst nach Jahresfrist *«unter scharfer Zurückweisung des Inhalts»* negativ beschieden.[25] Trotzdem war nun der Grund *«für das zur Zeit Erreichbare»*[26] gelegt.

24  «Grundsätze und Forderungen», Flugblatt, H.-Lange-Archiv, vgl. auch Gertrud Bäumer, Die Geschichte des Bundes deutscher Frauenvereine, in: Jahrbuch des BDF 1921, Leipzig/Berlin 1921, S. 28.
25  H. Lange, Kampfzeiten, Bd. I, S. 58.
26  H. Lange, Vorbemerkung zu «Die gelbe Broschüre», in: Kampfzeiten Bd. I, S. 1.

## 2. «Laß dich gelüsten nach der Männer Bildung, Kunst, Weisheit und Ehre» (Friedrich Schleiermacher)

### Verschiedene Initiativen und der «Frauenverein Reform»

Die mit der «Gelben Broschüre» eingereichte Petition war keineswegs die einzige Bildungsinitiative in dieser Zeit. Vielmehr war durch mehrere andere Vorstöße der Boden gut vorbereitet. Immer wieder stand im «Allgemeinen Deutschen Frauenverein» der Punkt Mädchenbildung und Frauenstudium auf der Tagesordnung der Generalversammlungen. So war schon 1872 sehr lebhaft über die notwendige Einrichtung eines «Realgymnasiums für Mädchen» diskutiert und die Einreichung einer Petition geplant worden.[27] Auf diesen Plan griff Auguste Schmidt 1880 zurück, als sie, diesmal auf dem Verbandstag des Lette-Vereins, die Einrichtung eines gymnasialen Zweiges in der höheren Töchterschule vorschlug.[28] Im Vordergrund dieser Vorschläge stand jeweils die Bemühung, schulisch die Voraussetzungen für ein gleichberechtigtes Abitur und damit für das Studium der Frauen zu schaffen. Das war bis dahin nur in der Schweiz, durch ein externes Maturitätsexamen und kostspieliges Auslandsstudium möglich. Schon 1872 war man sich im ADF einig:

*«Weibliche Aerzte für Frauen und Kinder, akademisch gebildete Lehrerinnen für die wissenschaftlichen Fächer an den Töchterschulen, auch weibliche Rechtsgelehrte seien eine dringende Notwendigkeit. Denn wie es das weibliche Zartgefühl und die Sitte verletze, wenn eine Frau dem männlichen Arzt alle Körperzustände vertrauen müsse, so sei es eine himmelschreiende Ungerechtigkeit, daß z. B. bei Ehescheidungen der Frau kein weiblicher Anwalt zur Seite stehe, ebenso müsse die Verbrecherin einen solchen erhalten können.»*[29]

1879 hatte der ADF einen sog. Stipendienfonds[30] gegründet, der zunächst mit Hilfe nur kleiner Beträge – z. B. eines Vortragshonorars

27 Vgl. ausführlich L. Otto, Das erste Vierteljahrhundert, S. 24 f.
28 Vgl. M. Twellmann, Die deutsche Frauenbewegung, Bd. 1, S. 87 f. sowie Bd. 2, S. 315.
29 L. Otto, Das erste Vierteljahrhundert, S. 25.
30 Vgl. Hinweise bei L. Otto, Das erste Vierteljahrhundert, S. 63, 71/72 u. 88, sowie M. Twellmann, Die deutsche Frauenbewegung Bd. I, S. 88.

von G. Guillaume-Schack in Höhe von 100 Mark – Frauen und Mädchen bei der Vorbereitung für das Schweizer Abitur oder beim Auslandsstudium selbst finanziell unterstützen sollte. Ab 1885 war die Kapitaldecke durch mehrere großzügige Spenden, insbesondere von dem Ehepaar Ferdinand und Louise Lenz (insgesamt 130000 Mark), so groß geworden, daß bis 1890 allein aus den Zinsen zwölf Studentinnen (vorwiegend Medizinerinnen, aber auch einer Juristin und einer Philologin und einer Naturwissenschaftlerin) das Studium in Zürich oder Paris finanziert wurde. Als 1888 die letzte Schenkung von 80000 Mark speziell zur Errichtung eines Mädchengymnasiums übergeben wurde, war endlich auch der ADF mutig genug, an alle deutschen Unterrichtsministerien *das gehorsamste Gesuch* zu richten,

*«den Frauen den Zutritt zu dem ärztlichen und dem wissenschaftlichen Lehrberufe durch Freigebung und Beförderung der dahin einschlagenden Studien zu ermöglichen».*[31]

Gleichzeitig meldete sich ein anderer Frauenverein zu Wort, der sich ausschließlich zur Propagierung des Frauenstudiums und zur Durchsetzung gleicher Mädchenbildung konstituiert hatte, der von Hedwig Kettler 1888 in Weimar gegründete «Frauenverein Reform», der sich später «Verein Frauenbildung-Frauenstudium» nannte. *«Dieser Verein»*, schrieb G. Bäumer später, *«trug als erster in der bürgerlichen deutschen Frauenbewegung die Nuance, die das Publikum mit dem Ausdruck ‹radikal› bezeichnet».*[32] Und sie hatte recht: Ganz entgegen den bisherigen Initiativen, die immer die Spezifität der Frauenbildung betont hatten, beharrten Hedwig Kettler und ihre Gesinnungsgenossinnen, zu denen insbesondere auch Hedwig Dohm gehörte[33], darauf, *«daß die Frau gleich dem Manne zum Studium aller Wissenschaften Zutritt haben soll, nicht aber auf vereinzelte derselben* (wie z. B. die Medizin oder das höhere Lehramt) *beschränkt werden darf».*[34]

31  Zit. n. L. Otto, Das erste Vierteljahrhundert, S. 80.
32  G. Bäumer, Die Geschichte der Frauenbewegung, in: Handbuch der Frauenbewegung, Bd. I, S. 88.
33  Vgl. hierzu M. Twellmann, Die deutsche Frauenbewegung, Bd. 1, S. 92.
34  § 1 der Satzung, zit. n. G. Bäumer, Die Geschichte der Frauenbewegung, in: Handbuch der Frauenbewegung, Bd. I, S. 88 f.

Dazu plante der «Frauenverein Reform» die Errichtung von Mädchengymnasien *«mit dem gleichen Lehrplan wie die auf die Universität vorbereitenden Knabenschulen»*, möglicherweise sogar Koedukation und forderte die amtlichen Berechtigungen für das Maturitätsexamen sowie für die Zulassung von Frauen an allen Universitäten und wissenschaftlichen Hochschulen. Schließlich wurde auch gleich die Berechtigung zur Berufsausübung der so erworbenen wissenschaftlichen Qualifikationen verlangt.

Hier also wurde zum erstenmal ernst gemacht mit einem Artikel aus dem «Katechismus für edle Frauen» von Friedrich Schleiermacher, der von allen bildungshungrigen Frauen, auch von H. Lange, immer wieder zitiert wurde (siehe S. 153).

Und doch war solche Radikalität, so viel Gleichheit von der Mehrheit der Frauen und der herrschenden Meinung der Männer immer verpönt, erweckte Argwohn und ebenso radikale Abwehr. Denn jedesmal tat sich in dieser Frage die Differenz darüber auf, was mit Gleichheit gemeint sei: Gleichheit mit dem Mann, um etwa *«seine Barbarei nachzuahmen?»* (M. Meysenbug) – keineswegs! –, oder die Gleichheit der Rechte, in diesem Fall: gleicher Zugang zu den Institutionen der Bildung, und damit des gesellschaftlichen Einflusses? Auch die sog. Radikalen wollten niemals die Frau *«dem Manne gleichmachen»*, ein bis heute wiederkehrendes Mißverständnis. Im «Begleitwort zum Aufruf des ‹Frauenvereins Reform›» versuchte Hedwig Kettler daher zu vermitteln zwischen dem, was *«die Gerechtigkeit verlangt»* für Frauen *«als vernunftbegabte Wesen»*, und der *«Not des wirklichen Lebens»*, wonach Frauen auf Erwerb angewiesen sind:

*«Es fällt niemandem ein, einem Vogel die Flügel zu binden und darauf von ihm zu verlangen, daß er sich in den Äther hebe; aber es wundern sich viele, daß jemand, den man nicht zu einem Berufe vorbereitet, auch nicht imstande sein kann, ihn zu erfüllen und sich durch denselben zu erhalten.»*[35]

Der «Frauenverein Reform», dem zur Verbreitung seiner Ideen die Zeitschrift «Frauenberuf» zur Verfügung stand, betrieb eine rege Propagandatätigkeit und brachte es vor allem in Süddeutschland bald auf eine stattliche Mitgliederzahl. Hier in Karlsruhe gelang es auch, 1893 das erste Mädchengymnasium einzurichten, das Mäd-

35  Zit. n. M. Twellmann, Die deutsche Frauenbewegung, Bd. 2, S. 362.

**Hedwig Kettler** (geb. 1851 in Harburg, gest. 1937 in Berlin) hatte nur die übliche Töchterschulausbildung erhalten und, selbst hochbegabt, sehr unter diesen Bildungsschranken gelitten. 1880 heiratete sie Julius Kettler, den späteren Direktor des Statistischen Amtes in Hannover, der sie in ihrer politischen Tätigkeit im Kampf für die Verbesserung der Frauenbildung unterstützte. Von 1881 an gab sie die Zeitschrift «Frauenberuf, Monatsschrift für die Interessen der Frauenfrage» heraus, seit 1887 die «Bibliothek zur Frauenfrage». 1888 gründete sie in Weimar den «Deutschen Frauenverein Reform», der sich ausschließlich dem Kampf um gleichberechtigte und gleiche Frauenbildung widmete. Es folgten aufreibende Jahre, in denen sich H. Kettler im Bestreben um Einrichtung von Mädchengymnasien immer wieder mit Gegnern, Schulbehörden und Ministerien auseinandersetzen und gegen Verleumdungen verteidigen mußte. Sie organisierte Petitionen, hielt Werbevorträge und verfaßte die meisten Artikel ihrer Zeitschriften selbst. In ihrem kompromißlosen Bestreben um Gleichberechtigung blieb H. Kettler trotz aller Anerkennung ihrer Verdienste gerade auch in der Frauenbewegung nicht unumstritten. So hatte z.B. auch Anita Augspurg durch den «Frauenverein Reform» erste Berührung mit der Frauenbewegung bekommen.[36] Doch A. Augspurg und M. Stritt, auch die Gräfin Bülow v. Dennewitz traten 1896 aus dem «Frauenverein Reform» nach öffentlicher «Erklärung und Aufruf» wieder aus, als Kettler so weit ging, nichts «mit der großen deutschen Frauenbewegung» zu tun haben zu wollen, und auf einer Vereinsversammlung 1896 in Hannover den Beschluß durchdrückte, aus dem 1894 gegründeten «Bund Deutscher Frauenvereine» wieder auszutreten.[37]

Unter dem Pseudonym «Gotthard Kurland» war Hedwig Kettler auch literarisch tätig.

chen vom zwölften Lebensjahr an in sechs Klassen zum Abitur führte. Doch insgesamt stellten sich dieser Form der Gleichstellung von Mädchen in der Schule an vielen Orten anscheinend unüberwindliche Hindernisse in den Weg, da sie eine grundlegende Re-

36  Vgl. Brigitte Bruns, Weibliche Avantgarde um 1900, in: Hof-Atelier-Elvira 1887–1928, hg. von R. Herz/B. Bruns, München 1985, S. 191 f. (193).
37  Vgl. den Aufruf in: Die Frauenbewegung 1896, Nr. 1, S. 9.

# Die zehn Gebote.

1. Du sollst keinen Geliebten haben neben ihm; aber du sollst Freundin sein können, ohne in das Kolorit der Liebe zu spielen und zu kokettieren oder anzubeten.

2. Du sollst dir kein Ideal machen, weder eines Engels im Himmel, noch eines Helden aus einem Gedicht oder Roman, noch eines selbstgeträumten oder phantasierten; sondern du sollst einen Mann lieben wie er ist. Denn sie, die Natur, deine Herrin, ist eine strenge Gottheit, welche die Schwärmerei der Mädchen heimsucht an den Frauen bis ins dritte und vierte Zeitalter ihrer Gefühle.

3. Du sollst von den Heiligtümern der Liebe auch nicht das kleinste mißbrauchen; denn die wird ihr zartes Gefühl verlieren, die ihre Gunst entweiht und sich hingibt für Geschenke und Gaben, oder um nur in Ruhe und Frieden Mutter zu werden.

4. Merke auf den Sabbath deines Herzens, daß du ihn feierst, und wenn sie dich halten, so mache dich frei oder gehe zugrunde.

5. Ehre die Eigentümlichkeit und die Willkür deiner Kinder, auf daß es ihnen wohlergehe und sie kräftig leben auf Erden.

6. Du sollst nicht absichtlich lebendig machen.

7. Du sollst keine Ehe schließen, die gebrochen werden muß.

8. Du sollst nicht geliebt sein wollen, wo du nicht liebst.

9. Du sollst nicht falsch Zeugnis ablegen für die Männer, du sollst ihre Barbarei nicht beschönigen mit Worten und Werken.

10. Laß dich gelüsten nach der Männer Bildung, Kunst, Weisheit und Ehre.

(Aus: F. Schleiermacher, zit. n. Helene Lange, Die Frauenbewegung und ihre modernen Probleme. 1914)

form des höheren Mädchenschulwesens vorausgesetzt hätte. Mehr Aussicht auf Erfolg hatte daher die Langesche Initiative, die unter Beibehaltung des bisherigen Systems Zwischenlösungen, schrittweise Errungenschaften ermöglichte.

# 3. «Wie vieler Augen waren auf sie gerichtet!» (Gertrud Bäumer)

## Die ersten Abiturientinnen und Studentinnen

Auch die Bildungsgeschichte ist geprägt von den politischen Verhältnissen. Das Jahr 1888 war bekanntlich das sog. Drei-Kaiser-Jahr. Kaiser Wilhelm I. starb, sein Sohn Friedrich III., an dessen Regentschaft man in liberalen Kreisen große Hoffnungen knüpfte, kämpfte schon bei der Übernahme seines Amtes mit dem Tode; er regierte nur drei Monate. Sein Nachfolger war Kaiser Wilhelm II., der bis 1918 letzte deutsche Kaiser.

Die «Gelbe Broschüre» verdankte die erhöhte Aufmerksamkeit der Öffentlichkeit nicht zuletzt dem *«lebhaften Interesse»*, ja der Protektion der damaligen Kronprinzessin und gebürtigen Engländerin Victoria, der nicht einmal 100 Tage amtierenden sog. «Kaiserin Friedrich».[38] Im Hause des liberalen, der Fortschrittspartei angehörenden Reichstagsabgeordneten Karl Schrader und seiner Frau Henriette geb. Breymann, einer Nichte und Anhängerin Fröbels, hatte man das Ganze ausgedacht und im «Vertrautenkreis» der Kronprinzessin lebhaft diskutiert.[39] Die Kronprinzessin, die schon in dem von ihr protegierten Victoria-Lyzeum in Berlin, dem 1888 ein Lehrerinnenseminar angegliedert wurde, *«für eine tiefere allgemeine Bildung»* von Frauen zu wirken versuchte, gab – so berichtete G. Bäumer – die Anregung, *«die Grundlinien zu einer Art Musteranstalt für eine allseitige Frauenbildung zu entwerfen»*. Sie finanzierte auch im Jahr 1888 eine Studienreise Helene Langes nach England, um ihr einen Einblick in die weit fortschrittlicheren englischen Bildungseinrichtungen für Frauen zu verschaffen. Doch *«durch den Tod des Kaisers Friedrich wurden die Aussichten auf eine Ausgestaltung der Mädchenbildung in grösserem Stil zunächst vernichtet».*[40]

---

38 Vgl. G. Bäumer, Die Geschichte der Frauenbewegung, in: Handbuch der Frauenbewegung, Bd. 1, S. 85.
39 Vgl. dazu M. Twellmann, Die deutsche Frauenbewegung, Bd. 1, S. 88/89.
40 Alle Zitate aus Gertrud Bäumer, Geschichte der Gymnasialkurse für Frauen zu Berlin, Berlin 1906, S. 6 u. 7.

Dennoch entwickelte die hier zum erstenmal vereinigte Fraueninitiative den Plan, wenigstens als Übergangslösung die Vorbereitung auf das schweizerische Abitur durch die Einrichtung von sog. *Realkursen für Frauen* zu ermöglichen. Und es ist aufschlußreich aufzulisten, welche Interessen und persönlichen Verbindungen sich hier zusammenfanden:

Dr. med. Franziska Tiburtius, die erste in Deutschland praktizierende Ärztin, die selbst in den 1870er Jahren in Zürich studiert hatte, Minna Cauer, die gerade eine Frauengruppe der «Akademischen Vereinigung», eines Zusammenschlusses liberaler Honoratioren, leitete, aus der später der «Verein Frauenwohl» hervorging, und Helene Lange unterschrieben einen Brief an die Humboldtakademie, eine von einem wissenschaftlichen Zentralverein getragene private Bildungsinstitution, mit der Bitte um Unterstützung.

Der ADF verpflichtete sich zu einem jährlichen Beitrag von 800 DM, die «Akademische Vereinigung» ebenfalls zu kleineren Zuschüssen. Der Direktor eines Jungengymnasiums, der Charlottenschule, stellte die Räume zur Verfügung.

Am 10. Oktober 1889 wurden in Anwesenheit «Ihrer Majestät der Kaiserin Friedrich» die Realkurse für Frauen von ihrer Leiterin Helene Lange mit einer feierlichen Rede eröffnet.

Wegen der großen Nachfrage und der überzeugenden Ergebnisse dieses neuen Frauenbildungsprogramms und wohl auch in der allzu optimistischen Annahme, daß die Zulassung zum Universitätsstudium von Frauen in Deutschland unmittelbar bevorstehe, verwandelte H. Lange 1893 die Realkurse in *Gymnasialkurse*. In einem vierjährigen, sehr sorgfältig ausgearbeiteten Kursprogramm wurde nun Absolventinnen der höheren Töchterschulen das volle Pensum des humanistischen Gymnasiums geboten, konnten sich Mädchen nach einer Aufnahmeprüfung und mit dem Mindestalter von sechzehn Jahren hier auf das deutsche Abitur vorbereiten, das, solange es keine Mädchenschulen gab, extern an einem Jungengymnasium abzulegen war.

Voraussetzung für den Erfolg waren sehr engagierte Lehrer, die ihren Unterricht vorerst nur neben und zusätzlich zu ihrem Schuldienst am Nachmittag erteilen konnten, besonders begabte Schülerinnen und kleine Klassen, zudem ein beeindruckendes Pensum, das viel Eigeninitiative und Selbststudium erforderte.[41] Standen bei den Realkursen Mathematik und Naturwissenschaften im Vordergrund, so ging es in der humanistischen Bildung vorrangig darum, sich Latein und Griechisch innerhalb von vier Jahren anzueignen. Jede einzelne dieser ersten Schülerinnen und Abiturientinnen stand auf dem Prüfstand für ihr ganzes Geschlecht und mußte festzementierte Vorurteile widerlegen. Um so bedeutungsvoller waren die ausgezeichneten Gutachten, die die ersten Lehrer ihren Schülerinnen ausstellten, z. B. die überraschenden Erkenntnisse des Mathematiklehrers. Er bescheinigte den Frauen *«eine ungleich schnellere Auffassung, tieferes Verständnis neben angestrengterem Fleiss»*. Oder die Ausführungen des ersten Griechischlehrers:

*«Der rege Eifer aller Schülerinnen ermöglichte es, trotz der kurzen Unterrichtszeit das Pensum stets ganz zu erledigen, obgleich fast der ganze Phädon gelesen wurde und man sich nicht mit zwei sophokleischen Tragödien begnügte, sondern noch eine dritte dazunahm…»*[42]

Die ersten sechs Absolventinnen dieser Kurse bestanden am 29. März 1896 am Königlichen Luisengymnasium in Berlin ihr Abitur, *«sämtlich mit gutem Erfolg»*.

*«Es ist vielleicht für Schülerinnen der jetzigen Generation wie für die Aussenstehenden heute kaum mehr so ganz nachzufühlen, was die Prüfung der ersten sechs Abiturientinnen für die… Frauensache allgemein bedeutete! Wie vieler Augen waren auf sie gerichtet!… Fast jede Abiturientin der ersten Jahrgänge ist für irgendein akademisches Examen, in irgendeinem Hörsaal oder Seminar oder Laboratorium die erste Frau gewesen und hatte für ihre Nachfolgerinnen Boden zu schaffen. Die Leistungen einer jeden lieferten den Stoff zu den Gutachten, die damals seitens der Regierungen von den Fakultäten eingezogen wurden und die die Grundlage für die ersten günstigen Entscheidungen über die Frage des Frauenstudiums bildeten.»*[43]

Trotz solcher Erfolge aber tat sich in Sachen Frauenstudium 1896 noch immer nichts.

Die beiden erwähnten Petitionen aus dem Jahr 1888, eingereicht vom «Allgemeinen Deutschen Frauenverein» und vom «Frauenver-

41  G. Bäumer, Geschichte der Gymnasialkurse, S. 40.
42  Zit. n. G. Bäumer, Geschichte der Gymnasialkurse, S. 45 u. 43.
43  G. Bäumer, Geschichte der Gymnasialkurse, S. 65/66 u. 67/68.

ein Reform», waren zunächst abschlägig beschieden worden, und doch hatten sie den Stein ins Rollen gebracht. 1891 war auf diese Weise die Frage des Frauenstudiums zum erstenmal im Reichstag zur Verhandlung gekommen. Da sich der Reichstag außer in der Frage ärztlicher Prüfungen und Berufspraxis aber für nicht zuständig erklärte, erneuerten die Frauen immer wieder ihr Petitionsbegehren. 1893 hatte der ADF für die Freigabe des medizinischen Studiums für Frauen die erste Massenpetition in der Geschichte der deutschen Frauenbewegung mit fast 60 000 Unterschriften auf den Weg gebracht[44] und das Anliegen auch bei den einzelnen Landtagen vertreten.

Die Frauen erhielten durchweg ablehnende Antworten. Am wohlwollendsten reagierte noch die badische Landesregierung. Baden gebührt daher der Ruhm, als erste deutsche Regierung den Frauen 1900 offiziell das Recht zur Immatrikulation gewährt zu haben. An den Universitäten Freiburg und Heidelberg konnten deshalb seit der Jahrhundertwende zum erstenmal Frauen in Deutschland regulär studieren. Im übrigen herrschten Willkür und Unsicherheit. Einzelne Universitäten folgten mit einer generellen Zulassung, an anderen benötigten die studierwilligen Frauen die Erlaubnis jedes einzelnen Dozenten, dessen Vorlesungen sie besuchen wollten, sowie die besondere Genehmigung des Unterrichtsministers. Seit Mitte der 1890er Jahre waren daher auch in Berlin oder Leipzig Frauen unter dem offiziellen Status «Gasthörerin» eingeschrieben, doch von den 1902 rund 1000 an deutschen Universitäten gezählten Gasthörerinnen hatten nur 70 eine abgeschlossene Gymnasialbildung.[45] Nur zum Vergleich seien auch die Zahlen männlicher Studierender genannt: Gegenüber 13 000 Studenten im Jahr 1871 gab es 30 Jahre später an den deutschen Universitäten 34 000 «ordentlich», d. h. männliche Studierende.[46] 1908 endlich wurde neben einer grundlegenden «Neuordnung des höheren Mädchenschulwesens» die Zulassung der Frauen zum Universitätsstudium in Preußen und ihm nachfolgend im ganzen Deutschen Reich gesetzlich geregelt.

44  Vgl. G. Bäumer, Geschichte der Frauenbewegung, in: Handbuch der Frauenbewegung, Bd. I, S. 95.
45  Agnes v. Zahn-Harnack, Die Frauenbewegung. Geschichte, Probleme, Ziele, Berlin 1928, S. 184.
46  Vgl. H.-U. Wehler, Das Deutsche Kaiserreich, S. 128.

Die Neuordnung sah von nun an in der höheren Töchterschule ab
der siebten Klasse eine Gabelung vor in einen gymnasialen Zweig,
die sog. Studienanstalt, und in das sog. Lyzeum, das aus der früheren höheren Mädchenschule hervorgegangen war. Die grundsätzliche Öffnung der Universität auch für Frauen aber garantierte immer noch nicht den Anspruch auf Zulassung zu den universitären
und staatlichen Prüfungen wie Promotion oder Habilitation oder
gar zum Eintritt in das staatliche Berechtigungs- und Berufssystem.
Erst 1920 wurde Frauen das Recht zur Habilitation zugestanden

Drei Studentinnen (Foto von 1908)

und erst 1922 der Zutritt zum Justizdienst und ins Richteramt gewährt.

## Ärztinnen, zum Beispiel Franziska Tiburtius

Am ärgsten und anhaltendsten war der Widerstand gegen das Frauenstudium von seiten der medizinischen Fakultäten, nicht nur, weil sich die Herren um Sitte und Anstand der Männer und das Schamgefühl der Frauen sorgten, wenn sie in Hör- und Seziersälen zusammenkämen, sondern weil sie fürchteten – und dahinter steckte der Brotneid und die Angst vor weiblicher Konkurrenz –, aus einem so herangezogenen *«weiblichen Proletariat»*, *«aus solchen ‹Studentinnen› (könnten) staatsgefährliche und umstürzlerische Elemente»* hervorgehen.[47] Gerade weil das sog. Schamgefühl der Frauen im 19. Jahrhundert nicht nur eine geschlechtsspezifische Marotte, sondern ein gesellschaftlicher Zwang mit verheerenden gesundheitlichen Folgen war, griffen die Frauen das Argument auf und kämpften um so energischer und dringlicher für die Zulassung zur Medizin, die mit ihrer Professionalisierung als Wissenschaft seit dem Mittelalter (in den Hexenverfolgungen), endgültig seit dem 18. Jahrhundert die Frauen gewaltsam aus der Heilkunde und Volksmedizin ausgeschlossen hatte.

So hatte Mathilde Weber 1888 in ihrer Begleitschrift zur Petition des ADF *«Aerztinnen für Frauenkrankheiten, eine ethische und sanitäre Notwendigkeit»* geschrieben:

*«Wir deutschen Frauen, deren Sittsamkeit stets gerühmt wurde, werden nicht noch lange den Fremden gegenüber erröten wollen, daß wir bei sexuellen Leiden nur im Konflikte mit unserem angeboren Zahrtgefühl und unseren anerzogenen Sitten durch – Männerhilfe Heilung finden können; während in anderen Ländern bereits durch die Tatsache zahlreicher praktizierender Ärztinnen die… Möglichkeit derselben bewiesen ist… Gewiß wären die Gesundheitsverhältnisse unserer jungen Frauen und Mädchen besser, wenn sie schon bei den leichtesten Anfängen von Frauenkrankheiten sich sogleich Rat bei einer Ärztin holen könnten… Deshalb gebe man uns – weibliche Ärzte!»*[48]

Eine, die diese Kämpfe am eigenen Leib erfahren, ja selbst angeführt und ausgefochten hat, war Franziska Tiburtius.

1871, als F. Tiburtius ihre Studien an der Züricher Universität begann, war sie eine von 21 Studentinnen, im nächsten Jahr waren es schon 112, zum größten Teil Russinnen, die hier ein Zentrum der russischen Linken bildeten. Dieser doppelte Anstoß, den die russischen Pionierinnen erregten, nämlich als Linke und als Frauen, hat in den folgenden Jahren Gegner und Befürworter des Frauenstu-

---

47 Vgl. die Stenogr. Berichte über die Verhandlungen des Reichstages VIII. Leg. Periode, I. Session 1890/91, S. 1995 ff. (2000).
48 Zit. n. M. Twellmann, Die deutsche Frauenbewegung, Bd. 2, S. 441/42.

**Franziska Tiburtius** (geb. 1843 in Bidamitz, Rügen, gest. 1927 in Berlin)
war als Gutsbesitzertochter im Kreis von acht Geschwistern auf der
Insel Rügen aufgewachsen. Ein Bruder, der selbst Arzt wurde und
ihre Freundin Henriette Hirschfeld, die erste Zahnärztin Deutschlands, geheiratet hatte, hatte ihr gut zugeredet, nach der abgeschlos-
senen Lehrerinnenausbildung ihren Herzenswunsch, Medizin zu
studieren, zu verfolgen. F. Tiburtius bestand 1876 ihr Doktorexamen
mit «sehr gut». Zusammen mit ihrer ebenfalls promovierten Freundin Emilie Lehmus (1841–1932) wurde sie zunächst als Assistenz-
ärztin an der «Königlichen Entbindungsanstalt» in Dresden ange-
stellt. Danach ließen sich beide als praktizierende Ärztinnen in
Berlin nieder. Daran konnte sie niemand wegen der in Preußen bestehenden Gewerbefreiheit hindern, trotzdem wurden ihnen alle nur
erdenklichen Schwierigkeiten in den Weg gelegt. Zum medizinischen Staatsexamen wurden sie in Preußen trotz wiederholter Gesu-
che nicht zugelassen, damit aber wurde ihnen auch die Approbation
nicht erteilt, weshalb sie von den Krankenkassen nicht anerkannt
wurden und z. B. keine Totenscheine ausstellen durften. Als Kollegen ihnen sogar auf dem Gerichtswege das Führen ihrer Doktortitel
untersagen wollten, firmierten sie als «Dr. med. d. Univ. Zürich», ein
Titel, der sich jedoch als besonders werbewirksam erwies. Nach vielen Bemühungen gelang es ihnen schließlich, eine Poliklinik für
Frauen in einem Arbeiterviertel in Berlin einzurichten.

diums beschäftigt und z. B. auch den ADF wiederholt zu dem Hinweis veranlaßt, daß Unsittlichkeit und Frauenstudium nicht identisch seien, vielmehr *«echte Weiblichkeit»* durch das Studium nicht gefährdet sei.[49]

*«Es waren meist ganz junge Mädchen, die dem Nihilismus und dem Bakuninschen Katechismus mit religiöser Begeisterung bis zum Fanatismus anhingen. Da sie in den Hörsälen und auf der Straße am auffälligsten waren, so wurde ihre Erscheinung bald als typisch aufgefaßt. Namentlich als Prof. Scherr seinen bitterbösen Artikel über das Frauenstudium an der Zürcher Universität in die Welt geschleudert, galt das kurzgeschnittene Haar, die gewaltige blaue Brille – weshalb die von so vielen getragen worden ist, ist mir nie klar geworden –, das kurze, gänzlich schmucklose, regenschirmfutteralähnliche Kleidchen, der runde Matrosenhut von schwarzglänzendem Wachstuch, die Zigarette und – die schweigsame, düstere, abweisend hoheitsvolle Miene als charakteristisch für ‹die Studentin›!»*[50]

Fünfzehn Jahre lang blieben Tiburtius und Lehmus die einzigen weiblichen Ärzte in Berlin, dann – nach 1890 – war die nächste Generation von Medizinerinnen herangewachsen: Die Chirurginnen Agnes Bluhm und Agnes Hacker, ferner Anna Kuhnow und Pauline Plötz traten in die Klinik weiblicher Ärzte ein und haben «in einer Art geistigem Kommunismus» aus der glücklichen Verbindung von beruflicher Tüchtigkeit mit sozialem Engagement und selbstverständlichem Eintreten für die Frauensache damit begonnen, ein Arbeitsgebiet zurückzuerobern, das jahrhundertelang in den Händen der Frauen gelegen hatte.

49  Vgl. M. Twellmann, Die deutsche Frauenbewegung, 2. Bd. S. 425 f.
50  Franziska Tiburtius, Erinnerungen einer Achtzigjährigen, Berlin 1929, S. 130.

# 4. «... Anregung zu geben, Aufklärung zu bringen, Lücken auszufüllen...» (Minna Cauer)

## Der Aufschwung der Frauenbewegung um 1890

Als wichtigste Ereignisse, die den Beginn der sog. Wilhelminischen Epoche kennzeichnen, werden in unseren Geschichtsbüchern in der Regel genannt: das Ende der Sozialistengesetze und die Entlassung Bismarcks, die nicht nur einen Kanzler-, sondern auch einen politischen Kurswechsel bedeutete, und nach innen der nur kurzfristige Versuch einer sozialen Befriedung. Nach den großen Bergarbeiterstreiks am Ende der 1880er Jahre im Ruhrgebiet versuchte Wilhelm II., mit Hilfe eines sozialpolitischen Programms (Einführung eines Arbeitsschutzes, d. h. Verbot der Sonntagsarbeit, Beschränkung der Frauen- und Kinderarbeit) die Arbeiterschaft mit der Monarchie zu versöhnen. Mit einem ungeheuren Wachstum der Industrie und einer seit 1895 einsetzenden Hochkonjunktur aber meldete das Deutsche Kaiserreich nach außen seine Ansprüche als Weltmacht an. Und so war auch in der internationalen Politik eine Stufe des Kapitalismus erreicht, die gemeinhin als «Übergang zum Imperialismus» bezeichnet wird.

Der Kampf um Frauenbildung war das zentrale Anliegen der bürgerlichen Frauenbewegung, ihr eigentliches Feld, auf dem sie auch die größten Erfolge errang. Doch neue Schubkraft gewann die Bewegung der Frauen in ihrer Gesamtheit, also nicht nur als bürgerliche, seit 1890 aus vielfältigen Anlässen und Initiativen. Nicht zuletzt die politischen Veränderungen ließen auf einen Umschwung und Aufschwung hoffen.

Ein Ausgangspunkt für weitere Fraueninitiativen wurde schon genannt: der Unterstützerinnenkreis für die «Gelbe Broschüre», der im «Allgemeinen Deutschen Lehrerinnenverein» sein organisatorisches Zentrum fand. Auffällig war, wie viele Lehrerinnen für die Frauenbewegung prägend wurden. Zu ihnen gehörten z. B. Auguste Schmidt, Clara Zetkin, Hedwig Dohm, Helene Lange, Gertrud Bäumer, sogar Anita Augspurg, die später Jura studierte, und viele andere mehr.[51] Andererseits ist dieses Engagement naheliegend,

---

51  M. Twellmann, Die deutsche Frauenbewegung, Bd. 1, S. 96.

weil das Lehrerinnenseminar bis zur Jahrhundertwende die einzige Fortbildungsmöglichkeit bot.

Auffällig ist auch, wie eng das Netz der Beziehungen zwischen den Frauen war, die nun gemeinsam oder an verschiedenen Fronten in der Öffentlichkeit im Fraueninteresse auftraten, Anstöße zur Bewegung der Frauen gaben. Irgendwo waren die Pionierinnen dieser Generation sich alle schon einmal begegnet, hatten Freundschaften geschlossen. Andererseits waren Freundschaften, Frauenkreise oder ein für Frauen typischer kultureller Rahmen, eine Freundinnenkultur, die Basis gemeinsamer emanzipatorischer Unternehmungen geworden.[52] Die persönlich-freundschaftlichen Grundlagen der politischen Bindungen aber erklären auch, warum das Beziehungsnetz in ganz besonderer Weise durch Enttäuschungen, Auseinandersetzungen, ja Feindschaften geprägt und gefährdet war. Dennoch wurden Frauenbeziehungen, eine sich selbst bewußt werdende Frauenkultur und schließlich die Organisierung in Frauenvereinen in der von Männern dominierten Öffentlichkeit als Bedrohung wahrgenommen.

Zu einer Wiege weiblichen Protests und frauenbewußter Politik entwickelte sich der «Verein Frauenwohl» Berlin. Er war 1888 von Minna Cauer mit der anscheinend recht harmlosen Zielsetzung gegründet worden, *«Anregung zu geben, Aufklärung zu bringen, Lücken auszufüllen, Einheitlichkeit und Harmonie anzustreben auf einem so schwerwiegenden Gebiet, wie das Frauenleben es nun einmal in der Gegenwart darstellt».*[53] Schon innerhalb weniger Jahre hatte sich der Verein zu einem «Kampfverein»[54] entwickelt, von dem vielfältige radikal-feministische Impulse ausgingen. Neben einer nun schon traditionell regen Petitionstätigkeit regte er viele Vereinsgründungen an und suchte unter der Leitung Cauers insbesondere auch neue und aufsehenerregende Wege in die Öffentlichkeit.

Die «Vereinsnachrichten» der wichtigsten Gruppierungen, er-

---

52 Dies gilt auch schon für die Generation Louise Ottos, vgl. hierzu die interessanten Hinweise von R.-E. Boetcher Joeres, Louise Otto-Peters, S. 17f. auf den «Freundinnenkreis» L. Ottos.
53 Else Lüders, Der «linke Flügel», Berlin 1904, S. 16f.
54 Minna Cauer, 25 Jahre Verein Frauenwohl Groß-Berlin, Berlin (1913), S. 8.

schienen vorwiegend in der Zeitschrift «Die Frauenbewegung», geben einen Einblick in das nun sehr rege Vereinsleben der Frauen. Das neue Spektrum von Frauenvereinen zu Beginn der 1890er Jahre zeigt die Vielfalt der Frauenaktivitäten:

● Der «Verein Jugendschutz», gegründet 1889, hatte unter der Leitung von Hanna Bieber-Böhm der Sittlichkeitsbewegung in Deutschland den entscheidenden neuen Anstoß gegeben und mit dem Kampf gegen die doppelte Moral ein gesellschaftliches Tabu gebrochen. Zweck des Vereins war: der Schutz der Jugend vor *«Leichtsinn, Laster und Grausamkeit»* sowie die *«Hebung der Sittlichkeit»* als *«Grundlage des Staates und der Familie».* Praktische Aufgaben waren: die Errichtung von Heimen für unbescholtene Mädchen nebst Stellenvermittlung sowie Rechtsschutz für unbemittelte Frauen und Mädchen, die Förderung von Kindergärten, Kinderschutz gegen Verwahrlosung und Mißhandlung.[55]

● Der «Kaufmännische Hilfsverein für weibliche Angestellte», gegründet 1889, bildete unter der Leitung von Julius Meyer und Minna Cauer eine Standesorganisation für einen neuen, typisch weiblichen Berufszweig und wurde erst nach 1906, nachdem die Geschäftsinhaber aus dem Vorstand ausschieden, zu einer Art Frauengewerkschaft.[56] Der rasch expandierende Verein bot seinen Mitgliedern Stellenvermittlung, Weiterbildung, Freizeitgestaltung und Rechtsberatung.

● Die «Mädchen- und Frauengruppen für soziale Hilfsarbeit» wurden unter der Leitung von Jeanette Schwerin, in ihrer Nachfolge ab 1899 unter der Leitung von Alice Salomon zum Ausgangspunkt aller weiblichen Fürsorgetätigkeit und ihrer Professionalisierung als Sozialarbeit. Ziel des Vereins war es, Mädchen und Frauen an Sozialarbeit als Beruf heranzuführen und ihnen durch Unterricht und praktische Anleitung die hierfür erforderlichen Kenntnisse zu vermitteln.

● Der «Rechtsschutzverein Dresden», gegründet 1894 von Marie Stritt, hatte es sich zur Aufgabe gemacht, *«Frauen und Mädchen aller Stände Gelegenheit* (zu bieten), *sich in Rechtsfällen unentgelt-*

---

55 Vgl. A. Pappritz, Sittlichkeitsbewegung, in: Handbuch der Frauenbewegung, Bd. II, S. 172 f.
56 Vgl. im einzelnen U. Nienhaus, Berufsstand weiblich, Berlin 1982, S. 51 f.

*lich Rat zu holen».*[57] Frauen, die sich selbst rechtskundig gemacht hatten, also Nichtjuristinnen, berieten hier kostenlos in Ehe- und Familienstreitigkeiten, Mietangelegenheiten, Alimentationsfragen u. a. m. Das Dresdener Modell fand Nachahmung in zahlreichen deutschen Städten: 1914 gab es 97 Rechtsschutzvereine von Frauen für Frauen, die seit 1904 zu einem Dachverband «Rechtsschutzverband für Frauen» zusammengeschlossen waren.[58]

● Schließlich der «Allgemeine deutsche Lehrerinnenverein», er wurde schon 1890 auf Initiative und unter dem Vorsitz von Auguste Schmidt, Helene Lange und Marie Loeper-Housselle gegründet. Bis 1921 hat H. Lange den Vorsitz geführt. Sie verstand die «Gemeinschaft» der Lehrerinnen nicht nur als frauenspezifische Berufsorganisation, sondern als Träger und Verwirklicher der Idee «Organisierter Mütterlichkeit». Entsprechend hoch war der Organisationsgrad der ersten Lehrerinnen: 1913 hatte der «Allgemeine deutsche Lehrerinnenverein» 128 Zweigvereine und 32 000 Mitglieder.[59]

Bald gab es Bestrebungen, diese vielen Einzelgruppierungen unter einem Dachverband zusammenzufassen. Die Anregung hatten drei Frauen mitgebracht: Hanna Bieber-Böhm, Anna Simson und Auguste Förster hatten 1893 die anläßlich der Chicagoer Weltausstellung abgehaltene Tagung des «Frauenweltbundes» («International Council of Women», ICW) besucht und bei dieser Gelegenheit den seit 1891 bestehenden Nationalrat der amerikanischen Frauen kennengelernt. Auguste Schmidt, die damalige Vorsitzende des ADF, sowie Anna Schepeler-Lette vom Lette-Verein griffen die Anregung auf. Schon am 29. März 1894 wurde unter Beteiligung von 34 Frauenvereinen der «Bund Deutscher Frauenvereine» gegründet. Der entscheidende § 2 der Satzung lautete:

*«Durch organisiertes Zusammenwirken sollen die gemeinnützigen Frauenvereine erstarken, um ihre Arbeit erfolgreich in den Dienst des Familien- und Volkswohls zu stellen, um der Unwissenheit und Ungerechtig-*

57 M. Stritt, Rechtsschutz für Frauen, in: Handbuch der Frauenbewegung, Bd. II, S. 123 ff.
58 Vgl. Jahrbuch der Frauenbewegung, hg. v. E. Altmann-Gottheiner, Leipzig/Berlin 1914, S. 49.
59 Jahrbuch der Frauenbewegung 1913, hg. v. E. Altmann-Gottheiner, Leipzig/Berlin 1913, S. 14.

*keit entgegenzuwirken und eine sittliche Grundlage der Lebensführung für die Gesamtheit zu erstreben. Der Bund bietet Gelegenheit zum Gedankenaustausch, zu Vergleichen, zur Kenntnisnahme mustergültiger Einrichtungen, zur Anregung neuer segensreicher Schöpfungen. – Er sieht ab von jeder Einmischung in die inneren Angelegenheiten der zu ihm gehörenden Vereine.»*[60]

## Lesetips

Helene Lange: Kampfzeiten. Aufsätze und Reden aus vier Jahrzehnten, 2 Bände, Berlin 1928

Margrit Twellmann: Die deutsche Frauenbewegung. Ihre Anfänge und erste Entwicklung. 1843–1889, 2 Bände, Meisenheim 1972

«Wissen heißt Leben...» Beiträge zur Bildungsgeschichte von Frauen im 18. und 19. Jahrhundert, hg. v. I. Brehmer, J. Jacobi-Dittrich, E. Kleinau, A. Kuhn (= Frauen in der Geschichte IV), Düsseldorf 1983

Gerda Tornieporth: Studien zur Frauenbildung, Weinheim, Basel 1979

Franziska Tiburtius: Erinnerungen einer Achtzigjährigen, Berlin 1928

---

60  G. Bäumer, Die Geschichte des BDF, in: Jahrbuch des BDF 1921, S. 15 u. 17.

# 6. KAPITEL

1894–1908
## Blütezeit und Richtungskämpfe

# 1. «Unser Programm muß ein gemäßigtes sein» (Henriette Goldschmidt)

## Die Gründung des «Bundes Deutscher Frauenvereine»

Der 1894 gegründete «Bund Deutscher Frauenvereine» (BDF) nahm im Hinblick auf die Zahl der Mitglieder und der ihm angeschlossenen Vereine bis zum Ersten Weltkrieg einen kräftigen Aufschwung und wurde in den Jahren um die Jahrhundertwende zu einem beachteten und beachtenswerten Faktor im politischen und kulturellen Leben: Schon nach Ablauf des ersten Vereinsjahres gehörten dem Bund 65 Vereine an[1], 1901 137 Vereine mit insgesamt 70 000 Mitgliedern[2], 1913 insgesamt 2200 Vereine und (geschätzt) 500 000 Mitglieder.[3]

Darüber hinaus waren mindestens ebenso viele Frauen in den «Vaterländischen Frauenvereinen», den Pflegevereinen vom Roten Kreuz, organisiert.[4] In jedem Fall zeigt die steigende Zahl von Frauenvereinen verschiedenster Ausrichtung, daß es neben den vielzitierten drei Ks, «Kinder, Küche, Kirche», durchaus eigene öffentliche «Frauenräume» gab und Frauen damit auf ihre Weise an dem für das Kaiserreich typischen Prozeß der Vereinsbildung teilhatten – wenn auch sorgfältig nach Geschlecht und von gesellschaftlichem Einfluß getrennt.[5] Auch im BDF verstand sich die Mehrheit der Mitgliedervereine gar nicht *«in einem engeren oder weiteren Sinn*

---

1 G. Bäumer, Die Geschichte des BDF, in: Jahrbuch des BDF 1921, S. 15 ff. (19).

2 G. Bäumer, Die Geschichte der Frauenbewegung in Deutschland, in: Handbuch der Frauenbewegung, Bd. I, S. 147.

3 G. Bäumer, Die Geschichte des BDF, Jahrbuch 1921, S. 23, in: Jahrbuch des BDF von 1912, S. 3, waren insgesamt 328 000 Mitglieder angegeben. Die Zahlen sind in jedem Fall ungenau oder Schätzungen, da Doppelmitgliedschaften möglich waren.

4 Vgl. Statistik der Frauenorganisationen im Deutschen Reich, Berlin 1909, S. 13, die für 1909 rd. 400 000 Mitglieder in den «Vaterländischen Frauenvereinen» zählte.

5 Vgl. hierzu Ute Frevert, Frauen-Geschichte. Zwischen Bürgerlicher Verbesserung und Neuer Weiblichkeit, Frankfurt 1986, S. 112.

zur Frauenbewegung» gehörig[6], sondern verfolgte vornehmlich berufliche oder karitative Zwecke. Aber gerade dies war Prinzip und Politik, die die Gründerinnen von ihren amerikanischen Schwestern übernommen hatten: «*sich nur solchen allgemeinen Arbeitsgebieten zuzuwenden, zu denen Alle von Herzen ihre Zustimmung geben können – such as all can heartily agree upon*».[7]

Diese Politik des kleinsten gemeinsamen Nenners, zu der das strikte Gebot der Nichteinmischung in die Angelegenheiten der einzelnen Vereine gehörte, ist nicht von vornherein als ein Zeichen der Schwäche zu interpretieren, sondern war eine Plattform, von der aus auch die Frauen zu mobilisieren waren, «*die sich bisher zu ihrem eigenen Schaden von diesen Bestrebungen fernhielten*».[8] Oder, wie Henriette Goldschmidt in deutlicher Spitze gegen radikalere Forderungen wie die nach dem Frauenstimmrecht 1895 hervorhob:

«*Um das Ziel* (einer großen Frauengemeinschaft in Deutschland) *zu erreichen, muß unser Programm ein gemäßigtes und kein überstürztes sein; besonders an die Stellung der Frau als Gattin und Mutter dürfen wir nicht rühren, sondern müssen ihren Wert und ihre Bedeutung immer in erster Reihe betonen…*

*Erst wenn bei uns* (solch) *ein Zusammenschluß stattgefunden hat, können wir vielleicht daran denken, die Frauen zur politischen Mitwirkung an der Gesetzgebung zu erziehen und zwar durch Belehrung, durch Selbststudium auf allen Gebieten des öffentlichen Lebens. Wenn wir auch einzelne Frauen haben, die reif sind für eine öffentliche Tätigkeit, was hülfe es ihnen, wenn ihre Kandidatur an der Indolenz und Gleichgültigkeit ihrer Wähler scheiterte oder der Widerstand der eigenen Genossinnen sie lächerlich machte?*»[9]

Solche Vorsicht blieb schon 1895 nicht unwidersprochen.

6  So G. Bäumer, Die Geschichte des BDF, in: Jahrbuch 1921, S. 15.
7  Anna Simson, Der Bund Deutscher Frauenvereine, was er will und was er nicht will, Vortrag, Breslau 1895, S. 9.
8  So eine Flugschrift des BDF aus dem Jahr 1898, Was die Frauenbewegung für die Frauen will.
9  Henriette Goldschmidt, Erklärung gegen das Frauenstimmrecht, in: Die Frauenbewegung 1895, Nr. 3, S. 18.

«Man hat weder alle Männer noch die Sklaven Amerikas für die Politik
‹erzogen›, ehe man ihnen Rechte gab, weil man zur Freiheit nicht erziehen
kann, sondern erst durch die Freiheit erzogen wird.»[10]

Doch das Konzept, «*nicht das Trennende, sondern das Verbindende,
nicht die Extreme der Frauenbewegung, ja zunächst überhaupt nicht
die moderne Frauenbewegung als solche sondern die sociale Frauenarbeit auf allen Gebieten*»[11] zu betonen, schien fürs erste durchaus er-
folgversprechend und geeignet, einer neuen Frauengeneration den
Weg in den BDF und damit auch in die Frauenbewegung zu ebnen.
Allein das immer stärker verknüpfte Netz von Vereinen in allen Städten des Reiches, die an verschiedenen Orten veranstalteten Generalversammlungen und die großen Frauenkongresse von 1896, 1904
und 1912 sowie eine eigene Frauenpresse und immer umfang-
reichere Literatur zur Frauenfrage schufen in der bürgerlichen Gesellschaft zum erstenmal eine Frauenöffentlichkeit, neue Formen
der Geselligkeit, ja, auch Lebensformen für alleinstehende Frauen.
Dazu gehörten z. B. die Gründung von Damenklubs, die Vermittlung
von Damen-Wohnungen oder speziell in der Reichshauptstadt Berlin
eine ganze Palette von Frauenprojekten, die für Unterhaltung, sport-
liche Betätigung und berufliches Fortkommen sorgten.[12] So entstand
ein neues Zusammengehörigkeitsgefühl, ein Netz von Frauenbeziehungen und Frauenfreundschaften, das Voraussetzung und Schubkraft der sozialen und politischen Bewegung der Frauen war. Das
Bewußtsein, in einer Zeit des Umbruchs zu leben, kommt in vielen
Aussagen zum Ausdruck:

«*Die Kulturentwicklung läßt sich nicht aufhalten, nicht gewaltsam in andere Bahnen lenken, nicht auf überwundene Daseinsformen zurückbilden.
Die alten patriarchalischen Verhältnisse sind für immer dahin… Noch
sind wir freilich lange nicht so weit, vielmehr ist gerade die gegenwärtige*

10 So die Replik der beiden Herausgeberinnen von «Die Frauenbewegung», Minna Cauer und Lily v. Gizycki, ebd.
11 Marie Stritt u. Ika Freudenberg, Der Bund Deutscher Frauenvereine.
   Eine Darlegung seiner Aufgaben und Ziele, Schriften des BDF, Heft V,
   Frankenberg 1900, S. 8.
12 Vgl. hierzu Herrad-Ulrike Bussemer, «Was die Frau von Berlin wissen
   muß» und der hier vorgestellte Berlinführer für Frauen von E. Ichen-
   haeuser aus dem Jahr 1912, in: Elefanten-Press, Fin de siècle, Berlin
   1988, S. 70f.

*Übergangszeit für die erwerbende Frau eine überaus kritische. Durch den
Zwang der Verhältnisse ist sie ebenso zum willkommenen Gegenstand, wie
zum gefügigen Werkzeug moderner Ausbeutung geworden.»*[13]

## Die Arbeitsweise des «Bundes Deutscher Frauenvereine»

Die Frauenfrage und die verschiedenen Antworten darauf als Gradmesser für Modernität – daß es dazu hatte kommen können, war das
Ergebnis einer Mobilisierung und der Organisierung von Fraueninteressen nicht nur im nationalen Rahmen, sondern in einem weltweiten Verbund, dem bereits 1888 in Washington gegründeten
«Frauenweltbund» («International Council of Women»). Der BDF
trat ihm 1897 offiziell bei. Beim Blick hinter die Kulissen dieses
BDF aber sind die Richtungskämpfe und Meinungsverschiedenheiten über Programm und Ziel beinahe weniger erstaunlich als
die scharfen Geschäftsführungs- oder Tagesordnungsdebatten, die
schweren Kämpfe um Führungsstil, *«Kampfesweise»* und *«die Verfassung* (d. h. das Statut) *des Bundes».*[14] Auffällig waren das strenge
Reglement der Vereinstätigkeiten, die anscheinend perfekte Regie,
das *«Parlamentspielen»*, wie Helene Lange, die rigideste Funktio-
närin, in ihren «Lebenserinnerungen» ironisch bemerkte,[15] Verfah-
rensweisen, die eher auf eine Überanpassung an männliche Formen der Politik denn auf eine eigene und andere Frauenkultur
schließen lassen.

Auf der Generalversammlung 1898 in Hamburg war das 1894
noch vage und unverbindlich formulierte Programm präzisiert worden: An die Stelle der sehr allgemeinen Zielsetzung *«Arbeit im Dienste des Familien- und Volkswohls»* war nun in § 2 der Statuten *«die
Förderung des Gemeinwohls und die Hebung des weiblichen Geschlechts auf geistigem und wirtschaftlichem, rechtlichem und socia-
lem Gebiet»*[16] getreten – eine Programmatik, die für die «Fortschrittlichen» im Bunde immer noch ungenügend war. Denn *«im ganzen
Satzungsentwurf (war) nicht ein einziges Mal von Fraueninteressen,*

13  BDF, Was die Frauenbewegung für die Frauen will, 1898.
14  Vgl. Anita Augspurg, in: Die Frauenbewegung 1898, Nr. 19, S. 208.
15  Vgl. H. Lange, Lebenserinnerungen, S. 226.
16  Vgl. G. Bäumer, Die Geschichte des BDF, in: Jahrbuch 1921, S. 17 ff.

geschweige denn von Frauenrechten oder Frauenbewegung die Rede».[17]

Die Verbandsgeschäfte zwischen den Generalversammlungen, die zuerst jährlich, ab 1898 zweijährlich stattfanden, wurden vom Vorstand geführt, dessen Mitglieder die Hauptarbeitsgebiete und wichtigsten ihm angeschlossenen Vereine repräsentierten. Die ersten Vorständlerinnen waren neben Auguste Schmidt, bis 1899 1. Vorsitzende, und Anna Schepeler-Lette als 2. Vorsitzenden: Anna Simson, Hanna Bieber-Böhm, Auguste Förster, Ottilie Hoffmann, Helene von Forster, Helene Lange und Betty Naue. 1896 wurden noch Jeannette Schwerin, die Leiterin der «Mädchen- und Frauengruppen für soziale Hilfsarbeit», sowie Marie Stritt, die Initiatorin des ersten Rechtsschutzvereins in Dresden, hinzugewählt.

Ein gemeinsames Vorgehen war nur durch Beschluß der Generalversammlung oder durch Einholen der Zustimmung aller angeschlossenen Vereine zu organisieren, ein mit zunehmender Vereins- und Mitgliederzahl schwerfälliges Verfahren. Die Hauptarbeit wurde in den Kommissionen geleistet, die jeweils zu den inhaltlichen Schwerpunkten eingerichtet wurden. Es gab

- eine Rechtskommission, die sich zunächst um das Familienrecht des neuen Bürgerlichen Gesetzbuchs kümmerte,
- eine Kommission zur Förderung der weiblichen Gewerbeinspektion, später umbenannt in Kommission für Arbeiterinnenschutz,
- die Kommission «für Hebung der Sittlichkeit», die unter der Federführung von Hanna Bieber-Böhm *«Vorschläge zur Bekämpfung der Prostitution»* erarbeitete,
- die Mäßigkeits-Kommission, die auf lokaler Ebene, angeführt von Ottilie Hoffmann in Bremen, eine rege Propagandatätigkeit gegen den Alkoholkonsum entfaltete und Kaffee- und Speisehäuser mit dem Ausschank nur alkoholfreier Getränke einrichtete,
- die Kommission für Erziehungswesen, die sich, von Henriette Goldschmidt geleitet, insbesondere für die Errichtung von Kindergärten einsetzte,
- die Kommission für Handelsgehilfinnen. Sie betrieb unter der Leitung von Minna Cauer, gleichzeitig Initiatorin des «Kaufmän-

17 A. Augspurg, Die Verfassung des Bundes, in: Die Frauenbewegung 1898, Nr. 19, S. 203.

nischen Hilfsvereins für weibliche Angestellte», die Verbesserung der Ausbildung und Arbeitsbedingungen in diesem neuen Erwerbszweig,

- die Kommission «zur Förderung der praktischen Erwerbsthätigkeit und wirthschaftlichen Selbständigkeit der Frau»,
- die Kommission für Kinderschutz.

Durch dieses weite Spektrum «gemeinnützigen» Engagements war der «Bund Deutscher Frauenvereine», wie Marie Stritt in ihrem Überblick über die Kommissionsarbeit zur Jahrhundertwende mit Genugtuung feststellte,

*«für uns selber, die wir in der Arbeit stehen, die beste Schule geworden, und wird es noch immer mehr werden. Er hat das Verständnis für die neuen Frauenpflichten und Frauenrechte in uns vertieft, das sociale Gewissen da, wo es noch schlummerte, geweckt und die Erkenntnis der Solidarität unter uns gefördert; und er hat auch die conservativsten Vereine – ohne daß vielleicht alle sich dessen genau bewußt sind – zu dem Prinzip des Fortschritts bekehrt. Dies Princip ist: sich niemals mit dem Erreichten begnügen, und das Ziel selbst immer weiter stecken.»*[18]

Auch Marie Stritt, der so sehr an Überbrückung der Gegensätze gelegen war, hatte zugestehen müssen, daß eine andere *«förmliche Kluft»* das *«nationale Ganze»* der deutschen Frauenbewegung trennte, die beiden Teilen *«zum Schaden»* gereichte[19]: die tiefe Kluft zwischen proletarischer und bürgerlicher Frauenbewegung, die gleich bei der Gründung des BDF aufgebrochen war.

18  M. Stritt/I. Freudenberg, Der Bund Deutscher Frauenvereine, S. 18/19.
19  M. Stritt/I. Freudenberg, Der Bund Deutscher Frauenvereine, S. 5/6.

**Marie Stritt** (geb. Bacon, geb. am 18. Februar 1855 in Schäßburg/Siebenbürgen, gest. 16. September 1928 in Dresden) stammte aus einer Rechtsanwaltsfamilie. Ihr Vater war lange Jahre Reichstagsabgeordneter und Vertreter des Deutschtums in Siebenbürgen. Die Tatsache, daß die älteste Tochter von zehn Geschwistern nicht nur selbstverständlich mit ihren Brüdern Latein lernen, sondern auch ein Konservatorium in Wien besuchen und den Schauspielberuf ergreifen konnte, bürgt für die Liberalität dieses Elternhauses. Marie Bacon war zunächst in Karlsruhe, dann in Frankfurt mit großem Erfolg als Schauspielerin tätig, bevor sie 1879 den Opernsänger Albert Stritt heiratete. Mit ihm hatte sie zwei Kinder, gab jedoch erst 1889 ihre Bühnenlaufbahn auf, als sich das Ehepaar in Dresden niederließ. Hier nun entfaltete sie eine rege Tätigkeit im Dienst der Frauenbewegung, zu der sie – wie es in den spärlichen Berichten über sie heißt – über ihre Mutter (!) in Kontakt gekommen war.[20] Ihre Bühnenerfahrung und ihre immer wieder gerühmte «*wunderbare Rednergabe brachten der Sache, die sie vertrat, einen großen Erfolg*».[21]

Sie engagierte sich insbesondere für die Rechte der Frauen und gründete deshalb 1894 den ersten Rechtsschutzverein für Frauen in Dresden, der für zahlreiche Vereinsgründungen mit gleicher Zielsetzung im In- und Ausland vorbildlich wurde. 1896 wurde sie Mitglied im Vorstand des BDF. Gemeinsam mit Anita Augspurg und Sera Proelß leitete sie dessen Rechtskommission und war die treibende Kraft im Kampf der Frauenbewegung gegen das zur Kodifikation anstehende Bürgerliche Gesetzbuch, das 1900 in Kraft trat.[22] Marie Stritt wurde 1899 in der Nachfolge von Auguste Schmidt zur Vorsitzenden des BDF gewählt und übernahm (bis 1921) die Redaktionsleitung von «Die Frauenfrage», dem «Centralblatt des Bundes Deutscher Frauenvereine».

Schon früher als die Mehrheit im BDF trat Stritt für das Frauenstimmrecht ein und forderte 1899 die Beteiligung der deutschen Frauen an den internationalen Friedensbestrebungen. Bei vielen anderen zentralen Fragestellungen war sie auf der Seite der Fortschrittlichen oder Radikalen, z. B. in der Stellungnahme gegen §218 StGB, in Fragen der Geburtenkontrolle etc. So gehörte sie 1904 sogar zu den führenden Mitgliedern des von Helene Stöcker gegründeten «Bundes für Mutterschutz» und kämpfte vergeblich für

---

20  Ika Freudenberg, Marie Stritt, in, Die Frau 1901, S. 419.
21  Vgl. J. Waescher, Wegbereiter der deutschen Frau, S. 44.
22  M. Stritt, Das bürgerliche Gesetzbuch und die Frauenfrage, Frankenberg 1898.

**Marie Stritt**

dessen Aufnahme in den BDF. In ihrer Amtsperiode bis 1910 versuchte Marie Stritt immer wieder zu vermitteln zwischen den Positionen der Gemäßigten und der Radikalen, nicht zuletzt dank ihres «politischen Weitblicks» und ihrer «Tatkraft»[23] machte der BDF einen bedeutenden Schritt nach vorn. Doch gerade diese Vermittlerrolle und ihr explizit politischer Feminismus waren offenbar der Grund für ihre Ablösung im Bundesvorsitz, den nun die sehr viel konservativere Gertrud Bäumer übernahm.

1917 initiierte sie noch einmal als Vorsitzende des «Deutschen Verbandes für Frauenstimmrecht», der kompromißlerischen Richtung in der Stimmrechtsfrage, eine gemeinsame «Erklärung» aller Frauengruppen, auch der sozialdemokratischen, «in der Wahlrechtsfrage». Als Gründungsmitglied der DDP, der Deutschen Demokratischen Partei, kam sie 1919 als Kandidatin für die Nationalversammlung nicht durch. Sie starb 1928, in feierlichen Gedenkreden hoch geehrt. Bis heute ist ihr Nachlaß nicht aufgearbeitet, ihr umfangreiches schriftstellerisches Werk in Zeitschriften und Broschüren verstreut. Sie gehörte zu den Querdenkerinnen und Grenzgängerinnen zwischen den Fronten.

23 So Gertrud Bäumer in ihrer Würdigung zu ihrem Tod, in: Nachrichtenblatt des BDF 1928 o. A. im H.-Lange-Archiv, vgl. auch H. Stöcker: Marie Stritt, in: Die neue Generation 1928, S. 392 f.

## 2. «Reinliche Scheidung ... zwischen bürgerlicher Frauenrechtelei und Arbeiterinnenbewegung» (Clara Zetkin)

### Spiegel der Klassengegensätze

In der mehr oder weniger amtlichen Chronik über die Gründung des BDF, dem von H. Lange und G. Bäumer edierten «Handbuch der Frauenbewegung» von 1901, lesen sich die Ereignisse so:

*«Die Gründung des Bundes nötigte die bürgerliche Frauenbewegung in ihrer Gesamtheit zum ersten Mal zu einer Stellungnahme gegenüber der proletarischen, und diese führte in der konstituierenden Versammlung zu lebhaften Debatten. Es handelte sich darum, ob der Bund sozialdemokratische Frauen- und Arbeiterinnenvereine zum Beitritt auffordern solle.»* [24]

Tatsächlich waren die sozialdemokratischen Frauen- bzw. Arbeiterinnenvereine auch nach der Aufhebung der Sozialistengesetze (1890) nach wie vor aufgrund der einzelstaatlichen Vereinsgesetze besonderen polizeilichen Schikanen und Verfolgungen ausgesetzt, da ihr Zusammenschluß, ihre Vereinstätigkeit als «politische» begriffen wurde. Dies war also der Hintergrund für die vom BDF verbreitete doppelzüngige Version:

*«Die Vorsitzende präzisierte in ihrer einleitenden Ansprache über die Aufgaben des Bundes seine Stellung zur proletarischen Frauenbewegung dahin, dass der Bund Arbeiterinnenvereine von Herzen willkommen heißen werde, aber solche von unverkennbar politischer Tendenz nicht aufnehmen könne.»* [25]

Schon auf der Gründungsversammlung am 28./29. März 1894 formierte sich in der Frage einer möglichen Zusammenarbeit zwischen bürgerlicher und proletarischer Frauenbewegung ein heftiger Protest des später sog. linken Flügels, dem in diesem Fall laut Protokoll die Damen L. Morgenstern, L. v. Gizycki, M. Cauer, Frau Gebauer und J. Schwerin und E. Mießner angehörten.[26] Die ersten vier gin-

---

24 G. Bäumer, Die Geschichte der Frauenbewegung, in: Handbuch der Frauenbewegung, Bd. I, S. 132.
25 G. Bäumer, ebd.
26 Vgl. E. Lüders, Der «linke Flügel», S. 61.

gen sogar so weit, ihren Protest im sozialdemokratischen «Vorwärts» vom 31. 3. 1894 zu veröffentlichen, während die BDF-Spitze durch Richtigstellungen in allen Blättern noch Monate später versuchte, den Vorwurf des «Klassenegoismus»[27] zurückzuweisen. Doch der Schaden war angerichtet. Dieser «frauenrechtlerische» Affront gab den Sozialistinnen Gelegenheit zu wortgewaltiger Polemik, ja zur Formulierung eines Klassengegensatzes auch unter Frauen, der vorher so scharf nirgends zur Sprache gekommen war:

*«Wir würden unserer materialistischen Geschichtsauffassung ins Gesicht schlagen, wollten wir von Angehörigen der Bourgoisie, ganz gleich ob sie im Unterrock oder in der Hose stecken, etwas anderes Erwarten, als Feindschaft und Kampf gegen die sozialistischen Bestrebungen.»* [28]

Emma Ihrer ging sogar so weit, das zur gleichen Zeit verhängte Verbot des sozialdemokratischen «Berliner Frauenbildungsvereins» auf die *«bewußte oder unbewußte Denunziation»* der Bürgerlichen zurückzuführen.[29]

---

**Emma Ihrer** (1857 – 1911) gehörte zu den führenden Frauen in der SPD, die eine punktuelle Zusammenarbeit mit bürgerlichen Frauen nicht ausschloß. Seit dem Anfang der 1880er Jahre engagierte sich die aus kleinbürgerlichen Verhältnissen stammende Frau für die Organisierung der Arbeiterinnen: Sie war 1885 Mitbegründerin des «Vereins zur Vertretung der Interessen der Arbeiterinnen» (mit P. Staegemann, M. Hofmann und G. Guillaume-Schack), 1889 gemeinsam mit C. Zetkin Delegierte auf dem Internationalen Sozialistenkongreß in Paris, 1891/92 Herausgeberin der proletarischen Frauenzeitschrift «Die Arbeiterin» (später «Die Gleichheit», redigiert von C. Zetkin). Wichtigste Schriften: «Die Organisation der Arbeiterinnen Deutschlands» (1893) und «Die Arbeiterinnen im Klassenkampf» (1898).

---

Clara Zetkin, Chefideologin und zu dieser Zeit schon anerkannte Führerin der proletarischen Frauenbewegung, aber nutzte in einer Artikelserie der Zeitschrift «Die Gleichheit» die Kontroverse dazu,

27 G. Bäumer, Die Geschichte der Frauenbewegung, in: Handbuch der Frauenbewegung, Bd. I, S. 133.
28 Die Gleichheit v. 31. 10. 1894, S. 171.
29 E. Ihrer, Die Arbeiterinnen im Klassenkampf, S. 56.

nicht nur die «*reinliche Scheidung*» zwischen bürgerlicher und proletarischer Frauenbewegung zu programmieren, sondern auch die Bedeutung der Arbeiterinnenvereine innerhalb der Arbeiterbewegung und der Sozialdemokratischen Partei hervorzuheben und neu zu bestimmen.[30]:

[...]

Umſonſt war alſo die Liebesmüh der Frauenrechtlerinnen, den neuen Verband jungfräulich rein zu halten von jeder Berührung mit „offenkundig ſozialdemokratiſchen Vereinen". Die Damen können Gift darauf nehmen, daß auch ohne ihre Erklärungen es nicht einer einzigen zielbewußten proletariſchen Frauenorganiſation auch nur im Traume eingefallen wäre, Anſchluß an den Verband zu ſuchen. Die deutſche Arbeiterinnenbewegung iſt über die Zeit frauenrechtleriſcher Harmonieduſelei längſt hinaus. Jede klare proletariſche Frauenorganiſation iſt ſich bewußt, daß ſie ſich durch einen ſolchen Anſchluß eines Verraths an ihren Grundſätzen ſchuldig machen würde. Denn die bürgerlichen Frauenrechtlerinnen erſtreben nur durch einen Kampf von Geſchlecht zu Geſchlecht, im Gegenſatz zu den Männern ihrer eigenen Klaſſe, Reformen zu Gunſten des weiblichen Geſchlechts innerhalb des Rahmens der bürgerlichen Geſellſchaft, ſie taſten den Beſtand dieſer Geſellſchaft ſelbſt nicht an. Die proletariſchen Frauen dagegen erſtreben durch einen Kampf von Klaſſe zu Klaſſe, in enger Ideen= und Waffengemeinſchaft mit den Männern ihrer Klaſſe, — die ihre Gleichberechtigung voll und ganz anerkennen — zu Gunſten des geſammten Proletariats die Beſeitigung der bürgerlichen Geſellſchaft. Reformen zu Gunſten des weiblichen Geſchlechts, zu Gunſten der Arbeiterklaſſe ſind ihnen nur Mittel zum Zweck, den bürgerlichen Frauen ſind Reformen der erſteren Art Endziel. Die bürgerliche Frauenrechtelei iſt nicht mehr als Reformbewegung, die proletariſche Frauenbewegung iſt revolutionär und muß revolutionär ſein.

(Auszüge aus: Clara Zetkin, Reinliche Scheidung. In: «Die Gleichheit», Nr. 8/1894)

30 Clara Zetkin, Reinliche Scheidung, in: Die Gleichheit 1894, Nr. 8, S. 63.

Nur ein einziges und zugleich letztes Mal kam es zu einer persönlichen Konfrontation zwischen den Führerinnen der proletarischen und der bürgerlichen Frauenbewegung, und zwar knapp zwei Jahre später auf dem Internationalen Kongreß für Frauenwerke und Frauenbestrebungen, der vom 19. bis zum 26. September 1896 in Berlin stattfand. Die Anregung war von Lina Morgenstern ausgegangen, die auf einer Versammlung ihres Hausfrauenvereins die Idee vortrug, die Berliner Gewerbeausstellung für ein internationales Frauenforum zu nutzen. Eingeladen hatte ein Organisationskomitee aus den *«bekanntesten Leiterinnen von Frauenvereinen und Führerinnen der Frauenbewegung»*[31] und damit eine Gruppe von Frauen, die sich als unabhängig auch vom BDF verstand und bewußt frühere Fehler vermeiden wollte. Deshalb wurde beschlossen,

*«Niemanden auszuschliessen, da die Frauenbewegung keine Parteisache ist, sondern das ganze Geschlecht angeht».*[32]

*«Einladungsschreiben nebst Programm wurden in 10000 Exemplaren nach allen Weltteilen versandt»*, u. a. auch an den BDF, der eine offizielle Beteiligung ablehnte, jedoch seinen Mitgliedern die Teilnahme freistellte, sowie *«namentlich an die Mitglieder der evangelisch-sozialen Frauengruppe, an die sozialdemokratischen Führerinnen, an die vaterländischen Frauenvereine».*[33] Die Sozialdemokratinnen, allen voran Clara Zetkin, lehnten eine Beteiligung prinzipiell ab, verurteilten das Unterfangen einmal mehr als *«frauenrechtlerische Harmonieduselei»* und kamen trotzdem, inoffiziell: Lily v. Gizycki-Braun, die sich nur widerwillig der Parteidisziplin und damit dem Verbot zu vorbereiteter Rede gebeugt hatte[34], und C. Zetkin, nur als *«Zuhörerin, nicht als Teilnehmerin»*, wie sie selbst versicherte,

31  Zu ihnen gehörten neben L. Morgenstern insbes. M. Cauer, H. Bieber-Böhm, E. Ichenhäuser, J. Schwerin, aber z. B. auch H. Dohm und Dr. med. A. Bluhm u. a. m., vgl. auch zum folgenden Der Internationale Kongress für Frauenwerke und Frauenbestrebungen, hg. v. d. Redaktions-Kommission, Berlin 1897.
32  Der Internationale Kongress, S. 2.
33  Ebda.
34  Vgl. hierzu Lily Braun, Memoiren einer Sozialistin, Kampfjahre, Bd. III d. Ges. Werke, Berlin o. J. (1923), S. 440.

und mochten dennoch nicht schweigen. Die dramatische Diskussion, die dann ganz unvorbereitet in einer Sektionssitzung vor internationalem Publikum unter den deutschen Fraktionsführerinnen aufbrach, gehört zu den Sternstunden der Frauengeschichte, denn nie wieder sind diese politischen Gegnerinnen zu einer Aussprache zusammengekommen, um auf offener Bühne ihre gegensätzlichen Standpunkte zu vertreten, nie wieder hat die Frauenbewegung so viel Hoffnung auf Gemeinsamkeit, aber auch Enttäuschung über grundsätzliche politische Meinungsverschiedenheit erlebt. Leider gibt es kein Foto, lediglich ein um Korrektheit bemühtes Protokoll:

Jeanette Schwerin eröffnete die Sitzung mit einem kurzen Statement zu der die Sitzung einleitenden Frage, auf welchen Arbeitsgebieten eine klassenübergreifende Kooperation möglich wäre. Ihre Antwort war positiv, die verschiedenen, notwendig gemeinsamen, sozialen und politischen Aufgaben – von der Reform der Volksschule über die Rechtsstellung der Frau bis zur Einführung von Fabrikinspektoren – benennend. Doch sofort ergriff C. Zetkin das Wort, angriffslustig und polemisch, jenseits aller «Berührungspunkte» in der Klassenfrage, zu keinem Kompromiß bereit. Wohl gab sie zu, für alle Reformbestrebungen einzutreten, die *«der Geschlechtssklaverei ein Ende machen»*. Dazu zählte sie die politische Gleichberechtigung der Frau, das Vereins- und Stimmrecht. Doch zugleich betonte sie:

*«Wir sagen, nur her mit den Reformen, immer mehr Reformen! Aber die Arbeiterklasse dankt Euch für diese Reformen nicht, denn alles was die bürgerliche Gesellschaft an solchen Reformen zu schaffen vermag, das ist nur ein Quentchen gegenüber der Schuld der kapitalistischen Gesellschaft. Und mehr noch… all diese Reformen sind für uns nur ein Linsengericht, und für dieses Linsengericht geben wir unser Erstgeburtsrecht, das Recht, eine revolutionäre Klasse zu sein, nicht her.»* Und wie um wenigstens die Formen der Höflichkeit nicht zu verletzen: *«Verehrte Anwesende, erschrecken Sie nicht vor dem Wort ‹revolutionäre Klasse›, es hat eine geschichtliche Bedeutung, ich gebrauche es in dieser, nicht im Kapitalisten- oder Wachtstubenjargon…»*

Auch L. Braun mischte sich ein und versuchte insbesondere den ausländischen Teilnehmerinnen zu erklären, warum in Deutschland alles anders und die Gegensätze zwischen rechts und links so viel schärfere wären. Sie verteidigte die Notwendigkeit und die

Möglichkeit zur Zusammenarbeit, z. B. unlängst beim großen Streik der Konfektionsarbeiterinnen, *«der von den bürgerlichen Kreisen infolge der zutagegetretenen entsetzlichen Zustände mit unterstützt worden ist»*. Dies bestätigte auch Frau Camp, eine Mitstreiterin M. Stritts aus Dresden, zum *«Beweis, dass die bürgerlichen Frauen mit den Arbeiterinnen Hand in Hand gehen können»*. Doch dazwischen hatte Anita Augspurg den Fehdehandschuh der Zetkin aufgenommen, widersprach heftig bezüglich der Vorwürfe an die bürgerliche Frauenbewegung und goß provozierend Öl ins Feuer:

*«Endlich muß ich Frau Zetkin noch einer schneidenden Inkonsequenz zeihen, wenn sie glaubt, nachdem sie die Bluthaten des Krieges berechtigtermaßen so vollständig perhorresciert, durch die Bluthaten einer Revolution alle Segnungen höherer Kultur herbeizuführen. Ein Blick auf die Geschichte und die stattgefundenen Revolutionen zeigt doch gar zu deutlich, dass ohne Blutvergiessen ein so plötzlicher Umschwung nicht zu bewerkstelligen ist. Blutvergiessen, Greuelthaten können aber immer nur auf lange Zeit die Keime einer segensreichen Entwicklung hemmen und hinausschieben.»*

Also doch Wachtstubenjargon? Erst recht, als eine Frau Küstner aufgebracht behauptete, *«Frau Zetkin hat hier den Umsturz gepredigt»*. M. Cauer als Diskussionsleiterin unterbrach sie beschwichtigend, zur Sache mahnend. Hatten nicht gerade konservative Kreise in Preußen versucht, in der sog. Umsturzvorlage eine Neuauflage der Sozialistengesetze durchzusetzen, und waren im Reichstag gescheitert? Hatte M. Cauer nicht zusammen mit 30 anderen Frauen aus der Bewegung «Eine Erklärung deutscher Frauen gegen die Umsturzvorlage» unterzeichnet und veröffentlicht?[35]

Zetkin erhielt Gelegenheit zur Klarstellung und argumentierte ganz im Sinne der Selbstinterpretation der SPD, die sich, auf F. Engels berufend, inzwischen *«als revolutionäre, nicht aber Revolutionen machende Partei»*[36] verstand:

*«Wo und wann hat die Sozialdemokratie je behauptet, dass wir die Gesellschaftsumwandlung erstreben auf dem Wege einer gewaltsamen, einer blutigen Revolution?... Wie sich die Umgestaltung vollziehen wird, das wissen wir nicht. Aber unser Bestreben zweckt darauf ab, dass die Umge-*

35  Vgl. Die Frauenbewegung 1895, Nr. 7, S. 54.
36  Helga Grebing, Geschichte der deutschen Arbeiterbewegung, München 1970, S. 110.

*staltung sich vollziehen möge auf friedlichem Wege. Sollte es anders kommen, nicht an uns liegt die Schuld, denn die herrschenden Klassen haben zuerst den Boden des Rechts verlassen, den der Gewalt betreten, nicht wir...»*[37]

Das Resümee der Veranstalterinnen wurde in dem Schlußwort M. Cauers deutlich:

*«Die Aussprache mit den Sozialdemokratinnen hat uns bewiesen, dass solche Auseinandersetzungen von Nutzen sind. Trotzdem der prinzipiell gegnerische, auch wohl feindselige Standpunkt der Partei hie und da scharf zum Ausdruck kam, hat dennoch die Diskussion zur Klärung beigetragen... Ich bleibe bei meiner Überzeugung und spreche sie hier von neuem aus, dass die Frauen allein diejenigen sind, welche noch eine Brücke von einem Ufer zum anderen bauen können.»*[38]

Insgesamt war dieser erste Internationale Frauenkongreß auf deutschem Boden ein ungeheurer Erfolg. 1700 angemeldete Teilnehmerinnen aus fast allen europäischen Ländern und aus Amerika hatten für Aufsehen gesorgt, sich eine Woche lang in einem bis auf die letzte Minute verplanten Programm «über die Ziele und den Stand der Frauenbewegung in den zivilisierten Ländern» informiert und persönliche Kontakte geschlossen. Die Resonanz in der Presse, nicht nur in den Zeitschriften der Bewegung, sondern in allen Blättern von den *«ultrakonservativsten bis zu den radikalsten und revolutionärsten»*, war beachtlich.

Noch ein anderes Ergebnis hatte diese große Frauenveranstaltung: Aus *«Anlaß und vor dem Hintergrund»* des internationalen Kongresses «der bürgerlichen Frauenrechtlerinnen» luden die Genossinnen der proletarischen Frauenbewegung ihrerseits zu drei großen Volksversammlungen ein, um den Teilnehmerinnen, *«zumal den ausländischen Delegirten... die Möglichkeit der Aufklärung über den Charakter, die Ziele, die einzelnen Seiten der proletarischen Frauenbewegung zu machen».*[39]

*«Schon lange vor Beginn der Versammlung war der weite Saal der Lipsschen Brauerei mehr als gefüllt. Zwischen den Tischen, in den Gängen, im Vorderraum standen Kopf an Kopf gedrängt Männer und Frauen, die kei-*

---

37  Alle Zitate vgl. Der Internationale Frauenkongress, S. 393 ff., abgedr. in: Feministische Studien 1986, Nr. 2, S. 148 ff.
38  Ebd., S. 350.
39  Die Gleichheit 1896, Nr. 21, S. 163.

*nen Sitzplatz gefunden. Die Rednertribüne war mit Publikum dicht be-*
*setzt, bis unmittelbar hinter die Rednerinnen und Bureau saßen und stan-*
*den Frauen, der Mehrzahl nach Angehörige bürgerlicher Kreise. Die Ver-*
*sammlung war eine Volksversammlung im ureigensten Sinne des Wortes.*
*Neben der überwiegenden Zahl proletarischer Männer und Frauen war*
*das bürgerliche Element auffallend stark vertreten. Seite an Seite mit dem*
*Mann ‹der schwieligen Faust›, der wachsbleichen Näherin, der Verkäufe-*
*rin, saßen hochelegante Damen, hatten Herren Platz genommen, denen*
*man ansah, daß sie ihr Lebtag noch nie eine sozialdemokratische Ver-*
*sammlung besucht hatten.»* [40]

Vierzehn Tage später hielt Clara Zetkin auf dem Gothaer Parteitag
ihr großes Grundsatzreferat, das die Grundlage der sog. sozialistischen Frauenemanzipationstheorie bildete und nun in den Rang
einer offiziellen Parteitheorie erhoben wurde.

Ausgehend von den unterschiedlichen Interessen zwischen *«der*
*Frau der oberen Zehntausend»*, die *«vermöge ihres Besitzes ihre Indi-*
*vidualität frei entfalten»* kann, zwischen den Frauen *«in den klein-*
*und mittelbürgerlichen Kreisen und innerhalb der bürgerlichen Intelli-*
*genz»*, *«jenen tragischen, psychologisch interessanten Noragestalten,*
*wo die Frau es müde ist, als Puppe im Puppenheim zu leben»*, und der
proletarischen Frau, für die *«das Ausbeutungsbedürfnis des Kapitals»*
erst die Frauenfrage geschaffen hat, kam sie zu dem vielzitierten
Schluß:

*«Deshalb kann der Befreiungskampf der proletarischen Frau nicht ein*
*Kampf sein wie der der bürgerlichen Frau gegen den Mann ihrer Klasse;*
*umgekehrt es ist ein Kampf mit dem Mann ihrer Klasse gegen die Kapitali-*
*stenklasse... Das Endziel ihres Kampfes ist nicht die freie Konkurrenz mit*
*dem Mann, sondern die Herbeiführung der politischen Herrschaft des Pro-*
*letariats. Hand in Hand mit dem Manne ihrer Klasse kämpft die proletari-*
*sche Frau gegen die kapitalistische Gesellschaft. Allerdings stimmt sie auch*
*den Forderungen der bürgerlichen Frauenbewegung zu. Aber sie betrach-*
*tet die Erfüllung dieser Forderungen nur als Mittel zum Zweck, damit sie*
*gleichausgestattet an Waffen mit dem Proletarier in den Kampf ziehen*
*kann.»* [41]

40  Die Gleichheit, ebd.
41  Clara Zetkin, Nur mit der proletarischen Frau wird der Sozialismus sie-
    gen, in: dies., Ausgewählte Reden und Schriften, Berlin 1957, Bd. 1,
    S. 95f. (102).

## 3. «Nur mit der proletarischen Frau wird der Sozialismus siegen» (Clara Zetkin)

### Die «Ära Zetkin»

Kein Kapitel der deutschen Frauenbewegungsgeschichte ist bisher so gründlich untersucht und dokumentiert worden wie der Abschnitt in der Geschichte der proletarischen Frauenbewegung ab 1890 bis zum Ende des Deutschen Kaiserreichs und dabei insbesondere die sog. «Ära Zetkin».[42] Deshalb sollen in diesem Zusammenhang lediglich die wichtigsten Informationen gegeben werden, um das Gesamtbild der Frauenbewegung zu erhellen. Denn bei aller Gründlichkeit und Breite bisheriger Geschichtsschreibung gerade auch aus der Perspektive der Arbeiterbewegung fällt auf, daß die Autorinnen und Autoren nicht nur aus thematischer Selbstbeschränkung die bürgerliche Richtung der Frauenbewegung notgedrungen vernachlässigen, sondern die *reinliche Scheidung* zwischen den Klassenfronten der Frauen wiederholen und erneut festschreiben und dabei mit der politischen Gegenseite historisch nicht nur ungerecht, sondern manchmal auch denunziatorisch umgehen.[43] Daß dabei spezifisch weibliche Interessen oder gar feministische Politik wiederum zwischen die Stühle der Parteiungen fallen, ist kein zufälliger Effekt.

Die selbstverständlichen Zuordnungen im männlichen Politikverständnis – nach der Zugehörigkeit zu Klassen und nicht nach Geschlecht – führen nicht nur dazu, daß die Frauenfrage historiographisch immer wieder den sog. Hauptwidersprüchen untergeordnet wird bzw. gar nicht vorkommt.[44] Sie hat auch zur Folge, daß Grenzgängerinnen zwischen den Fronten oder die Vertreterinnen «frauenrechtlerischer» Zusammenarbeit in dieser Geschichte zu Abweichlerinnen gestempelt werden. Dies gilt z. B. für Lily Braun, Wally Zeppler oder Johanna Loewenherz. Doch gerade ihre

---

42  Einen guten Überblick insbesondere auch über die gesamte Literatur gibt der Aufsatz von W. Albrecht u. a., Frauenfrage und deutsche Sozialdemokratie, in: Archiv für Sozialgeschichte, XIX. Bd., 1979, S. 459–510.

43  Das gilt insbes. für die Arbeit von R. J. Evans, Sozialdemokratie.

44  Beispielhaft hierfür H. Grebing, Geschichte der deutschen Arbeiterbewegung.

Clara Zetkin

Schwierigkeiten, also das Dilemma einer sowohl die Klassen- wie die Geschlechterherrschaft überschreitenden Politik, interessiert und ist eine Fragestellung von aktueller Brisanz.

C. Zetkin trat 1889 zum erstenmal mit ihren Anschauungen zur Frauenfrage auf dem Internationalen Arbeiterkongreß vor eine größere Öffentlichkeit. In ihrer Rede, die sich an den Vorarbeiten von A. Bebel und F. Engels[45] orientierte, entwickelte sie den grundsätzlichen Zusammenhang zwischen der «Frauenfrage» und der «sozialen Frage», zwischen der «Emanzipation der Frau» und «der Emanzipation der Arbeit vom Kapital». Und zwar so überzeugend, daß es für die Sozialisten, «um mit Wilhelm Liebknecht zu reden, keine

45  Neben A. Bebels Die Frau und der Sozialismus, zuerst 1879, gehörte F. Engels, Der Ursprung der Familie, des Privateigentums und des Staates, 1884 erschienen, zur grundlegenden Literatur in der Frauenfrage.

**Clara Zetkin** geb. Eißner (geb. am 5.7.1857 in Wiederau/Erzgebirge, am 20. Juni 1933 in Archangelskoje/Sowjetunion gest.) war als protestantische Lehrerstochter in einem Heimarbeiterdorf im Erzgebirge aufgewachsen. Ihre Mutter Josephine, die die 1848er Revolution miterlebt hatte, kam nach der Übersiedlung der Familie nach Leipzig im Jahr 1872 in Kontakt zur dortigen bürgerlichen Frauenbewegung, dem «Allgemeinen Deutschen Frauenverein», und brachte ihre Tochter Clara im Lehrerinnenseminar von Auguste Schmidt unter. Die überaus begabte Schülerin wurde häufig zu Tee- und Diskutiernachmittagen bei den Vorsitzenden des ADF, Louise Otto und Auguste Schmidt eingeladen.

Gleichzeitig aber kam sie als politisch wache und sozial engagierte Person mit der sozialdemokratischen Bewegung in Berührung. Denn Leipzig war zu dieser Zeit das Zentrum der Arbeiterbewegung mit den zwei bekanntesten Führern Wilhelm Liebknecht und August Bebel. In einem Zirkel russischer Studenten lernte Clara Ossip Zetkin kennen und lieben und war auch nach dem Erlaß der Sozialistengesetze – zum Entsetzen ihrer Familie und ihrer Lehrerin – nicht bereit, die «sozialistischen Umtriebe» aufzugeben. Nachdem sie zunächst als Erzieherin gearbeitet hatte, folgte sie 1882 nach einer Zwischenstation und Mitarbeit an der illegalen Zeitschrift «Der Sozialdemokrat» in Zürich dem aus Deutschland ausgewiesenen Ossip nach Paris. Da eine Eheschließung den Verlust ihrer deutschen Staatsangehörigkeit bedeutet hätte, lebten beide in freier Lebensgemeinschaft – ziemlich karg nur von ihrer Schreiberei oder Gelegenheitsarbeiten. Sie hatten zwei Söhne, und Clara führte den Namen ihres Lebensgefährten Zetkin. Die Zetkinsche Wohnung wurde rasch zu einem Mittelpunkt der in Paris lebenden sozialistischen Emigranten. Als Ossip Zetkin nach langer Krankheit 1889 starb, mußte Clara Zetkin den Lebensunterhalt für sich und ihre Söhne verdienen.

‹Frauenfrage› (mehr) *gab, es gab nur eine ‹soziale Frage›».*[46] Gleichzeitig aber ging Zetkin mit den auch unter Sozialisten noch üblichen reaktionären Bestrebungen, Frauenarbeit zu beschränken oder gar zu verbieten, scharf ins Gericht:

*«Diejenigen, die auf ihr Banner die Befreiung alles dessen, was Menschenantlitz trägt, geschrieben haben, dürfen nicht eine ganze Hälfte des Menschengeschlechts durch wirtschaftliche Abhängigkeit zu politischer und so-*

46  Vgl. R. J. Evans, Sozialdemokratie, S. 85.

*zialer Sklaverei verurteilen. Wie der Arbeiter vom Kapitalisten unterjocht wird, so die Frau vom Manne; und sie wird unterjocht bleiben, solange sie nicht wirtschaftlich unabhängig dasteht. Die unerläßliche Bedingung für diese ihre wirtschaftliche Unabhängigkeit ist die Arbeit.»* [47]

## Die sozialistische Frauenemanzipation: Theorie und Praxis

Von Anfang an war für C. Zetkin die aushäusige Erwerbsarbeit – in der marxistischen Terminologie: die Teilhabe an gesellschaftlicher Produktion – selbst in der ausbeuterischen Form der Fabrikarbeit der einzige und notwendige Weg *«Für die Befreiung der Frau»*, wohl wissend, daß die Frau damit im Kapitalismus eigentlich *«nur den Herrn gewechselt»* hatte. Doch die Arbeiterin war damit wenigstens *«nicht länger dem Manne untergeordnet, sondern* (war) *seinesgleichen»*. Folgerichtig duldete der gemeinsame Kampf von Arbeiterinnen und «sozialistischer Arbeiterpartei» keine Absonderung oder Sonderrechte für Frauen.

Deshalb votierte Zetkin zunächst gegen einen besonderen Frauenarbeitsschutz, ein sehr grundsätzlicher Standpunkt, den sie jedoch bald aufgab – in Anbetracht der «Tatsachen»: der hohen Säuglingssterblichkeit, der großen Zahl der Fehl- und Totgeburten, der viel geringeren Lebenserwartung der Proletarierin selbst im Vergleich zu ihrem männlichen Klassengenossen. Nicht zuletzt im Interesse der *«Sicherung eines starken kampfestüchtigen proletarischen Geschlechts»* hielt sie schon 1892 einen gesetzlichen Arbeiterinnenschutz für *«eine hygienische Notwendigkeit»*. [48]

47  C. Zetkin, Ausgewählte Reden und Schriften, Bd. 1, S. 3f. (4 u. 8).
48  Die Gleichheit 1893, Nr. 18, S. 137–139, vgl. hierzu auch Karin Bauer, Clara Zetkin und die proletarische Frauenbewegung, Berlin 1978, S. 125 f.

Die Zunahme der aushäusigen Erwerbstätigkeit von Frauen war um die Jahrhundertwende ein vieldiskutiertes Politikum, das nicht wenige in Alarmzustand versetzte und je nach politischer Zielrichtung – z. B. auch von A. Bebel[49] – überbewertet bzw. abgewehrt wurde. Dabei hatten die unterschiedlichen Zählweisen der amtlichen Statistiken, hatten insbesondere die großen Berufszählungen von 1895 und 1907 ihr Teil zur Verfälschung der Ergebnisse beigetragen: Tatsächlich verzeichnete die Reichsstatistik von 1907 im Vergleich zu 1895 eine Zunahme der Gesamtzahl erwerbstätiger Frauen von 6,58 Mill. auf 9,49 Mill. und damit eine Steigerung des Anteils weiblicher Beschäftigter an der Gesamtzahl der Erwerbstätigen – ohne Einrechnung der Dienstboten – von 25,4 auf 30,7 Prozent.[50]

In Wirklichkeit beruhte der Zuwachs im wesentlichen auf der gründlicheren Erfassung der weiblichen sog. mithelfenden Familienangehörigen, also all jener Arbeiterinnen im Gewerbe und insbesondere in der Landwirtschaft, die auch vor ihrer statistischen Anerkennung genauso hart gearbeitet hatten. Auch bei Berücksichtigung dieser Fehlerquelle aber zeigt die Erwerbsquote aller Frauen im erwerbsfähigen Alter (von 16 bis 60 Jahren) zwischen 1895 und 1907 einen Anstieg von 37,4 auf 45,9 Prozent[51]; diese Quote liegt heute bei 54 Prozent. Dagegen ist der Anteil von Frauen an allen Beschäftigten seither und schon damals erstaunlich konstant, er betrug einschließlich der Dienstboten etwa 35 Prozent und liegt heute bei 39 Prozent.

Bedeutungsvoller als dieses Zahlenspiel waren die Umschichtungsprozesse, die die Art der Frauenarbeit veränderten. Hierzu gehören: der nach 1900 einsetzende rapide Rückgang der Dienstboten sowie die starke Zunahme des Frauenanteils in Textil- und Bekleidungsgewerbe, Nahrungs- und Genußmittelindustrie und in der Metallverarbeitung sowie die zunehmende Beteiligung von Frauen in den Angestelltenberufen.[52]

---

49 Vgl. August Bebel, Die Frau und der Sozialismus, 61. Aufl. Berlin 1964, S. 248.

50 Vgl. Julius Pierstorff, Weibliche Arbeit und «Frauenfrage», in: Handwörterbuch der Staatswissenschaften, 8. Bd., Jena 1911, S. 681.

51 A. Willms, Grundzüge der Entwicklung der Frauenarbeit, in: W. Müller u. a., Strukturwandel der Frauenarbeit, S. 25 f. (35).

52 Vgl. W. Albrecht u. a., Frauenfrage und Sozialdemokratie, in: Archiv für Sozialgeschichte, XIX. Bd. 1979, S. 460.

So waren die Entwicklung der Frauenerwerbstätigkeit, vor allem aber die für den Zeitgenossen sichtbaren Veränderungen in der Familie offenbar die Voraussetzung für eine Frauenemanzipationstheorie, die auf Emanzipation durch Erwerbsarbeit setzte. Hinzu kam, daß mit dem Fall der Sozialistengesetze sich die Gewerkschaften neu organisierten, was theoretisch auch die Organisierung gewerkschaftlicher Fraueninteressen ermöglicht hätte. Aus diesem Grund übernahm die erste Gewerkschaftskonferenz 1890 in Berlin die Empfehlung des Pariser Internationalen Kongresses, die *«Organisationen aufzufordern, ihre Statuten so abzuändern, daß auch die Arbeiterinnen beitreten könnten».* [53] Abgesehen davon, daß die einzelnen Gewerkschaften dieser Aufforderung in der Mehrheit nicht gerade mit Begeisterung folgten, gab es noch immer die Vereinsgesetze. Sie untersagten *«Frauenspersonen»* nach wie vor nicht nur jegliche politische Betätigung – und selbst der Kampf um die Verbesserung der Lohn- und Arbeitsbedingungen wurde von den Gerichten und Polizeibehörden oft genug als *«politischer Gegenstand»* begriffen und mit Polizeigewalt verhindert. Auch der Zusammenschluß von Vereinigungen, ja sogar nur das sog. In-Verbindung-Treten mit anderen Vereinen war nach § 8 b des Preußischen Vereinsgesetzes speziell *«Frauen, Schülern und Lehrlingen»* verboten.

Auch nach 1890 blieb also die Geschichte der Arbeiterinnenbewegung zunächst eine *«Geschichte von Versuchen, Beunruhigungen und Auflösungen»* [54]. Und doch entwickelte die proletarische Frauenbewegung unter Zetkins strenger Regie eine ihr eigene und langfristig wirkungsvolle Organisationsweise. Ein Versuch, die Vereinsgesetze zu unterlaufen, war der ebenfalls 1889 in Paris gefaßte Beschluß, sog. Frauenagitationskommissionen zu bilden. [55] Sie setzten sich zwar zusammen aus Frauen, die auf öffentlichen Versammlungen gewählt wurden, hatten aber weder Vereinsstatuten noch Mitglieder, noch einen Vorstand, der zur Rechenschaft hätte

---

53 Vgl. hierzu im einzelnen Gisela Losseff-Tillmanns, Frauenemanzipation und Gewerkschaften, Wuppertal 1978, S. 102 ff. (103), sowie Lilly Hauff, Die Deutschen Arbeiterinnen-Organisationen, Halle 1912.
54 H. Lion, Zur Soziologie der Frauenbewegung, S. 20.
55 Vgl. hierzu Sabine Richebächer, Uns fehlt nur eine Kleinigkeit, Frankfurt 1982, S. 177 f.

gezogen werden können. Die Berliner Frauenagitationskommission unter der Führung von Clara Zetkin hatte auf diese Weise die Fäden des Organisationsnetzes in Deutschland zeitweilig fest in der Hand. Die Kommissionsmitglieder, sieben Frauen, trafen sich in Berliner Hinterzimmern, meistens unter typisch weiblichen Vorwänden – zum Kaffeeklatsch oder zur Geburtstagsfeier. Trotzdem wurde auch dieses Versteckspiel von der Polizei aufgedeckt, die Agitationskommissionen von den Behörden willkürlich zum Verein erklärt und verboten. Selbst die seit 1893 übliche lose Organisationsform, das System von sog. «Vertrauenspersonen», schützte die Proletarierinnen nicht vor Verfolgung, ganz besonders um 1895 im Zusammenhang mit der bereits erwähnten Umsturzvorlage. Offensichtlich nahmen die Obrigkeiten die Subversion der Proletarierinnen sehr ernst, andererseits aber stärkte die staatliche Repression das politische Bewußtsein und das Zusammengehörigkeitsgefühl der Arbeiterinnen und Arbeiterfrauen z. B. wenn sie sich in den Wahlvereinen unter der Devise versammelten: *«Können wir nicht wählen, so können wir doch wühlen!»* [56]

Auf dem Gothaer Parteitag 1896, im Anschluß an das Grundsatzreferat von Clara Zetkin, wurde zum erstenmal die Agitation unter Frauen zum Tagesordnungspunkt und Gegenstand ausführlicher Beratungen gemacht. Beschlossen wurde, *«nicht spezielle Frauenagitation, sondern sozialistische Agitation unter den Frauen zu betreiben»*[57]. Immer wieder tauchte die Sorge auf, die Frauenfrage könne zu sehr in den Vordergrund treten, ihre sozialistische Einbindung versäumen. In der Folgezeit wurde das System der Vertrauenspersonen ausgebaut und 1900 mit Ottilie Baader die erste «Zentralvertrauensperson» für Deutschland bestimmt.

Erst nach 1900 gelang es, die proletarischen Frauen zu einer Massenbewegung zu mobilisieren. Die sozialdemokratischen Frauenkonferenzen, die seit dieser Zeit jeweils vor den Parteitagen abgehalten wurden, waren Ausdruck der Stärke und selbständigen Bedeutung der proletarischen Frauenbewegung, wenn auch im Rahmen der männlichen Vorherrschaft in der Partei. Schwerpunkte der Agitation und politischen Arbeit waren die Erweiterung des Ar-

56  S. Richebächer, Uns fehlt nur..., S. 225.
57  S. Richebächer, Uns fehlt nur..., S. 195.

Ottilie Baader

**Ottilie Baader** (1847–1925) hatte sich bereits 1886 als Betroffene im Kampf der Berliner Mantelnäherinnen gegen die Erhöhung des Nähgarnzolls engagiert. Sie schloß sich bald darauf der SPD an und machte Karriere in den sozialdemokratischen Frauenorganisationen: 1894 erste Vertrauensperson in Berlin, 1900 erste Zentralvertrauensperson für Deutschland, ab 1904 besoldet, also sozusagen hauptberufliche Parteifrau. Sie machte sich stark für den Kampf um das Frauenstimmrecht, für Frauen- und Kinderarbeitsschutz und für Frauenbildung und spielte eine große Rolle auf dem internationalen Heimarbeiterkongreß 1904 in Berlin. Nach 1908 war sie Leiterin des neugegründeten Zentralfrauenbüros, einer Verbindungsstelle zwischen Parteileitung und Genossinnen. -

beiterinnenschutzes, die Anstellung weiblicher Fabrikinspektoren, gleicher Lohn für gleiche Leistung ohne Unterschied des Geschlechts, volle privatrechtliche und politische Gleichberechtigung der Frauen, insbesondere die Aufhebung des frauenfeindlichen Vereins- und Versammlungsrechts, die Beseitigung der feudalen Gesindeordnung, der Kampf um den Zehnstundentag – z. B. bei dem großen Streik der Textilarbeiter in Crimmitschau im Jahr 1903[58] – und nicht zuletzt die Mobilisierung von Massenstreiks im Kampf um das freie, gleiche und geheime Wahlrecht, besonders um das Stimmrecht der Frauen.

Als den Frauen endlich 1908 durch ein neues Reichsvereinsgesetz die politische Mündigkeit zugestanden und die Mitgliedschaft in politischen Vereinen und Parteien gestattet wurde, stand der Eingliederung der Frauen in die SPD nichts mehr im Wege. Nun erst läßt sich der Anteil der Frauen als Parteimitglieder zählen (1909: knapp 10 Prozent), nun erst konnten Frauen in Parteiämter aufsteigen. Und doch bedeutete die nun einsetzende Integration der proletarischen Frauenbewegung in die SPD noch keineswegs Gleichstellung oder zumindest mehr politischen Einfluß von Frauen, sondern eher den Verlust von frauenpolitischer Autonomie und einer gewissen parteipolitischen Unabhängigkeit. Zwar wurden den Frauen auch nach 1908 durch Organisationsstatut noch einige Sonderrechte zugestanden (dazu gehörten besondere Frauenversammlungen, Frauenkonferenzen und die Entsendung eigener Delegierter zu den Parteitagen). Dennoch blieben sie selbst, gemessen an der Mitgliederzahl in den Gremien und im Hinblick auf Redebeiträge, immer unterrepräsentiert.[59] Luise Zietz (1865–1922), *«die populärste und erfolgreichste Agitatorin der sozialdemokratischen Frauenbewegung»*[60] rückte gleich 1908 als erste deutsche Frau in den Parteivorstand der SPD auf und wurde hier oft genug in Loyalitätskonflikte gestürzt, etwa bei dem Vorstandsbeschluß aus dem Jahr 1910,

58  Vgl. zu diesem Streik Die Gleichheit 1904, Nr. 1–4, sowie C. Zetkin, Zur Geschichte der proletarischen Frauenbewegung, S. 146, vgl. auch S. Richebächer, Uns fehlt nur…, S. 207f.

59  Vgl. Heinz Niggemann, Emanzipation zwischen Sozialismus und Feminismus, Wuppertal 1981, S. 213 f.

60  Frauenemanzipation und Sozialdemokratie, hg. v. Heinz Niggemann, Frankfurt 1981, S. 317.

die nächste Frauenkonferenz ohne Anhörung der Frauen einfach zu vertagen. Die Möglichkeit zur Mitwirkung in der Partei hatte ihren Preis: Selbst Wohlverhalten oder Parteidisziplin vermochten schon damals die *«kleinbürgerlichen Vorurteile»* – so Zetkin[61] – so mancher Genossen kaum aus der Welt zu schaffen.

Ein wichtiges Instrument der Agitation und Schulung der Frauen für den Klassenkampf, das C. Zetkin mehr als zwei Jahrzehnte für ihren politischen Einfluß zu nutzen wußte und das auch den Zusammenhalt stärkte, war die Zeitschrift «Die Gleichheit». Im ersten Jahr ihres Erscheinens, 1890/91, wurde sie unter dem Namen «Die Arbeiterin» von Emma Ihrer redigiert, ab 1892 war die Zeitschrift fest in C. Zetkins Hand, und zwar bis 1917, als Zetkin gegenüber der SPD-Mehrheit mit ihrer konsequenten Antikriegspolitik in die Opposition gegangen war und auf Beschluß des Parteivorstandes die Redaktionsleitung abgeben mußte.

## Kontroversen

«Die Gleichheit» ist bis heute eine unerschöpfliche Quelle für die Entdeckung von Frauengeschichten, auch für die Auseinandersetzungen unter Frauen, die keineswegs nur Probleme auf der *«Unterseite der Geschichte»* betreffen. Kontroversen wurden schließlich ausgefochten über Kapitalismus, Klassenkampf und das Ende der bürgerlichen Gesellschaft sowie über Revisionismus, Reformismus und Revolution.[62] In der «Gleichheit» dokumentieren sich also nicht nur die scharfen Grenzziehungen gegenüber den bürgerlichen Frauenrechtlerinnen, sondern auch die Kontroversen mit den Mitstreiterinnen aus der eigenen Partei, war doch – wie Zetkin in einem Brief an Friedrich Engels 1895 schrieb – *«unsere proletarische Frauenbewegung in ihren Anfängen ziemlich frauenrechtlerisch infiziert».*[63]

Diese Kritik hatte der frühen Berliner Arbeiterinnenbewegung gegolten, insbesondere den Vereinen Guillaume-Schackscher Prägung (vgl. Kap. 4, Seite 131 ff.), die in den 1890er Jahren noch ver-

---

61  Zit. n. H. Niggemann, Emanzipation zwischen..., S. 229.
62  Vgl. hierzu ausführlich Hans-Josef Steinberg, Sozialismus und deutsche Sozialdemokratie, Berlin/Bonn 1975, S. 89 f.
63  Zit. n. R. J. Evans, Sozialdemokratie, S. 82.

einzelt Nachfolger fanden, z. B. 1892 in dem «Zentralverein der Frauen und Mädchen Deutschlands» mit Sitz in Hamburg, einer Frauengewerkschaft mit radikal frauenrechtlerischen Zielsetzungen.

Aber auch gegenüber anderen führenden Genossinnen – tatsächlich waren es nur sehr wenige, die überhaupt in der Parteihierarchie aufstiegen oder auf Parteitagen das Wort ergriffen[64] – gelang es C. Zetkin immer wieder, zumindest bis etwa 1908, ihren Kurs als Parteilinie durchzusetzen, z. B. gegenüber Henriette Fürth.

Im Anschluß an den Gothaer Parteitag von 1896 entbrannte zwischen beiden Frauen eine heftige Kontroverse darüber, ob die Zusammenarbeit mit bürgerlichen Frauen nicht zumindest in Einzelfragen – so H. Fürth – wie Arbeiterinnenschutz oder Fabrikinspektion notwendig sei.

---

**Henriette Fürth** geb. Katzenstein (1861–1936 oder 1938) kam aus bürgerlichem Haus und hatte eine Lehrerinnenausbildung. Mit neunzehn heiratete sie den Frankfurter Kaufmann Wilhelm Fürth. Trotz familiärer Pflichten und als Mutter von sieben Kindern war sie seit 1896 bis an ihr Lebensende eine aktive Sozialdemokratin, Sozialpolitikerin und Schriftstellerin. Neben mehreren sozialpolitischen Schriften (z. B. «Die Fabrikarbeit verheirateter Frauen», 1902, oder «Die Mutterschaftsversicherung») publizierte sie in verschiedenen Zeitschriften, insbesondere in den «Sozialistischen Monatsheften» – hier berichtete sie zwischen 1902 und 1904 regelmäßig über alle Richtungen und Aktivitäten der Frauenbewegung –, aber auch in der von Helene Lange redigierten Zeitschrift «Die Frau». Sie richtete in Frankfurt eine Rechtsschutzstelle für Frauen ein und war zugleich Mitglied im von Helene Stöcker gegründeten «Bund für Mutterschutz und Sexualreform». Von 1919 bis 1924 war sie Stadtverordnete der SPD in Frankfurt am Main.

---

Eine andere Kontrahentin von Zetkin war Johanna Loewenherz, die deren Unterordnung der Frauenfrage unter die Klassenfrage angriff.[65] Bezeichnend ist, daß über diese zeitweilig eifrige Agitatorin

64 Vgl. hierzu H. Niggemann, Frauenemanzipation, S. 37.
65 Johanna Loewenherz, Können Sozialdemokratinnen und bürgerliche Frauenrechtlerinnen für gemeinsame Ziele auch gemeinsam kämpfen?, in: Sozialistische Monatshefte Nr. 6, 1897, S. 356 ff.

der proletarischen Frauenbewegung nicht einmal die Lebensdaten bekannt sind.[66]

Eine inzwischen viel beschriebene Feindschaft von anscheinend historischer Tragweite aber entwickelte sich zwischen Clara Zetkin und Lily Braun, wohl weil beide in der proletarischen Frauenbewegung eine Führungsrolle beanspruchten.

Clara Zetkin hatte Lily Brauns Übertritt zunächst begrüßt und bot ihr die Mitarbeit an der Zeitschrift «Die Gleichheit» an. Doch schon binnen Jahresfrist wurde die politisch ambitionierte Aristokratin den Frauen der Berliner Sozialdemokratie unbequem. Ihre Vorschläge, Pläne, Publikationen wurden kritisiert und zurückgewiesen. Die Gründe waren vielfältig: Zum einen wurden L. Brauns Kontakte zum «linken Flügel» der Frauenbewegung kritisiert. Immer wieder, noch in dem Versuch, auf der ersten sozialdemokratischen Frauenkonferenz 1900 in Mainz grundsätzlich das Verhältnis von Frauenemanzipation und Sozialdemokratie zu klären, trat auch sie für eine Kooperation zumindest mit den radikalen Frauenrechtlerinnen ein. Doch Zetkin wußte diese Debatte zu verhindern, für sie galt nur *«ein Entweder oder Oder»*, kein *«Und»*, für sie blieb Lily Braun *«eine bürgerliche Sozialreformerin»*.[67]

**Lily Braun, geb. von Kretschmann,** verwitwete von Gizycki (geb. 1865 in Halberstadt, gest. 1916 in Berlin), stammte aus einer preußischen Adels- und Generalsfamilie. Bis zum Alter von 25 Jahren führte Lily das leere, aber luxuriöse Leben einer jungen Frau ihrer Gesellschaftsklasse. Was sie dennoch von ihren Standesschwestern unterschied, war wohl ihr Wissensdurst, ihr Lesehunger und ein starker Wille, das Leben selbst in die Hand zu nehmen. Das bewies sie, als ihr Vater 1895 plötzlich aus der Armee entlassen wurde und die Familie Armut und sozialen Abstieg kennenlernte. Lily von Kretschmann ging 1891 nach Berlin und lernte hier den Nationalökonomen Georg von Gizycki kennen, den Gründer der «Gesellschaft für ethische Kultur».

Es war die Zeit, in der Lily auch Kontakt zu radikalen Frauenrechtlerinnen aufnahm. Sie engagierte sich zunächst in dem von

---

66 Vgl. H. Niggemann, Emanzipation, S. 86 f. mit leider nur denunziatorischen Angaben zu ihrer Schrift «Prostitution oder Produktion, Eigentum oder Ehe?», Neuwied 1895 (S. 321).

67 Zit. n. Beatrix W. Bouvier, Einleitung zu L. Braun, Die Frauenfrage (1901), Berlin/Bonn 1979, S. XIX, XX.

Lily Braun im Jahre 1902

M. Cauer angeführten «Verein Frauenwohl», wurde in den Vorstand gewählt und hielt in diesem Rahmen 1895 als erste deutsche Suffragette eine Rede über «Die Bürgerpflicht der Frau», in der sie öffentlich das Frauenstimmrecht forderte. Im gleichen Jahr übernahm sie zusammen mit M. Cauer die Schriftleitung der neugegründeten Zeitschrift «Die Frauenbewegung», dem publizistischen Sprachrohr des «linken Flügels» der bürgerlichen Frauenbewegung.

Inzwischen hatte sie Georg von Gizycki geheiratet, einen schwerkranken, an den Rollstuhl gefesselten Mann, der bereits 1895 starb.

Wie viele andere radikale Frauenrechtlerinnen sympathisierte sie mit der SPD, doch der Entschluß, SPD-Mitglied zu werden, verlangte von einer Frau ihrer Herkunft im Kaiserreich Mut, bedeutete er doch den völligen Bruch mit ihrer Familie und ihrem bisherigen Lebenskreis. Sie vollzog diesen Schritt dennoch 1896, nachdem sie den Sozialdemokraten Heinrich Braun geheiratet hatte.

L. Braun nahm offen Partei für die Revision der offiziellen Partei-ideologie und geriet damit in schärfsten Gegensatz zu den radikalen Linken in der Partei, deren wichtigste Vertreterin neben Rosa Luxemburg Clara Zetkin war. Nachdem die SPD 1903 auf dem Parteitag in Dresden zumindest programmatisch den Revisionismus verworfen hatte, zog sich L. Braun zunehmend aus der praktischen Politik und Parteiarbeit zurück und schriftstellerte. Ihr Hauptwerk, «Die Frauenfrage», eine umfassende historische und aktuelle Untersuchung insbesondere ihrer wirtschaftlichen Seite, war bereits 1901 erschienen.[68] Ihre 1909 bis 1911 erschienenen «Memoiren einer Sozialistin», ein Lebensrückblick, der romanhaft, aber in kaum verschlüsselter Form eine Abrechnung mit all ihren Gegnern enthielt, wurden ein Bestseller. Sie starb 1916 im Ersten Weltkrieg, den sie noch in ihrer letzten Schrift «Die Frauen und der Krieg» (1915) als vaterländisch verteidigt hatte. Ihr einziger Sohn ist kurz danach im Krieg gefallen.

Wie autonom oder frauenbewegt oder auch radikal sozialistisch war die Arbeiterinnenbewegung in ihrer Gesamtheit? Die Stimmen, die der proletarischen Frauenbewegung jegliche Zugehörigkeit zur Frauenbewegung absprechen, verkennen, wieviel Frauenbewußt-sein und -solidarität, spezifisch Frauenpolitisches durch die besondere Organisierung von Fraueninteressen innerhalb der SPD und auch der Gewerkschaften möglich wurde. Davon zeugen besonders «Die Gleichheit», aber auch die seit 1900 regelmäßig stattfindenden Frauenkonferenzen, nicht zuletzt der 1911 zum erstenmal weltweit veranstaltete Internationale Frauentag.[69]

Auffällig ist hingegen, daß die Fronten der Radikalität in Frauenfragen grundsätzlich anders, ja oft quer zu Grundsatzfragen in anderen Politikfeldern verlaufen. Dies zeigt sich etwa darin, daß die politisch Linken, so auch Zetkin, in allen Fragen, die den Privatbereich betreffen, Ehe, Familie oder Sexualmoral, keineswegs die fortschrittlicheren Positionen vertraten, vielmehr diese Probleme

68 Nachdruck, Berlin/Bonn 1979.
69 Vgl. Renate Wurms, Wir wollen Freiheit, Frieden, Recht. Der Internationale Frauentag, Frankfurt 1980.

entweder nicht zur Kenntnis nehmen wollten, weil dadurch das allein auf Lohnarbeit bezogene Befreiungskonzept gestört wurde, oder doch unreflektiert in einem bürgerlichen Familienideal befangen blieben und die «*heiligen Verpflichtungen der Mutterschaft*» nicht in Frage stellen mochten.[70] Wie wenig diese sozialistische Frauen-befreiungstheorie mit der Alltagswirklichkeit und den Problemen von Arbeiterfrauen zu tun hatte, wurde spätestens in der sog. «*Gebärstreikdebatte*» kurz vor dem Ersten Weltkrieg deutlich: Ganz gegen die Parteiregie und Zetkins Sorge um die notwendige Zahl der «*Soldaten für die Revolution*» demonstrierten die Arbeiterinnen zwischen 1911 und 1914 auf mehreren Massenversammlungen für ihr Recht auf Selbstbestimmung und Geburtenkontrolle. Ohne Erfolg: Die Sozialdemokratische Partei distanzierte sich in vielen Stellungnahmen von dieser angeblichen «*Privatsache*». Alma Wartenberg, eine «Schlosserfrau» aus Hamburg, die mit Lichtbildervorträgen für die Verbreitung von Verhütungsmethoden eingetreten war, wurde gemaßregelt, beschimpft und wegen Verstoß gegen § 184 StGB zu Gefängnis verurteilt.[71]

Zetkins Radikalität und, soweit sie die proletarische Frauenbewegung bestimmte, auch die ihrer Anhängerinnen bezog sich somit nur auf ihr Festhalten an dem Programm eines revolutionären Marxismus und seiner Grundlegung durch einen historischen Materialismus, auf ihr Eintreten für den Massenstreik als politisches Kampfmittel gerade auch zur Erlangung des allgemeinen Wahlrechts und erwies sich 1914 in ihrer konsequenten Ablehnung des sozialdemokratischen Burgfriedens mit dem kriegführenden Kaiserreich (dazu Kap. 8, Seite 320).

Dagegen haben sich Revisionistinnen wie Wally Zeppler[72] in den zentralen Frauenfragen Ehe, Familie und Sexualität viel weiter vorgewagt und sind insbesondere in der 1905 in den «Sozialistischen Monatsheften» angezettelten Debatte über «Die Frauenfrage» und «Die Familie» gegen ein reaktionäres Familienkonzept angetreten.

70 C. Zetkin, in: Die Gleichheit 1905, Nr. 6, S. 37 f., vgl. hierzu auch S. Richebächer, Uns fehlt nur..., S. 153.
71 Vgl. Anneliese Bergmann, Frauen, Männer, Sexualität und Geburtenkontrolle. Zur Gebärstreikdebatte der SPD im Jahr 1913, in: Frauen suchen ihre Geschichte, S. 83 ff. (96 f.).
72 Ihre Lebensdaten sind unbekannt, vgl. aber ihre Schrift Sozialismus und Frauenfrage, Berlin 1919.

Die Revisionistinnen thematisierten auch schon die Probleme der *«Hausfrauentätigkeit»* und bezeichneten die Erziehungsarbeit der Mütter als gleichwertig, die *«mindestens einen so großen Arbeitsaufwand verlangt... wie vom Mann der Beruf»*.[73]

## 4. «Auflehnung gegen Gottes Ordnung»? (Minna Cauer) – Die konfessionelle Frauenbewegung

Ein Überblick über die verschiedenen Richtungen der Frauenbewegung sollte die konfessionellen Frauenverbände nicht aussparen. Zwar bieten die konfessionell gebundenen Frauen für das Bestreben nach Autonomie und Emanzipation von männlicher Bevormundung auf den ersten Blick wenig Anknüpfungspunkte. Ebensowenig ist die Geschichte der Frauen in der Kirche als Erfolgsgeschichte, sondern eher als eine «Trauergeschichte» zu bezeichnen. Bei genauerem Hinsehen aber verbirgt sich selbst in der Kirchengeschichte als der Geschichte eines sich immer selbst wieder bestätigenden Patriarchats eine revolutionäre Frauentradition. Denn immer wieder haben gerade Frauen das *«Christentum als Religion der Freiheit»*[74] ernst genommen, gingen insbesondere im 19. Jahrhundert religiöser Aufbruch und neues soziales Handeln oftmals Hand in Hand. Aber auch die Auseinandersetzung mit dem, *«Was die Pastoren denken»*[75], oder die überaus kritischen *«Anfragen an die Herren Theologen Deutschlands aus den Kreisen christlich gebildeter Frauen»*[76] trugen zur Bewußtwerdung der Frauen bei,

---

73  Die wichtigsten Artikel dieser Debatte aus den Sozialistischen Monatsheften 1905, Nr. 3 ff. sind abgedr. in: W. Zeppler, Sozialismus und Frauenfrage; E. Fischer, Die Frauenfrage S. 18 f.; O. Olberg, Polemisches über Frauenfrage und Sozialismus, S. 32 f.; W. Zeppler, Das psychische Problem in der Frauenfrage, S. 55 f.
74  Elisabeth Moltmann-Wendel, Frau und Religion. Gotteserfahrungen im Patriarchat, Frankfurt 1983, S. 16 u. 34 f.
75  Streitschrift von H. Dohm, Berlin 1872.
76  Elisabeth Malo, Eine Anfrage... (1891), abgedr. in: E. Moltmann-Wendel, Frau und Religion, S. 87 f.

machten Mut zur Inanspruchnahme von Recht als Menschenrecht.

Mit der Ausbreitung der Frauenbewegung wurde auch in kirchlichen Kreisen das traditionelle Selbstverständnis der Frau als Untergeordnete und Dienende problematisch, weil der *«Bazillus der Emanzipation»* auch vor kirchentreuen Ehefrauen, Töchtern und Schwestern nicht halt machte. Überdies ist nicht zu leugnen, daß die konfessionellen Verbände in vieler Hinsicht auch eine Vermittlerfunktion übernommen und auf ihre Weise die Frauenfrage in politisch konservative, der Frauenbewegung fernstehende Kreise getragen haben. Andererseits aber hat der «Deutsch-Evangelische Frauenbund» für die weitere Entwicklung und Politik der deutschen Frauenbewegung eine nicht unwesentliche Rolle als *«retardierendes Moment»* [77] gespielt.

Ausschlaggebend wurden konservative und nationale Orientierungen, die auch im Verhältnis zum «Jüdischen Frauenbund» verheerende politische Folgen haben sollten, und nicht erst 1933 für den «Bund Deutscher Frauenvereine» zur Schicksalsfrage wurden. Problematisch waren die Beziehungen zwischen der «allgemeinen» und der konfessionellen Frauenbewegung von Anbeginn. So schrieb Minna Cauer 1899 in einer «Umschau» in der «Deutschen Frauenwelt»:

*«Fast so schroff geschieden wie die proletarische und bürgerliche Frauenbewegung steht der größte Teil der kirchlich-christlichen Frauen der Frauenbewegung gegenüber und sieht in derselben eine Auflehnung gegen Gottes Ordnung. Es beginnt sich jetzt allerdings in diesen Kreisen zu regen und eigentümlicherweise auf Anregung der Männerwelt, doch geschieht es nicht um der Befreiung des Frauengeschlechts willen, diesen Grundgedanken läßt man nicht zu, sondern um (der) Aufgaben willen, die die Frau als Helferin zu übernehmen habe ... Unterschätzen wir (je)doch nicht, welch ein mächtiger Faktor im Frauenleben der religiöse Einfluß ist, und lassen wir uns durch die Proklamation auf dem Katholikentage nicht täuschen, daß man der Frauenbewegung größere Aufmerksamkeit schenken werde. Die Macht der katholischen Kirche liegt zum Teil in den Händen der Frauen.»* [78]

77 Elisabeth Moltmann-Wendel, Frauenbefreiung, München/Mainz 1978, S. 55.
78 M. Cauer, Umschau, in: Die Frauenbewegung 1899, Nr. 1, S. 2, vgl. auch M. Cauers kritische Würdigung, Die Tagung des Katholischen Frauenbundes, in: Die Frauenbewegung 1908, Nr. 22, S. 170–172.

Ein Antrag der Radikalen an die Generalversammlung des BDF, konfessionell gebundene Organisationen von der Mitgliedschaft auszuschließen, wurde von der Mehrheit abgelehnt. Dadurch konnte der «Bund Deutscher Frauenvereine» zwar eine große Zahl neuer Mitglieder gewinnen, verstärkte aber auch seinen konservativen rechten Flügel. So konnten auf dem Deutschen Frauenkongreß von 1912 nacheinander die Vertreterinnen des Evangelischen, des Katholischen und des «Jüdischen Frauenbundes» mit einem Grundsatzreferat zu Wort kommen.[79]

### Der «Deutsch-Evangelische Frauenbund» (DEF)

Der DEF wurde 1899 mit Hilfe des Pfarrers Ludwig Weber auf dem Evangelischen Frauentag in Kassel gegründet. Vorausgegangen war bereits 1894 die Gründung einer «Evangelisch-Sozialen Frauengruppe» durch Elisabeth Gnauck-Kühne, die ein Jahr später als erste Frau – *«eine kleine Sensation»* – auf der Evangelisch-Sozialen Konferenz das Hauptreferat über «Die soziale Lage der Frau» hielt.[80]

Elisabeth Gnauck-Kühne (1850–1917), ausgebildete Lehrerin, Gründerin eines Lehr- und Erziehungsheims in Blankenburg, wurde nach ihrer Ehescheidung von dem Arzt R. Gnauck zur Sozialpolitikerin und Frauenrechtlerin. *«Enttäuscht über den kargen Protestantismus und die Möglichkeit, in ihm eine Identität als Frau zu finden»*[81], trat sie 1900 zum Katholizismus über, wurde Mitbegründerin des «Katholischen Frauenbundes». Engagiert in der Organisierung der Arbeiterinneninteressen, wurde sie auch die «katholische Zetkin» genannt.[82]

79  Der Deutsche Frauenkongreß 1912, Sämtliche Vorträge, hg. v. G. Bäumer, Berlin 1912, S. 220 ff.
80  Jochen Christoph Kaiser, Frauen in der Kirche, Düsseldorf 1985, S. 25, dort auch Quellen und Originaltexte.
81  E. Moltmann-Wendel, Frau und Religion, S. 257.
82  H. Lion, Zur Soziologie der Frauenbewegung, S. 126.

Langjährige Vorsitzende des «Deutsch-Evangelischen Frauenbundes», von 1901 bis 1934, war Paula Müller-Otfried (1865–1946), die auch die Verbandszeitschrift, zuerst die «Mitteilungen des deutsch-evangelischen Frauenbundes», seit 1904 die «Evangelische Frauenzeitung» redigierte. Ziel des Zusammenschlusses, dem – im Gegensatz zur im gleichen Jahr entstandenen «Evangelischen Frauenhilfe» – vorwiegend Frauen aus der national gesonnenen protestantischen Mittel- und Oberschicht angehörten, war, *«auf dem Grunde des evangelischen Bekenntnisses an der Lösung der Frauenfrage und an der religiös-sittlichen Erneuerung und sozialen Hebung des Volkslebens»* zu arbeiten.[83] Der Bund übernahm praktisch Aufgaben der Inneren Mission und engagierte sich z. B. in der Sittlichkeitsbewegung, in der Bekämpfung von Suchtgefahren, in Fragen der Kinderarbeit usw. Eine der ersten Forderungen betraf das Frauenstimmrecht bei den kirchlichen Gemeindewahlen. Doch diese Forderung wurde ausdrücklich an die Ablehnung des politischen Stimmrechts und der staatsbürgerlichen Gleichberechtigung gekoppelt, und zwar im *«Interesse des Vaterlandes»*, da die Einführung des allgemeinen Wahlrechts

*«in Anbetracht unserer innerpolitischen Verhältnisse und der noch vielfach mangelnden Reife der Frauen in absehbarer Zeit keinen Segen für unser deutsches Volk bedeute, sie ließe dagegen eine im höchsten Grade bedenkliche Stärkung der staatsfeindlichen Parteien mit Sicherheit voraussehen».*[84]

1908 war der DEF gezielt dem «Bund Deutscher Frauenvereine» beigetreten, um in der Diskussion um die Reform des § 218 und die Sittlichkeitsfrage den rechten, konservativen Flügel zu stärken. Wegen der gleichen konservativen Orientierung trat der DEF 1918 demonstrativ wieder aus, als der BDF gemeinsam mit den anderen Stimmrechtsvereinen das Wahlrecht für Frauen gefordert hatte.

83  Jahrbuch der Frauenbewegung 1913, S. 21, ausführlich auch zum weiteren E. Moltmann-Wendel, Frauenbefreiung, S. 52 f., sowie Doris Kaufmann, Frauen zwischen Aufbruch und Reaktion. Protestantische Frauenbewegung in der ersten Hälfte des 20. Jahrhunderts, München 1988, S. 23 ff.
84  M. Gräfin zu Münster, zit. n. D. Kaufmann, Frauen zwischen Aufbruch und Reaktion, S. 30.

Dessenungeachtet war P. Müller-Otfried eine der ersten weiblichen Abgeordneten im Reichstag als Vertreterin der Deutsch-Nationalen Volkspartei.

Für 1913 wurden 13650 Mitglieder im evangelischen Frauenbund gezählt[85], zum Ende der 1920er Jahre wird eine Zahl von 200000 angegeben.[86] Der DEF ist einer der wenigen deutschen Frauenvereine, der auch die Zeit des Nationalsozialismus ungeschoren überdauert hat und bis heute besteht.

### Der «Katholische Frauenbund Deutschlands» (KFD)

Die Konstituierung des KFD erfolgte 1904 in Köln. Die Initiative ging von einer *«Damenkonferenz»* im Anschluß an die 50. Generalversammlung der Katholiken Deutschlands im Jahr 1903 aus.[87] Die zweite Vorsitzende, die den Bund als Interessenvertretung aller katholischen Frauen entscheidend prägte, war Hedwig Dransfeld (1871–1925). Als Zweck des Zusammenschlusses war in §2 der Satzung bestimmt:

*«1. wirksame Vertretung der allgemeinen Fraueninteressen auf sittlichem, sozialem, beruflichem, wirtschaftlichem und rechtlichem Gebiet; 2. Zusammenfassung der katholischen Frauen aller Betätigungskreise und sozialen Schichten… 3. Aufklärung der katholischen Frauen über Fragen und Probleme, welche die Entwicklung der Gegenwart mit sich bringt, insbesondere soweit sie die Frauenwelt betreffen; 4. wissenschaftliche, soziale und karitative Gemeinschaftsarbeit…»*[88]

Der KFD lehnte die *«religiöse Indifferenz»* der Frauenbewegung ab und trat deshalb niemals dem BDF bei. Er verstand sich jedoch selbst als Teil der Frauenbewegung und kooperierte mit den politischen Frauenorganisationen in Frauenbildungs- und Rechtsfragen.

Dem Frauenstimmrecht stand der «Katholische Frauenbund» nicht so konsequent ablehnend gegenüber wie der «Evangelische

---

85 Jahrbuch der Frauenbewegung 1913, S. 21.
86 D. Kaufmann, Frauen zwischen Aufbruch und Reaktion, S. 25.
87 Vgl. H. Lion, Zur Soziologie der Frauenbewegung, S. 107ff.
88 Zit. n. Marie Bernays, Die deutsche Frauenbewegung, Leipzig/Berlin 1920, S. 30.

Frauenbund». Für und Wider wurden diskutiert, insbesondere die politisch nahestehende Zentrumspartei beurteilte diese Frauenfrage *«wohlwollend»*. Aber aufgrund der programmatischen politischen Neutralität kam es bis 1918 zu keiner offiziellen Stellungnahme. Mitgliederzahlen werden für 1918 genannt: Insgesamt 112496 waren danach in 405 Zweigvereinen und 638 dem KFD angeschlossenen Vereinen organisiert. Vereinsorgane waren «Die christliche Frau», herausgegeben von Elisabeth M. Hamann, später auch die Zeitschrift «Frauenland».

## Der «Jüdische Frauenbund» (JFB)

Der JFB wurde 1904 anläßlich der Berliner Konferenz des «Frauenweltbundes» (ICW) gegründet. Initiatorin und Vorsitzende war Bertha Pappenheim, eine *«begeisterte Feministin und gläubige Jüdin»*.[89]

**Bertha Pappenheim** (geb. 1859 in Wien, gest. 1936 in Isenburg), kam aus einer jüdischen Kaufmannsfamilie. Sie war die erste, die von ihrer Erkrankung als Zwanzigjährige von dem Arzt Josef Breuer mit einer Psychotherapie geheilt wurde. Ihre Krankengeschichte ist die in der Schilderung S. Freuds berühmt gewordene Geschichte der Anna O., mit der Freud den Weg zu Psychoanalyse fand.

1888 zog B. Pappenheim mit ihrer Mutter nach Frankfurt, wo sie sich sehr bald innerhalb der jüdischen Gemeinde für die Armenpflege und «weibliche Fürsorge» engagierte und auch den Kontakt zu frauenbewegten Frankfurter Frauen wie Henriette Fürth aufnahm. Nach 1900 gehörte sie zu den ersten Frauen, die von der Stadt Frankfurt ehrenamtlich als Waisen- und Armenpflegerinnen eingestellt wurden. Sie arbeitete mit im ADF, in Gemeindeämtern, Mutter- und Kinderschutzvereinen, in der Sittlichkeitsbewegung und Rechtsschutzstellen und kämpfte zeit ihres Lebens besonders gegen den international organisierten Mädchenhandel, von dem die aus Osteuropa auswandernden jüdischen Mädchen und Frauen ganz besonders betroffen waren. Gleichzeitig war sie als Schriftstel-

89  Marion Kaplan, Schwesterlichkeit auf dem Prüfstand, in: Feministische Studien 1984, Nr. 1, S. 129, auch zum Folgenden vgl. M. Kaplan, Die jüdische Frauenbewegung in Deutschland, Hamburg 1981.

lerin und Publizistin tätig. Nach der Jahrhundertwende baute sie ihre eigenen Organisationen auf, 1902 den «Israelitischen Mädchenclub», 1904 den «Jüdischen Frauenbund», 1914 den «Weltbund jüdischer Frauen» und 1907 das Mädchenheim in Neu-Isenburg, das sie 29 Jahre lang leitete. Von 1914 bis 1924 gehörte sie dem BDF-Vorstand an.

Der «Jüdische Frauenbund» vereinte Ziele der Frauenbewegung mit *«einem ausgeprägten Gefühl für jüdische Identität».*[90] Sein Zweck war:

*«Zusammenschluß der deutsch-jüdischen Frauenvereine und weiblicher Einzelpersonen zu gemeinsamer Arbeit im Interesse der jüdischen Frauenwelt. Der Verband fördert Bestrebungen, die 1. die Erziehung des Volkes bezwecken, 2. das Erwerbsleben jüdischer Frauen und Mädchen erleichtern wollen, 3. auf Hebung der Sittlichkeit, Bekämpfung des Mädchenhandels hinwirken und 4. geeignet sind, das jüdische Gemeinschaftsbewußtsein zu stärken.»*

Der JFB hatte im Vergleich zum Organisationsgrad im BDF eine breite Anhängerschaft; 1913 hatte er 32 000 Mitglieder.[91] In der Person B. Pappenheims war auch die Kooperation mit der gemäßigten Mehrheit im BDF garantiert. Doch zunehmend belasteten antisemitische Tendenzen und Vorfälle auch im BDF die schwesterliche Solidarität.[92]

90  M. Kaplan, Schwesterlichkeit, S. 129.
91  Jahrbuch der Frauenbewegung 1913, S. 35.
92  Dazu Marlies Dürkop, Erscheinungsformen des Antisemitismus im Bund Deutscher Frauenvereine, in: Feministische Studien 1984, Nr. 1, S. 140 ff.

Internationaler
Frauenkongreß 1904

# 5. «Sie müssen dies dem Kaiser sagen» (Susan B. Anthony) – Der Weltkongreß 1904 in Berlin

Die großen internationalen Kongresse der alten Frauenbewegung – 1896, 1904 und 1912 – bezeichnen glanzvolle und bemerkenswerte Stationen auf dem mühsamen, von vielen Prinzipienfragen und mächtigen Hindernissen beschwerten Weg zur Emanzipation. Sie glichen jeweils einem großen Feuerwerk, das schnell wieder verlosch. Und doch geben die Quellen auch heute noch einen guten Überblick und Eindruck von der Vielfalt und dem Stand der Bewegung und dem, was gesellschaftlich möglich war.

Der Internationale Frauen-Kongreß von 1904, zu dem der «Bund Deutscher Frauenvereine» den alle fünf Jahre tagenden «Frauenweltbund» (ICW) nach Berlin eingeladen hatte, war solch ein glanzvoller Höhepunkt, der die inzwischen gewonnene Stärke und Bedeutung der Frauenbewegung eindrucksvoll belegt. Auch der Eindruck, den die Tausende von Besucherinnen aus aller Welt auf die Zeitgenossen und -genossinnen in der Reichshauptstadt gemacht haben, teilt sich heute noch mit und ist in vielfältigen Presseberichten und ungewöhnlich vielen Fotos dokumentiert.[93]

Der «Frauenweltbund» hatte zur Zeit des Berliner Kongresses ungefähr 7 Millionen Mitglieder in 24 Ländern, von denen immerhin einige tausend als Delegierte und Besucherinnen nach Berlin gereist waren. Neben der inhaltlichen Erarbeitung des Programms durch den Vorstand des BDF hatte unter der Leitung von Hedwig Heyl ein Komitee von 150 Frauen aus dem BDF die organisatorischen Vorbereitungen übernommen und Spenden beschafft, *«um die Berliner Philharmonie mieten zu können, ein opulentes Rahmenprogramm zu organisieren und den Kongreßteilnehmerinnen jede Annehmlichkeit zu bieten».* Dazu gehörten auch *«Empfänge und Einladungen bei nahezu allen bedeutenden Persönlichkeiten»,* Empfänge beim Reichskanzler von Bülow und bei verschiedenen Ministern sowie eine Audienz bei der Kaiserin Augusta (siehe auch S. 212), die sonst mit der Frauenbewegung wenig im Sinn hatte. Doch es gab auch skeptische Stimmen:

93 Vgl. den Tagungsband, Der Internationale Frauen-Kongreß in Berlin 1904, hg. v. Marie Stritt, Berlin (1905).

Internationaler Frauen-Kongreß 1904
(Empfang beim Reichskanzler von Bülow)

*«In erster Linie bedauern wir das äußere Gepräge dieses Kongresses; so vollendet es auch war, so beeinträchtigte doch der Prunk, die vielen Salons, Buffets, die immer belagerte Limonadenquelle u. dergl. mehr, den Ernst des Ganzen. Ein ewiges Hin- und Herfluten, ein lautes Stimmengewirr bis in die Hörsäle hinein, eine Entfaltung von Luxus, Toiletten und das Haschen nach Sensationellem, – alles das stieß den denkenden und forschenden Menschen ab. [...] Sicherlich nicht das Wichtigste, dennoch wichtig zur Charakteristik des Kongresses. Er war gesellschafts- und salonfähig, ja sogar hoffähig – liegen in diesen Worten nicht allein schon die bedenklichsten und schwersten Gefahren für eine soziale Bewegung? Hat denn niemand darüber nachgedacht, warum man die Bewegung salon- und hoffähig machen wollte?»* [94]

94 Minna Cauer, Gedankenspäne, in: Die Frauenbewegung 1904, Nr. 13, S. 97.

# Der Empfang bei der Kaiserin.

Gestern Vormittag um halb 12 Uhr empfing die Kaiserin eine Abordnung des Frauenweltbundes. Neben dem Vorstande und den Ehrenpräsidentinnen waren die Präsidentinnen der 19 Nationalverbände geladen, ferner vom Berliner Lokalkomitee Frau Hedwig Heyl, Frau Oberbürgermeister Kirschner und Frau Wenzel-Heckmann. Frau Marie Stritt vertrat den Bund deutscher Frauenvereine.

Die Kaiserin empfing die Damen, umgeben von ihrem Hofstaat, im blauen Pfeilersaal. Frau Heyl übernahm die Vorstellung, mit der jetzigen Bundespräsidentin Lady Aberdeen beginnend, und nannte dabei das Arbeitsgebiet jeder Dame. Die Kaiserin zeigte sich gleich orientiert wie interessiert und unterhielt sich mit jeder der Damen längere Zeit, durch ihre Fragen überall ein lebhaftes Interesse bekundend. Die Ausländerinnen wurden in ihrer eigenen Sprache angeredet, und die Kaiserin gab dabei ihrer Freude Ausdruck, daß der Kongreß Verbindungen zwischen den deutschen Frauen und ihren ausländischen Schwestern anknüpfe. Helene Lange wurde von der Kaiserin in ein längeres Gespräch gezogen, auch abonnierte sich die hohe Frau auf die von dieser Führerin herausgegebene Zeitschrift „Die Frau".

Ganz reizend gestaltete sich die Unterhaltung zwischen der Kaiserin und Miß Susan B. Anthony. Die Kaiserin reichte ihr die Hand, die die Amerikanerin nicht küßte, sondern kräftig schüttelte. Die Kaiserin ließ dann für die alte Dame einen Lehnstuhl herbeibringen und bat sie niederzusitzen, und die offenherzige Republikanerin ließ sich ungeniert nieder und benutzte die gute Gelegenheit, der deutschen Kaiserin ein Privatissimum über die Frauenbewegung zu halten. „Sie müssen dies dem Kaiser sagen, Sie müssen das dem Kaiser sagen", klang es alle Augenblicke aus ihrem Munde. „Die Herren wollen aber nicht immer alles hören!" entgegnete die Kaiserin mit feinem Lächeln. „O, Ihr Kaiser und unser Roosevelt, das sind zwei so prächtige Männer, sie werden schon hören wollen!" sagte darauf Miß Susan Anthony mit begeisterter Ueberzeugung. Auch mit Marianne Harnisch, der liebenswürdigen Vertreterin

> Oesterreichs, unterhielt sich die Kaiserin lebhaft. Hocherfreut ver-
> ließen die Frauen um 1 Uhr das kaiserliche Schloß. Besonders die
> deutschen Frauen hatten die Empfindung, daß ihr Streben nun um
> einen guten Schritt vorwärts gekommen sei.

(Aus der Pressemappe des Helene-Lange-Archivs)

Die «hohe Konjunktur» der Frauenbewegung in jener Zeit ist
schließlich daran abzulesen, daß aus Anlaß dieses Kongresses ein
Portraitfoto von Marie Stritt als Vorsitzender des «Bundes Deutscher
Frauenvereine» und Präsidentin des Frauenkongresses die Titel-
seite der größten Massenillustrierten, der «Berliner Illustrirten Zeitung» schmückte.

## Lesetips

Helene Lange: Die Frauenbewegung und ihre modernen Probleme, Berlin
   1908. Neudruck Münster 1980
Marion A. Kaplan: Die jüdische Frauenbewegung in Deutschland. Organi-
   sationen und Ziele des Jüdischen Frauenbundes 1904–1938, Hamburg
   1981
Elisabeth Moltmann-Wendel: Frau und Religion. Gotteserfahrungen im
   Patriarchat, Frankfurt 1983
Richard J. Evans: Sozialdemokratie und Frauenemanzipation im deutschen
   Kaiserreich, Berlin, Bonn 1979
Sabine Richebächer: Uns fehlt nur eine Kleinigkeit. Deutsche proletarische
   Frauenbewegung 1890–1914, Frankfurt 1982
Clara Zetkin: Zur Geschichte der proletarischen Frauenbewegung
   Deutschlands, 1928. Neudruck Frankfurt 1971

# 7. KAPITEL

1894–1908
## Die Radikalen im Kampf um Recht und gegen doppelte Moral

# 1. Weil «...aus lauter Bischens...doch nur etwas An- und Zusammengeflicktes wird» (Hedwig Dohm)

## Die erste Stimmrechtsversammlung in Berlin 1895

*«Im Grunde haben auch die beliebten Bezeichnungen ‹gemäßigte› und ‹radikale› Frauenbewegung keinen rechten Sinn, wenigstens nicht den Sinn, der ihnen gewöhnlich gegeben wird: daß es sich dabei um verschiedene Bestrebungen handelt; denn es sind lediglich Unterschiede der Taktik, des Tempos, des Charakters und des Temperamentes, die in den verschiedenen führenden Persönlichkeiten und in den verschiedenen ‹Richtungen› zum Ausdruck kommen und den falschen Schluß auf verschiedene Ziele entstehen ließen. Die Frauenbewegung als solche kann eigentlich nur als eine ‹radikale› aufgefaßt werden, da sie thatsächlich eine Beseitigung der Wurzeln, eine Änderung der Grundlage unserer heutigen Gesellschaftsordnung, soweit diese auf der Unterordnung der Frau aufgebaut ist, anstrebt.»* [1]

Handelte es sich bei der Abspaltung der Radikalen vom breiteren Strom der bürgerlichen Frauenbewegung wirklich nur *«um Unterschiede der Taktik, des Tempos, des Charakters»*, wie Marie Stritt vermittelnd meinte, oder doch um Grundsätzlicheres, also um *«streitbare Frauen, die die Axt an die Wurzel des Übels leg(t)en»*? Denn: *«Die Radikalen fordern alle Freiheiten und Rechte unbedingt und uneingeschränkt, in der Meinung, daß aus lauter Bischens (ein bischen Freiheit, ein bischen Beruf) doch nur etwas An- und Zusammengeflicktes wird...»* [2]

So Hedwig Dohm, die in ihrer angriffslustigen Schrift «Die Antifeministen» nicht nur mit allen «Kategorien» von Frauenfeinden, den *«Altgläubigen, Herrenrechtlern, praktischen Egoisten oder Rittern der mater dolorosa (Unterabteilung: die Jeremiasse, die auf dem Grabe der Weiblichkeit schluchzen)»*, aufräumte, sondern auch die prominentesten Vertreterinnen des weiblichen Antifeminismus der Jahrhundertwende mit einer auf der Zunge zergehenden Ironie und Scharf-

1 M. Stritt, Die Einheitlichkeit der Frauenbewegung, S. 8.
2 Hedwig Dohm, Die Antifeministen. Ein Buch der Verteidigung (Berlin 1902), Nachdruck Frankfurt o. J. S. 118.

Minna Cauer

sinnigkeit widerlegte: Z. B. Laura Marholm, erfolgreiche Schriftstellerin, deren «Kapseltheorie» («*Das Weib ist seelisch und physiolo-
gisch eine Kapsel über einer Leere, die erst der Mann kommen muß zu
füllen*»[3]) vielen gelegen kam, doch in der Frauenbewegung heftig
diskutiert wurde und empörten Widerspruch fand. Z. B. Ellen Key,
deren Bestseller «Mißbrauchte Frauenkraft» (1898) und «Das Jahrhundert des Kindes» (1902) den Bemühungen der Frauenbewegung
um Gleichberechtigung in den Rücken fielen. Allerdings forderte
sie auch schon ein «neues Ehegesetz», das *die ganz freie Vereinigung zwischen einem Manne und einer Frau*» ermöglicht[4], und engagierte sich in diesem Zusammenhang auch im «Bund für Mutterschutz».

Der Ausgangspunkt der meisten radikalen Initiativen war der
«Verein Frauenwohl» Berlin. Zunächst als «Frauengruppe der
Deutschen Akademischen Vereinigung» ins Leben gerufen, wurde
er von Anbeginn von Minna Cauer geleitet und geprägt (vgl. Kap. 5,
S. 164).

3  Laura Marholm, Das Buch der Frauen, Paris, Leipzig 1895, S. 2.
4  Ellen Key, Über Liebe und Ehe, Berlin 1905, S. 398 f.

**Minna Cauer** (geb. Schelle, geb. am 1.11.1841 in Freyenstein, gest. am 3.8.1922 in Berlin) war schon 47 Jahre alt, als sie sich für die Frauenbewegung engagierte und ihr in vielfacher Hinsicht die entscheidenden Anstöße gab. Die Pfarrerstochter aus Schlesien und ausgebildete Lehrerin war damit einer Anregung ihres verstorbenen Ehemannes Eduard Cauer gefolgt, eines schon um Mädchenerziehung und Lehrerinnenausbildung verdienten liberalen Pädagogen.

Von der Gründung des «Vereins Frauenwohl» bis zu ihrem Lebensende stand M. Cauer an der Spitze vieler Initiativen und Vereinsgründungen: des «Kaufmännischen Hilfsvereins für weibliche Angestellte», der «Mädchen- und Frauengruppen für soziale Hilfsarbeit», des Internationalen Kongresses für Frauenwerke und Frauenbestrebungen» von 1896 oder auch beim Aufbau einer Berufsorganisation für Krankenpflegerinnen, dem «Agnes-Karll-Verband». Sie exponierte sich im Kampf gegen das BGB, gegen das Frauen ausschließende Vereinsrecht, für das Stimmrecht der Frauen. 1899 übernahm M. Cauer den Vorsitz im neugegründeten «Verband Fortschrittlicher Frauenvereine», dem Dachverband aller radikalen Frauenvereine, legte aber 1907 den Vorsitz nieder, als dieser sich dem BDF anschloß. Seit 1902 war sie im Vorstand des in Hamburg gegründeten «Deutschen Vereins für Frauenstimmrecht» und leitete mit großem Erfolg zusammen mit Toni Breitscheid den «Preußischen Landesverein für Frauenstimmrecht». Als entschiedene Demokratin nahm sie Stellung zu allen brennenden Tagesfragen, zu Partei-, Innen- und Außenpolitik. Ihr Sprachrohr, Kampfinstrument und Lebenswerk war die Zeitschrift «Die Frauenbewegung», das von einer breiten Öffentlichkeit gelesene «Blatt der Linken», Plattform und Chronik aller Richtungen der Frauenbewegung. M. Cauer hat «Die Frauenbewegung» 25 Jahre lang, von 1895 bis 1919, unter persönlichen und finanziellen Opfern herausgegeben und gestaltet.

*«Man wird – von Nummer zu Nummer fortlesend – hineingezogen ins Getümmel ihrer politischen Alltagsarbeit, informiert über soziale, politische und kulturelle Themen in bunter Fülle, dargeboten mit dem ganzen Charme ebenso intelligenter wie unbekümmerter Subjektivität.»*

*«Unter Publizisten, die ins Weite wirken, sind auch einige Frauen. Kampfnaturen, die alles ungeheuer ernst nehmen und noch nicht großstädtisch-rationalistisch abgeschliffen sind. Die Männer, die für den Tag schreiben, werden meist Lebensskeptiker, werden sich nach und nach des bloßen Papierwertes ihrer Schriftstellerei bewußt. Die Frauen*

> *dagegen sind, wenn sie sich einmal ins öffentliche Leben begeben, bis zum letzten Atemhauch geistige Amazonen, die sich täglich von neuem mit hellem Jubel in die Schlacht stürzen...»* [5]

Auch in anderen Städten hatten sich sehr bald, angeregt vom Berliner «Verein Frauenwohl», Schwestervereine gebildet, die Pionierarbeit leisteten, z.B. in Danzig, Königsberg, Breslau, Frankfurt a. O., Bonn, Minden und Dortmund, doch der «Hauptverein» und Kristallisationspunkt blieb Berlin. Hier erschien seit 1893 das für die Propagandaarbeit erste gemeinsame Organ «Frauenwohl – Zeitschrift für Frauen-Interessen», 1895 übergeleitet in die Zeitschrift «Die Frauenbewegung», die von nun an die Erfolge und Niederlagen, den Elan und neuen Stil, die Vielfalt, Schwierigkeiten und Kämpfe dieser «fortschrittlichen Richtung» dokumentiert. In Berlin fand am 2. Dezember 1894 die *«erste öffentliche Volksversammlung* (statt), *die von bürgerlichen Frauen einberufen war», «dazu mit der Aufstellung eines politischen Themas: Die Bürgerpflicht der Frau.»* [6] Die Veranstalterin war die Vorsitzende des «Vereins Frauenwohl», Minna Cauer, die Rednerin war Lily von Gizycki, spätere Braun. Sogar Uhrzeit und Ort dieser denkwürdigen Unternehmung sind überliefert: 11 ½ Uhr im Konzerthaus in der Leipziger Straße 48. Denn das Aufsehen war beträchtlich. Zwar nahmen *«einige Zeitungen nur spöttisch Notiz von einer so lächerlichen Tatsache, andere schwiegen sie völlig tot».* [7] Doch die Zeitschrift «Frauenwohl» hebt eine Reihe von Zeitungen hervor, die *«in sympathischer Weise»* Berichte über den Vortrag gebracht haben [8], und Zeugen berichteten

---

5  Der Leseerfahrung von Gabriele Braun-Schwarzenstein (Minna Cauer. Dilemma einer bürgerlichen Radikalen, in: Feministische Studien 1984, Nr. 1, S. 99 ff., hier S. 102) schließe ich mich an. Zit. wird J. Fischart, Das Alte und das neue System. Die politischen Köpfe Deutschlands, Berlin 1919, S. 216 u. 210. Zur Person Minna Cauers vgl. auch Else Lüders, Minna Cauer. Leben und Werk, Gotha 1925.
6  M. Cauer, 25 Jahre Frauenwohl, S. 13, u. E. Lüders, Der «linke Flügel», S. 23.
7  Maria Lischnewska, Die deutsche Frauenstimmrechtsbewegung zwischen Krieg und Frieden, Berlin 1915, S. 4.
8  Frauenwohl 1894, Nr. 24, S. 197.

von «*Beifallsstürmen des den Konzerthaussaal an der Leipzigerstraße überfüllenden Publikums*».[9]

«*Vielen Mitgliedern des Vereins* (Frauenwohl aber) *erschien diese Tat als bedenklich und gefährlich, so daß eine Anzahl deswegen ihre Mitgliedschaft aufgaben.*»[10]

Worin aber lag eigentlich die Grenzüberschreitung und Provokation? Gewiß nicht nur darin, daß hier Klassenschranken übertreten wurden, denn bis dahin war die SPD die einzige Partei, die das Frauenstimmrecht ausdrücklich in ihr Gothaer Programm von 1891 aufgenommen hatte. Wohl eher in der Tatsache, daß nun demonstrativ «politische Gegenstände» öffentlich und von Frauen verhandelt und Ansprüche angemeldet wurden, die durch nichts mehr zu beschwichtigen waren.

 9 Anna Lindemann, Die Frauenstimmrechtsbewegung in Deutschland, in: Jahrbuch der Frauenbewegung 1913, S. 159.
10  M. Cauer, 25 Jahre Frauenwohl, S. 12.

von links: Anita Augspurg, Marie Stritt, Lily von Gizycki, Minna Cauer, Sophia Goudstikker(?)

Der Vortrag Lily von Gizyckis, die übrigens zu diesem Zeitpunkt noch nicht der SPD beigetreten war, ist eine mitreißende Zusammenfassung aller Argumente für das Stimmrecht der Frauen, eine gründliche Widerlegung ängstlicher Vorurteile und einen flammenden Appell an die Frauen und ihre Verantwortlichkeit für Staat, Gemeinde und das soziale Wohl. Die Rednerin hatte die Geschichte der Menschen- und der Frauenrechte offenbar sehr gründlich studiert.[11] Sie berief sich auf die wichtigsten Befürworter und Vorkämpferinnen, auf J. A. de Condorcet, auf Mary Wollstonecraft, insbesondere auch auf Olympe de Gouges, und sie zeichnete die Entwicklung und die bisherigen Erfolge der amerikanischen und englischen Frauenbewegung in leuchtenden Farben nach. Den typisch deutschen Verweis auf die Pflichten der Frau als Hausfrau und Mutter widerlegte sie durch eine einfache Rechnung:

11 Vgl. auch ihr späteres Werk: Lily Braun, Die Frauenfrage.

«Ich frage: ist jede Frau Hausfrau und Mutter? 25% Mädchen bleiben in Deutschland unverheiratet; rechnen wir die Witwen und Geschiedenen hinzu, so haben wir 40% Frauen, die allein im Leben stehen. Bedenken wir weiter, ob der Beruf der Hausfrau und Mutter das ganze Leben ausfüllt...

Die Berufung auf ihre Pflichten als Hausfrau, als Mutter und Weib entlastet die deutsche Frau nicht von dem Vorwurf, daß sie ihre sozialen Pflichten vernachlässigt. Die Berufung auf ihre Arbeit im Dienste der Wohltätigkeit thut es ebensowenig... Denn auch um ihrer selbst willen muß die Frau die Bürgerrechte fordern.» [12]

Den Beschützern «echter Weiblichkeit» aber hielt L. Braun entgegen:

«Gegen die Frau auf dem Throne ist noch nie der Vorwurf der Unweiblichkeit erhoben worden, und die Rücksicht auf die Weiblichkeit hat noch keinen Mann gehindert, Frauen in die Steinbrüche und Bergwerke zu schicken. Ich kann freilich nicht einsehen, daß eine Frau, die ihren Zettel in die Wahlurne wirft, die ‹Weiblichkeit› mehr gefährdet, als eine andere, die Steine karrt. Und ich kann es nicht begreifen, daß der Anblick einer Frau mit dem Kinde unter dem Herzen im Wahllokal empörender sein soll, als der Anblick einer solchen Frau in den Bleifabriken.» [13]

Und sie folgerte: «Und so verlangen wir denn freie Bahn für unsere Entwicklung um unserer selbst und der leidenden Menschheit willen. Wir verlangen durchgreifende Änderung der Vereinsgesetze, die in keinem anderen Lande den Frauen solche Fesseln anlegen, wie in Deutschland.

Wir verlangen Anwendung der Prinzipien des modernen Staates – der allgemeinen Menschenrechte – auch auf die Hälfte der Menschheit, die Frauen.

Wir, eine Armee von Millionen und Abermillionen Frauen, die wir unsere Kräfte in den Dienst der Allgemeinheit stellen so gut wie der Mann, verlangen unser Recht, an der Gestaltung der Allgemeinheit mitzuarbeiten.» [14]

Damit war ein neuer Ton angeschlagen, die deutsche Frauenbewegung war zu einer – auch im herkömmlichen Sinn – politischen

12  Lily Braun, Die Bürgerpflicht der Frau, Berlin 1895, S. 17, 19, 18.
13  Ebd., S. 19.
14  Ebd., S. 23.

Bewegung geworden. Noch wurde kein Stimmrechtsverein gegründet, wegen der Vereinsgesetze, aber die vorerst kleine Gruppe von «Frauenrechtlerinnen» entfaltete nun eine lebhafte Agitation, organisierte Vortragsreisen in die Provinz und zu anderen Frauenvereinen. Nicht zufällig hatten im Februar 1895 die Sozialdemokraten die Forderung nach dem Frauenstimmrecht zum erstenmal im Reichstag eingebracht. In seiner Begründung führte August Bebel u. a. aus:

*«Wir stellen* (den Antrag) *aus Gerechtigkeitsgefühl, weil wir es nicht verantworten können, daß die größere Hälfte der Nation vom Wahlrecht ausgeschlossen ist. Die Frauen bilden die größere Hälfte (Rufe: die bessere! Heiterkeit!); auch die bessere. Sie haben weit mehr Gerechtigkeitsgefühl als die Männer, sie sind viel weniger borniert als die Männer, sie sind das moralisch bessere Element. Die Frauen müssen zu den öffentlichen Ämtern zugelassen werden. Ich bin sogar überzeugt, daß sie im höchsten Grade wohltuend auf das öffentliche Leben einwirken würden...»* [15]

Für die Radikalen aber war der Kampf um das Stimmrecht, um ein gleiches, freies und geheimes Wahlrecht, nicht nur eine Frage der Gerechtigkeit, sondern die Voraussetzung für den Kampf um Frauenrechte in allen anderen Bereichen, um Rechtsgleichheit in der Familie, im Beruf und im öffentlichen Leben.

Dennoch wurde der erste Stimmrechtsverein in Deutschland, der «Deutsche Verein für Frauenstimmrecht», erst 1902 gegründet, und zwar in Hamburg, weil das Vereinsrecht der meisten anderen Staaten im Deutschen Reich den Frauen eine politische Vereinigung verbot. Doch um die Jahreswende 1901/02 hatte Anita Augspurg – ärgerlich darüber, daß die deutschen Frauen aufgrund fehlender Organisation nicht an der Internationalen Stimmrechtskonferenz in Washington teilnehmen konnten – den *«köstlichen Einfall»* [16], die einzelnen Landesgesetze zu überprüfen, um festzustellen, daß eine Hamburger Novelle zum Vereinsrecht aus dem Jahr 1894 das Verbot gegenüber den Frauen nicht ausdrücklich bestätigt, möglicherweise «vergessen» hatte. Gleich am 1. Januar 1902 wurde daher von Anita Augspurg und Lida Gustava Heymann zusammen mit Minna

15 Die Frauenbewegung 1895, Nr. 5, S. 37.
16 Lida Gustava Heymann/Anita Augspurg, Erlebtes–Erschautes, Meisenheim 1977, S. 97.

Cauer, Charlotte Engel-Reimers, Käthe Schirrmacher und Adelheid von Welczek der Stimmrechtsverein aus der Taufe gehoben. Sein Ziel war *«die volle politische Gleichberechtigung der Frau».*[17] Das bedeutete als dringlichste Aufgabe die Aufhebung der vereinsrechtlichen Bestimmungen, dann aber die gezielte Agitation für das Wahlrecht der Frauen zum Reichstag und allen anderen Körperschaften des öffentlichen Lebens, also in den Gemeinden, Schulen und Berufsorganisationen und in den Kirchen.

Der Verein entfaltete sofort eine rege Propagandaarbeit im ganzen Reich. Denn die Mitgliedschaft im Hamburger Verein konnten erstaunlicherweise Frauen aus ganz Deutschland erwerben, weil die Polizeigewalt der einzelnen Regierungen nicht über die Landesgrenzen hinausreichte. Schon im März 1902 wurde eine Deputation von 35 Frauen, angeführt von Anita Augspurg, zu einer Audienz beim Reichskanzler, dem Grafen Bülow, empfangen und trug ihm die *«dringendsten Wünsche der Frauenwelt»* vor.[18] Nicht zuletzt der neugewonnenen Stärke der Stimmrechtsbewegung war es zu verdanken, daß auch der «Bund Deutscher Frauenvereine» bei seiner nächsten Generalversammlung in Wiesbaden nicht mehr umhinkam, sich programmatisch auf die Stimmrechtsforderung festzulegen.

Ein glänzender, wenn auch vorerst nur symbolischer Erfolg der deutschen Stimmrechtlerinnen war die Gründung des internationalen «Weltbundes für Frauenstimmrecht» am 4. Juni 1904 in Berlin im Beisein der 84jährigen amerikanischen Stimmrechtskämpferin Susan B. Anthony. Sie wurde zur Ehrenpräsidentin der neuen Organisation ernannt, die Amerikanerin Carrie Chapman Chatt wurde Präsidentin und Anita Augspurg Vizepräsidentin.

Dieser *«weltgeschichtliche Akt»*[19] war bewußt in engem zeitlichem Zusammenhang mit dem ebenfalls in Berlin veranstalteten Internationalen Kongreß des «International Council of Women» (ICW) inszeniert worden und wurde deshalb von den Organisatorinnen im BDF argwöhnisch als Konkurrenz betrachtet, nicht ohne Grund.

---

17 Deutscher Verein für Frauenstimmrecht, in: Die Frauenbewegung 1902, Nr. 1, S. 1.
18 Ein Schritt vorwärts!, in: Die Frauenbewegung 1902, Nr. 7, S. 49.
19 Vgl. Die Gründung des Weltbundes für Frauenstimmrecht, in: Die Frauenbewegung 1904, Nr. 12, S. 89 f.

Doch letztlich sorgten beide Ereignisse, die sehr viele Frauen in die Reichshauptstadt führten, für eine große Öffentlichkeit und weltweite Beachtung der Frauensache (vgl. Kap. 6, S. 210 f.).

## «Frauenlandsturm» gegen das BGB

Die Frauenfragen vor allem anderen als Rechtsfragen zu begreifen war das neue an der Politik der Radikalen – im Grunde aber nahmen sie nur das Versprechen ernst, daß bürgerliche Emanzipation, daß Freiheit, Gleichheit und Menschenrechte auch für Frauen gelten sollten. So selbstverständlich diese Einbeziehung der Frauen in den Kreis der Rechtspersonen, der Menschen, zu sein scheint, gerade die Inanspruchnahme der Gleichheit, dieses radikalsten der Menschenrechte, galt denen, die Macht und Vorrechte haben, die von der bestehenden Ordnung und ihrer Ungleichheit profitieren, immer als verdächtig, ja gefährlich. Das Grundrecht der Gleichheit geriet deshalb schon seit der Französischen Revolution immer wieder in Verruf und ist gerade auch vom Bürgertum in der Verteidigung seiner Vorrechte gegenüber dem vierten Stand als «Gleichmacherei», weil Bedrohung seiner Freiheit und seines Eigentums, abgewehrt worden. Um wieviel größer waren die Hindernisse und Widerstände und «schlechten (Rechts-)Gewohnheiten» gegen die Gleichheit der Frauen. Ausschlaggebend für den Mut der Frauen, diese Gewohnheiten zu durchbrechen, war ein neues Gefühl für Ungerechtigkeit, also nicht nur «taktische Gründe», sondern die selbstbewußte Inanspruchnahme der Rechtsgleichheit als Prinzip, als Menschenrecht. Anita Augspurg hat diese Erkenntnis in der ersten Nummer von «Die Frauenbewegung» programmatisch formuliert:

*«Die Frauenfrage ist zwar zum großen Teile Nahrungsfrage, aber vielleicht in noch höherem Maße Kulturfrage ... in allererster Linie aber ist sie Rechtsfrage, weil nur auf der Grundlage verbürgter Rechte, nicht idealer ... an ihre sichere Lösung gedacht werden kann. Jede andere Bethätigung ist vorschnell und verfrüht, als diejenige, welche die Vollanerkennung der Frau als gleichwertiges und gleichberechtigtes Rechtssubjekt neben dem Manne bezweckt und die Beseitigung aller für sie bestehenden Ausnahmegesetze ins Auge faßt. Denn der Beginn mit Einzelheiten, bevor das Ganze gesichert ist, bedeutet nichts anderes als die Anbringung von*

Anita Augspurg

*Thürstöcken und Fensterrahmen bei einem Hausbau, bevor die Grundmauern aufgeführt sind. Was immer eine einzelne Frau erreicht und erringt in Kunst, in Wissenschaft, in Industrie, an allgemeinem Ansehen und Einfluß: Es ist etwas Privates, Persönliches, Momentanes, Isoliertes... – es haftet ihm immer der Charakter des Ausnahmsweisen und als solchem Geduldeten an, aber es ist nicht berechtigt und kann daher nicht zur Regel werden, kann nicht Einfluß gewinnen auf die Allgemeinheit.»* [20]

20  Anita Augspurg, Gebt acht, solange noch Zeit ist!, in: Die Frauenbewegung 1895, Nr. 1, S. 4.

**Anita Augspurg** (geb. am 22.9.1857 in Verden an der Aller, gest. am 20.12.1943 in Zürich im Exil) entstammte dem kleinstädtischen, aber wohlhabenden Bildungsbürgertum. Ihr Vater war Rechtsanwalt, in dessen Büro sie sich nach der Entlassung aus der höheren Töchterschule im Abschreiben von Akten übte. Auch für sie bot die Lehrerinnenausbildung den einzigen Vorwand, um dem «*Philisterland Verden*» wenigstens kurze Zeit zu entfliehen.[21] Doch gleichzeitig nahm sie privaten Schauspielunterricht und erhielt sofort ein Engagement an das Meininger Hoftheater und andere Provinzbühnen. Was ihr außer reichen Erfahrungen von diesem Tingeltangel blieb, der ihr immer weniger genügte, war ihr «*wohlklingendes Organ*»[22], eine tiefe, tragende Stimme – in einer Zeit ohne Lautsprecher und Mikrofone für eine Agitatorin in Sachen Frauenrechte eine schier unentbehrliche Voraussetzung.

Nach ihrer Großjährigkeit durch ein großmütterliches Erbe ökonomisch unabhängig geworden, gründete sie zusammen mit einer Freundin, Sophia Goudstikker (1865–1924), das «Hof-Atelier Elvira» in München, ein künstlerisch ambitioniertes Fotoatelier, das sowohl in der Kulturszene wie bei Hofe gleichermaßen erfolgreich war.[23] (Aus diesem Atelier stammt die Aufnahme der Radikalen auf dem Buchumschlag.)

Doch auch dieses Atelierintermezzo war für A. Augspurg nur ein weiterer Schritt auf ihrem individuellen Emanzipationsprozeß, denn es bot Bewährung in Lebensformen auch außerhalb der Ehe. Sie hatte nun, wie sie sich selbst ausdrückte, «*die letzten Eierschalen des konventionellen Lebens*» abgestreift.[24]

Beim ersten Versammlungsabend des «Deutschen Frauenvereins Reform» 1891 in München war A. Augspurg bereits dabei und warb für eine Petition an den Reichstag wegen der Zulassung von Frauen zum Universitätsstudium. Um besser für den Kampf um Frauenrechte gerüstet zu sein, beschloß sie, Jura zu studieren, und schrieb sich 1893 an der Universität Zürich ein. Sie bestand ihr Doktorexamen 1897 und war damit die erste deutsche Juristin.

Von nun an war ihre Lebensgeschichte aufs engste mit der Ge-

---

21 L. G. Heymann/A. Augspurg, Erlebtes–Erschautes, S. 11.

22 Marie Stritt, Das Recht der Frau, in: Die Frauenbewegung 1896, Nr. 5, S. 49; vgl. auch L. G. Heymann/A. Augspurg, S. 13.

23 Vgl. hierzu Hof-Atelier Elvira 1887–1928. Ästheten, Emanzen, Aristokraten, hg. v. Rudolf Herz, Brigitte Bruns, München 1985.

24 Zit. n. Sophie Pataky, Lexikon deutscher Frauen der Feder, Berlin 1898, S. 25.

schichte der radikalen Frauenbewegung verknüpft, aber auch mit Lida Gustava Heymann, die sie 1896 kennengelernt hatte und mit der sie von nun an eine Lebens- und Arbeitsgemeinschaft verband.

Ab 1899 war sie Redakteurin der Zeitschrift «Parlamentarische Angelegenheiten und Gesetzgebung», von 1907 bis 1912 der «Zeitschrift für Frauenstimmrecht», beides Beilagen von «Die Frauenbewegung». Gemeinsam mit L. G. Heymann war sie im Vorstand des «Verbandes Fortschrittlicher Frauenvereine», gründete 1902 den «Deutschen Verein für Frauenstimmrecht», gehörte 1915 zu den Initiatorinnen der Haager Frauenfriedenskonferenz und engagierte sich 1918 im Wahlkampf für die Münchener Räterepublik.

Von 1919 bis 1933 gaben Augspurg und Heymann die feministische und pazifistische Zeitschrift «Die Frau im Staat» heraus und konzentrierten nun ihre Kraft auf die Frauen- und Friedensarbeit in der «Internationalen Frauenliga für Frieden und Freiheit».

Aber ihr Leben bestand nicht nur aus Arbeit, vielmehr pflegten Augspurg und Heymann durchaus einen großbürgerlichen Lebensstil, sportlich und extravagant: dazu gehörten Reiten und Radfahren (als dies noch als sehr unweiblich galt), eine Kurzhaarfrisur und bis 1914 ein nur mit weiblichem Personal bewirtschafteter Gutshof in den bayrischen Alpen. 1928 machten beide noch den Führerschein und bereisten ganz Deutschland im selbstgesteuerten Auto.[25]

Bei einer Auslandsreise 1933 von der Machtergreifung der Nationalsozialisten überrascht, blieben sie in der Schweiz im Exil, bis zu ihrem Tod.

---

Anschauungsunterricht für eine nur von Männerinteressen geleitete Gesetzgebung bot die Verabschiedung des Bürgerlichen Gesetzbuches (BGB) im Jahr 1896. Seine Kodifizierung war als «Jahrhundertaufgabe» schon bald nach der Reichsgründung 1871 *von einer Kommission hervorragender Juristen* in die Wege geleitet worden und hatte 1877 den ADF veranlaßt, eine Expertise über die rechtliche Stellung der Frau in Deutschland anzufertigen und als Petition an den Reichstag zu senden (vgl. dazu ausführlich Kap. 4, S. 126). Doch der endlich 1888 erschienene Entwurf und seine erste Lesung *«brachte eine schwere Enttäuschung. Bis auf einige notgedrungene Konzessionen an die veränderten wirtschaftlichen Verhältnisse... war an der Unterordnung und teilweisen Rechtlosigkeit der Ehefrauen fest-*

25  L. G. Heymann/A. Augspurg, Erlebtes–Erschautes, S. 80.

gehalten worden.»[26] Die 1892 vom ADF in Auftrag gegebene Broschüre von Emilie Kempin, die die (in den verschiedenen Rechtskreisen) in Deutschland gültigen Privatrechtsbestimmungen für Frauen den entsprechenden Bestimmungen des BGB-Entwurfes gegenüberstellte[27], wurde zwar in einigen Frauenvereinen diskutiert, vermochte aber nicht so recht zu mobilisieren. Erst buchstäblich in letzter Stunde zwischen erster und dritter Lesung des Gesetzentwurfes gelang es, von Februar bis Juni 1896 einen viel bespöttelten, aber eindrucksvollen «Frauenlandsturm» zu entfachen. In verschiedenen Informations- und Propagandabroschüren, die allen Reichstagsabgeordneten und Mitgliedern des Bundesrates zugeschickt wurden, hatten der «Verein Frauenwohl»[28], der «Rechtsschutzverein Dresden»[29] sowie die Rechstkommission des «Bundes Deutscher Frauenvereine»[30] seit 1895 den vorliegenden Entwurf einer detaillierten Kritik unterzogen und für Verbreitung ihrer Anliegen gesorgt. Einer der wenigen Juristen, die in dieser Sache mit den Frauenvereinen zusammenarbeiteten, war der Geheime Justizrat Carl Bulling, dessen Buch «Die deutsche Frau und das bürgerliche Gesetzbuch» 1896 bereits in zweiter Auflage erschien.[31] Doch dann bündelten sich die verschiedenen empörten Stimmen zu einem in der deutschen Frauenbewegung von links bis rechts selten einmütigen Protest.

*«Die bis dahin vorwiegend theoretisch und abstrakt behandelte Rechtsfrage wurde ihnen* (den Frauen) *zum erstenmal in bestimm-*

26  Alle Zitate aus Marie Stritt, Rechtskämpfe, in: Handbuch der Frauenbewegung, Bd. II, S. 134f. (135).
27  Emilie Kempin, Die Stellung der Frau nach den zur Zeit in Deutschland gültigen Gesetzesbestimmungen, sowie nach dem Entwurf eines Gesetzbuches für das Deutsche Reich, hg. v. ADF, Leipzig 1892.
28  Sera Proel/Marie Raschke, Die Frau im neuen bürgerlichen Gesetzbuch. Eine Beleuchtung u. Gegenüberstellung der Paragraphen d. Entwurfs... nebst Vorschlägen zur Änderung derselben im Interesse der Frauen, Berlin 1895.
29  Das deutsche Recht und die deutschen Frauen. Krit. Beleuchtung des Entwurfes..., hg. v. Rechtsschutzverein f. Frauen in Dresden, Frankenberg 1895.
30  Schriften des Bundes deutscher Frauenvereine, Heft II, Petition und Begleitschrift betreffend das «Familienrecht»..., Leipzig 1895.
31  Carl Bulling, Die deutsche Frau und das bürgerliche Gesetzbuch, Berlin 1896.

*ten, konkreten Forderungen nahegerückt, wurde zu der Frage von eminenter, aktueller Bedeutung.»*[32]

Wiederum ging die Mobilisierung vom «Verein Frauenwohl» aus, aber im Gegensatz zu früher engagierten sich diesmal alle Richtungen, auch die proletarische Frauenbewegung, und beteiligten sich an Protestversammlungen, Massenkundgebungen und Unterschriftensammlungen. Keineswegs war die Empörung nur eine typisch bürgerliche «Frauenrechtelei», der es nur um die Vermögensrechte der besitzenden Klassen ging.[33] Auch Clara Zetkin unterstützte trotz ihrer sonst so scharfen Polemik gegen die Frauenrechtlerinnen den Kampf gegen das BGB und forderte die sozialdemokratische Reichstagsfraktion auf, *«rückhaltlos für die volle rechtliche Gleichstellung der Geschlechter einzutreten».*[34]

Else Lüders als Chronistin des «linken Flügels» faßte die Ereignisse zusammen:

*«Der Verein Frauenwohl hat das Verdienst, daß er in der so überaus wichtigen Agitation gegen den Entwurf des bürgerlichen Gesetzbuches die Initiative ergriffen hat. [...] Kurz vor der ausschlaggebenden zweiten Lesung wurde nochmals die Agitation unter den Frauen energisch aufgenommen und zu einer Resolution... in wenigen Wochen 25 000 Unterschriften gesammelt. Außer einer regen Broschüren- und Flugblätterverteilung fanden in verschiedenen Teilen des Reiches Versammlungen statt, um die Frauen auf die ihnen drohende Gefahr aufmerksam zu machen.»*[35]

Marie Stritt, die als Vorsitzende des «Dresdener Rechtsschutzvereins für Frauen» in dieser Sache eng mit dem «Verein Frauenwohl» zusammenarbeitete und zugleich als Mitglied der Rechtskommission des BDF für die Verbindung und Verbreiterung der Rechtskampagne sorgte, hat in dieser Zeit in vielen Reden und Schriften als Nichtjuristin ihre juristische Kompetenz und ihren Weitblick unter

32  M. Stritt, Das bürgerliche Gesetzbuch und die Frauenfrage, S. 4.
33  So aber Johannes Brenneisen, Das bürgerliche Gesetzbuch und die Frauen, Leipzig 1896, der Verf. empfiehlt daher, nur arme Mädchen zu heiraten, da sonst nur «Verdruß und Zank über das Eingebrachte» entstehe.
34  Antrag an den Sozialdemokratischen Parteitag, in: Die Frauenbewegung 1895, S. 126.
35  E. Lüders, Der «linke Flügel», Berlin 1904, S. 24/25.

Beweis gestellt. So fragte sie in der mit *«lebhaftem»* und *«stürmischem anhaltenden Beifall»* aufgenommenen Ansprache am 16. Februar 1896:

*«Ob es keinem* (der Volksvertreter) *eingefallen sei, daß hier neben der Aufgabe, ein nationales Recht zu schaffen, auch gälte, ein tausendjähriges nationales Unrecht wieder gut zu machen? Man habe dieses Unrecht durch Galanterie wieder gut machen wollen, die Frauen verlangten aber Gerechtigkeit.»*[36]

Die Frauen hatten erkannt, daß sich in dem neuen Gesetzentwurf wohl teilweise die Sprache verändert hatte – da hieß es z. B. nicht mehr *«alttestamentarisch: Er soll dein Herr sein»*[37], doch in der Sache hatte sich nichts verändert. Die Hauptkritikpunkte, weshalb die Frauen das Gesetzesvorhaben einmütig als *«unwürdig, als unzeitgemäß, als kulturhemmend»* verwarfen, sind in einem «Aufruf»[38] aller Frauenvereine vom Juni 1896 zusammengefaßt:

- *«Die dauernde Bevormundung der Ehefrau und Mutter»*, in der Sprache der Juristen: das Entscheidungsrecht des Ehemannes *«in allen das gemeinschaftliche Leben betreffenden Angelegenheiten»* (rechtsgültig bis 1953 als § 1354 BGB).
- Selbst das neugewonnene, angeblich den wirtschaftlichen Entwicklungen verdankte Recht der Frau, einen Arbeitsvertrag einzugehen, hatte deshalb faktisch keine Bedeutung, weil der Mann berechtigt wurde, den Arbeitsvertrag *«ohne Einhaltung einer Kündigungsfrist zu kündigen»* (§ 1358 BGB).
- Die *«Machtlosigkeit über ihr Vermögen»*[39], also die Enteignung der Frau durch ein neues gesetzliches Güterrecht, das anstelle der vielen – im deutschen Recht beinahe 100 – verschiedenen Güterstände, d. h. Regelungen über die Vermögensverhältnisse von Ehegatten, als Regel ausschließlich dem Mann das sog. *«Verwaltungs- und Nutznießungsrecht am Vermögen der Frau»* erteilte. Da-

---

36 M. Stritt, zit. n.: Das Recht der Frau, in: Die Frauenbewegung 1896, Nr. 5, S. 49, vgl. auch dies., Das bürgerliche Gesetzbuch und die Frauenfrage.

37 M. Stritt, Das Recht der Frau, ebd.

38 «Aufruf», unterzeichnet v. d. Rechtskommission des BDF, abgedr. in: Die Frauenbewegung 1896, Nr. 12, S. 114/115.

39 Ebd.

mit hatte die Ehefrau auch über das von ihr in die Ehe einge-brachte Eigentum keine Verfügungsbefugnis oder Nutzungs-rechte mehr, es sei denn, sie hatte es sich ausdrücklich bei der Eheschließung vorbehalten (sog. Vorbehaltsgut). Lediglich das im selbständigen Geschäft oder durch Lohnarbeit Erworbene blieb gesetzlich Eigentum der Frau. Doch auch diese einzige Rechtserrungenschaft blieb wegen des oben erwähnten Kündi-gungsrechts des Ehemannes faktisch bedeutungslos.

● *«Die Machtlosigkeit über ihre Kinder»* [40] kam darin zum Ausdruck, daß die früher selbstverständliche *«väterliche Gewalt»* nun im Ge-setzestext durch eine *«elterliche»* ersetzt war. Trotzdem hatte auch hier der Vater in allen Fragen der Sorge und Erziehung ein letztes Entscheidungsrecht. (Als sog. Stichentscheid hat diese väterliche Gewalt sogar noch das Gleichberechtigungsgesetz von 1957 über-lebt und konnte erst 1959 durch ein Urteil des Bundesverfas-sungsgerichts für verfassungswidrig erklärt werden.)

● Schließlich protestierten die Frauen gegen die neuen Regeln über *«Die rechtliche Stellung der unehelichen Kinder»*, die nach ihrer Meinung *«die althergebrachte doppelte Moral»* sanktionierten und *«jeder Menschlichkeit Hohn sprächen»* [41]. Die Regelung im BGB enthielt eine Schlechterstellung der unehelichen Mutter und ihres Kindes gegenüber dem Allgemeinen Landrecht, aber auch gegen-über dem Sächsischen Recht, die schon in der Mitte des 19. Jahr-hunderts Eingang in die Rechtspraxis gefunden hatte. [42] Danach galt das uneheliche Kind als mit dem Vater nicht verwandt, konnte sich der «Erzeuger» mit der sog. Einrede des Mehrverkehrs, d. h. dem Hinweis auf einen möglicherweise anderen Vater, seiner Pflicht zur Unterhaltszahlung entziehen (rechtswirksam bis 1969, bis zur Verabschiedung eines neuen Unehelichenrechts).

● Nicht zuletzt die Einschränkung der Scheidungsgründe wurde von den Frauen aus «sittlichen» Erwägungen scharf kritisiert, da auch früher schon die Mehrzahl der Scheidungen von Frauen an-gestrengt wurden.

40 Ebd.
41 M. Stritt, Das Recht der Frau, in: Die Frauenbewegung 1896, Nr. 5, S. 49.
42 Vgl. hierzu im einzelnen U. Gerhard, Verhältnisse, S. 175f. und dies., Die Rechtsstellung der Frau, in: Bürgertum im 19. Jahrhundert, Bd. 1., S. 439 ff.

Der Aufruf schließt mit den Worten:

*«Und Ihr, gerecht denkende deutsche Männer, die Ihr Söhne, Gatten, Väter seid, und Eure Mütter, Gattinnen, Töchter nicht geringer achtet als fremde Nationen die ihren: erhebt auch Eure Stimmen für Menschenrecht und Würde deutscher Frauen!»* [43]

Und doch nützten die ganzen Aktivitäten so gut wie nichts: Bis auf eine winzige Konzession – nämlich die Zulassung der Frauen als Vormund, der Ehefrauen natürlich nur mit Zustimmung ihrer Ehemänner – wurde das Familienrecht als Teil IV. des Bürgerlichen Gesetzbuches gegen die Stimmen der SPD verabschiedet. Es trat 1900 in Kraft und ist in dieser Form bis 1953 im wesentlichen gültiges Recht geblieben. M. Stritt kommentierte 1901:

*«In den Beratungen über die einzelnen Titel handelte es sich trotz grosser, begeisterter Worte von links und rechts im Grunde lediglich um Interessenpolitik... Während ein ganzer, sehr stürmischer Verhandlungstag, der für die Beratung des Familienrechts bestimmt war, der denkwürdigen Hasendebatte, das heisst der Frage der Ersatzpflicht für den durch Wild verursachten Schaden, gewidmet wurde... wurde zwei Tage später das Familienrecht und die wichtigsten Lebensfragen der größeren Volkshälfte in ganz oberflächlicher Weise erledigt, wohl unter üblicher Betonung der ‹idealen Standpunkte›, der ‹gottgewollten Ordnung›, des ‹Schutzes des schwachen Geschlechts› – aber auch meist unter einer das gewohnte Maß übersteigenden ‹Heiterkeit›...»* [44]

Aber die einmal engagierten und mobilisierten Frauen gaben sich nicht geschlagen, im Gegenteil: Wer den Bericht über die wiederum von Minna Cauer einberufene Protestversammlung am 29. Juni 1896 in Berlin liest, ist beeindruckt von der Demonstration eines so starken Frauenwillens und mag sich über die Euphorie wundern, mit der nun erst recht von *«einem Wendepunkt in der deutschen Frauenbewegung»* gesprochen wurde. *«Noch so eine solche Niederlage und wir haben gesiegt»*, soll *«Frl. Augspurg»* unter tosendem Beifall in die Menge gerufen haben. [45]

43 «Aufruf», S. 115.
44 M. Stritt, Rechtskämpfe, in: Handbuch der Frauenbewegung, Bd. II, S. 145.
45 Die Protestversammlung zu Berlin, in: Die Frauenbewegung 1896, Nr. 14, S. 137.

In der Rechts- und Geschichtswissenschaft wird das 1900 in Kraft getretene Bürgerliche Gesetzbuch dennoch ungebrochen als *«Manifest bürgerlicher Rechtskultur»* gefeiert, mit dem *«die deutsche Nation nicht nur die formelle Rechtseinheit der privatrechtlichen Beziehungen, sondern auch Gerechtigkeit und Wohlfahrt»*[46] gewährleistete. In Wirklichkeit sind alle seither errungenen Rechtsfortschritte für Frauen im heute noch gültigen BGB, die großen Reformen des Familienrechts (1953 bis 1957 durch das Gleichberechtigungsgesetz und 1977 durch die Ehe- und Familienrechtsreform) doch nicht mehr als *«Abschlagszahlungen»*[47] auf die Forderungen der Frauenbewegung um 1900.

## 2. «Wir verstehen diesen Kampf ums Recht und ums Dasein» (Minna Cauer): Praktische Solidarität

Als «linker Flügel» hatten sich die Radikalen zum erstenmal 1895 profiliert, als sie in der ersten Generalversammlung des BDF in München mehr oder weniger zufällig auf der linken Seite saßen. Da sie es waren, die ein Jahr vorher, bei der Gründung des Bundes, vergeblich gegen den Ausschluß der sozialdemokratischen Frauenvereine argumentiert hatten, fiel diese Sitzordnung auf und wurde zu ihrer Kennmarke. Lily von Gizycki, damals eine von ihnen, beschrieb die Situation 1895 in einem Bericht für «Die Frauenbewegung» so:

46 So z. B. Ernst Rudolf Huber, Deutsche Verfassungsgeschichte, Stuttgart/ Berlin/Köln/Mainz 1982, IV. Bd., S. 275/278. In diesem umfangreichen Standardwerk werden im Zusammenhang mit den Rechtsformen dieser Zeit alle Einwände, z. B. die der Konservativen gegen die peinliche «Hasendebatte», ausführlich dokumentiert. Ein Wort über die Rechtskämpfe der Frauen gegen das BGB sucht frau jedoch in diesem 1250 Seiten starken Band vergeblich.
47 M. Stritt, Rechtskämpfe, in: Handbuch der Frauenbewegung, Bd. II, S. 146.

*«Im festlich geschmückten Saale des Arbeiterinnenheims... saßen im Halbkreis in etwa sechs Reihen die Delegierten, vor ihnen am Vorstandstisch der aus acht Damen bestehende Vorstand, dahinter die Rednertribüne.*

*Zufällig fand die ‹Opposition› – Frau Minna Cauer, Frau Marie Stritt, Fräulein Anita Augspurg, Fräulein Elisabeth Mießner und die Schreiberin dieser Zeilen – ihren Platz auf dem linken Flügel. Nur zwei unserer Gesinnungsgenossinnen hatten sich abseits verirrt: Frau Jeanette Schwerin, der gewiß niemand zutrauen wird, das Zentrum zu vertreten, und Frau Hanna Bieber-Böhm, die zum Vorstand gehört...»* [48]

Die hier genannten Namen bildeten in den nächsten Jahren keineswegs eine politische Front, im Gegenteil, nichts und niemand war so umstritten wie die Radikalen und ihre politischen Programmpunkte. Es zeigt, wie sehr sie sich exponierten, wie «unerhört» und wie kühn ihr Vorgehen war. Schon sehr bald, Anfang 1896, hatte ja Lily von Gizycki das Lager gewechselt, Marie Stritt und Jeanette Schwerin entschieden sich später im Konflikt für die Mitarbeit in der Mehrheit der Gemäßigten, erst recht die in der Sittlichkeitsfrage so verdienstvolle Hanna Bieber-Böhm, die sich zu einer ausgesprochen reaktionären Sittenrichterin entwickelte. Sich selbst und ihrer Sache treu blieb Minna Cauer, die ihre konsequente Position jedoch in zunehmendem Alter mit Verbitterung und Einsamkeit bezahlte. Doch bis zur Gründung des «Verbandes Fortschrittlicher Frauenvereine» im Jahr 1899 entsprach diese linke Plazierung der frühen Radikalen ihrer politischen Orientierung und bestimmte die weiteren Schwerpunkte ihrer Arbeit. Wiederholt unternahmen sie daher den Versuch, Brücken zu schlagen zu den Arbeiterinnen aller Kategorien, nicht nur den Fabrikarbeiterinnen – das war das Ressort der proletarischen Frauenbewegung und wurde argwöhnisch bewacht –, sondern zu den vielen Arbeiterinnen in noch ungeschützteren Arbeitsverhältnissen. Am Ende des 19. Jahrhunderts war das die Mehrheit der erwerbstätigen Frauen: z. B. die Heimarbeiterinnen, Kellnerinnen, der neue und noch rechtlose Beruf der Ladenmädchen und nicht zuletzt die Dienstboten. [49]

48 Lily v. Gizycki, Stimmungsbilder aus der Generalversammlung des Bundes deutscher Frauenvereine in München, in: Die Frauenbewegung 1895, Nr. 9, S. 69.
49 Vgl. E. Lüders, Der «linke Flügel», S. 59.

## Der Streik der Konfektionsarbeiterinnen

Im Jahre 1896 hatte die Frauenbewegung Gelegenheit, politische und praktische Solidarität zu üben. Der Streik der Konfektionsarbeiterinnen war ein Wiederaufflammen der Streikbewegung in den 1880er Jahren, in der die Heim- und Verlagsarbeiterinnen der Konfektions- und Wäscheindustrie, unterstützt von G. Guillaume-Schacks «Verein zur Vertretung der Arbeiterinnen», die Erhöhung des Nähgarnzolls gerade noch verhindert hatten. Doch ihre elenden Arbeitsbedingungen, das ausbeuterische System der Zwischenmeister und die Hungerlöhne waren geblieben. Zu bedenken ist: Streik war in jener Zeit ein noch nicht anerkanntes, geschweige denn legales Mittel im Arbeitskampf, und die wenigsten Arbeiterinnen waren gewerkschaftlich organisiert. So waren im «Centralverband der Freien Gewerkschaften» 1895 insgesamt erst 13,56 Prozent der männlichen, aber nur 2,35 Prozent der weiblichen Beschäftigten als Mitglieder registriert.[50]

*«Den deutschen Frauen ist das Wort ‹Streik› noch ein Schreckgespenst, denn sie verbinden damit Vorstellungen des Fenstereinwerfens, johlender Masse, unberechtigter Ansprüche…»*[51]

Jeanette Schwerin war es, die in der Presse und in öffentlichen Versammlungen den bürgerlichen Frauen ihre *«Aufgabe im Streik»* nahelegte, gerade in dieser typisch weiblichen Branche, sowohl im Hinblick auf die Erwerbstätigkeit wie auf Konsum.

Ungewöhnlich erfolgreich aber waren die Damen des «Dresdener Rechtsschutzvereins», die auf Anregung von Adele Gamper und mit dem Elan von Marie Stritt *«den notleidenden Konfektionsarbeiterinnen»* nicht nur mehrfach in öffentlichen Versammlungen *«ihre volle Sympathie»* ausdrückten, sondern die Streikenden aktiv unterstützten, 1. durch die Sammlung und Auszahlung von Streikgeldern, 2. durch Einrichtung einer Arbeitsnachweisstelle und 3. *«durch öffentliche Bezeichnung derjenigen Geschäfte, welche die billigen Forderungen der Streikenden in Bezug auf Lohnerhöhung, auf gesetzliche Ar-*

---

50  A. Salomon, Die Arbeiterinnenbewegung, in: Handbuch der Frauenbewegung, Bd. II, S. 245.
51  Jeanette Schwerin, Unsere Aufgabe im Streik, in: Die Frauenbewegung 1896, Nr. 6, S. 57.

Jeanette Schwerin

**Jeanette Schwerin** geb. Abarbanell (1852–1899) stammte aus einer jüdischen Intellektuellenfamilie. Seit 1872 mit dem Arzt E. Schwerin verheiratet, gründete sie gemeinsam mit ihrem Ehemann 1892 die «Deutsche Gesellschaft für Ethische Kultur». Seit 1888 war sie im Vorstand des «Vereins Frauenwohl» Berlin und initiierte hier zusammen mit M. Cauer die «Mädchen- und Frauengruppen für soziale Hilfstätigkeit». Sie übernahm deren Leitung und prägte damit die Anfänge professioneller Sozialarbeit. Eine ihrer berühmtesten Schülerinnen und Nachfolgerin war Alice Salomon. Immer wieder engagierte sich J. Schwerin für die Arbeiterinnen, seit 1896 auch im Vorstand des BDF, leitete sie hier die Kommission für Arbeiterinnenschutz. 1899 übernahm sie die Redaktion des neugegründeten «Centralblattes des Bundes deutscher Frauenvereine». Sie starb im gleichen Jahr sehr plötzlich an den Folgen einer Operation.

*beitszeit und auf Errichtung von Betriebswerkstätten erfüllen*».[52] D. h., sie mischten sich in die Verhandlungen mit den Geschäftsinhabern und Zwischenmeistern über Mindestlöhne ein und setzten sie durch Bekanntmachung ihrer ausbeuterischen Methoden und durch Boykottdrohungen unter Druck.

Auch im Streik der Crimmitschauer Konfektionsarbeiterinnen sind die bürgerlichen Frauen nicht unbeteiligt geblieben, vielmehr haben Gemäßigte und Radikale gemeinsam zur Sammlung von Streikgeldern und zum Kampf für den Zehnstundentag der Arbeiterin aufgerufen.[53] Mit der gleichen Emphase wie früher Louise Otto plädierte Minna Cauer bei dieser Gelegenheit für ein gemeinsames Vorgehen von Arbeiterbewegung und Frauenbewegung. Ihrer Meinung nach drangen

*«zwei neue, tatkräftige Faktoren in das Weltgetriebe ein – die Arbeiterbewegung, die Frauenbewegung – Man fürchtet nachgerade die Arbeiterbewegung, denn sie wird durch eine mächtige und eine vortrefflich organisierte Partei vertreten – die Frauenbewegung betrachtet man nach wie vor als quantité négligeable… Wir stehen der ganzen Arbeiterbewegung nicht allein sympathisch gegenüber trotz der unerquicklichen Erscheinungen des Klassenkampfes, sondern wir verstehen diesen Kampf ums Recht und ums Dasein. Die Frauen machen denselben Kampf durch, wenn auch in anderer Form und ohne Klassenkampf.»* [54]

## «Recht auf Sitzen»

Ein ausdrücklicher Akt der Frauensolidarität war ein «Aufruf» verschiedener Frauenvereine, angeführt vom «Verein Frauenwohl» und seiner Vorsitzenden M. Cauer, für Verkäuferinnen ein *«Recht auf Sitzen»* durchzusetzen. M. Cauer, auch als 2. Vorsitzende des «Kaufmännischen Hilfsvereins für weibliche Angestellte» involviert, stützte sich in der Begründung dieser Initiative auf ein Gutachten des Kaiserlichen Gesundheitsamts aus dem Jahr 1894, wonach *«der Zwang, die Arbeit nur stehend zu verrichten, und das Verbot, sich auch*

52 Adele Gamper, Zum Streik der Konfektionsarbeiterinnen in Dresden, in: Die Frauenbewegung 1896, Nr. 6, S. 58.
53 Vgl. «Aufruf», in: Die Frauenbewegung 1904, Nr. 1, S. 1.
54 (M. Cauer) Rechtsgleichheit, in: Die Frauenbewegung 1904, Nr. 1, S. 2.

bei Abwesenheit von Kundschaft zu setzen, – bei einer *12- bis 15 stündigen Arbeitszeit – schwere Gesundheitsschädigungen für die Verkäuferinnen»* zur Folge hatte. Der «Aufruf» appellierte sowohl an die Solidarität der Frauen als Kundschaft als auch an die Einsicht der Geschäftsinhaber und drohte mit der einzigen wirtschaftlichen Macht, die Frauen als Verbraucherinnen besaßen, mit dem Boykott. Das Kaufhaus Wertheim in Berlin soll sich im vorliegenden Fall als eines der ersten bereit erklärt haben, für Sitzgelegenheiten zu sorgen.[55]

## Das Elend der Kellnerinnen

Auf einem Fachkongreß der Gastwirtsgehilfen im März 1900 in Berlin war das ganze Elend der Kellnerinnen, ihre Beschäftigung zwischen Ausbeutung und Prostitution, für die es keine rechtliche Form geschweige denn Lohnabsprachen gab, öffentlich zur Sprache gekommen. Dies nahmen Sozialdemokratinnen zum Anlaß, Kellnerinnen-Versammlungen einzuberufen und hierzu auch bürgerliche Frauenrechtlerinnen einzuladen – eine *«sicherlich glückliche Idee!»*, kommentierte «Die Frauenbewegung» und wirft mit ihrem knappen Bericht – aus der Sicht der Bürgerlichen – ein Streiflicht auf ein Stück Alltagsgeschichte und eine typische Initiative «Frauen helfen Frauen»:

*«Man sah auffallend hübsche Mädchen mit müdem Ausdruck, elegant gekleidet in Begleitung ihres Galans; jedoch war das die Minderheit. Die Hauptmasse bildete eine Anzahl junger und älterer Mädchen, denen man vielfach die Spuren ihres trostlosen Daseins ansah. Ulk- und Radaustimmung schien vorhanden zu sein, jedoch die ernsten Ausführungen der Rednerinnen gewannen sehr bald die Oberhand; der Abend verlief ruhig. Fräulein Salomon berichtete über die Kellnerinnenfrage auf dem Fachkongreß der Gastwirtsgehilfen, Frau Ihrer beleuchtete die Sache vom wirtschaftlichen, Frl. Pappritz vom sittlichen Standpunkt aus…»*

55 «Aufruf» und weitere Berichte in: Die Frauenbewegung 1896, Nr. 5, S. 54, Nr. 7, S. 71, Nr. 9, S. 89, vgl. auch Die Frauenbewegung, Nr. 9, S. 88 «Das Recht auf Sitzen» und das bürgerliche Recht.

Störung der Kellnerinnen-Versammlung
(Illustrirte Zeitung vom 15. 8. 1891, Zeichnung von Werner Zehme)

Bei dieser ersten Zusammenkunft verabschiedeten die Frauen eine
Resolution, die alle Forderungen bündelte: die reichsgesetzliche
Regelung mit Bestimmungen über auskömmliche Löhne, Arbeits-
pausen und Arbeitszeit und die Einbeziehung des Gastwirtsgewer-
bes in die Gewerbeaufsicht.

*«Bei der zweiten Versammlung hatte man dem Wunsche einiger Mädchen, die Männer, namentlich die Wirte, auszuschließen, gewillfahrt. Die Versammlung war schwach besucht, jedoch war die Diskussion nach den Ansprachen von Frau Ihrer und Frl. Pappritz eine lebhafte und förderte dadurch mehr Material über die Lage der Kellnerinnen an das Tageslicht als am ersten Abend: … die Berichte über das Trinkenmüssen der Mädchen, die Gemeinheiten der Männerwelt, besonders der Verheirateten, spotten jeglicher Beschreibung. Die Arbeitszeit ist unerhört lange, Polizeischluß der Kneipen nominell 11 Uhr abends, dann aber beginnt erst das tolle Treiben hinter verschlossenen Thüren und zugezogenen Vorhängen. Das Sitzen ist streng verboten, Ruhe giebt es nicht; nur durch Animieren erhalten die Kellnerinnen ihren Tagelohn…»* usf.[56]

## Die Dienstbotenbewegung

Schließlich entpuppte sich die Dienstbotenbewegung als der Prüfstein weiblicher Solidarität, über den die Mehrheit bürgerlicher Frauen bis zuletzt gestolpert ist.

Der Dienstbotenberuf, traditionell einer der wenigen und der am häufigsten ausgeübte Frauenberuf, war zum Ende des 19. Jahrhunderts fast (zu 98 Prozent) ein reiner Frauenberuf. Insgesamt 1,3 Millionen Dienstmädchen lebten noch 1895 im Hause ihrer «Herrschaft», und zwar unter feudalen Arbeitsbedingungen, denn noch bis 1918, im Einführungsgesetz zum BGB noch einmal bestätigt, galten die Gesindeordnungen von 1810. Ein Übergangsberuf also, in dem sich im Prozeß der Trennung von Haushalt und Betrieb *«die feudale Vergangenheit und die kapitalistische Gegenwart die Hände reichten»*[57] und in dem doch bürgerliche Standards wie auch die Widersprüchlichkeit bürgerlicher Verhältnisse zum Ausdruck kamen: die Abhängigkeit, Unsichtbarkeit und Abwertung von Hausarbeit. Erledigt hat sich das Dienstbotenproblem erst damit, daß es keine Dienstboten mehr gab, oder *«durch die Verwandlung der Frauen in eine heimliche Dienerklasse».*[58]

56  Zur Kellnerinnenbewegung, in: Die Frauenbewegung 1900, Nr. 8, S. 59.
57  So der SPD-Abgeordnete A. Stadthagen, zit. n. Die Gleichheit 1899, Nr. 17, S. 130.
58  Dorothee Wierling, Mädchen für alles, Berlin, Bonn 1987, S. 296.

Als die Versammlungen von Dienstboten im Sommer 1899 zum erstenmal von sich reden machten und als «Dienstbotenbewegung» die Gemütlichkeit der bürgerlichen Häuslichkeit bedrohten, begrüßte es «Die Gleichheit»

*«auf das Freudigste, daß eine der am meisten ausgebeuteten, getretenen und geknechteten Schichten des weiblichen Proletariats zum Bewußtsein ihrer traurigen Lage zu erwachen beginnt, sich wider das ihr auferlegte Elend empört und den Kampf für eine Besserstellung solidarisch aufnimmt».*[59]

Doch die Dienstmädchen winkten zunächst ab, sie wollten *«nicht etwa sozialdemokratische Tendenzen»* verfolgen, sondern versuchten, in gemeinsamer Organisation mit wohlmeinenden «Herrschaften» unter der Führung des Journalisten Emil Perlmann – er gab auch das Vereinsorgan «Unser Blatt» heraus – ihre *«wirtschaftlichen und subjektiven»* Anliegen durchzusetzen. Dazu gehörten insbesondere die Abschaffung der Gesindeordnung und der sog. Gesinde-Dienstbücher, die Forderung nach einer Kranken- und Unfallversicherung und nach Bestimmungen über eine menschenwürdige Unterbringung, nicht nur in den zu trauriger Berühmtheit gelangten Hängeböden.

*«Solange die Arbeiterinnenbewegung sich außerhalb der eigenen vier Wände abspielte, konnte sie bei den Frauen, die keine Unternehmer waren, noch auf Sympathien rechnen. Die Dienstbotenfrage aber machte sich in ihrem eigensten Reich, im Hause selbst, empfindlich geltend, sie verlangte direkte Opfer von ihnen und damit verwandelte sich, von wenigen Ausnahmen abgesehen, ihr Wohlwollen in Abneigung, ja vielfach in Haß.»*[60]

So das scharfe Urteil Lily Brauns, die sich von sozialdemokratischer Seite sehr früh in der Dienstbotensache engagierte.

Minna Cauer widmete der Dienstbotenbewegung 1899 einen Leitartikel, «Zeichen der Zeit», ihre Diagnose lautete:

*«Die Dienstbotenfrage... ist nicht allein eine ernste wirtschaftliche Frage, sondern auch eine sittliche und rechtliche, vor allem aber eine Hausfrauenfrage.»*[61]

---

59  Zur Dienstbotenbewegung, in: Die Gleichheit 1899, Nr. 17, S. 129.
60  L. Braun, Die Frauenfrage, S. 474/475.
61  Minna Cauer, Zeichen der Zeit, in: Die Frauenbewegung 1899, Nr. 16, S. 137.

Dennoch blieb ihre sonst so unerbittliche Kritik trotz der Spitze gegen «*unsere lieben, ruhig dahinlebenden, deutschen Hausfrauen*» recht verhalten. Lediglich Eliza Ichenhäuser vom «Verein Frauenwohl» Berlin war in der Dienstbotenbewegung als engagierte Rednerin unterwegs und brachte unmißverständlich auf den Begriff, worum es eigentlich ging:

*«Ist es nun Pflicht jedes human denkenden Menschen, einer in so trauriger Lage befindlichen Menschenklasse beizustehen, so gilt diese Pflicht für uns Frauen doppelt. ...nicht allein weil 98 Prozent aller Dienenden Frauen sind, sondern hauptsächlich deshalb, weil wir selbst ihre Unterdrücker sind, weil es überhaupt das einzige Verhältnis ist, in welchem wir Frauen uns selbst zur Rolle der Unterdrücker haben degradieren lassen.»* [62]

## 3. «Das, was sie Liebe nennen» (Helene Böhlau) oder: Liebe und doppelte Moral

Die Kehrseite der bürgerlichen Moral, also auch der Zuständigkeit der Frauen für die Liebe oder «*das, was sie Liebe nennen*»[63], war für selbstbewußt gewordene Frauen zunehmend problematisch geworden, zumal die männliche Kumpanei zwischen staatlicher und «eheherrlicher» Gewalt allzu unbedenklich doppelte Standards setzte. «*Es gibt nur eine Moral, sie ist die gleiche für beide Geschlechter*», lautete das Motto der Sittlichkeitsbewegung[64], die der Entrüstung der Frauen zu einer weltweiten Bewegung um andere Maßstäbe für Sitte, Recht und Gerechtigkeit Ausdruck verlieh. Im Brennspiegel der Sexualmoral aber zeigte sich endgültig, daß es um mehr als um die ökonomische und soziale Gleichstellung ging, daß die tatsächliche Emanzipation der Frau aus ihrer Abhängigkeit in der und durch die Liebe im Grunde einer Kulturrevolution gleichkam. Und gerade weil diese Erkenntnis aus individuellen Erfahrungen getroffen wurde, gab es Meinungsverschiedenheiten über den richtigen poli-

---

62  Eliza Ichenhäuser, Die Dienstbotenfrage, S. 4.
63  Helene Böhlau, Das Recht der Mutter, zit. n. H. Lange, Kampfzeiten, Bd. 1, S. 205.
64  So das Motto der Zeitschrift Der Abolitionist, 1902 ff.

tischen Weg. Erst mußte geklärt werden, ob einer besseren Moral durch mehr Freiheit oder nur mit Zwang Geltung zu verschaffen war.

## Die Gründung des «Verbandes Fortschrittlicher Frauenvereine» 1899

Denkwürdig war die oben erwähnte Generalversammlung des BDF von 1895 (s. S. 234), in der sich der «linke Flügel» konstituierte, auch deshalb, weil hier die Linken in einer Mehrheitsentscheidung gegen den Vorstand durchsetzten, daß die von Hanna Bieber-Böhm ausgearbeitete Petition zur Sittlichkeitsfrage, die *«sehr peinliche Dinge berührte»*, von dieser öffentlich verlesen und verhandelt wurde. Lily von Gizycki schildert dieses Ereignis in ihrem schon erwähnten Bericht für «Die Frauenbewegung» wie folgt:

*«Bleich, mit zuerst leiser, dann immer klarer werdender Stimme verlas Frau Hanna Bieber-Böhm ihre Petition. Mit athemloser Spannung lauschten nun auch diejenigen, welche sich so sehr vor dem ‹Anstößigen› gefürchtet hatten. [...] Ich werde es nie vergessen, wie eine ältere Dame, die mir persönlich unbekannt war, mir mit zitternder Stimme und gerungenen Händen sagte: ‹Und ich habe zwei erwachsene Söhne und weiß nichts von alledem!!› [...] Es wurde schließlich einstimmig beschlossen, der kurzen Petition von Fräulein Auguste Schmidt die Arbeit von Frau Bieber-Böhm als Anlage beizufügen und in dieser Form möglichst bald dem Reichstag und zwar allen Mitgliedern desselben zuzusenden. Ich brauche wohl nicht hinzuzufügen, daß es sich um die Forderung der Aufhebung der staatlichen Reglementierung der Prostitution handelt...»* [65]

Doch so selbstverständlich war diese Forderung nicht. Einig waren sich die Frauen zwar in der Entrüstung und Empörung über so unsittliche Zustände. Ihre Wege trennten sich aber sehr bald in der Frage, welche Schlußfolgerungen hieraus zu ziehen, welche juristischen Forderungen zu stellen wären. Schon 1894 und in den folgenden Jahren war H. Bieber-Böhm energisch nicht nur für Abschaffung der staatlich reglementierten Prostitution, sondern auch für ihre strafrechtliche Verfolgung und für eine Reihe strafverschärfender Maßnahmen eingetreten, darunter auch die Zwangseinweisung und -erziehung der Prostituierten – Vorschläge, mit denen sie selbst

65  L. v. Gizycki, Stimmungsbilder, S. 69.

Hanna Bieber-Böhm

**Hanna Bieber-Böhm,** geb. 1851, wird in keinem der greifbaren Lexika oder Biographien geführt, obwohl sie mehr als fünfzehn Jahre – wie es im Nachruf im «Centralblatt des Bundes deutscher Frauenvereine» heißt – *«eine der tapfersten Kämpferinnen und Ruferinnen im Streit, eine hochverehrte Führerin der deutschen Frauenbewegung»* war. *«So ernst nahm es diese Frau mit ihren Bestrebungen»*, schrieb Anna Plothow 1907, *«daß sie, eine begabte Malerin, ihrer Kunst entsagte, um sich ganz der sozialen Arbeit zu widmen.»*[66] *Sie gründete* 1889 den «Verein Jugendschutz» und übernahm damit zunächst die Initiative im Kampf gegen die «doppelte Moral», war als Mitglied im ADF und Delegierte 1893 eine der drei Frauen auf dem Internationalen Frauenkongreß in Chicago, die den entscheidenden Anstoß zur Gründung einer deutschen Dachorganisation aller Frauenvereine, des BDF, gaben. Doch sie schuf sich auch in der Frauenbewegung seit dem Jahrhundertende offenbar *«ehrliche Widersacher»*, da sie rigid für die Bestrafung der Prostitution und eine Anzeigepflicht der Ärzte eintrat. Sie starb am 17.4.1910.

66  A. Plothow, Die Begründerinnen, S. 174.

beim Reichsinnenminister, Graf Pückler, Gehör und Aufmerksamkeit fand.[67]

Erst 1899, als Minna Cauer vom Londoner Kongreß der «Internationalen Föderation zur Abschaffung der staatlich reglementierten Prostitution», gegründet und geleitet von Josephine Butler, als überzeugte Abolitionistin (abolition = Abschaffung) heimkehrte, kam es zum endgültigen Bruch mit Bieber-Böhm, und es gelang dem «linken Flügel», an die vergessene Radikalität von Gertrud Guillaume-Schack und ihre frühen abolitionistischen Pläne anzuknüpfen. Denn nicht der Verschärfung staatlicher Repression, sondern der Freiheit und der Selbstbestimmung der einzelnen gerade auch in Fragen der Sexualmoral, der Geschlechterverhältnisse diente der Kampf gegen die doppelte Moral, dem sich die Radikalen nun vor allem verschrieben.

Äußerlich vollzog sich die auch organisatorische Trennung des «linken Flügels» vom «Bund Deutscher Frauenvereine» durch Gründung des «Verbandes Fortschrittlicher Frauenvereine» am 6.10.1899 in Berlin. Er verstand sich als Zusammenschluß all der *«fortschrittlichen»* oder Schwestervereine «Frauenwohl», die entschiedener für *die wirkliche Idee der Frauenbewegung»*, für bestimmte gemeinsame politische Ziele eintraten, als *«Propagandavereine»* wirken wollten und sich nicht mit dem kleinsten gemeinsamen Nenner gemeinnütziger Bestrebungen im BDF zufriedengaben.[68] Die Idee zu einem wirksameren einheitlichen Vorgehen war schon früher aufgetaucht, doch erst nach den vergeblichen Versuchen der Radikalen, die ihrer Meinung nach schwerfällige und undemokratische «Verfassung des Bundes», seine Satzung, Geschäftsordnung und insbesondere die Organisation der Kommissionen zu ändern[69], und nachdem die prinzipiellen Unterschiede gerade in der Sittlichkeits- wie in Rechtsfragen zu immer schärferen Auseinan-

67 Hanna Bieber-Böhm, Vorschläge zur Bekämpfung der Prostitution, Berlin 1895, vgl. den ausgezeichneten Überblick mit Quellen bei Anna Pappritz, Die Teilnahme der Frauen an der Sittlichkeitsbewegung, in: Handbuch der Frauenbewegung, Bd. II, S. 154ff. (174f.), dort auch Auszüge aus der von Bieber-Böhm verfaßten Petition.
68 Ausführlich E. Lüders, Der «linke Flügel», S. 28, 36f.
69 Insbesondere auf der Generalversammlung 1898, vgl. hierzu die verschiedenen Berichte in: Die Frauenbewegung 1898, Nr. 17 bis 21.

Vorstand des «Verbandes Fortschrittlicher Frauenvereine»
(Scharf, Lischnewska, Augspurg, Leders, Cauer, Witt, Heymann, Hartog)

dersetzungen geführt hatten, beschloß die «Opposition», ihre Kräfte
gezielter und wirkungsvoller einzusetzen. Und zwar gar nicht unbedingt im Gegensatz zum BDF – die Vereine «Frauenwohl» blieben
dem BDF angeschlossen, und selbst der «Verband Fortschrittlicher
Frauenvereine» trat 1907 unter Protest von M. Cauer dem Bund
bei –, doch eben als «Salz» oder Sauerteig der deutschen Frauenbewegung.

Die wichtigsten Ziele und Aufgaben des neuen Verbandes waren:

«1. *Der Verband will durch allgemeine Aufklärung und durch Schaffung örtlicher Organisationen im Dienste der Sittlichkeitsfrage den Grundsatz der doppelten Moral und seine Folgerungen bekämpfen.*

*2. Der Verband will die Frauen zur Wertschätzung politischer Rechte, insbesondere des Frauenstimmrechts führen.*

*3. Der Verband erstrebt Umgestaltung der Mädchenschulbildung, Zulassung der Mädchen zu den höheren Knabenschulen, Gründung von Mädchengymnasien und Mädchenoberrealschulen und der Einheitsschule.*

*4. Der Verband erstrebt vereinigtes Vorgehen der bürgerlichen Frauen und der Arbeiterinnen im Interesse der Gesamtheit.»* [70]

## Gegen die staatliche Duldung der Prostitution

Wohl selten ist so viel über Prostitution, sexuelle Verwahrlosung und Unsittlichkeit räsoniert und diskutiert worden wie zum Ende des 19. Jahrhunderts. Die ungeheure Aufmerksamkeit, die z. B. der Mordprozeß gegen das Zuhälterpaar Heinze von 1891 und die dabei zutage getretene «Halbwelt» in der wilhelminischen Öffentlichkeit, in Zeitungsberichten und wissenschaftlichen Publikationen erlangte, ist symptomatisch für ein repressives politisches Klima und für die einem extremen Männlichkeitswahn und militärischer Machtpolitik verfallene Epoche.

Dieser Mordprozeß wurde schließlich zum Auslöser für eine Verschärfung des Sexualstrafrechts, das im Jahr 1900 als sog. Lex Heinze trotz vieler Proteste der linken und liberalen Öffentlichkeit verabschiedet wurde. Neu eingeführt wurden dabei nicht nur der Tatbestand der «Zuhälterei», § 181a StGB, sondern auch eine Verschärfung der Strafbestimmungen des Jugendschutzes und der Strafandrohungen wegen Verbreitung unzüchtiger Schriften und damit die mögliche Knebelung und Zensur von Kunst und Literatur.

Tatsächlich war die Prostitution – obwohl angeblich ältestes Gewerbe der Welt – im Prozeß der Industrialisierung und der Expansion der Großstädte zum Ende des Jahrhunderts zu einem sozialen Problem geworden und nun zum erstenmal als Massenphänomen

---

70 Zit. n. E. Lüders, Der «linke Flügel», S. 68.

sichtbar. Laut Schätzungen hatte sich in Berlin die Zahl der Prostituierten allein zwischen 1859 und 1871 verdoppelt und wuchs von 15000 1871 bis zum Jahrhundertende auf 50000.[71] Selbstverständlich sind solche Zahlen mehr als ungenau, sie basieren auf Zählungen der von der Polizei registrierten und kontrollierten Prostituierten, sie sagen nichts über die heimliche Prostitution, über das Ausmaß sexueller Gewalt gegen Frauen, über die alltäglichen Formen des Mädchenhandels und der Verführung und Erpressung Abhängiger. Denn den größten Anteil der sexuell Ausgebeuteten stellten – das belegen alle Untersuchungen – die Dienstmädchen[72], gefolgt von den Kellnerinnen, keineswegs die Fabrikarbeiterinnen – also überwiegend Frauen und Mädchen, die als einzelne vom Land in die Städte gekommen waren, um hier eine neue und eigene Lebensgrundlage zu finden.

Dabei stellten diese Erscheinungsformen der «Unsittlichkeit» nur die Kehrseite bürgerlicher Ehemoral dar und einer durch und durch patriarchalischen *«Ordnung der Familie»*, die für Mann und Frau ungleiche Standards setzte und eine doppelte Moral praktizierte. Während die Frau in der bürgerlichen Gesellschaft die strengen Regeln der Monogamie zu garantieren hatte, ihre Sexualität ein Tabu war und allenfalls der Fortpflanzung diente, wurde das Interesse des Mannes an außerehelicher Sexualität durch die verschiedenen Formen und Milieus der Prostitution gesellschaftlich toleriert und kanalisiert.

*«Obwohl dies eine Bedrohung der bürgerlichen Moral darstellte und als solche auch bekämpft wurde, wurde sie* (die Prostitution) *zum Teil ganz offen und bewußt im Sinne sexualhygienischer Vorstellungen als Stützung eben dieser Moral legitimiert und ‹für notwendig angesehen, damit die jungen Männer Gesundheit und guten Humor bewahren konnten und die jungen Mädchen aus besserer Familie ihre Tugend›.»* [73]

Und es ging dabei nicht nur um Moral oder sittliche Grundsätze. Bedrohlich für den Bestand der bürgerlichen Gesellschaft und zugleich gefährlich für jede(n) einzelne(n) war die Prostitution ja allein

71  Regina Schulte, Sperrbezirke. Tugendhaftigkeit und Prostitution in der bürgerlichen Welt, Frankfurt 1979, S. 20.
72  R. Schulte, Sperrbezirke, S. 68 f.
73  Ebd., S. 151.

schon deshalb, weil sie erwiesenermaßen die Ursache für die Ausbreitung der Geschlechtskrankheiten war, die – folgt man dem medizinischen Diskurs dieser Zeit – den Charakter von Volksseuchen hatten.

Trotzdem wurde Prostitution sogar von Staats wegen als *«notwendiges Übel»* geduldet, ja zum gesundheitlichen Schutz der Männer wurden die Prostituierten, also nur die Frauen, gesundheitlich kontrolliert und bei Zuwiderhandlung bestraft. Zu dieser Überwachung diente das zu Anfang des 19. Jahrhunderts nach napoleonischem Muster *«in fast allen Kulturstaaten»* eingeführte System der staatlich reglementierten Prostitution.[74] Es legitimierte eine doppelte Moral, da «gewerbsmäßige Unzucht» – so der strafrechtliche Begriff –, insbesondere das Halten von Bordellen, gemäß § 180 des Reichsstrafgesetzbuches von 1871 zwar verboten war, trotzdem von den Staatsorganen stillschweigend geduldet, sogar mit Steuern belegt wurde unter dem Vorwand, so eine bessere Überwachung zu gewährleisten. Das bedeutete, alle irgendwie beteiligten Männer, das rücksichtsvoll so genannte *«konsumierende Publikum»*[75], aber auch die Kuppler, Zuhälter, selbst die Bordellbesitzer blieben straffrei und unbehelligt, soweit nur die beteiligten Frauen eine sittenpolizeiliche Erlaubnis und Gesundheitskontrolle vorweisen konnten. Die Rechtsgrundlage für diese Überwachung und gesundheitliche Kontrolle und damit für die Möglichkeit, jede auch nur irgendwie verdächtige «Weibsperson» ohne Haftbefehl oder richterliche Kontrolle festzunehmen und einer ärztlichen Zwangsuntersuchung zu unterziehen, war § 361, Nr. 6 StGB:

*«Mit Haft wird bestraft... eine Weibsperson, welche wegen gewerbsmäßiger Unzucht einer polizeilichen Aufsicht unterstellt ist, wenn sie den in dieser Hinsicht zur Sicherung der Gesundheit, der öffentlichen Ordnung und des öffentlichen Anstandes erlassenen polizeilichen Vorschriften zuwiderhandelt, oder welche, ohne einer solchen Aufsicht unterstellt zu sein, gewerbsmäßig Unzucht treibt.»*

74  Vgl. A. Pappritz, Sittlichkeitsbewegung, in: Handbuch der Frauenbewegung, Bd. II, S. 156 f.
75  So ironisierend A. Pappritz in ihrem Bericht über die Tagung der Deutschen Gesellschaft zur Bekämpfung der Geschlechtskrankheiten, überschrieben «Herrenmoral», Leipzig 1903, abgedr. in: Frauen und Sexualmoral, hg. v. Marielouise Janssen-Jurreit, Frankfurt 1986, S. 83 f.

Weibliche Kritik und Empörung nun setzten auf drei Ebenen an:

● Die Frauen fanden sich nicht damit ab, daß Prostitution «notwendig» wäre. Schon in der Petition von H. Bieber-Böhm hieß es dazu:

> «Wir bestreiten, dass die Prostitution ein notwendiges Übel sei, weil angeblich der Fortpflanzungstrieb durchaus befriedigt werden müsse.
>   Bedeutende Aerzte und Hygieniker haben diese für den Fortschritt der Kultur so verderbliche Ansicht widerlegt…»[76]

● Als Betroffene, als Opfer solcher «Herrenmoral», ging es den Frauen darum, die wirklichen sozialen und gesellschaftlichen Ursachen der Prostitution bloßzulegen. Während etwa in «Meyers Konversations-Lexikon» von 1896 unter dem Stichwort «Prostitution» nur von den Frauen die Rede war:

> «Schlechte Erziehung der Mädchen, Not, die Fabrikarbeit der Kinder, namentlich der heranwachsenden Mädchen, die sozialen Verhältnisse, welche die Begründung von Familien erschweren, Arbeitsscheu, Putzsucht und namentlich auch die Verführung seitens junger Männer führen der P. stets neue Opfer zu»,

nannte Anna Pappritz klipp und klar drei Usachen: «die Geringschätzung des Weibes überhaupt, die schlechte, wirtschaftliche Stellung der Frau, die starke Nachfrage von seiten des Mannes».[77] D. h., es ging den Abolitionistinnen mit der Beseitigung der sozialen und

---

**Anna Pappritz** (geb. 1861 in Radach/Mark Brandenburg, gest. 1939 ebd.) war eine der führenden Abolitionistinnen, die sich seit der Mitte der 1890er Jahre für die Abschaffung des staatlichen Reglementierungssystems einsetzte. Sie gründete 1899 in Berlin den Zweigverein der «Internationalen Abolitionistischen Föderation» und war nach K. Scheven von 1905 bis 1933 Herausgeberin der Zeitschrift «Der Abolitionist». Pappritz kämpfte zeit ihres Lebens gegen staatliche Zwangsmaßnahmen und die Willkür der Polizei und erwarb sich große Verdienste um die Einrichtung einer Gefährdeten- und Gefangenenfürsorge und um die Anstellung von Polizeiassistentinnen, den sog. «Polizeimatronen».

---

76  H. Bieber-Böhm, Vorschläge zur Bekämpfung der Prostitution, S. 9.
77  A. Pappritz, Sittlichkeitsbewegung, in: Handbuch der Frauenbewegung, Bd. II, S. 156.

ökonomischen Abhängigkeit der Frauen zwar um die Abschaffung der Prostitution, nicht aber um ihre Bestrafung.

● Den Kampf vorrangig gegen die staatliche Reglementierung haben die Abolitionistinnen mit der «*himmelschreienden*» Ungerechtigkeit begründet:

> «*Das ist die Reglementierung der Prostitution. – Ihrem obersten Grundsatz: ‹Gesunde Frauen für ausschweifende Männer›, ordnet sie ohne geringste Bedenken die Freiheit und Würde des weiblichen Geschlechts unter und stempelt dasselbe, soweit es ihrer Macht verfallen ist, zur Ware und Sache.*» [78]

Moralische Entrüstung und das engagierte Eintreten der Frauen für eine bessere Moral waren und sind dennoch zweischneidig. Die Sittlichkeits- und Mäßigkeitsbewegungen des 19. Jahrhunderts (dazu gehörte auch der insbesondere von Frauen geführte Kampf gegen den Alkoholismus), die sog. Moralisierungskampagnen entsprachen im Grunde der frauenspezifischen Zuständigkeit für Anstand und gute Sitte und verhalfen ihnen zu gesellschaftlicher Anerkennung, ja sogar zu mehr Rechten – z. B. im US-Staat Wyoming bereits 1870, in Australien und Neuseeland um 1890 zum Frauenstimmrecht. Doch es bedeutete zumindest in den genannten Fällen auch, daß sie zum Beweis ihrer «Wohlanständigkeit» politische Anpassung praktizierten, ihre «Radikalität» einer gesellschaftlichen «Respektabilität» opferten.[79] Denn moralische Reformen setzen, sobald sie Strafgesetze, Staat und Polizei zu Hilfe rufen, immer soziale Kontrolle und mehr staatlichen Zwang voraus. Die Fortschrittlichkeit aber bestand darin, die Verdienste der von Josephine Butler bereits 1875 begründeten «Internationalen Abolitionistischen Föderation», daß sie, ausgehend von den «*gleichen natürlichen Rechten der Frau wie des Mannes*», in § 3 ihrer Satzungen unmißverständlich dekretierte:

78 Katharina Scheven, Was versteht man unter «Reglementierung der Prostitution»? in: Der Abolitionist 1902, Nr. 1, S. 2.
79 Vgl. hierzu Eleonore Flexner, Hundert Jahre Kampf. Die Geschichte der Frauenrechtsbewegung in den Vereinigten Staaten (1959), Frankfurt 1978, S. 201 u. 262 f.; sowie Mary P. Ryan, Mief und Stärke. Ein frühes Lehrstück über die Ambivalenzen weiblicher Moralisierungskampagnen, in: Listen der Ohnmacht, hg. v. C. Honegger, B. Heintz, Frankfurt 1981, S. 393 ff.

*«Die Föderation strebt, speziell auf dem Gebiet der Sittengesetze, die Aner-
kennung der persönlichen Freiheit an, welche in der persönlichen Verantwortung ihr Gegengewicht findet.»* [80]

Und Anna Pappritz lag daran festzuhalten:

*«Nicht aus einer laxen Moralauffassung, sondern aus dem sittlichen
Grunde der Gerechtigkeit tritt die Föderation für die Straflosigkeit der
Prostitution ein…*
  *Sie verwirft die gesetzliche Regelung der Prostitution, weil dieselbe ihren
Zweck, die Gesundheit des Volkes zu schützen nicht erfüllt, und weil jede
sittenpolizeiliche Ausnahmeregel eine soziale Ungerechtigkeit und eine
moralische Ungeheuerlichkeit ist; denn, indem der Staat eine Regelung
einsetzt, welche dem Manne Sicherheit und Unverantwortlichkeit zu verschaffen sucht und mit den gesetzlichen Konsequenzen eines gemeinsamen
Aktes nur die Frau belastet, verbreitet er die unheilvolle Idee, als ob es für
jedes Geschlecht eine besondere Moral gäbe.»* [81]

Hier also lag die prinzipielle Differenz, die in dieser Frage erst zum
Ende des Jahrhunderts in der deutschen Frauenbewegung zwischen
dem «Verein Jugendschutz», vertreten von H. Bieber-Böhm, und
den Radikalen und Abolitionistinnen deutlich wurde. Jetzt erst entstanden in verschiedenen Städten Deutschlands Zweigvereine der
«Internationalen Abolitionistischen Föderation», zuerst 1898 in
Hamburg unter der Leitung von Lida Gustava Heymann, 1899 in
Berlin mit der Vorsitzenden Anna Pappritz, dann 1900 auch in Dresden unter dem Vorsitz von Katharina Scheven sowie in Colmar,
München, Bremen, Halle, Kassel und Frankfurt a. M.[82] Aber auch
die «Vereine Frauenwohl», ja ausdrücklich auch der «Verband Fortschrittlicher Frauenvereine» hatten diese Kehrseite der Bürgerlich-
keit zu ihrer Angelegenheit gemacht. Denn die herrschende Sexualmoral führte ins Zentrum der Geschlechterverhältnisse und
wurde nun zum Brennspiegel ihrer Gesellschaftskritik. Die Anlässe
waren vielfältig und die Aktionen der Vorkämpferinnen einer gleichen Moral für Mann und Frau überaus mutig, listig und phantasie-
voll. Wiederum können nur Beispiele geschildert werden.

80  A. Pappritz, Sittlichkeitsbewegung, in: Handbuch der Frauenbewe-
     gung, Bd. II, S. 163.
81  Anna Pappritz, Die Zwecke und Ziele der Internationalen Abolitionisti-
     schen Föderation, in: Der Abolitionist 1902, Nr. 1, S. 5 u. 2.
82  L. G. Heymann/A. Augspurg, Erlebtes – Erschautes, S. 50 u. 88.

## Das erste Frauenzentrum in Hamburg

Es bedurfte nur eines Anstoßes. Anita Augspurg hatte ihre Freundin über den Londoner Kongreß von 1898 und die Ziele der «Abolitionistischen Föderation» informiert, da gründete Lida Gustava Heymann in Hamburg den ersten deutschen Zweigverein der «Internationalen Abolitionistischen Föderation» und nahm den Kampf gegen das Bordellwesen in ihrer «Vaterstadt» auf. In ihren «Memoiren» erläuterte sie diesen Schritt:

*«Bordelle? Ich war 27 Jahre alt geworden, ohne zu wissen, was ein Bordell ist. Ich ging den Dingen nach und erfuhr, daß die Männer unter dem Vorwand hygienischer Notwendigkeit zur Befriedigung ihres überzüchteten Sexuallebens wahre Lasterhöhlen schufen, in denen die Frauen mißhandelt, zur Ware gestempelt, ausgebeutet und obendrein als Paria gebrandmarkt wurden.»* [83]

Lida Gustava Heymann (15.3.1868–31.7.1943) war die Tochter eines reichen Kaufmanns in Hamburg. Sie führte zunächst im Kreis von vier Schwestern das typische unfreie Leben einer Tochter aus gutem Hause mit Privatunterricht, höherer Töchterschule und Pensionsbesuch in Dresden. Sie entdeckte früh ihre sozialen und politischen Interessen und litt unter der Ziellosigkeit und unfreiwilligen Untätigkeit. Doch als die anderen Schwestern sich verheirateten und das Haus verließen, zog der Vater sie mehr und mehr in seine geschäftlichen Angelegenheiten hinein und machte sie 1896 bei seinem Tod zur Testamentsvollstreckerin eines Sechs-Millionen-Nachlasses. Der Kampf um ihre Anerkennung in diesem Amt, die Erfahrungen mit Behörden, mit Steuerbeamten, Juristen und Kaufleuten aller Art waren eine harte Schule, aber gaben ihr Gelegenheit, sich zu bewähren und sich durchzusetzen. Erst *«durch die Feststellung, daß schon im 13. Jahrhundert eine Frau einmal das Amt eines Testamentsvollstreckers in Hamburg unbeanstandet bekleidet hatte …* (wurde) *der Einspruch der Behörde gegen meine Person hinfällig».* [84]

1896, beim Besuch des Internationalen Frauenkongresses für Frauenwerke und Frauenbestrebungen (vgl. Kap. 6) lernte sie Anita Augspurg kennen, mit der sie bald eine mehr als vier Jahrzehnte dauernde Arbeits- und Lebensgemeinschaft verband.

83  Ebd., S. 50.
84  Ebd., S. 43/44.

Lida Gustava Heymann

L. G. Heymann wußte ihre pekuniäre Unabhängigkeit im Fraueninteresse einzusetzen. Sie kaufte zunächst eine Etage in der Rat-
hausstraße 9, dann ab 1897 in der Paulstraße 25 ein erstes
Frauenhaus und richtete hier ein – im heutigen Sinn – feministisches Frauenzentrum ein mit sehr vielfältigen Aufgaben und Angeboten:

● einem Mittagstisch für Arbeiterinnen, *«da der Besuch von Restau-
rants 1896 in Hamburg für junge Mädchen ohne Begleitung nicht in
Frage kam… Es kamen: Bureau- und Handelsangestellte, Verkäuferinnen, Schauspielerinnen und Arbeiterinnen aller Branchen bis
zu den in Hamburg verpönten Kaffeeverleserinnen.»* [85]

● einem Kinderhort sowie Badeeinrichtungen mit Wannen und
Duschbrausen, die von allen Bewohnern der Umgebung benutzt
werden konnten;

85 Ebd., S. 39.

- einer Beratungsstelle für beinahe alle Lebensfragen, insbesondere Rechtsschutz und Sozialberatung;
- Veranstaltungen aller Art, Unterhaltungsabende, Vorträge, Gesang und Deklamation und Vereinsversammlungen.

Auch das Spektrum der von L. G. Heymann angeregten und diesem Zentrum angegliederten Vereinsaktivitäten war beachtlich:

*«1. Die Handelsangestellten organisierten sich in dem Vereine Industria, verbunden mit einer Stellenvermittlung und einer Handelsschule.*

*2. Eine zweite Berufsorganisation war eine Zentrale für weibliche Bühnenangehörige, die bestrebt war, jungen Bühnenkünstlerinnen ihr Vorwärtskommen zu erleichtern.*

*3. Ein Verein für Kleider-Reform wirkte für eine vernunftgemäße, gesunde, von der schnell wechselnden Mode unabhängige Frauenkleidung.*

*4. Der Hamburger Verein der Abolitionistischen Föderation, dessen Ziel die Abschaffung der Kasernierung und Reglementierung der Prostitution war. Sein Wahlspruch lautete: Es gibt nur eine Moral, und die gilt für Mann und Frau.*

*5. Der Verein Frauenwohl, der für die Gleichberechtigung der Frauen auf allen Gebieten arbeitete, den Mädchen gediegenere Bildung zu eröffnen strebte, eine Reformschule für Mädchen und Knaben gründete, die mit dem Abitur abschloß.»* [86]

Den größten Anstoß erregte offenbar der abolitionistische Zweigverein. Denn sehr schnell kam Heymann nun mit den Hamburger Behörden, der Sittenpolizei und den Honoratioren der Stadt in Konflikt, weil sie in öffentlichen Versammlungen Aufklärung forderte und die Aufmerksamkeit weiter Kreise auf die skandalösen Zustände der in einer Hafenstadt wie Hamburg üblichen, aber dennoch gesetzwidrigen kasernierten Prostitution lenkte. Nicht die Bordelle selbst, doch *«die Wahrheit über die Bordelle»*, so mußte sie feststellen, erregten *«öffentliches Ärgernis»*. Sie hatte es geschafft, sich gründlich Einblick zu verschaffen. Zuerst als Vormund einer sechzehnjährigen Prostituierten, dann als findige «Sozialforscherin», die dem Mädchenhandel und Machenschaften im Hafenviertel auf die Spur kommen wollte, wagte sie sich nachts zusammen mit einem Hafenarbeiter und einer Gemeindeschwester, *«schäbig und*

86  Ebd., S. 46.

*unauffällig gekleidet... auf die Wanderschaft durch die Kneipen und Tanzlokale...»* Um die Prostituierten über ihre geringen Rechte aufzuklären und ihnen Rechtsbeistand zuzusichern, versuchte sie auf sehr unkonventionelle Weise, mit ihnen Verbindung aufzunehmen. So beschwatzte die gleiche «Schwester Baumgarten» etwa die Garderobenfrauen und ließ den Besucherinnen eines «Prostituiertenballs» heimlich Handzettel in die Manteltaschen stecken. Als L. G. Heymann bald darauf in einem öffentlichen Vortrag unter dem harmlosen Titel «Ein Gang durch unsere Vaterstadt» über ihre Erkundungen berichtete, wurde die Versammlung prompt vom wachhabenden Beamten geschlossen. Nun wichen die Frauen in das benachbarte Altona aus, damals preußisches Gebiet, und der Kampf ging weiter.

Den Höhepunkt der Propagandaarbeit des Hamburger Zweigvereins bildete 1902 die Anzeige gegen einen Bordellbesitzer wegen Kuppelei und, nachdem die Staatsanwaltschaft die Angelegenheit niedergeschlagen hatte, die Klage gegen den Hamburger Senat wegen «Justizverweigerung». Natürlich lehnte der Bundesrat, das in diesem Fall zuständige Verfassungsorgan des Reiches, die Verfolgung der Anklage ab. Doch nun hatte die Angelegenheit bereits so viel Staub aufgewirbelt, daß es – von M. Cauer und A. Augspurg über politische Freunde lanciert – zu einer peinlichen Befragung des Hamburgischen Senators im Reichstag kam. Die *«Dame»*, deren *«Übertreibungen»* hier zur Sprache kamen, saß derweil als Beobachterin auf der Tribüne und meinte in ihren «Memoiren»:

*«Vor diesem Männerstaat mit seinen unwürdigen Einrichtungen verloren wir den letzten Schimmer von Achtung.»*[87]

## Geschlechtsjustiz

Nicht nur Solidarität oder wohltätige Hinwendung zu den «gefallenen Schwestern» waren das Motiv der Frauen im international geführten Kampf gegen die reglementierte Prostitution, vielmehr war ihr Engagement durchaus eigennützig. Denn im Grunde waren alle Frauen betroffen, zum einen, weil weder die Ehegesetze noch das Sexualstrafrecht verhindern konnten, daß die Gefahr der Anstek-

87  Auch alle vorherigen Zitate dieses Abschnitts ebd., S. 50–53.

kung bis in die ehelichen Schlafzimmer getragen wurde, zum anderen, weil offensichtlich keine Frau in der Öffentlichkeit vor polizeilicher «Sittenkontrolle», Verhaftung und zwangsweiser Untersuchung sicher war.

Die Frauenzeitschriften der Jahrhundertwende berichten von unzähligen Vorfällen, in denen die Polizei irrtümlich oder vorgeblich eine Frau ohne Begleitung als Dirne festgenommen und zur Zwangsuntersuchung abgeführt hatte.

*«In (zwei) Fällen wurden ganz junge unerfahrene und schutzlose Mädchen in brutalster Weise von Schutzleuten arretiert, ohne den geringsten Versuch, ihre Persönlichkeit und ihren Leumund festzustellen, auf die Polizeistation geschleppt, in derselben ehrenrührigen Weise... bis zum übernächsten Tag in Polizeigewahrsam gehalten, dann körperlich untersucht, völlig gesund und unberührt gefunden und ohne Entschädigung, ohne Entschuldigung, vermutlich noch mit Grobheiten... des hohen Herrn Schutzmannes ent- und ihrem Schicksal überlassen.»* [88]

*«Die deutsche Frau ist... vogelfrei, der § 361, Z. 6 gibt jedem Schutzmann das Recht, jede Frau auf Verdacht hin zu arretieren, daß er sie für eine Dirne hält. Weder arm noch reich, weder hoch noch niedrig, weder die Frau in üppigster Toilette, noch diejenige im schlichten Gewande, weder die Langsamgehende, noch die Schnelleinhereilende, weder die mit langem, noch die mit kurzem Haar und so ad infinitum, ist sicher vor der brutalen Behandlung eines Schutzmannes...»* [89]

Ein anderer, zufällig prominenter Fall aber belegt, wie es Frauen erging, die auch aus ganz anderen Gründen in die Mühle der Justiz und der Rechtlosigkeit geraten waren. Was der Sozialdemokratin und später ersten Frau im SPD-Vorstand Luise Zietz widerfuhr, die in Hamburg im Jahr 1900 wegen Verstoßes gegen das Presserecht zu drei Tagen Haft verurteilt wurde, wirft ein grelles Licht auf die Zustände:

88  Anita Augspurg, Schweigen die Frauen? In: Parlamentarische Angelegenheiten und Gesetzgebung (Beilage zu Die Frauenbewegung 1902, Nr. 14, S. 53).
89  Minna Cauer, Vogelfrei, in: Die Frauenbewegung 1902, Nr. 22, S. 169.

„Nachdem ich gebadet hatte und mit Anstaltswäsche versehen worden war, wurde ich mit einer ganzen Kolonne Gefangener zum Arzt geführt; es befanden sich unter ihnen eine Anzahl Prostituierter, welche die Kontrollvorschriften übertreten hatten, Diebinnen, Korrigenden u. s. w.

Die Prostituierten kamen in einen Saal für sich, vier andere Gefangene, darunter ich, wurden in ein doppeltes Klosett mit einem kleinen Vorraum gesperrt, wo wir uns bis aufs Hemd zu entkleiden hatten. „Sie werden auch innerlich untersucht", hieß es, „dort ist eine Schüssel, die Sie nacheinander zum Waschen nehmen können, und hier ist auch ein Tuch zum Abtrocknen". Eine Waschschüssel und ein Tuch für vier Personen! [ ... ]

Nachdem der Herr Doktor erschienen war, kamen wir der Reihe nach, wie wir auf der Liste aufgeführt waren, an die entsetzliche Prozedur, dabei Prostituierte und andere Gefangene durcheinander. Damit der Herr Doktor keine Sekunde zu warten brauchte, mußten wir entkleidet auf dem zugigen Korridor vor der Thür des Untersuchungszimmers warten, bis die einzelne an die Reihe kam. Da ich das zweifelhafte Vergnügen hatte, die letzte zu sein, mußte ich mindestens 20 Minuten auf dem Korridor stehen.

Ob der Arzt sich nach jeder einzelnen Untersuchung die Hände gereinigt hat, kann ich nicht sagen. Nach der fabelhaften Schnelligkeit, mit der die Sache vor sich ging, scheint mir fast Grund vorzuliegen, daran zu zweifeln. Ein Waschbecken habe ich im Zimmer nicht bemerkt, jedoch ist es möglich, daß ich das übersehen habe, weil ich mich in hochgradiger Erregung befand. Mit Karbol oder Lysol hat jedenfalls der Herr Doktor seine Hände nicht desinfiziert. Mit der rechten Hand griff er in einen Napf mit grüner Seife und ging dann an die Untersuchung. An der ganzen Art und Weise derselben, der Vorbereitung, all dem Drum und Dran, erkennt man, wie mir scheint, daß die Gefangene nicht als Mensch, sondern nur als Uebelthäter betrachtet wird, „als die Puppe, welcher der Strafrichter die Nummer eines Artikels des Strafgesetzbuchs auf die Schulter klebte". Mindestens könnte man wohl verlangen, daß dem Schamgefühl soweit Rechnung getragen wird, daß man weibliche Aerzte an Frauengefängnissen anstellt, bezw. mit der Untersuchung weiblicher Gefangener betraut. Wie ich auf den Wink der Wärterin entkleidet — selbst die Schuhe mußte man draußen ausziehen — ins

> Zimmer des Arztes trat und von diesem auf das Gröbste ange-
> schnauzt und mit „Du" angeredet wurde, glaubte ich mich nicht nur
> meiner Kleider, sondern auch meiner Menschenwürde beraubt, so
> entsetzlich erniedrigend und demütigend wirkte der ganze Vorgang
> auf mich. Erst in meiner Zelle kam allmählich die Besinnung und
> ruhige Ueberlegung wieder. Da habe ich vor Empörung mit den
> Zähnen geknirscht und in ohnmächtigem Zorne die Hände geballt,
> jedoch was half das?"

(Auszüge aus: Luise Zietz, Die Zwangsuntersuchung weiblicher Gefangener. In: «Die Frauenbewegung», Nr. 4, 1900)

Diese bösen Erfahrungsberichte erklären, warum sich die
Frauenbewegung – wenigstens als Zwischenschritt – so vehement
um die Einstellung von weiblichen Polizeibeamtinnen, ja auch Ge-
fängnisärztinnen bemüht hat. Die erste bei der Sittenpolizei angestellte Ärztin Dr. med. Agnes Hacker, mußte sich allerdings gegenüber den Abolitionistinnen verteidigen in der Frage, inwieweit ihre
Tätigkeit mit abolitionistischen Grundsätzen vereinbar wäre und
nicht ein für Frauen so schmachvolles System stützte.[90] Die erste
«Polizeimatrone», die 1903 beim Stadtpolizeiamt Stuttgart einge-
stellte Schwester Henriette Arendt, wurde zu einer Pionierin der Ge-
fangenen- und Gefährdetenfürsorge. Sie hat ihre Tätigkeit und ihre
schweren Kämpfe mit der staatlichen Bürokratie und gegen die Aus-
wüchse der Reglementierung in mehreren Schriften dokumentiert.[91]
Auf dem Höhepunkt der Frauenkampagnen gegen die «Mißgriffe
der Polizei», gegen Ausnahmegesetze und Geschlechtsjustiz[92] im
Herbst 1902 aber unterlief einem Schutzmann der «Großherzogl.
Sächsischen Haupt- und Residenzstadt Weimar» das peinliche Versehen, die führende Frauenrechtlerin Anita Augspurg auf dem
Bahnhof in Weimar unter dem Verdacht des § 361 Nr. 6 StGB zu
verhaften. Nun, «Doktor juris Anita», wie sie in einem Spottge-

90 Vgl. Anstellung einer Ärztin bei der Sittenpolizei, in: Die Frauenbewegung 1900, Nr. 23, S. 178.
91 Z. B. Henriette Arendt, Menschen, die den Pfad verloren…, Stuttgart
(1907), u. dies., Erlebnisse einer Polizeiassistentin, München 1910.
92 Vgl. Schweigen die Frauen? In: Parlamentarische Angelegenheiten
1902, Nr. 14, sowie in: Die Frauenbewegung 1902, Nr. 18, S. 139.

dicht[93] zu diesem Vorfall genannt wurde, wußte sich zu helfen. Wer ihre Beschwerdeschrift und Gegendarstellung in der Presse liest, könnte auf den Gedanken kommen, daß – nachdem der Beamte seine Anmaßung wohl schnell eingesehen haben muß – es schließlich mehr der Ordnungshüter war, der da zur Wache gezerrt wurde, als die *«wegen auffälligen Gebarens»* verdächtigte Suffragette. Mit Fug und Recht aber haben die radikalen Frauenvereine dieses Musterbeispiel polizeilicher Willkür propagandistisch ausgeschöpft mit Kundgebungen überall im Land, einer riesigen Protestversammlung in Berlin, Grußadressen und Resolutionen. Sie forderten die Achtung der Freiheit der Person, nach englischem Vorbild eine «Habeaskorpusakte» auch für Frauen und deshalb die Beseitigung des § 361 StGB als *«Ausnahmegesetz für das gesamte weibliche Geschlecht, das im Widerspruch zu allen verfassungsmäßigen Freiheitsgarantien steht».*[94]

Bis 1927 sollte es trotz dieser Bemühungen dauern, bis die Sittenpolizei durch das Gesetz zur Bekämpfung der Geschlechtskrankheiten abgeschafft wurde. Doch neben solchen inzwischen überholten Rechtsmißbräuchen gibt zu denken, daß andere, um die Jahrhundertwende bereits benannte Diskriminierungen und Ungerechtigkeiten heute noch ebenso brisant und aktuell sind wie damals. Etwa die Erfahrung üblicher, alltäglicher Gewalt gegen Frauen, die die *«Bewegungsfreiheit der weiblichen Bürger zur Nachtzeit wie bei Tage»* einschränkte. M. Cauer thematisierte diese *«unsere gesellschaftlichen Zustände»* kennzeichnende «strukturelle Gewalt»:

*«Die absolute Rechtlosigkeit der Frau auf Straßen und Plätzen, sobald das nächtliche Dunkel jeden Insult gegen sie seitens eines feigen Mannes deckt, ist noch so tief im Volksbewußtsein eingewurzelt, und wird durch unsere gesellschaftlichen Zustände… so sehr unterstützt, daß noch Jahrzehnte vergehen werden, bis man sich daran gewöhnt, der weiblichen Steuerzahlerin auch nächtlicher Weile die ungehinderte Mitbenutzung der öffentlichen Verkehrswege… zu überlassen…»*[95]

93 Die Frauenbewegung 1902, Nr. 22, S. 172.
94 Die Mißgriffe der Polizei, in: Die Frauenbewegung 1902, Nr. 24, S. 187/188, und Beschwerdeschrift von Dr. jur. Anita Augspurg, in: Parlamentarische Angelegenheiten 1902, Nr. 22, S. 85.
95 Minna Cauer, Die Schutzlosigkeit der Frau, in: Die Frauenbewegung 1898, Nr. 2, S. 13.

Wie wahr! Schließlich haben die Radikalen auch die Gerichtspraxis in Vergewaltigungsfällen bereits als Musterbeispiele *«krasser Geschlechtsjustiz»* aufgegriffen und diese Form männlicher Kumpanei öffentlich angeprangert. Ein beispielhaftes Urteil des Schwurgerichts in Hamburg-Altona aus dem Jahr 1905 war der Anlaß für zahlreiche Protestversammlungen und eine Pressekampagne. Die radikalen Frauenvereine, denen sich die Sozialdemokratinnen, aber auch die linke und liberale Presse angeschlossen hatten, charakterisierten die Rechtspraxis als *«ein Klassenurteil, wenn auch in einem anderen Sinn, nämlich ein Urteil der herrschenden Klasse Mann gegen das rechtlose Weib».*[96] Es handelte sich in diesem Fall um den Freispruch von vier jungen Männern, die gemeinschaftlich eine Vergewaltigung begangen hatten. Angeblich hatte das Opfer, ein Dienstmädchen, *«sich nicht gesträubt».* Die Begründungen der Richter wie die Urteilsschelte der Frauen könnten aus der Gegenwart stammen.

> Vier junge Burschen von 18, 19, 20 und 24 Jahren, drei Kaufmannsgehilfen und ein Arbeiter, haben an einem Sonntage ein junges 15jähriges Dienstmädchen zu einer Segelfahrt auf der Elbe eingeladen, sind mit ihm auf einem unbewohnten Sandwerder im Strom gelandet und haben sie dort einer nach dem andern vergewaltigt. Die Dienstherrschaft des in unbeschreiblichem Zustande heimkehrenden Mädchens, erhielt durch ein anderes Dienstmädchen, welches eine Beichte des Vorgegangenen aus dem Mädchen herauslockte, Kunde von der Sache und veranlaßte die Anklage gegen die vier Schurken. Die Verhandlung fand am 13. Januar vor dem Altonaer Schwurgericht unter Ausschluß der Oeffentlichkeit statt und endete mit der kostenlosen Freisprechung der des Verbrechens Ueberführten und Geständigen, denen der in Frage kommende § 176 St.-G.-B. Zuchthausstrafe bis zu 10 Jahren zusichert, die sich zudem vor dem Gericht noch mit zynischer Rohheit, welche dem Vorsitzenden Anlaß zur Rüge gab, über ihre Tat geäußert haben. Das Mädchen ist infolge des bestialischen Attentates von Krämpfen befallen, welche drei ärztliche Gutachten für unheilbar erklären, während ein vierter Arzt der Ansicht ist, sie könnten vielleicht im Laufe der Zeit wieder

96 Das Altonaer Schwurgerichtsurteil, in: Parlamentarische Angelegenheiten 1905, Nr. 5, S. 9.

behoben werden. Die vier Burschen waren, kaum aus der Untersuchungshaft entlassen, am nächsten Sonntage, 2 Tage nach der Gerichtsverhandlung, wieder in den Tanzlokalen von Blankenese zu sehen.

[...]

Die Hauptmotive für den Freispruch waren: das Mädchen war keine unbescholtene Person und es hat sich nicht gesträubt. Die Untersuchung dieser Behauptungen förderte allerdings Resultate, die für die Kritik der Frauenwelt das Urteil nicht begreiflicher, sondern noch weit empörender machen hinsichtlich seiner psychologischen Plumpheit und hinsichtlich des von seinen Autoren angelegten sittlichen Maßstabes. Die Bescholtenheit wollen die Richter aus folgenden Umständen erklären. Am Sonntag vor dem Attentat hat einer der 4 Angeklagten und zwar der als Wüstling berüchtigtste derselben, vor dem die vergewaltigte Toni Ullrich große Angst und großen Widerwillen empfand, sich auf dem Heimwege von einem Blankeneser Vergnügungslokal an sie gemacht und sie zu verführen gesucht. Sie hat ihn von sich gewiesen und als sie, das junge unerfahrene Ding von kaum 15 Jahren sich seiner nicht erwehren konnte, hat sie — was für eine wohlerzogene höhere Tochter gewiß als taktlos, geschmacklos und unpassend gelten mag, für ein inmitten des verrufensten Stadtviertels von Hamburg aufgewachsenes Mädchen aus dem Volk aber ganz anders zu beurteilen ist — auf ihre Menstruation hingewiesen und sich dadurch von ihm befreit. Die Richter haben aus diesem Umstande die Toni Ullrich als ein schamloses Mädchen eingeschätzt. Sie könnten von jedem Volksschullehrer erfahren, wie ungeniert die Mädchen ihm Mitteilung von diesem natürlichen Zustand machen und wären verpflichtet, dieser volkstümlichen Auffassung Rechnung zu tragen. Am nächsten Donnerstag hat nun ein anderer aus dem sauberen Kollegium, mit dem sie aber ein Liebesverhältnis hatte, und als dessen Braut sie sich betrachtete, nachdem er sie durch 2 Gläser sogenannten Sherry in willenlosen Zustand versetzt hatte, tatsächlich verführt. Gegen diesen Burschen wäre wegen Verführung eines noch im Schutzalter stehenden Mädchens Anklage zu erheben gewesen: dieselbe wurde durch Hinweis auf die vorhergangene Nachstellung des ersten, als zu Gunsten einer Bescholtenen erhoben (!) entkräftet. Die Folgerung des Gerichts ist also die, ein

Rowdy, welcher einem unbescholtenen Mädchen nachstellt, macht es dadurch zu einem bescholtenen; ein derartig bescholtenes Mädchen ist die freie Beute für jeden nächsten Rowdy, der es alsdann straffrei verführen oder vergewaltigen mag.

[ ... ]

Untersuchen wir nun den zweiten Vorwand, den das Gericht aufgebracht hat, um seinen Freispruch zu entschuldigen. Es behauptet, das Mädchen habe sich nicht gesträubt. Wie man die Stirn zu dieser Behauptung haben kann, angesichts der gerichtlich festgestellten Details, das versteht allerdings ein u n b e f a n g e n e r Beurteiler nicht. [ ... ] Es ist verbürgt, daß, während der erste Schurke das unglückliche Opfer vergewaltigte, dieses von seinen drei Komplizen festgehalten wurde. Wäre dieses Festhalten geschehen, wenn das Mädchen sich nicht gesträubt hätte? [ ... ]

Aber weiter, die equilibristischen Interpretationskünste dieses Schwurgerichts nehmen noch höheren Flug. Die Toni Ullrich ist bei dem Attentat mit dem Oberkörper in so unhaltbarer Weise über den Schiffsrand gehängt oder gedrängt worden, daß sie aus rein anatomischen Gründen, aus Selbsterhaltungstrieb, um nicht das Kreuz zu brechen, aus dieser verzweifelten Stellung herausstreben mußte, sie suchte sich instinktiv an irgend einem Halt anzuklammern und diesen Halt bot lediglich der sie vergewaltigende Bursche. Daraus konstruiert das Gericht: sie habe ihn umarmt. Hat sie sich zuerst nicht gesträubt, so hat sie jetzt durch die Umarmung ihre Zustimmung gegeben und der Freispruch bekommt eine gesunde Basis: volenti non fit unjuria.

Nach diesem Moment ist Toni Ullrich von einer Ohnmacht in die andere gefallen, die Burschen wollen dieses nicht bemerkt haben, einer derselben äußerte sogar, er wüßte nicht, was ihr dazu Anlaß gegeben haben könnte. Ueber die Roheit dieser Aeußerung hat der Vorsitzende dem Betreffenden Vorhalt gemacht, damit aber scheint der Umstand für das Gericht erledigt gewesen zu sein: wer ein Tier mißhandelt, bis es bewußtlos zusammenbricht, erhält sicherlich die wohlverdiente Strafe, aber einem Mädchen (oder einem Soldaten) gewährt unsere Justiz nicht den gleichen Rechtsschutz.

(Auszüge aus: «Wieder ein Schlag ins Antlitz der Frau», in: «Beilage der Frauenbewegung. Parlamentarische Angelegenheiten und Gesetzgebung», Nr. 3–5, 1905)

# 4. «Klarer zeigt sich ... nirgends die ganze Brutalität menschlicher Zustände als auf sexuellem Gebiet» (Helene Stöcker)

## Eine neue Ethik

Wieviel Selbstbewußtsein und Zivilcourage es erforderte, im kaiserlichen Deutschland der Jahrhundertwende als Frau Fragen der Sexualmoral, der Sexualität zur Sprache zu bringen und öffentlich zu diskutieren, können wir heute nur noch schwerlich ermessen. Es erklärt immerhin, warum die «heißesten Eisen» doch nur von einer Minderheit, einer Avantgarde ungewöhnlicher und auch privilegierter Frauen angepackt wurden.

Eine, die es wagte, den Zusammenhang zwischen Sexualität und Politik oder, anders gesagt, zwischen Liebe und der Rechtsstellung der Frauen zu denken und auszusprechen und dafür die ganze Häme der Antifeministen, Diffamierungen und die Schelte der Mehrheit auch der Frauen erfuhr, war Helene Stöcker.

*«Klarer zeigt sich doch vielleicht nirgends die ganze Brutalität menschlicher Zustände als auf sexuellem Gebiet.»* [97] Dies war eine Erkenntnis, die ihre politische Arbeit prägte als Frauenrechtlerin, Sexualreformerin wie später auch als Pazifistin.

---

**Helene Stöcker** (geb. 13.11.1869 in Elberfeld, gest. 24.2.1943 in der Emigration in New York) stammte aus einem streng calvinistischen Elternhaus. Gerade die dogmatische Enge dieses Elternhauses hat ihren *«Weg ins Freie»* und zu geistiger Unabhängigkeit bestimmt. Als älteste Tochter von acht Kindern, im Haushalt unentbehrlich geworden, gelang es ihr erst nach heftigen Kämpfen – *«übrigens mit Hilfe*

---

97 Helene Stöcker, Die Ziele der Mutterschutzbewegung, in: dies., Die Liebe und die Frauen, Minden 1906, S. 173.

(ihrer) *Mutter»* –, 1892 in Berlin mit der Lehrerinnenausbildung zu beginnen.[98]

Auffällig ist, wie früh und oft sich die Wege der aktiven Frauen in der Bewegung dieser Zeit kreuzten, es zeigt aber auch, wie eng der Kreis und wie groß die «Gefahr der Ansteckung» war.

Helene Stöcker z. B. hatte Minna Cauer bereits bei einem Berlinbesuch Ende der 1880er Jahre kennengelernt und bei ihr Ermutigung im Kampf um Gleichberechtigung und Frauenstudium erfahren. Nach ihrem Lehrerinnenexamen besuchte sie dann die Gymnasialkurse von Helene Lange, arbeitete mit in einer Kommission zur Schaffung einer «Bibliothek zur Frauenfrage»[99] und war im Herbst 1896 eine der ersten weiblichen Studierenden an der Universität Berlin, die nur auf besondere Genehmigung des einzelnen Professors die Vorlesungen besuchen durften. Ihre Studienfächer waren Literaturgeschichte, Philosophie und Nationalökonomie. Als sie nach einer Protestveranstaltung zur Durchsetzung von Mädchengymnasien als Rednerin neben Marie Stritt und Anita Augspurg ins Kreuzfeuer konservativer Pressekritik geriet und einer ihrer Professoren ihr daraufhin den Besuch seiner Vorlesung untersagte, beschloß sie, den Studienort zu wechseln. Sie ging für ein Semester – weil sie sich verliebt hatte – nach Glasgow und promovierte 1901 in Bern mit einer Dissertation «Zur Kunstanschauung des 18. Jahrhunderts. Von Winckelmann bis Wackenroder».

Nach Berlin zurückgekehrt, lebte sie von ihrer literarischen Tätigkeit, hielt Vorträge sowie Vorlesungen in der Lessing-Hochschule «Über die Frauen der Romantik», «Die Philosophie Friedrich Nietzsches» etc., redigierte vorübergehend «Die Frauen-Rundschau» (eine Zeitschrift, die vorher als «Dokumente der Frauen» von der österreichischen Feministin Marie Lang herausgegeben wurde) und war Vorstandsmitglied im «Verband Fortschrittlicher Frauenvereine». Seit 1905 bis zu dessen Tod im Jahr 1931 lebte sie mit dem Rechtsanwalt Bruno Springer in einer Lebensgemeinschaft zusammen und praktizierte damit ihre Grundsätze von *«freier Liebe» «mit*

98 Alle weiteren Zitate und Informationen aus dem bisher unveröffentlichten autobiographischen Manuskript, Helene Stöcker, Lebensabriss, Peace Collection, Swarthmore College, Pennsylvania/USA, vgl. auch Feministische Studien 1984, Nr. 1, S. 151 ff. Zur Person Stöcker außerdem: Ingeborg Richarz-Simon, Helene Stöcker. Sexualreformerin und Pazifistin, München 1969.

99 H. Stöcker, Autobiographische Manuskripte: Vom Kampf um das Frauenstudium.

*dem Willen zur Verantwortlichkeit und zur Dauer»* gegen alle Verfe-
mungen.[100]

Mit dem Ausbruch des Ersten Weltkrieges folgte für H. Stöcker
aus der Idee des Mutterschutzes der «Menschenschutz», und sie, die
schon 1892 der von Bertha v. Suttner gegründeten Friedensgesellschaft beigetreten war, wurde zur engagierten und radikalen Pazifistin. Sie beteiligte sich an pazifistischen Initiativen und Organisationen, am Internationalen Frauenfriedenskongreß in Den Haag,
wurde Mitglied des «Bundes Neues Vaterland», aus dem sich später
die «Liga für Menschenrechte» entwickelte, wurde 1919 Vizepräsidentin der «Deutschen Friedensgesellschaft», 1921 Mitbegründerin
der «Internationale der Kriegsdienstgegner» und 1926 der «Gruppe
revolutionärer Pazifisten». Bis Ende 1932 gab sie die Zeitschrift «Die
Neue Generation» heraus, in der sie entschieden Stellung nahm für
das Recht der Frau auf Geburtenkontrolle und eine Geburtenplanung unter sozialen Gesichtspunkten, gegen Rassismus und Antisemitismus und jedwede Gewalt.

Sofort nach dem Reichstagsbrand 1933 verließ die über Sechzig-
jährige Berlin, um nach einer beschwerlichen und von Krankheit ge-
zeichneten Odyssee über die Schweiz, Schweden und die Sowjetunion 1941 schließlich in den USA eine Bleibe zu finden. Sie ist in
New York am 24. Februar 1943 gestorben. Ihr gesamtes kostbares
Archiv wurde von den Nationalsozialisten konfisziert, ihre Autobiographie ist bisher nicht veröffentlicht.

Schon früh hatte Stöcker das Werk Friedrich Nietzsches kennengelernt, war von seiner Philosophie und «Absage an die lebensvernei-
nende Moral» gefesselt worden.[101] Seine immer wieder zitierte
«Frauenfeindschaft» erläuternd und modifizierend[102], aber stellte
sie seinem «Übermenschen» ein um den Feminismus erweitertes
Konzept einer «neuen Menschheit» gegenüber:

100 H. Stöcker, Autobiographische Manuskripte: Lebensgemeinschaft,
S. 6.
101 Vgl. hierzu Heide Schlüpmann, Radikalisierung der Philosophie. Die
Nietzsche-Rezeption und die sexualpolitische Publizistik Helene Stök-
kers, in: Feministische Studien 1984, Nr. 1, S. 10 ff.
102 Vgl. Helene Stöcker, Nietzsches Frauenfeindschaft, in: dies., Die Liebe
und die Frauen, S. 65 f.

Helene Stöcker

«Nein, nein, nicht Mann sein wollen, oder wie ein Mann sein wollen, oder mit ihm verwechselt werden können: was sollte uns das helfen! Unser Gewissen spricht jetzt: ‹Werde, die du bist.› Alle in uns liegenden Kräfte zu entwickeln, den Mut zu uns selber, zu unserer eigenen weibmenschlichen Natur zu haben; lernen, uns selber Gesetze zu geben, die Rangordnung der Werte durch uns für uns zu bestimmen; das ist die Befreiung vom Banne der asketischen Moral vergangener und vergehender Kulturen und Traditionen, das ist auch die Befreiung von der männlichen Weltanschauung, die wir widerstandslos angenommen haben, ohne zu fragen, ob sie die für uns richtige sei, ohne unsere eigene Wertung der Dinge dagegen zu setzen...

Aber wie vereinigt man das Unvereinbare: ein freier Mensch, eine eigene Persönlichkeit und ein liebendes Weib zugleich zu sein? Das war für uns beinahe das Problem der Probleme.»[103]

Die Frage, «wie sich die geistige Unabhängigkeit mit der Liebe, die ja immer einen großen Teil seelischer Abhängigkeit mit sich bringt, ver-

103  H. Stöcker, Unsere Umwertung der Werte, in: dies., Die Liebe und die Frauen, S. 14.

*einigen ließe»*[104], war das Problem, das Helene Stöcker mit ihrer «neuen Ethik» und Bewegung für Mutterschutz zu lösen versuchte. Denn es war für sie widersinnig, Mutterschaft und Mütterlichkeit *«als große Leistung der Frauen für die Welt»* zu predigen und doch nicht die Bedingungen zu schaffen, unter denen ein Kind ohne Not und Schande auch außerhalb einer Ehe zur Welt zu bringen und zu erziehen war. Es war ihrer Meinung nach heuchlerisch, Frauen auf die Liebe einzuschwören und das Sexualleben doch nur *«in der vom Staat offiziell anerkannten Form der Ehe»* oder – für den Mann – als reglementierte Prostitution zuzulassen.[105]

Zwar hatten die radikalen Feministinnen mit der Kritik der Ehe und der falschen Moral auch schon vorher Anstoß erregt. Sie hatten nicht nur eine Eherechtsreform gefordert, sondern bisweilen auch *«als Propaganda der Tat»* zum Eheboykott aufgerufen, weil nach der Bestätigung der Privilegien des Mannes im BGB ihrer Meinung nach nur die *«freie Ehe»* mit der Selbstachtung von Frauen vereinbar war.[106] Doch was Helene Stöcker mit der Gründung ihres «Bundes für Mutterschutz» im Jahr 1905 beabsichtigte, rief nicht nur die allgegenwärtigen Philister auf den Plan, sondern bedrohte offenbar die Grundfesten der bürgerlichen Ordnung:

Denn «neue Ethik» und Sexualreform meinten – im heutigen Sprachgebrauch – die Anerkennung der «nichtehelichen Lebensgemeinschaften», die Gleichstellung der unehelichen Kinder, die Einführung einer staatlichen Mutterschaftsversicherung, Sexualaufklärung und Empfängnisverhütung, ökonomische Unabhängigkeit und Gleichberechtigung der Frau, ja ein Selbstbestimmungsrecht der Frau über ihren eigenen Körper und ihre Sexualität, in den Worten Stöckers, schon 1893: *«ihr Recht auf Freiheit und ihr Recht auf Liebe».*[107]

104 H. Stöcker, Autobiographische Manuskripte: Bund für Mutterschutz, S. 3.
105 Helene Stöcker, Zur Reform der sexuellen Ethik, in: Mutterschutz 1905, Nr. 1, S. 3 f.
106 Vgl. A. Augspurg, «Offener Brief», abgedr. in: Die Frauenbewegung 1905, Nr. 11, S. 81; vgl. auch H. Dohm, Die Antifeministen, sowie Minna Cauer, Alte Fragen in neuer Beleuchtung, in: Die Frauenbewegung 1905, Nr. 7, S. 49 f.
107 H. Stöcker, Die moderne Frau, in: dies., Die Liebe und die Frauen, S. 20.

## Der «Bund für Mutterschutz und Sexualreform»

Der Sozialpolitiker und Reichstagsabgeordnete Friedrich Naumann, den Stöcker um einen Redebeitrag in der Gründungsversammlung des «Bundes für Mutterschutz» gebeten hatte, soll erwidert haben:

*«Ich teile ihre Auffassung… Aber es ist klar, daß jeder, der diese Probleme öffentlich erörtert, sich in den Verdacht bringt, die Ehe selber anzugreifen… (das) würde meine ganze politische Arbeit gefährden. Sie müssen schon dies Odium allein auf sich nehmen.»* [108]

Dabei wurde alles gut vorbereitet: Programm und Statuten waren von einem Komitee, dem späteren Vorstand, ausgearbeitet. Vorstandsmitglieder waren neben Helene Stöcker und Maria Lischnewska, einer Gefährtin aus dem Vorstand des «Verbandes Fortschrittlicher Frauenvereine», u. a. Dr. med. Max Marcuse, Prof. Werner Sombart sowie Lily Braun. Aus der Frauenbewegung kamen u. a. Hedwig Dohm, die Gräfin Gertrud Bülow von Dennewitz, die unter dem Pseudonym Gisela von Streitberg als eine der ersten Frauen für die Aufhebung des § 218 eingetreten war [109], ferner Henriette Fürth, Adele Schreiber und Marie Stritt, dennoch insgesamt mehr Männer als Frauen. Die erste öffentliche Versammlung fand im Februar 1905 unter unerwartet großem Andrang statt.

*«Die sechsstündigen Verhandlungen gehören zu den bedeutungsvollsten, welche das letzte Jahrzehnt der deutschen Frauenbewegung aufzuweisen hat. Die Gefahr, daß sich der Bund für Mutterschutz in rein praktischen Maßnahmen, als Gründung von Mutterschutzhäusern, Herbeiführung einer staatlichen Mutterschaftsversicherung erschöpfen könne, war für immer beseitigt.*

*Der Kampf für eine neue geschlechtliche Sittlichkeit, für eine neue und freie Ehe, die ihre Gebundenheit hat in dem Verantwortungsgefühl von Mann und Frau, der Kampf für Ehre und Würde der seit Jahrtausenden niedergetretenen Opfer der konventionellen Moral – das ist und bleibt die Losung des Bundes für Mutterschutz.»* [110]

108 H. Stöcker, Autobiographische Manuskripte: Bund für Mutterschutz, S. 14.
109 Gisela von Streitberg, Das Recht zur Beseitigung keimenden Lebens, 1904, abgedr. in: Frauen und Sexualmoral, S. 156 f., vgl. auch M. Twellmann, Die deutsche Frauenbewegung, Bd. 1, S. 92.
110 M. Lischnewska, zit. n. H. Stöcker, Zehn Jahre Mutterschutz, in: Die neue Generation 1915, Nr. 1, S. 8/9.

D. h. der «Bund für Mutterschutz» versuchte, praktische soziale Tätigkeit mit Aufklärung im weitesten Sinn und der Reform der sexuellen Ethik zu verbinden.[111] Zugleich aber verbargen sich in dieser Vielseitigkeit sehr unterschiedliche Strömungen und Interessen, die bald aufbrachen und zu Abspaltungen führten: Die mehr praktischen Ziele wurden von Ruth Bré vertreten, die damit jedoch merkwürdig mutterrechtliche und erdverbundene Pläne verfolgte. Sie wollte den unehelichen Müttern *«auf dem Land»*, *«auf eigener Scholle eine dauernde Existenz»* und durch eine Alimentationspflicht des Staates ein neues «Mutterrecht» schaffen.[112] Sie verließ schon einen Monat nach der Konstituierung des Bundes die Organisation. Demgegenüber ging es Stöcker und M. Lischnewska vor allem um die *«weibliche Persönlichkeit»*, darum, *«die sozialen Bestrebungen zum Schutz von Mutter und Kinde… mit der vorurteilslosen Erörterung des sexualethischen Problems überhaupt zu verbinden»*[113], während ein großer Teil der männlichen Wissenschaftler vom Interesse an den neu aufgekommenen sog. Sexualwissenschaften und der Diskussion um Rassenhygiene und Eugenik geleitet war.[114] Die bis 1933 weitgefächerte Debatte um Bevölkerungspolitik und Sexualreform ist in den Zeitschriften des Mutterschutzbundes nachzulesen, die von H. Stöcker redigiert wurden: von 1905 bis 1907 in der Zeitschrift «Mutterschutz, Zeitschrift zur Reform der sexuellen Ethik», von 1908 bis 1933 in der Zeitschrift «Die neue Generation». H. Stöcker beteiligte sich an dieser Debatte, ließ auch die Gegner in ihrer Zeitschrift zu Wort kommen, aber sie widersprach überall da, wo Geburtenplanung als *«staatlicher Gebärzwang»* im Interesse der Zahl oder gar eines biologistischen Rassezüchtungsprogramms erwogen wurde.[115]

Irritierend ist, daß hier ein Rassebegriff verwendet wurde, der später im Nationalsozialismus zum todbringenden, vernichtenden Auslesekriterium wird. Stöcker selbst war Vertreterin des Neumal-

---

111 H. Stöcker, Die Ziele der Mutterschutzbewegung, in: dies., Die Liebe und die Frauen, S. 172.
112 H. Stöcker, Zehn Jahre Mutterschutz, S. 6.
113 H. Stöcker, Autobiographische Manuskripte, Lebenslauf, S. 6.
114 Hierzu ausführlich Kristine v. Soden, Die Sexualberatungsstellen der Weimarer Republik, Berlin 1988.
115 Vgl. Helene Stöcker, Staatlicher Gebärzwang oder Rassenhygiene? In: Die Neue Generation 1914, Nr. 3, S. 134 f.

I. Jahrg.　　1905.　　1. Heft.

# Mutterschutz
## Zeitschrift zur Reform der sexuellen Ethik

PUBLIKATIONS
ORGAN
DES BUNDES FÜR
MUTTERSCHUTZ

HERAUSGEGEBEN
V. DR. PHIL.
HELENE STÖCKER
BERLIN-WILMERSD.

Preis halbj.
6 Hefte M 3.-

J. D. Sauerländer's Verlag
Frankfurt a. Main.

Einzelheft:
60 c̄s

thusianismus, d. h. einer Bevölkerungspolitik, die soziale Probleme auch durch Empfängnisverhütung, eine verantwortliche Geburtenkontrolle zu lösen versuchte. In diesem Sinn verstand sie wie viele fortschrittsgläubige Ärzte und Wissenschaftler jener Zeit, die weltweit in der «Malthusian League» organisiert waren, soziale Hygiene – «Rassenhygiene» – als ein Mittel sozialer Reform. Aus diesem Grund erwartete man von der Verbesserung der sozialen und ökonomischen Bedingungen auch eine «Höherentwicklung der Menschheit», der «menschlichen Rasse».[116] Dies war aus der Sicht der engagierten Frauen mit Rasseverbesserung gemeint. Denn sie beharrten gegenüber allen männlichen Vertretern auf dem Selbstbestimmungsrecht der Frau gerade auch in der Frage der Geburtenregelung.

## Diskussion über den § 218

Kennzeichnend hierfür und wegweisend für eine von Frauen bestimmte Sexualpolitik war daher die von H. Stöcker 1908 durchgeführte Enquete zur Strafbarkeit der Abtreibung. Die Umfrage unter «600 bekannten Persönlichkeiten» ergab, daß die überwiegende Mehrheit der Befragten zumindest für eine Milderung, wenn nicht für Straflosigkeit der Abtreibung eintraten.[117]

Diese Enquete stand in engem Zusammenhang mit auch im BDF sehr kontrovers geführten Debatten über die anstehende Strafrechtsreform. Die Rechtskommission hatte unter der Federführung von Camilla Jellinek Vorschläge zur Streichung des § 218 ausgearbeitet, die jedoch in der Generalversammlung des Bundes 1908 in Breslau – mit Hilfe der noch eilig beschafften Stimmberechtigung der Delegierten des «Deutsch-Evangelischen Frauenbundes» – mit knapper Mehrheit abgelehnt wurden.[118]

116 Vgl. Marie Stritt, Frauenbewegung und Neumalthusianismus, in: Die Neue Generation 1910, Nr. 11, S. 439 ff., H. Stöcker, Staatlicher Gebärzwang, S. 139.
117 Vgl. Helene Stöcker, Strafrechtsreform und Abtreibung, in: Die Neue Generation 1908, Nr. 11, S. 399.
118 Vgl. den Bericht von Else Lüders, Eindrücke von der Generalversammlung des Bundes Deutscher Frauenvereine, in: Die Frauenbewegung 1908, Nr. 20, S. 153 f., sowie Minna Cauer, Menschlich oder juristisch? In: Die Frauenbewegung 1908, Nr. 18, S. 137 f.

Beeindruckend ist die Offenheit, mit der z. B. Camilla Jellinek (1860–1940, Juristin, jahrzehntelang Leiterin der Rechtsschutzstelle in Heidelberg) ihren Sinneswandel in dieser auch damals schon als zentral erkannten Frage zugab und darauf hinwies, daß *«man doch meist sehr konservativ zu sein* (pflegt) *in Dingen, über die man nicht genügend nachgedacht hat».* Sie ging so weit, sich in einem Sondervotum *«unumwunden und rückhaltlos für Abschaffung von § 218»* zu erklären.[119] Um so erstaunlicher ist, daß die in der SPD und unter Arbeiterfrauen wenig später geführte Gebärstreikdebatte[120] noch hinter diese Positionen zurückfiel.

Ebenso entschieden hat H. Stöcker schon 1911 zu weiblicher Homosexualität und gegen ihre Bestrafung nach § 175 StGB Stellung bezogen.[121]

All diese Ideen und Konsequenzen der Bewegung für Mutterschutz und Sexualreform waren für den BDF Anlaß genug, dem «Bund für Mutterschutz» die Aufnahme in den BDF zu verweigern. Die Mehrheit versuchte auszugrenzen, sich von solcher *«Dirnenmoral»*[122] abzugrenzen (mit Ausnahme von M. Stritt, ihre Solidarität mit den Radikalen in dieser Sache war ein wesentlicher Grund für ihre Abwahl als Bundesvorsitzende im Jahr 1910). Die gemäßigte Mehrheit war schließlich konservativ, weil sie zwar die Doppelmoral der Männer ablehnte, im übrigen aber die bürgerliche Sexualmoral als Ehemoral verteidigte.

*«Man hat die Frauenbewegung einmal die organisierte Mütterlichkeit genannt. Will sie sich diesen Ehrentitel wahren, so hat sie heute die Pflicht, unsere Jugend aus dem Banne der gefährlichen Suggestion zu befreien, die das Glück und die höchsten Lebenswerte auf dem Weg des ‹Sichauslebens› suchen will.»*[123]

119  Camilla Jellinek, Die Strafrechtsreform und die §§ 218 und 219 StGB, zit. n. Frauen und Sexualmoral, S. 165 f.
120  Vgl. hierzu Kap. 6, S. 200.
121  Vgl. Helene Stöcker, Die beabsichtigte Ausdehnung des § 175 auf die Frau, in: Die Neue Generation 1911, Nr. 3, S. 110–122.
122  Vgl. H. Stöcker, Zehn Jahre Mutterschutz, S. 62 f.
123  Helene Lange, Die Frauenbewegung und die moderne Ehekritik, in: Gertrud Bäumer u. a., Frauenbewegung und Sexualethik, Heilbronn 1909, S. 102.

So Helene Lange, die Stöcker an anderer Stelle noch sehr viel polemischer *«feministische Gedankenanarchie»* vorwarf.[124] Selbst die Abolitionistin Anna Pappritz glaubte, gegen diese neue Moral die «Einehe» als *«ersten Sieg des sittlichen Prinzips über die rohe Willkürherrschaft des Mannes»* verteidigen zu müssen. Und Alice Salomon meinte klipp und klar: *«Man schützt die ‹Mutterschaft› am besten, wenn man die ledige Mutterschaft als Programm bekämpft.»*[125] Lediglich im «Verband Fortschrittlicher Frauenvereine» fand Stöcker Anerkennung für ihren Mut oder zumindest solidarische Kritik.

*«So war es stets, so wird es vielleicht immer sein. Alle großen, edlen und hohen Ideen werden zuerst bekämpft, ihre Vertreter gekreuzigt und verbrannt und dann? – ja dann nimmt man die Idee nach und nach an, wenn sie nicht mehr gefährlich erscheint und ruft sie als die eigene aus…»*[126]

Gemessen an dem Aufsehen und der Aufregung, war der «Bund für Mutterschutz» ein verhältnismäßig kleiner Verein: 1909 hatte er insgesamt nicht mehr als 4000 Mitglieder. Es gab zu dieser Zeit bereits elf Ortsgruppen in verschiedenen Städten Deutschlands, die Beratungsstellen sowie Kinderheime unterhielten. Wegweisend war eine Reihe von Petitionen, die der Bund an den Reichstag richtete und die die Erweiterung des Arbeitsschutzes und eine Mutterschutzversicherung betreffen.[127] Durch viele Vortragsreisen auch ins Ausland und ein weltweit geknüpftes Netz gelang es der Vorsitzenden H. Stöcker im Jahr 1911, den ersten «Internationalen Kongreß» in Dresden zu veranstalten, der zur Gründung einer «Internationalen Vereinigung für Mutterschutz und Sexualreform» führte.

124  Helene Lange, Feministische Gedankenanarchie, in: dies., Kampfzeiten, Bd. 2, S. 1 ff.
125  Anna Pappritz, Die Prostitution als sozial-ethisches Prinzip, in: G. Bäumer u. a., Sexualethik, S. 173, und Alice Salomon, Mutterschutz als Aufgabe der Sozialpolitik, in: ebd., S. 162.
126  Minna Cauer, Entstellung oder Unterstellung? In: Die Frauenbewegung 1905, Nr. 14, S. 106.
127  Vgl. Petitionen des Deutschen Bundes für Mutterschutz 1905–1916, hg. v. H. Stöcker, Berlin o. J. (1916).

# Zwischenbemerkung

Aus heutiger Sicht verblüfft die Erkenntnis, daß im Grunde in den von den Radikalen thematisierten Streitfragen bereits alle gegenwärtigen, noch immer nicht gelösten Probleme der Frauenbefreiung angesprochen und öffentlich diskutiert wurden. Denn hinter dem anscheinend altmodischen Begriff «Sittlichkeitsbewegung» verbirgt sich das ganze Spektrum moderner Frauenfragen, die wir heute als explizit feministische Anliegen bezeichnen würden. Das sind nicht nur Fragen der politischen, sozialen und rechtlichen Ungleichheit — und dies ist nicht wenig, denn es sind schließlich die Fragen gesellschaftlicher Macht —, sondern auch die Probleme des sogenannten Privaten, die Verquickung von Liebe und Gewalt im Geschlechterverhältnis, in den Geschlechtsbeziehungen. Hierzu gehörten neben den Protesten gegen Geschlechtsjustiz und Gewalt gegen Frauen eben auch schon die Auseinandersetzung um den § 218 StGB und die Kritik einer «Weiblichkeit», die sich — so ihre bisherige Bestimmung und die herrschende Moral — erst in der Unterwerfung, zumindest Unterordnung unter den Mann vollendete. Das heißt, mit der Forderung nach Anerkennung der Frau als Person und ihrem Selbstbestimmungsrecht gerade auch auf sexuellem Gebiet wurde bereits der Dreh- und Angelpunkt der Frauenunterdrückung zur Sprache gebracht und als politische Aufgabe formuliert.

Aus diesem Grund ist der heute noch übliche Verdacht, eine radikale Gleichberechtigung der Frauen meine «Gleichmacherei», intendiere die *«Angleichung an die Mannesstellung»*[128], ein ebenso gründliches Mißverständnis wie die Abgrenzungen und Unterstellungen der «gemäßigten» Schwestern um 1908. In der *«einseitigen Betonung des Menschentums in der Frau»* hätten die Frauenrechtlerinnen, die Radikalen, *«die Hände nur nach ‹Männerrechten› ausgestreckt»*, anstatt *«das Frauentum als das Wesentliche»*, die *«besondere Eigenart der Frau, die spezifischen Kulturwerte, die von der Frau geschaffen wurden»*, ja auch *«ihre Bestimmtheit zur Mutterschaft»* angemessen zu berücksichtigen. So das harte Urteil Alice Salomons in einer ausführlichen Rezension über «Literatur zur Frauenfrage».

---

128 So die juristische Auslegung, vgl. Maunz-Dürig-Herzog, Grundgesetz-Kommentar zu Art. 3 II GG.

Sie bestätigte darin die von Helene Lange so präzis gezogenen «*Intellektuellen Grenzlinien zwischen Mann und Frau*» als «*Erfüllung der sexuellen Bestimmung der Frau*», deren «*Tragik aus dem Leben der Frau nicht wegzuschaffen*» sei.[129] Ganz abgesehen davon, daß das, was «weibliche Eigenart», «Weiblichkeit» genannt wurde, doch erst einmal von seinen bisherigen Bedeutungen und Bestimmungen, nämlich «*dem Mann zu gefallen*» (so J.-J. Rousseau), zu befreien und endlich von Frauen selbstbestimmt zu definieren war, die unbequeme und deshalb so lange verleugnete politische Praxis der Radikalen beweist anderes: Mit der Forderung nach mehr Recht und Gerechtigkeit ging es um die «*Grundlage der Gesellschaftsordnung*» (s. S. 216) und damit um die Veränderung bisheriger Politik, um eine andere Kultur, um eine bessere Moral und eine «neue Ethik»:

«*Und was wir nun wollen, wir in der jungen strebenden Frauengeneration, das ist mehr als die Philister hüben und drüben sich träumen lassen. Nicht nur die Möglichkeit, Zahnarzt und Rechtsanwalt zu werden... alles und viel mehr verlangen wir, eine neue Menschheit...*
*Nein! Nein! nicht Mann sein wollen, ... was sollte uns das helfen!*»[130]


## Lesetips

Die Radikalen in der alten Frauenbewegung, hg. v. U. Gerhard, H. Schlüpmann (= Feministische Studien Nr. 1, 1984)
Lida Gustava Heymann, Anita Augspurg: Erlebtes – Erschautes. Deutsche Frauen kämpfen für Freiheit, Recht und Frieden 1850–1940, hg. v. M. Twellmann, Meisenheim 1977
Hannelore Cyrus, Verena Steineke: Ein Weib wie wir?! Auguste Kirchhoff, Bremen 1989
Frauen und Sexualmoral, hg. v. Marielouise Janssen-Jurreit, Frankfurt/M. 1986


129  Alice Salomon, Literatur zur Frauenfrage, in: Archiv für Sozialwissenschaft und Sozialpolitik, 26. Bd., 1908, S. 451–500 (453, 456, 461 u. 462).
130  H. Stöcker, Unsere Umwertung der Werte, in: dies., Die Liebe und die Frauen, S. 7 u. 14.

# 8. KAPITEL

**1908–1918**

## Der Krieg als «Schrittmacher» der Emanzipation?

# 1. «Freie Bahn für die politische Betätigung der Frau» (Minna Cauer)

## Das Reichsvereinsgesetz von 1908

*«Das Jahr 1908 ist mit goldenen Lettern in die Geschichte der Stimmrechtsbewegung einzuzeichnen.»* [1] Gewiß gilt diese Feststellung für die Frauenbewegung insgesamt, denn nach mehr als einem halben Jahrhundert politischer Entmündigung, nach Verfolgung, polizeilichen Schikanen sowie Kämpfen und Protestaktionen proletarischer und bürgerlicher Frauenorganisationen wurden nun endlich die einzelnen bundesstaatlichen Vereinsgesetze aus der Reaktionszeit um 1850 von einem einheitlichen Reichsgesetz abgelöst. Zu guter Letzt, seit 1902, hatte noch eine Verlegenheitslösung des preußischen Innenministers, nämlich die Vorschrift, Frauen nur innerhalb eines durch eine Absperrung markierten «Segments» bei politischen Versammlungen zuzulassen, für Wirbel gesorgt und die so agierenden Staatsgewalten lächerlich gemacht. [2] Das Reichsvereinsgesetz von 1908 endlich beendete die Ungerechtigkeit und Rechtsunsicherheit. Es erwähnte die Frauen gar nicht mehr, unterstellte sie also keinem Sondergesetz und behandelte sie nicht mehr wie «Minderjährige oder Lehrlinge». In den Gesetzesmotiven war zu lesen:

*«Infolge der erweiterten, zum teil selbständigen und mit Verantwortung verknüpften Tätigkeit sind Frauen an der Lösung öffentlicher Aufgaben in der Gegenwart in weit höherem Maße beteiligt als früher. Es würde daher weder zeitgemäß sein, noch den Anforderungen der Billigkeit entsprechen, die gesetzlichen Bestimmungen aufrecht zu erhalten, die den Frauen die Möglichkeit verschließen, ihre Wünsche und Interessen auf dem Gebiete des öffentlichen Lebens in Vereinen und Versammlungen zur Geltung zu bringen…»* [3]

1 Frieda Ledermann, Zur Geschichte der Frauenstimmrechtsbewegung, Berlin 1918, S. 22.
2 A. v. Zahn-Harnack, Die Frauenbewegung, S. 279f.
3 Zit. n. Die Frauenbewegung 1910, Nr. 18, S. 140.

Für die Frauenbewegung brach nun eine «neue Epoche» an, weil die amtlich bestätigte Politikfähigkeit ein entscheidender Schritt auf dem Weg zu gleichem Staatsbürgertum der Frauen war, auch wenn sich seit der Möglichkeit, in den Parteien mitzuarbeiten, nach außen sichtbar eine noch schärfere «Scheidung der Geister»[4] vollzog.

*«Die Bahn ist frei für das politische und öffentliche Leben der Frau! Töricht wäre es, besondere Frauenparteien zu gründen. Die Frauen müssen in das bestehende Parteileben sich einreihen, so allein lernen sie dieses Getriebe kennen und so allein wird der Mann Kenntnis von der so viel betonten Eigenart der Frau gewinnen. Begierig sind wir, wie sich der deutsche Ehemann mit seinem Philistertum der neuen Situation gegenüber abfinden wird. Frau und Tochter fernhalten, dürfte ihm schwere Vorwürfe zuziehen und ihn der Lächerlichkeit preisgeben...»[5]*

Eine recht optimistische Einschätzung! Und warum die so voreilige Ablehnung einer Frauenpartei? Denn, wie Agnes von Zahn-Harnack später anhand einer genauen Analyse der Parteiprogramme von 1908 feststellte,

*«Keine der Parteien stellte die Ideale der Frauenbewegung rein dar; jede einzelne blieb grundsätzlich und praktisch weit hinter dem zurück, was die Frauen fordern mußten, keine einzige war bereit, mit der Interessenvertretung der Frau wirklich Ernst zu machen.»[6]*

Immerhin bestand doch die Gefahr, daß die Meinungsunterschiede, die vorher zumindest durch die gemeinsame Fessel staatlicher Repression gebunden waren, sich nun als parteipolitische etablieren und zur Zersplitterung der Fraueninteressen führen könnten.

Am besten vorbereitet und nahezu automatisch verlief die Eingliederung der proletarischen Frauenbewegung in die SPD sowie der konfessionellen, das heißt der evangelischen in die Konservativen und der katholischen ins Zentrum.

Bemerkenswert ist, daß zumindest das *«Zentrum und die Katholischen Kreise»* die Frauenbewegung in dieser Zeit ausgesprochen *«vor-sichtig»*, *«fördernd und zügelnd, bejahend und beschränkend,*

---

4 Minna Cauer, Scheidung der Geister, in: Die Frauenbewegung 1908, Nr. 1, S. 1, sowie dies., Freie Bahn, in: Die Frauenbewegung 1908, Nr. 9, S. 65.
5 Minna Cauer, Freie Bahn, in: Die Frauenbewegung 1908, Nr. 9, S. 66.
6 A. v. Zahn-Harnack, Die Frauenbewegung, S. 308.

*aber nie teilnahmslos»* behandelten und auch in bezug auf das Frauenstimmrecht nicht so eindeutig ablehnend reagierten.[7] Problematisch und kompliziert gestaltete sich hingegen die Parteinahme der Bürgerlichen für die liberalen Parteien.

## Frauenbewegung und Liberalismus

Sowohl die Vertreterinnen der Gemäßigten als auch der Radikalen verstanden sich selbst als bürgerlich in dem emanzipatorisch-aufklärerischen Sinn, den der Liberalismus als politische Bewegung und politische Philosophie einst vertreten hatte:

> «Rein theoretisch betrachtet, hätte der Liberalismus eine nahe Verwandtschaft mit den Zielen der Frauenbewegung empfinden müssen. Waren doch beide Bewegungen sich ihres inneren Zusammenhanges mit den Idealen der Aufklärungszeit bewußt und vertraten die Idee der Freiheit und der Verantwortlichkeit des Individuums und das Recht der Persönlichkeit auf Entfaltung der ihr innewohnenden Kräfte. Aber in der Praxis sahen die Dinge ganz anders aus. Die bürgerlichen Kreise, die hinter den liberalen Parteien standen, litten unter dem Zwiespalt ihrer verstandesmäßigen Erkenntnis mit ihrer gefühlsmäßigen Überzeugung. Ihr Verstand ließ es sich nicht verbergen, daß die wirtschaftliche Entwicklung die Frauen mit unwiderstehlicher Gewalt in das Berufsleben und damit in die Öffentlichkeit hineinriß; mit ihrem Gefühl aber versuchten sie das alte patriarchalische Ideal von der Frau festzuhalten, die ‹ins Haus gehört›.»[8]

Seit dem Scheitern der bürgerlichen Revolution in Deutschland 1848, erst recht seit der *«Trennung von bürgerlicher und proletarischer Demokratie»* in den 1860er Jahren hatten die liberalen Parteien in einer bewegten Geschichte von Abspaltungen und Wiedervereinigungen einen nicht eindeutigen Kurs geführt, als Deutsche Fortschrittspartei (gegr. 1861), Deutsche Freisinnige Partei (1884), Freisinnige Volkspartei und Freisinnige Vereinigung (1893) oder Demokratische Partei (1885) auf der linken Seite und rechts davon als Nationalliberale.[9] Im Konflikt zwischen links und rechts, zwischen Freiheit und Ordnung, zwischen Volk und Staat[10] hatte das

7  Vgl. ebd., S. 282 f.
8  Ebd., S. 286.
9  Vgl. D. Langewiesche, Liberalismus in Deutschland, S. 133 ff.
10  Vgl. J. J. Sheehan, Der deutsche Liberalismus, S. 259.

liberale Bürgertum spätestens seit der Gründung des Kaiserreichs 1871 seinen Frieden mit dem «*sozialkonservativen, autoritären Obrigkeitsstaat*» [11] gemacht und insbesondere seit den 1890er Jahren die Flotten- und Weltpolitik, also die imperialistischen Ziele des Deutschen Reiches, mitbetrieben.

Aus dem gleichen Grund hatten sich 1907, kurz vor der Verabschiedung des Reichsvereinsgesetzes, die drei liberalen Parteien im sog. Bülow-Block (unter dem Reichskanzler von Bülow) mit den Konservativen zu einem Wahlbündnis zusammengeschlossen, um der Regierung Rückendeckung für ihre Kolonialpolitik in Südwestafrika zu geben. Doch als dieses Bündnis schon 1909 von den Rechten aufgekündigt wurde, schlossen sich die linksliberalen Parteien (das waren zu dieser Zeit die Deutsche Volkspartei, die Freisinnige Vereinigung und die Freisinnige Volkspartei) 1910 zur Fortschrittlichen Volkspartei zusammen mit dem Ziel, die liberalen Kräfte zu bündeln und zu erneuern.

Bezeichnenderweise fehlte im Einigungsprogramm von 1910 die Anerkennung der politischen Gleichberechtigung der Frauen, und dies, obwohl beinahe der ganze engere Vorstand des «Bundes Deutscher Frauenvereine», angeführt von Helene Lange und Gertrud Bäumer, der neuen Partei angehörte. Der einzige Paragraph im Parteiprogramm von 1910, der sich mit der Frauenfrage beschäftigte, der sog. «Frauenparagraph», enthielt lediglich eine Aufzählung folgender Unverbindlichkeiten:

«*Erweiterung der Rechte der Frauen und ihres Erwerbsgebietes, Erleichterung der Frauenbildung und Reformen im staatlichen Berechtigungswesen. Aktives und passives Wahlrecht der Frauen für die Kaufmanns- und Gewerbegerichte, Gleichberechtigung in den Einrichtungen der Reichsversicherungsgesetzgebung. Verstärkte Mitwirkung der Frauen auf dem Gebiet der sozialen Fürsorge und des Bildungswesen. Heranziehung der Frauen zur Kommunalverwaltung.*» [12]

Helene Lange war sofort nach Inkrafttreten des Reichsvereinsgesetzes der Freisinnigen Vereinigung beigetreten und im Ortsverein Berlin in den Vorstand gewählt worden. Gertrud Bäumer zog 1909 in gleicher Funktion nach.[13] Als weitere Mitglieder der 1910 zur

11  H.-U. Wehler, Das Deutsche Kaiserreich 1871–1918, S. 82.
12  Zit. n. A. v. Zahn-Harnack, Die Frauenbewegung, S. 304.
13  Ebd., S. 304

Fortschrittlichen Volkspartei fusionierten Gesamtpartei werden genannt: Anna Pappritz, Alice Salomon, Alice Bensheimer (Schriftführerin des BDF), Helene v. Forster, Ottilie Hoffmann – allesamt Mitglieder im Vorstand des BDF.[14]

Anita Augspurg und Lida Gustava Heymann schlossen sich gleich 1908 der Freisinnigen Vereinigung an, da deren Programm sich mit ihren Forderungen nach *«revolutionärer Demokratie»* und *«individueller Freiheit* zu decken schien. Doch enttäuscht schieden sie schon vor der Fusion wieder aus:

*«Parteiinteressen, Parteivorteile, nicht humane Ziele waren ausschlaggebend. Viele Frauen bestätigten zwar, daß das in anderen Parteien noch schlimmer sei, besonders was Disziplin, Initiative, Knebelung individueller Freiheit betraf. Schon damals war uns klar, daß diese hergebrachten Methoden der Parteipolitik sich im Verlauf der Zeit katastrophal auswirken müßten und nicht fähig wären, innere wie äußere Politik zu menschenwürdigem Aufbau und großzügiger Weltwirtschaft zu erheben.»* [15]

Minna Cauer, die sich selbst als «Sozialistin» bezeichnete und mehrmals in Erwägung zog, der SPD beizutreten[16], ordnete sich einer kleinen Gruppe entschiedener Linksliberaler um Theodor Barth, Hellmut von Gerlach und Rudolf Breitscheid zu, die sich 1908 in Opposition zur Bülow-Block-Politik von der Freisinnigen Vereinigung abspaltete und die Demokratische Vereinigung gründete. Diese Gruppierung war in dieser Zeit außer der SPD die einzige Partei, die für ein demokratisches Wahlrecht in Preußen und in ihrem Programm ausdrücklich für die *«vollste, staatsbürgerliche Rechtsgleichheit ohne Unterschied von Konfession und Geschlecht»* eintrat.[17] Aus ihr rekrutierte sich auch bei Kriegsausbruch die Minderheit entschiedener Pazifisten.

Cauer verteidigte wiederholt mit großem Engagement den politischen Kurs dieser Demokratischen Vereinigung[18] und geißelte in

14 Vgl. B. Greven-Aschoff, Die bürgerliche Frauenbewegung, S. 143 und 252 f., sowie Centralblatt des Bundes Deutscher Frauenvereine 1909/ 10, S. 185, und 1910/11, S. 39.
15 L. G. Heymann/A. Augspurg, Erlebtes – Erschautes, S. 102.
16 E. Lüders, Minna Cauer, Leben und Werk, S. 155 f. und 158.
17 A. v. Zahn-Harnack, Die Frauenbewegung, S. 307.
18 Z. B. Antwort um Antwort, in: Die Frauenbewegung 1908, Nr. 2, S. 12/ 13.

ihren Leitartikeln immer wieder die Lauheit, «*den ewig schwanken-den, wankenden, hin- und herpendelnden, von des Gedankens Blässe angekränkelten Liberalismus*», gerade auch in der Frauenfrage.[19] Den beschämenden «Frauenparagraphen» im Gründungspro-gramm der Fortschrittlichen Volkspartei aber nahm sie zum Anlaß einer gründlichen Abrechnung:

«*Der entschiedene Liberalismus, der Liberalismus, der die demokratischen Ideen eines politisch reif gewordenen Volkes zu vertreten hat, ist tot, diesem Programm zufolge... Ach, meine Herren, von der zukünftigen ‹Deutschen Freisinnigen Volkspartei›... alles, was Sie zur ‹Lösung der Frauenfrage› (?) beisteuern wollen, ist längst, längst von uns in Angriff genommen, ist teil-weise schon erfüllt. Bitte, meine Herren, wie steht es um das kommunale Wahlrecht der Frauen, wie um das politische Wahlrecht?... Zum Volke gehören auch die Frauen! Das wird dem Liberalismus, wie es schien, unendlich schwer zu begreifen.*»[20]

Aber auch die Kritik der weiblichen Neulinge in der Fortschritt-lichen Volkspartei war deutlich, insbesondere Helene Langes Kom-mentar zum liberalen Einigungsprogramm war ungewöhnlich bis-sig und sarkastisch:

«*Nun stehen wir vor der Gründung einer großen neuen liberalen Partei, ein Ereignis, von dem eine Wiedergeburt des Liberalismus erwartet werden muß... Was stellt das Programm, mit dem der Liberalismus in diese neue Phase eintritt, den Frauen in Aussicht? Nichts – oder doch so gut wie nichts. Ein paar magere Sätze am Schluß einer langen Reihe gewichtiger und vollklingender Forderungen. Hinterher kommt nur noch der Weltfriede. Aber der Frauenparagraph bedurfte der abschwächenden Nähe des utopi-schen Ausblicks auf ferne, ganz ferne Zukunft gar nicht mehr. Er ist schon an sich blaß, unbestimmt und redensartlich genug. Man hat die ewige Lauheit satt, mit der der Freisinn ...nur auf energisches Drängen der Frauen sich für sie einsetzt, um sie bei erster Gelegenheit wieder im Stich zu lassen.*»[21]

19 Minna Cauer, Der Liberalismus und die Frauenbewegung, in: Die Frauenbewegung 1910, Nr. 19, S. 149f.
20 Minna Cauer, Und sie siegt doch, in: Die Frauenbewegung 1910, Nr. 1, S. 1f.
21 In: Die Frau 1909/10, S. 291f.

Auch Gertrud Bäumer, die sich in der Zeitschrift «Die Frau» wiederholt mit der Stellung und der Bedeutung der Frauen für die Zukunft des Liberalismus auseinandersetzte, kritisierte den Frauenparagraphen als *«Beirrung»*, doch sie zog eine andere Konsequenz. Ihr ging es darum, die *«Idee des Liberalismus»*, die *«leider* (vom) *Reich der irdischen Unzulänglichkeiten»* zu unterscheiden wäre, *«wieder lebendig zu machen».*[22]

Nur wenige Monate später legte sie schon ein umfassendes, in allen Einzelheiten durchdachtes Programm für die Mitarbeit der Frauen in der Partei vor.[23]

Der einzige Etappensieg, den die Frauen daraufhin bei den Liberalen, aber offenbar nicht als Programmänderung, erringen konnten, war eine dem Parteitag 1912 vorgelegte Resolution, in der es jetzt u. a. hieß:

*«Der Parteitag fordert... die Parteigenossen auf, die Frauen im Kampf um ihre politischen Rechte bis zur vollen staatsbürgerlichen Gleichberechtigung zu unterstützen.»* [24]

## Der Grundsatz politischer Neutralität

Es muß verwundern, daß gerade die Frauen der konservativen und gemäßigten Richtung, die in Abgrenzung zu der proletarischen, sozialdemokratischen Frauenbewegung immer den Grundsatz der Neutralität der Frauenbewegung, und sie meinten damit die parteipolitische Unabhängigkeit, betont hatten (vgl. Kap. 6, S. 170 ff.), so ohne weiteres die Arbeit in den männlichen Parteien aufnahmen, während die Radikalen, die in ihrem Selbstverständnis ausdrücklich Politischen, in die Opposition oder gar ins parteipolitische Abseits gerieten.

Helene Lange zog sich pragmatisch aus der Affäre, indem sie zwischen der Frauenbewegung als solcher und ihren «Führerinnen» als «einzelnen» unterschied:

22 Vgl. Gertrud Bäumer, Die Frauen und die Zukunft des Liberalismus, in: Die Frau, 1910/11, S. 80 ff.
23 Vgl. A. v. Zahn-Harnack, Die Frauenbewegung, S. 305.
24 Zit. n. ebd., S. 306.

*«Die Frauenbewegung muß politisch neutral sein; Vereine und Verbände,
die sich zur spezifischen Förderung von Fraueninteressen zusammengeschlossen haben, dürfen sich als solche nicht politisch festlegen, damit sie
nach wie vor Frauen aller Richtungen zusammenfassen können.»*

Und es war kein Widerspruch für sie, den «einzelnen» dennoch ihr
parteipolitisches Engagement nicht zu verwehren:

*«Solange man anerkennt, daß es im politischen Leben noch andere erstre-
benswerte Ziele und wichtige Aufgaben gibt als die der Frauenbewegung,
und wenn man nicht etwa die naive Überzeugung hat, von dem Punkte der
Frauenbewegung aus alles Weh und Ach der Welt kurieren zu können,
kann man seine Zugehörigkeit zu einer Partei nicht von ihrer Stellung zu
den Frauenforderungen abhängig machen… Man ist eben nicht nur
Frauenrechtlerin, sondern auch Bürgerin; warum soll man die Bürgerin
nach wie vor zur Tatenlosigkeit verdammen?»* [25]

Dieser Unterscheidung zwischen der «Nur-Frauenrechtlerin» und
der «Bürgerin», im Sinne von «Staatsbürgerin», aber mußte
M. Cauer heftig widersprechen:

*«Die echte Bürgerin und die echte Frauenrechtlerin kommen… nicht mit-
einander in Konflikt, wohl aber die mit Scheuklappen versehene Nur-
Frauenrechtlerin, die nicht gewohnt ist, den Blick auf das Ganze zu richten.*

*Wenn behauptet wird, daß die Frauenbewegung an sich nicht politisch
ist und nicht politisch sein darf, so liegt hier ein großer Irrtum vor. Sie ist es
nämlich schon längst und wird es immer mehr werden. Von dem Moment
an, wo die Frauenbewegung sich um Aenderung der Gesetze kümmerte,
betrat sie die politische Arena.»* [26]

In der politischen Praxis der Gemäßigten jedoch war es mit der programmatischen Neutralität niemals weit her gewesen, vielmehr hatten sich die Führerinnen auch schon vorher nicht gescheut, im Namen der Frauenbewegung zu politisch heiklen Fragen Stellung zu
nehmen, ja die Frauenbewegung ausdrücklich für eine nationalisti-
sche und militaristische Politik zu mobilisieren:

25  Helene Lange, Sollen die Frauen den politischen Parteien beitreten? in:
    Die Frau 1908/09, S. 737 f.
26  Minna Cauer, Staatsbürgerin und Frauenrechtlerin, in: Die Frauenbe-
    wegung 1909, Nr. 19, S. 148.

*«Den Frieden sichert heute noch nur die starke Hand... Darum wollen wir uns den Männern anschließen, die überall in Wort und That für die Errichtung einer starken deutschen Flotte eintreten.»* [27]

Ebenso verstand es G. Bäumer, die Verteidigung liberaler Frauenpolitik, die Kultur des Individualismus und «persönlicher Eigenart» mit dem Votum für nationale Weltmachtpolitik zu verbinden:

*«Den Weltmachtfragen gegenüber bedeutet dies doch wohl die Forderung, daß für deutsche Menschen unbedingt im Rahmen deutscher Kultur, auf dem Boden deutschen Staatswesens eine Existenz gesichert oder, wenn es notwendig ist, neu geschaffen werden muß. Daß, im friedlichen Wettbewerb deutscher Arbeit und deutscher Intelligenz die Bedeutung und die Ausbreitungsmöglichkeit geschaffen wird, die sie ihrem Wert, ihrer Qualität nach beanspruchen darf. Es bedeutet die volle Anerkennung der großen Notwendigkeit nationaler Selbsterhaltung auch mit der Waffe.»* [28]

## Noch einmal: das Frauenstimmrecht

Da Preußen, wie andere Einzelstaaten auch, noch bis 1918 ein Klassenwahlrecht hatte – im Gegensatz zu dem Wahlrecht im Reich –, wurde die Wahlrechtsfrage in Preußen für alle Gegner des monarchischen Systems vor dem Ersten Weltkrieg zu einem Prüfstein demokratischer Gesinnung und Politik. Entsprechend gerieten die Auseinandersetzungen über das Frauenstimmrecht in den Strudel der Parteipolitik und sind ein Spiegel der politischen Differenzen unter den Frauen.

Nach der glanzvollen Gründungskonferenz des «Weltbundes für Frauenstimmrecht» 1904 in Berlin, erst recht nach dem Inkrafttreten des Vereinsgesetzes, bekamen die Frauenstimmrechtsvereine in Deutschland neuen Auftrieb und verzeichneten einen Zuwachs von Mitgliedern.[29] Zur Aktivierung weiterer Mitglieder wurden nach der Generalversammlung in Frankfurt 1907 Landesvereine mit

27 Helene Lange, Flottenbewegung und Friedensbewegung, in: Die Frau 1900, S. 323.
28 G. Bäumer, Die Frauen und die Zukunft des Liberalismus, in: Die Frau 1910/1911, S. 89.
29 Vgl. Anna Lindemann, Die Frauenstimmrechtsbewegung, in: Jahrbuch der Frauenbewegung 1913, S. 159 ff. (162).

straffen Organisationsstatuten gebildet. Der «Preußische Landesverein» unter der Leitung von Minna Cauer spielte dabei als Verein
mit der größten Mitgliederzahl eine besondere Rolle. Aber auch der
«Bayerische Verein für Frauenstimmrecht», angeführt von A. Augspurg und L. G. Heymann, zeichnete sich durch phantasievolle
Aktionsformen aus, die an die Taktik der englischen Suffragetten
anknüpften.

*«Er veranstaltete die erste Demonstrationsfahrt für Frauenstimmrecht in
Deutschland und zwar in München in blumengeschmückten Wagen mit
Propagandaplakaten. Er ließ bei allgemeinen Wahlen Plakatträgerinnen
mit Aufschriften für Frauenstimmrecht durch die Straßen ziehen. An
Wahltagen veranlaßte er die Frauen in den Wahllokalen zu erscheinen
und ihre Zulassung zur Urne zu verlangen, beziehungsweise auf die Aufnahme eines Protestes gegen ihren Ausschluß im Wahlprotokoll zu bestehen, ein Vorgehen, das auch in außerbayerischen Ortsgruppen Nachahmung fand.»* [30]

Der von den englischen Suffragetten zum erstenmal geprobte «zivile
Ungehorsam», eine Form bewußt gewaltfreien Protestes, auf den
die Staatsmacht mit Gewalt und Repression antwortete, hatte auch
auf dem Kontinent für unerhörtes Aufsehen gesorgt. Für den Vorstand des «Bundes Deutscher Frauenvereine» jedoch war dies Anlaß genug, sich öffentlich von der *«Kampfesweise der Suffragetten»* zu
distanzieren:

*«Nach unserer Überzeugung bedeutet die Anwendung revolutionärer Ge-
walt unter allen Umständen und für jede Frau einen Bruch mit ihrer Natur,
eine Preisgabe ihrer Wesensart.»* [31]

Schon diese offizielle Stellungnahme, die eine umfängliche Kontroverse auslöste, läßt erahnen, wie prekär der gemeinsame Kampf um
das Frauenstimmrecht war. Zwar hatten sich in der für die Stellung
der Frauen im Staat zentralen Frage seit 1902 alle Richtungen der
Frauenbewegung engagiert (vgl. Kap. 7, S. 223f.). Doch über die
Frage, welches Stimmrecht damit nun gemeint sei – das «allge-

---

30  Auguste Kirchhoff, Zur Entwicklung der Frauenstimmrechtsbewegung,
    Bremen 1916, S. 8.
31  Zur Kampfesweise der Suffragettes, Erklärung des Gesamtvorstandes
    des BDF, H.-Lange-Archiv, Abt. 4, Karton 13, vgl. auch H. Lange, Die
    Taktik der Suffragettes, in: dies., Kampfzeiten, Bd. 2, S. 118ff.

meine, freie, geheime und direkte Wahlrecht» oder die bestehenden
«Männerwahlrechte», also auch die Übernahme des Klassenwahl-
rechts für Frauen –, kam es vor dem Weltkrieg zu keiner Einigung
mehr. Vielmehr entstand aus der Stimmrechtsbewegung ein kom-
pliziertes Vereinswesen mit vielen Kontroversen, Abspaltungen und
überraschenden Koalitionen.

Die für die Radikalen von Anbeginn selbstverständliche Forderung nach einem «allgemeinen und gleichen», d. h. demokratischen
Wahlrecht war erst 1907 auf der Generalversammlung des «Deutschen Verbandes für Frauenstimmrecht» in der Verteidigung nach
rechts und links ausdrücklich in die Satzung unter § 3 aufgenommen worden. Da sich aber bis zu dieser Zeit nur die SPD eindeutig
zu dem demokratischen Wahlrecht auch für Frauen bekannt hatte,

Demonstration
für Frauenwahlrecht
am 12.5.1912 in Berlin

wurde dies als parteipolitische Orientierung interpretiert. Es organisierte sich deshalb innerhalb des Stimmrechtsverbandes eine Opposition, der die Forderung nach einem Wahlrecht *«unter den gleichen Bedingungen, wie Männer es haben und haben werden»* genügte.[32] Diese Opposition schloß sich 1911 zur «Deutschen Vereinigung für Frauenstimmrecht» zusammen, an ihre Spitze trat Li Fischer-Eckert aus Hamburg.

Aber auch unter den im Verband Zurückbleibenden fand man keine Einigkeit mehr, auch nicht über den Kompromißvorschlag, der sich auf einen *«nur frauenrechtlerischen»* Standpunkt zurückzog

32  A. Kirchhoff, Zur Entwicklung der Frauenstimmrechtsbewegung, S. 9.

und nur noch von Frauen sprach: *«Volle Staatsbürgerrechte für alle Frauen!»*[33] Erst die Eisenacher Generalversammlung des Verbandes im Jahre 1913 klärte die Fronten. Die Radikalen, die *«Anhänger des offenen Bekenntnisses zum allgemeinen, gleichen Wahlrecht für Frauen und Männer»*[34], gründeten jetzt den «Deutschen Bund für Frauenstimmrecht». Zu ihm gehörten Augspurg und Heymann und in der Sache auch Cauer.

Somit gab es bei Ausbruch des Ersten Weltkrieges insgesamt drei Stimmrechtsorganisationen: den «Deutschen Verband für Frauenstimmrecht» unter der Führung von Marie Stritt und Anna Lindemann, die «Deutsche Vereinigung für Frauenstimmrecht» (Li Fischer-Eckert) und den «Deutschen Bund für Frauenstimmrecht» (A. Augspurg und L. G. Heymann). Erst im Dezember 1917, vom Krieg gebeutelt und mit anerkannten Verdiensten um «Volk und Vaterland», einigten sich die Frauen aller Richtungen auf einen gemeinsamen Vorstoß, eine «Erklärung zur Wahlrechtsfrage», die von Marie Juchacz für die sozialdemokratischen Frauen, von Marie Stritt für den «Deutschen Verband für Frauenstimmrecht» und von Minna Cauer für den «Deutschen Bund für Frauenstimmrecht» unterschrieben wurde (vgl. dazu Seite S. 322).

## 2. «Heldinnen des Leids» (Gertrud Bäumer) – Frauen an der Heimatfront

*«Als am 1. August 1914 in Extrablättern und Maueranschlägen verkündet wurde, daß der Kaiser die Mobilmachung der gesamten deutschen Streitkräfte zu Wasser und zu Lande befohlen habe, da stand uns allen einen Augenblick das Herz still. Es war das eingetreten, woran im letzten Grunde der Seele doch nur sehr wenige von uns geglaubt hatten. Aber zu irgendwelchen Reflexionen war keine Zeit. Die Maschine Mobilmachung setzte ihre unzähligen Räder in Bewegung und griff mit ihnen in beinahe*

33  M. Lischnewska, Die deutsche Frauenstimmrechtsbewegung, S. 24.
34  A. Kirchhoff, Zur Entwicklung der Frauenstimmrechtsbewegung, S. 11/12.

*alle Häuser und Familien ein. Jeder hatte noch ein Letztes anzuordnen, einzukaufen oder abzuschließen; bald begannen die Züge nach Ost und West zu rollen, und wenige Tage später saßen in Stadt und Land, in Vorderhäusern und Hinterhäusern, in Luxuswohnungen und armen Hütten viele Hunderttausende von Frauen allein. Plötzlich war ihr Leben leer und schwer zugleich geworden; das große Problem ‹der Krieg und die Frauen› war auf ihre Schultern gelegt worden und brannte auf ihren Seelen; wie sollten sie es lösen?»* [35]

Der Ausbruch des Ersten Weltkrieges am 1. August 1914 kam nicht unvorbereitet. Der Auslöser, die Ermordung des österreichisch-ungarischen Thronfolgerpaares am 28. Juni 1914 in Sarajewo, war lediglich der Funke, der die schon lange gelegte Lunte in Brand setzte. Die Großmächte England, Frankreich und Rußland, die sog. Entente, auf der einen Seite und das kaiserliche Deutschland im Bündnis mit Österreich-Ungarn auf der anderen standen sich waffenstarrend und unfähig, den Konflikt politisch oder zumindest diplomatisch zu lösen, gegenüber. Besonders Deutschland, zu einer der größten Industrienationen aufgerückt, hielt den Krieg für unvermeidbar, um seine nationalen und imperialen Interessen zu befriedigen. Und auch die Mehrheit der linken und liberalen Kräfte war sich angesichts der russischen Mobilmachung einig in dem Glauben, das Vaterland gegen das zaristische Rußland verteidigen zu müssen.

Die Sozialdemokratie schloß einen «Burgfrieden» mit dem Kaiserreich und stimmte am 4. August der Bewilligung der Kriegskredite im Reichstag zu. Am 2. August 1914 hatten bereits die Gewerkschaften und die Arbeitgeberverbände die Einstellung aller Arbeitskämpfe für die Kriegsdauer vereinbart.

Immer wieder ist der Kriegstaumel der ersten Wochen beschrieben und als «*Schicksalsmacht*», «*zweier Zeiten Schlachtgebiet*» [36] erlebt worden. In Gertrud Bäumers Kommentaren, so schwer erträglich sie auch heute wirken, kommt dennoch ohne Zweifel ein Zeitgefühl zum Ausdruck. Sie sprach von einer «*Sehnsucht nach Volkseinheit*», «*Volksgemeinschaft*» – trotz der sich in Wirklichkeit verschärfenden Klassengegensätze – und scheute sich nicht, immer

35  Agnes v. Zahn-Harnack, Der Krieg und die Frauen, Berlin 1915, S. 3.
36  Gertrud Bäumer, Lebensweg durch eine Zeitenwende, Tübingen 1932, S. 265.

wieder und als kontinuierliche Aufgabe[37] die grausame Realität des
organisierten Massenmordes als «*heiligen Schauer*» zu verherrlichen.

*«Ja, wir Frauen sind in diesen Augustwochen wie in eine neue Welt getre-
ten. Wir sind nicht nur Zeugen des gewaltigsten Stücks Geschichte gewesen, das die Menschheit noch erlebte, wir haben auch in unserer eigenen
Seele Neuland gefunden. Alle diese großen Tatsachen: das Einswerden,
dies rauschende Zusammenfließen unserer Volkskraft in einem ehernen
Willen, die heroische Stimmung unserer Truppen, die tausend kleinen
Züge, in denen die große Gesinnung unseres Volkes sich zeigt: auf das alles
antwortete unsere Seele – und antwortet sie noch jeden Tag – mit heiligen
Schauern, die wir so groß, so bis in die Tiefe aufwühlend nicht kannten.
Keine Liebe, so sehr sie uns beseligte oder schmerzte, keine Kunst, so sehr sie
uns erhob und hinriß, keine Arbeit und kein Glück haben uns diese Erhebung kennen lehren. In uns sprach, fühlte, wollte Deutschland, unsere persönliche Seele ging auf in der Seele unseres Volkes.»*[38]

**Gertrud Bäumer** (geb. am 12.9.1873 in Hohenlimburg, gest. am
25.3.1954 in Bethel bei Bielefeld). Der Vater Gertrud Bäumers war
Pfarrer, er verstarb früh, so daß die Mutter ihre drei Kinder mit einer
kärglichen Rente durchbringen mußte. In Halle an der Saale besuchte G. Bäumer die höhere Töchterschule und danach ein Lehrerinnenseminar. Nach ersten Volksschullehrerinnenstellen in Halberstadt, Kamen und Magdeburg lernte sie hier, 1896, über den
Allgemeinen deutschen Lehrerinnenverein» Helene Lange kennen.
Um die Berechtigung zur Immatrikulation an der Berliner Universität zu erlangen, siedelte sie 1898 nach Berlin über und besuchte zunächst das Viktoria-Lyceum. Sie bot in dieser Zeit der vorübergehend augenleidenden Helene Lange ihre Hilfe an – der Beginn einer
mehr als drei Jahrzehnte währenden Arbeits- und Lebensgemeinschaft. Ein erstes gemeinsames Werk war die Herausgabe des fünf-
bändigen «Handbuches der Frauenbewegung», eines bis heute nicht
überholten Standardwerkes. H. Lange sah in Bäumer schon bald

37  Vgl. insbes. auch ihre zunächst für die Zeitschrift «Die Hilfe», später
    mehrfach veröffentlichte «Heimatchronik während des Weltkrieges»,
    Quellenhefte zum Frauenleben in der Geschichte, H. 22–24, Berlin
    1930.
38  Gertrud Bäumer, Der Krieg und die Frauen, Stuttgart, Berlin 1914,
    S. 6/7.

eine geeignete Nachfolgerin für ihr Lebenswerk im Dienste der Frauenbewegung und förderte sie, wo immer sie konnte.

1904 promovierte Bäumer an der Berliner Universität zum Dr. phil.

Wichtige Stationen im Dienste der Frauenbewegung waren:

1907–1910 die Redaktion der Zeitschrift «Neue Bahnen» vom «Allgemeinen Deutschen Frauenverein»;

1910–1919 war sie Vorsitzende des «Bundes Deutscher Frauenvereine»;

1912–1944 Mitredakteurin der Zeitschrift «Die Hilfe», die von Friedrich Naumann herausgegeben wurde, dem sie persönlich und politisch sehr verbunden war;

1916–1944 gab sie, zunächst zusammen mit H. Lange, dann allein die wichtigste Zeitschrift der gemäßigt-bürgerlichen Frauenbewegung, «Die Frau», heraus.

Nach ihrer Parteimitgliedschaft in der Deutschen Fortschrittspartei, wurde sie 1919 Reichstagsabgeordnete der Deutschen Demokratischen Partei, ab 1930 umbenannt in Deutsche Staatspartei, und blieb es in der Führungsspitze ihrer Partei bis 1932.

1920 war sie als erste deutsche Ministerialrätin in die kulturpolitische Abteilung des Reichsministeriums des Innern berufen worden. Ihr Aufgabengebiet waren das Schulreferat und die Jugendwohlfahrt.

Obwohl Bäumer während des Ersten Weltkrieges und danach zunächst jegliche internationalen Kontakte der organisierten Frauenbewegung abgelehnt hatte, wurde sie doch 1926 beim Beitritt Deutschlands zum Völkerbund als weibliche Delegierte in die Kommission für soziale und humanitäre Fragen entsandt.

1933 mit Volksschullehrerpension ihrer Ämter enthoben, zog sie sich nach Schlesien zurück, aber gab von hier aus, trotz Gleichschaltung, bis 1944 weiter die Zeitschrift «Die Frau» heraus. Dieses Sich-Arrangieren und Durchhalten hat ihr nach dem Krieg schwere Vorwürfe eingetragen. Neben einer langen Reihe von politischen Veröffentlichungen verfaßte sie nach 1933 vorwiegend historische Romane. Die 1946 erschienene Schrift «Der neue Weg der deutschen Frau» ist ein erschütterndes Beispiel für die «Unfähigkeit zu trauern».

1948 zog Bäumer nach Bad Godesberg, gehörte 1949 zu den Mitbegründerinnen der CSU. Nachdem ihre körperliche und geistige Leistungsfähigkeit von da an erheblich nachgelassen hatte, wurden ihre Auftritte von beteiligten Frauenpolitikerinnen zunehmend als Belastung empfunden. Sie starb 1954 in den Bodelschwinghschen Anstalten in Bethel.

## Der «Nationale Frauendienst»

Gertrud Bäumer war es, die 1914 als Vorsitzende des «Bundes Deutscher Frauenvereine» schon vor Kriegsausbruch, *«als die Kriegswolken sich immer schwerer und drohender über unserem Vaterlande zusammenballten... sofort die Initiative ergriff, um eine große, ganz Deutschland umfassende Organisation ins Leben zu rufen, damit der BDF gerüstet sei, wenn die Schicksalsstunde schlägt».*[39] Die Organisation war der sog. «Nationale Frauendienst».

Und es zeigte sich, daß die Frauenbewegung gut «gerüstet» war für den Kriegsdienst an der «Heimatfront».

Innerhalb weniger Tage entstanden überall im Land, in jeder Stadt, «Ortsgruppen» des «Nationalen Frauendienstes» (NFD), die das vom «Bund» aufgestellte Arbeitsprogramm mit Eifer und Akribie ausführten – wie wenn sie lange auf diese Chance, sich zu bewähren, gewartet hätten. *«Die mächtige Spannung des Wartens löste sich auf in den Anforderungen der Stunde»*, schrieb Helene Lange in der ersten Kriegsnummer ihrer Zeitschrift «Die Frau» unter der Überschrift «Die große Zeit und die Frauen».

*«Was auch der einzelne fehlen mag, das deutsche Volk sollte sich die hohe Freude an dem einmütigen Zusammenwirken von Männern und Frauen zur Größe unseres Vaterlandes nicht nehmen lassen. Die hohe Freude daran, daß alle Sonderinteressen schweigen, nun es gilt, die Nation durch die schwere Krisis hindurchzubringen, die ihr der Neid und die Feindschaft anderer Völker bereitet haben.»*[40]

Ähnlich wie in Berlin entstanden in allen größeren Städten des Reiches lokale Organisationen des «Nationalen Frauendienstes» in perfekter Zusammenarbeit mit den kommunalen Ämtern und städtischen Verwaltungen, mit dem «Roten Kreuz» und den ihm angeschlossenen «Vaterländischen Frauenvereinen» und mit den dem BDF nicht angeschlossenen konfessionellen Verbänden, z. B. dem «Deutschkatholischen Frauenbund» und der «Evangelischen

---

39 Anna Pappritz, Nationaler Frauendienst, in: Kriegsjahrbuch des BDF 1915, hg. v. E. Altmann-Gottheiner, Berlin 1915, S. 26 ff. (27), auch zum folgenden. Vgl. auch: Ilka Riemann, Soziale Arbeit als Hausarbeit, Frankfurt 1985, S. 117 f., sowie Christoph Sachße, Mütterlichkeit als Beruf, Frankfurt 1986, S. 162 ff.
40 H. Lange, in: Die Frau 1913/14, S. 709.

Frauenhilfe». Auch die Vertreterinnen der sozialdemokratischen Frauenvereine beteiligten sich und arbeiteten vor Ort mit dem NFD Hand in Hand. Denn auch für die Mehrheit der Sozialdemokratinnen galt der «Burgfrieden» und das vielzitierte Kaiserwort vom 4. August 1914: *«Ich kenne keine Parteien mehr; ich kenne nur noch Deutsche.»*[41]

Praktisch die gesamte Wohlfahrtspflege und das Fürsorgewesen lagen nun plötzlich in der Hand von Frauen. Der neue Wirkungskreis reichte von der Erziehung zur Sparsamkeit mit Hilfe eines «Fortlaufenden Kriegskochbuches des Nationalen Frauendienstes»[42] über die Mitwirkung bei der Rationierung der Lebensmittel bis zur Wohnungs-, Kranken- und Kinderfürsorge, von der Einrichtung von Arbeitsstätten oder der Organisation von Heimarbeit bis zur Wöchnerinnen- und Schwangerenhilfe.

*«Es ging um Strickstuben und Brotpreise, um Mietbeihilfen und die Petroleumfrage, um Kochkisten und Rezepte. Von Monat zu Monat stiegen alle Zahlen und Quanten, vermehrten sich die Arbeitsgebiete. Heute mußte eine Hilfseinrichtung für Angehörige der freien Berufe, morgen eine Beratungsstelle für Handwerkerfrauen bei den zuständigen Stellen angeregt oder mit ihnen zusammen geschaffen werden. Jeden Tag gingen Tausende von sorgenbelasteten, verängstigten oder verbitterten Frauen durch unsere Kommissionen – bis zu 27000 in einer Woche.»*[43]

Die Frauen schickten sich an, *«den Kriegsdienst in der Küche»* zu leisten, und er wurde nachgerade *«generalstabmäßig»* organisiert. Immerhin waren 1915 neun Millionen Männer als Soldaten eingezogen, davon waren mehr als die Hälfte verheiratet, und das bedeutete, daß die Familien ohne das Einkommen des «Ernährers» auskommen mußten.[44] Je länger der Krieg dauerte, desto mehr wurde der Kampf an der «Heimatfront» zur Überlebensfrage hochstilisiert, die über Sieg oder Niederlage entscheide.

Und absurd mag erscheinen, daß vieles, was vor dem Krieg als soziale Maßnahme unerreichbar schien, wofür die Frauenbewegung immer wieder petitioniert hatte, *«unter dem Donner des Welt-*

41  Zit. n. Gordon A. Craig, Deutsche Geschichte 1866–1945, München 1980, S. 299.
42  Kriegshilfe der Hausfrauen, hg. v. BDF, Nr. 1, 1915.
43  G. Bäumer, Lebensweg, S. 276.
44  U. Frevert, Frauen-Geschichte, S. 157, 149.

*krieges... überraschend schnell»* möglich wurde[45], z. B. eine Wöch-
nerinnenbeihilfe sowie eine Kriegsunterstützung für die Angehörigen der eingezogenen Soldaten, die sich deutlich von der diskriminierenden Armenunterstützung unterschied – sogar auch für die
unehelichen Kinder. Damit wurde – neben der Zahlung von Arbeits-
losenunterstützungen in manchen Städten – ein erstes, wenn auch
rissiges Netz sozialer Sicherungen geschaffen.

## Sozialarbeit als Beruf

In der Geschichte der Sozialpolitik unterschlagen wird in der Regel
die Vorarbeit, die die Frauenbewegung auf dem Gebiet der Arbeits-
vermittlung und Berufsberatung geleistet hat. So war u. a. das 1911
vom BDF geschaffene «Frauenberufsamt» unter der Leitung von
Josephine Levy-Rathenau das Modell für die 1914 errichtete
«Reichszentrale für Arbeitsnachweise».[46]

Tatsächlich wäre *«ohne die Vorarbeit* (die Schule) *der Frauenbewegung»* dieser Kriegseinsatz der Frauen kaum durchführbar gewesen.
Denn was er vor allem erforderte, war ein großer Stab von geschulten Frauen. Nun kam all das zum Zuge, was die Frauen in den Organisationen der Frauenbewegung unter dem Stichwort *«soziale
Hilfstätigkeit»* inzwischen gelernt hatten und dabei waren, als So-
zialarbeiterin zu ihrem Beruf zu machen. *«Pionierin auf dem Gebiet
der sozialen Berufsausbildung»*[47], die den Kampf gegen den Dilettan-
tismus der Wohltätigkeit aufnahm und zugleich in der Frauenbewegung eine bedeutende und besondere Rolle gespielt hat, war Alice
Salomon.

45 Petitionen des Deutschen Bundes für Mutterschutz Berlin, hg. v.
   H. Stöcker, S. 3.
46 Vgl. ausführlich Ludwig Preller, Sozialpolitik in der Weimarer Republik,
   Kronberg/Düsseldorf 1978, S. 34 f., S. 61 f.; sowie U. Gerhard, Die Ver-
   fügbarkeit der Frauen, in: dies. u. a., Auf Kosten der Frauen, Weinheim
   1988, S. 43 f.
47 Auch zum folgenden Dora Peyser, Alice Salomon. Die Begründerin des
   sozialen Frauenberufs in Deutschland, Köln/Berlin 1958, sowie A. Salomon, Charakter ist Schicksal. Lebenserinnerungen, Weinheim 1983.

**Alice Salomon** (geb. am 19. April 1872 in Berlin, gest. am 30. August 1948 in New York) stammte aus einer jüdischen Kaufmannsfamilie, die der «Tochter aus gutem Hause» selbst die Vorbereitung auf den Lehrerinnenberuf untersagte. Wie bei vielen anderen Frauen ihrer Generation lagen ihre Kräfte brach, und die Möglichkeit, 1893 als 21jährige Mitglied der «Mädchen- und Frauengruppen für soziale Hilfsarbeit» zu werden, ist ihr wie eine Befreiung vorgekommen. Die von Jeannette Schwerin geleiteten «Gruppen» waren «mehr eine Bewegung als ein Verein»[48] und wurden A. Salomons Wirkungsfeld, von dem aus sie die Professionalisierung der Sozialarbeit als ihr Lebenswerk betrieb. Zunächst Jeannette Schwerins «rechte Hand», übernahm A. Salomon bei deren Tod 1899 die Leitung der «Gruppen». Schon im gleichen Jahr organisierte sie die ersten Jahreskurse für Wohlfahrtspflege unter Mitwirkung so prominenter Persönlichkeiten wie Max Weber und dem Stadtrat Emil Muensterberg, dem damals führenden Vertreter einer staatlich organisierten Wohlfahrtspflege. Aus der regen Nachfrage von bildungshungrigen und sozial engagierten Frauen, aber auch aus dem Bedarf an geschulten Kräften für alle Bereiche kommunaler und fürsorgerischer Tätigkeit entwickelte sie ein pädagogisches Konzept, das vorbildlich für die bezahlte Sozialarbeit in der Welt wurde.

A. Salomon muß eine persönlich beeindruckende Lehrerin gewesen sein, die dem Leben der vielen unausgefüllten höheren Töchter einen sozialen Sinn gab, eine Identifikationsfigur für eine Generation von Frauen, die durch die Schule der Frauenbewegung gegangen waren, *«liberal in bezug auf die Rechte des Individuums, fortschrittlich im Sinne der sozialen Gerechtigkeit und konservativ in sittlichen Fragen».*[49]

Von 1902 bis 1906 absolvierteSalomon aufgrund persönlicher Genehmigung einflußreicher Professoren das Studium der Nationalökonomie und beendete es mit dem Dr. phil. zu einem überaus interessanten Thema: «Die Ursachen der ungleichen Entlohnung von Männer- und Frauenarbeit».

Auch in der Frauenbewegung hatte inzwischen für sie eine steile Karriere begonnen. Bereits 1900 wurde sie als weitaus jüngstes Mitglied in den Vorstand des BDF und in die Kommission für Arbeiterinnenschutz gewählt. Sie wurde zunächst Schriftführerin, später, bis 1920, stellvertretende Vorsitzende des Bundes. Von 1909 an war sie außerdem ehrenamtliche Schriftführerin des «Internationalen

48 D. Peyser, Alice Salomon, S. 21.
49 Ebd., S. 50–51.

Alice Salomon

Frauenbundes» (ICW) und führte in dieser Eigenschaft in enger Zusammenarbeit mit der Präsidentin des ICW, Lady Aberdeen, einen umfangreichen Schriftwechsel in unterschiedlichen Sprachen und bewegte sich auf dem internationalen Parkett der Frauenbewegung. Gleichzeitig gründete und leitete sie 1908 in Berlin die «Soziale Frauenschule», der insbesondere während des Weltkrieges viele entsprechende Gründungen folgten. Die zur Vereinheitlichung einberufene Konferenz «Sozialer Frauenschulen Deutschlands» führte unter dem Vorsitz von Alice Salomon 1918, noch vor Kriegsende, zur staatlichen Anerkennung als sozialpädagogische Fachschulen, genannt Wohlfahrtsschulen.

Der Kriegsbeginn 1914, der sie im Hause Lady Aberdeens in Schottland überraschte, stürzte sie in schwere innere Konflikte wegen ihrer internationalen Orientierung. Dennoch gab sie dem Druck der BDF-Spitze zunächst nach, jegliche pazifistischen Bestrebungen scharf zu verurteilen.

Nach dem Krieg aber nahm sie als eine der ersten ihre Auslandskontakte wieder auf und geriet damit in Widerspruch zur BDF-Führung. Hinzu kam, daß der BDF entgegen früheren Zusicherungen nicht mehr bereit war, *«eine Frau mit einem jüdischen Namen zur Präsidentin zu wählen»* [50]. Alice Salomon fühlte sich durch diese anti-

50 Ebd., S. 85.

semitische Haltung so getroffen, daß sie von allen Ämtern im BDF zurücktrat. Auf dem Gebiet der Sozialarbeit und der internationalen Frauenbewegung aber sammelte sie weitere Erfolge: In der «Deutschen Akademie für soziale und pädagogische Frauenarbeit» in Berlin verwirklichte sie 1925 den Gedanken einer «Hochschule für Frauen», einer wissenschaftlichen Einrichtung zur Weiterqualifizierung für verschiedene weibliche Berufe, vor allem den sozialen Beruf, und zur Durchführung von Frauenstudien[51]. Es folgten viele Ehrungen, z. B. 1932 die Verleihung des Ehrendoktors der Medizin der Berliner Universität, die Umbenennung der «Sozialen Frauenschule» in die «Alice-Salomon-Schule».

Doch 1933 bedeutete für sie den Verlust aller öffentlichen Ämter, Verfolgung und Vereinsamung. Nach einem Verhör durch die Gestapo 1937 wurde sie aus Deutschland ausgewiesen. Sie starb in der Emigration in New York, nachdem sie doch 1945 noch zur Ehrenpräsidentin des «Internationalen Frauenbundes» (ICW) und der «Internationalen Vereinigung der Schulen für Sozialarbeit» ernannt worden war. Ihre letzte Enttäuschung war, daß sie, deren Publikationsliste, abgesehen von den Editionen, 245 eigene Schriften enthält, keinen Verleger für ihre in der Emigration geschriebenen Memoiren fand.[52]

## Frauen im Kriegsamt

Zu einem staatlich organisierten Einsatz von Frauen in der Kriegswirtschaft kam es erst nach 1916, mit dem sog. Hindenburgprogramm und dem «Gesetz über den vaterländischen Hilfsdienst» vom 5. Dezember 1916. Dieses Gesetz markiert das Ende des sich angeblich «frei» regulierenden Arbeitsmarktes und den Beginn einer totalen Kriegswirtschaft. Die schlechte Versorgungslage infolge des verschärften U-Boot-Krieges und der Hungerblockade nach dem sog. Steckrübenwinter sowie die militärischen Niederlagen hatten Staatsmacht und Heeresleitung zum Handeln gezwungen. Um nach den Menschenverlusten den Bedarf an Arbeitskräften

51  Vgl. Das Familienleben in der Gegenwart. 182 Familienmonographien. Hg. v. A. Salomon u. M. Baum, Bd. 1, Berlin 1930.
52  In vollständiger Ausgabe erst 1983 erschienen unter dem Titel: Alice Salomon, Charakter ist Schicksal.

«sicherzustellen», wurde zwar für Frauen kein Arbeitszwang eingeführt, statt dessen aber im Kriegsamt, der Spitze der Militärregie-
rung, eine besondere Abteilung für Frauen *zur Beschaffung, Vertei-
lung und Festhaltung der erforderlichen Arbeiterinnen»* geschaffen. In
die Leitung dieser «Frauenarbeitszentrale» wurde Marie-Elisabeth
Lüders berufen, zu ihrer Stellvertreterin Agnes von Zahn-Harnack
benannt, beide Doctores der Philosophie.

**Marie-Elisabeth Lüders** (geb. am 25.6.1878 in Berlin, gest. am 23.3.1966
ebenda) hatte sich von 1901 bis 1906 in der von A. Salomon organisierten «freiwilligen sozialen Hilfstätigkeit» bewährt, 1910 ihr hu-
manistisches Abitur abgelegt und – seit 1909 als eine der ersten
Frauen regulär immatrikuliert – bereits 1912 den Doktor der Staatswissenschaften gemacht. Von 1912 bis 1914 war sie die erste staatlich
angestellte Wohnungspflegerin in Berlin-Charlottenburg und von
1914 bis 1916, bis zu ihrer Berufung in die Leitung der Frauenarbeitszentrale, Leiterin der Charlottenburger Kriegsfürsorgestelle
bzw. schon im Kriegseinsatz, in der Sozialfürsorge im «General-
Gouvernement Belgien» tätig.

So bezeichnete M.-E. Lüders das von deutschen Truppen besetzte
Belgien 1963 in ihrer Autobiographie «Fürchte Dich nicht». Und so
anschaulich und informativ ihre Ausführungen über «Persönliches
und Politisches aus mehr als 80 Jahren» sind, gerade weil sie eine der
wenigen Frauen war, die sich als angesehene Politikerinnen nach
1945 ausdrücklich auf die Tradition der alten Frauenbewegung bezogen, muß es befremden, wie bewußt sie in diesen Lebenserinnerungen über ihre Veröffentlichung aus dem Jahr 1936 schweigt. Denn in
dieser Schrift, «Das unbekannte Heer», mit einem Geleitwort des
Reichskriegsministers von Blomberg, hatte sie den Kriegseinsatz der
Frauen im Ersten Weltkrieg in einer Weise heroisiert, als *«erschütterndes Erlebnis… einer letzten und tiefsten Gemeinsamkeit»* geschildert [53],
die den nationalsozialistischen Machthabern nur recht sein konnte.

Von 1919 bis 1932 war Lüders als Abgeordnete der DDP Mitglied
der Nationalversammlung und des Reichstages und als Sozial- und
Rechtspolitikerin in vielen Ausschüssen aktiv. Sie gründete 1926 zusammen mit A. v. Zahn-Harnack den «Deutschen Akademikerin-

---

53 Marie-Elisabeth Lüders, Das unbekannte Heer. Frauen kämpfen für
   Deutschland 1914–1918, Berlin 1936, S. 3. Ihre Memoiren «Fürchte
   Dich nicht. Persönliches und Politisches aus mehr als 80 Jahren» (Köln/
   Opladen 1963).

**Marie-Elisabeth Lüders**

nenbund» sowie das Berliner Studentinnen-Tagesheim. 1937 war
sie drei Monate in Gestapo-Haft und erhielt danach Arbeits- und
Publikationsverbot. Von 1948 bis 1950 war sie FDP-Stadtverordnete
in Berlin, von 1953 bis 1961 Mitglied des Bundestages und hier von
1957 bis zu ihrem Ausscheiden Alterspräsidentin.

«*Mobilisierung der Frauen durch Frauen*» war die Devise, nach der
die Leiterin der Frauenarbeitszentrale im Frühjahr 1917 in kürzester Zeit und in enger Verbindung mit dem militärischen Behörden-
apparat bei allen Kriegsämtern im Reich Frauenreferate aufbaute,
die die systematische Erfassung der Frauen leiten und ihre verstärkte Verwendung in der Kriegswirtschaft auch gegen den Widerstand von Unternehmern und Gewerkschaften durchsetzen sollten.[54]

Mit Sachkompetenz, Organisationstalent und patriotischem Eifer
ging die «*systematische Organisation des Krieges*»[55] durch die Frauen

54 Vgl. Ute Daniel, Fiktionen, Friktionen und Fakten – Frauenlohnarbeit
im Ersten Weltkrieg, in: Arbeiterschaft 1914–1918 in Deutschland,
hg. v. G. Mai, Düsseldorf 1985, S. 295.
55 M.-E. Lüders, Das unbekannte Heer, S. 124.

offenbar rasch vonstatten. Schon innerhalb eines Jahres waren neben den Frauenarbeitsstellen 450 Fürsorgevermittlungsstellen geschaffen worden, in denen schon im Januar 1918 etwa 1000 Frauen tätig waren. Zugleich wurden nun massenweise Fabrikpflegerinnen eingestellt, eine Gewerbeaufsicht, für die die Frauenbewegung vorher Jahrzehnte gekämpft hatte. Kriegsdienst, Fürsorgetätigkeit und sozialpolitische Errungenschaften vermischten sich bei der Mobilmachung dieses weiblichen Ersatzheers und schienen sich wechselseitig zu rechtfertigen. Doch die Sprache, in der M.-E. Lüders die Kriegsleistung der Frauen, «das industrielle Frauenheer im Kampf» verherrlichte, war so militaristisch und mörderisch wie die Sache selbst:

*«Wer die Arbeit all dieser Frauen in Staub und Hitze bei Kälte und Regen, zu jeder Tages- und Nachtzeit immer wieder beobachtete, wird sie niemals vergessen. Soviel körperliche und seelische Volkskraft sie auch zerstörte, es durfte ihr doch niemand in den Arm fallen, denn in ihr lag die Verteidigung des Vaterlandes.»* [56]

### Frauen als Kriegsgewinnlerinnen?

Die Annahme, der Krieg habe die Emanzipation der Frauen beschleunigt, wird in der Regel mit der Zunahme der Frauenerwerbstätigkeit begründet. Die Ausweitung der Erwerbstätigkeit von Frauen war allein äußerlich sichtbar in der Tatsache, daß überall – im Transportwesen und Verkehr, in Ämtern und Büros, insbesondere auch in den Fabriken der Kriegsindustrie – Frauen die Plätze der eingezogenen Männer einnahmen. Und doch stellt sich die Frage, ob der Weltkrieg wirklich eine grundlegende Veränderung und Beseitigung der Hindernisse gegen Frauenerwerbstätigkeit bewirkt hat oder ob es sich lediglich um einen kontinuierlichen Anstieg der Erwerbsbeteiligung von Frauen handelte, der im Trend des Jahrhunderts liegt. [57]

56  Ebd., S. 172.
57  Im folgenden beziehe ich mich insbesondere auf U. Daniel, Fiktionen, Friktionen und Fakten, in: Arbeiterschaft 1914–1918 in Deutschland,

Von Anfang und Ende des Krieges liegen keine Erwerbsstatistiken vor. Vielmehr gibt es in den Reichsstatistiken zwischen 1907 und 1925 eine große Lücke. Die Experten müssen deshalb auf etwas kompliziertere Berechnungen anhand der Mitgliederkarteien der gesetzlichen Krankenkassenversicherungen oder auch auf die Mitgliedschaften in Gewerkschaften zurückgreifen – wohlwissend, wie ungenau gerade auch diese Statistiken den wirklichen Umfang der Frauenarbeit abbilden. Immerhin umfaßte die Krankenkassenversicherung aufgrund der Reichsversicherungsordnung von 1914 auch die Dienstboten und landwirtschaftlichen Arbeiterinnen, wenn auch unvollständig, aber immer noch nicht die mithelfenden Familienfrauen oder die Heimarbeiterinnen, da ihr Arbeitsschutz und ihre Versicherungspflicht mit Kriegsbeginn aufgehoben wurde.

Richtig ist, daß der Frauenanteil in der Industrie insgesamt erheblich zugenommen hat und am Ende des Krieges insbesondere in den Rüstungsindustrien mehr (bis zu 60 Prozent) Frauen als Männer beschäftigt waren[58]. Diese Verschiebung aber könnte allein darauf beruhen, daß Frauen anstelle der eingezogenen Männer gerade auch die Arbeitsplätze einnahmen, die ihnen vor Aufhebung der Frauenarbeitsschutzbestimmungen vor dem Krieg versperrt waren, die Zunahme des Frauenanteils also lediglich der abnehmenden Männerquote zuzuschreiben ist.

Doch auch ein Vergleich des Bestandes von krankenversicherten Frauen von 1914 und 1918 zeigt eine beachtliche Steigerungsrate, nämlich von 17 Prozent. Dabei ist zu bedenken, daß zunächst insbesondere Frauen von der durch den Kriegsausbruch bedingten Arbeitslosigkeit betroffen waren, weil ihre Erwerbsbranchen, die Nahrungsmittel-, Textil- und Bekleidungsindustrie, zu den sog. Friedensindustrien gehörten, deren Produktion mit dem Kriegsbeginn erheblich zurückging. 1918 arbeiteten hier nur etwa halb soviel Frauen wie vor dem Krieg. Mit Hilfe des Hilfsdienstgesetzes und unter der Ägide der Frauenarbeitszentrale rückten dann erst in der zweiten Hälfte des Krieges die Frauen auf die Männerarbeitsplätze ein, in die Metall-, Hütten-, elektrische und chemische Industrie, ja auch in die Bergwerke oder in das Baugewerbe.

Zwei Beispiele seien genannt: «*In 2594 Betrieben der Metallindu-*

S. 277ff., sowie U. Frevert, Frauen-Geschichte, S. 146f., vgl. auch Stephan Bajohr, Die Hälfte der Fabrik, Marburg 1979.
58  Jürgen Kocka, Klassengesellschaft im Krieg, Göttingen 1978, S. 12/13.

> strie waren im August/September 1916 266530 Frauen beschäftigt gegenüber 63570 vor dem Krieg; dies bedeutete eine Steigerung von 319%.»[59]
>
> «Die Firma Krupp, die vor dem Krieg nur etwa 2000 bis 3000 Frauen eingestellt hatte, zählte am 1. Januar 1918 28000 Frauen auf ihren Lohnrollen.»[60]

Und doch deuten diese Steigerungsraten – so die Expertinnen – keinen grundlegenden Umbruch an, denn einerseits sind sie auf Umschichtungen innerhalb der verschiedenen Industrien oder auf den Zustrom aus anderen Erwerbsbereichen, etwa aus der Landwirtschaft, zurückzuführen. Andererseits liegen sie, auf die gesamte Frauenerwerbstätigkeit bezogen, im Entwicklungstrend weiblicher Erwerbstätigkeit seit dem letzten Jahrzehnt des 19. Jahrhunderts[61], der bei auch absolut steigenden Beschäftigtenzahlen einen kontinuierlichen Anstieg der lohnabhängigen, versicherungspflichtigen Erwerbstätigkeit von Frauen aufweist.

Bemerkenswert ist jedoch der Strukturwandel der Frauenarbeit, der schon vor dem Weltkrieg eingeleitet, nun aber dramatisch beschleunigt wurde:

Zwischen 1895 und 1907 hatte sich die Zahl der Arbeiterinnen in Handel und Industrie allein um 60 Prozent erhöht; noch schneller war die Zahl der weiblichen Angestellten gewachsen, im gleichen Zeitraum von 20000 auf 150000. Doch während um die Jahrhundertwende noch die Hälfte aller erwerbstätigen Frauen in der Landwirtschaft als Mägde, Landarbeiterinnen und mithelfende Familienangehörige arbeitete[62], waren zwischen 1907 und 1916 allein eine Million Frauen aus diesen traditionellen Beschäftigungen ausgeschieden und suchten nun ein Unterkommen in der Kriegsindustrie.[63]

Seit Kriegsausbruch galt die Arbeitsteilung zwischen Männer- und Frauenarbeit nicht mehr. Doch unter welchen lebensfeindlichen Bedingungen wurde dieser emanzipatorische Schritt getan. Gleich zu Beginn des Krieges wurden alle gesetzlichen Arbeitsschutzbe-

59  U. Daniel, Fiktionen, Friktionen und Fakten, in: Arbeiterschaft 1914–1918, S. 284.
60  U. Frevert, Frauen-Geschichte, S. 151.
61  U. Daniel, Fiktionen, S. 282.
62  Vgl. U. Frevert, Frauen-Geschichte, S. 152.
63  Anna Geyer, Die Frauenerwerbstätigkeit in Deutschland, Jena 1924, S. 17.

stimmungen außer Kraft gesetzt, die Kriegswirtschaft konnte sich diesen Menschenschutz nicht leisten. Überstunden und Nachtarbeit auch für Frauen, Arbeitsunfälle und Erkrankungen waren die Folge. Sinkende Reallöhne – die Frauen erreichten trotz gleicher Arbeitsplätze nur 50 bis 70 Prozent der Männerlöhne – bei gleichzeitiger Verteuerung der Lebensmittel, Hungersnöte, Erschöpfung und viele Krankheiten führten zur Verarmung breiter Volksschichten und zur Verschärfung der Klassengegensätze[64], denn natürlich konnten sich Wohlhabende, insbesondere Unternehmer und Kriegsgewinnler, auf dem schwarzen Markt das Notwendigste leisten. Zunehmend machte sich Verbitterung breit; die Masse des Volkes war immer weniger für expansionistische Kriegsziele zu gewinnen. Brotkrawalle, Demonstrationen und wilde Streiks gerade auch unter den Rüstungsarbeiterinnen bereiteten den Boden für die Massenbewegung zur Novemberrevolution, die nicht nur im privaten Bereich[65] sehr stark von Frauen getragen wurde.

Die stärkere Beteiligung, ja das selbstverständliche Einrücken der Frauen in die Männerarbeitsplätze hatte große Auswirkungen. Bisherige Rollenklischees waren damit außer Kraft gesetzt. Die Faszination, die von dieser Erfahrung ausging, wird in vielen Texten gerade auch aus der Frauenbewegung und immer gleichen, zum Teil recht geschmacklosen Bildern deutlich:

*«Heute überschütten Näherinnen, Plätterinnen, Ladenmädchen und in der weitaus größten Zahl bisher berufslose Frauen und Haustöchter die Feinde mit Bomben und Granaten. Ehemalige Dienstmädchen halten zu Tausenden für die Männer das Rad unserer Volkswirtschaft mit in Schwung.»*[66]

Und doch haben die elenden Rahmenbedingungen dieses zweifelhaften «Modernisierungsschubs» von Anbeginn dafür gesorgt, diese Form der Emanzipation nur dem Kriegs- und damit Ausnahmezustand zuzuschreiben. Aus diesem Grund haben sich auch die Vertre-

64  Vgl. J. Kocka, Klassengesellschaft, S. 7 ff.
65  So aber R. J. Evans, Sozialdemokratie, S. 302, vgl. auch W. Albrecht u. a., Frauenfrage und deutsche Sozialdemokratie, in: Archiv für Sozialgeschichte, Nr. 19, 1979, S. 502 f.
66  Marie-Elisabeth Lüders, Die volkswirtschaftliche Bedeutung der qualifizierten Frauenarbeit für die gewerblichen Berufe, in: Jahrbuch des BDF für 1917, S. 7 f.

terinnen der Frauenbewegung auf der «Kriegstagung» des BDF schon 1916 laut Gedanken darüber gemacht, wie die Errungenschaften zu bewahren, wie bei Rückkehr der Kriegsteilnehmer *die Überleitung der Frauenarbeit aus dem Kriegszustand in den Friedenszustand* zu bewerkstelligen sei:

*«Wir dürfen keine Vogel-Strauß-Politik treiben... Die Frage einfach dadurch zu lösen, daß man die Frauen, die Kriegsvertretungen übernommen haben, zwingt, ihre Arbeitsplätze zu verlassen, ist schon deshalb nicht angängig, weil in manchen Berufen die durch den Krieg gerissenen Lücken überhaupt nicht ausgefüllt werden könnten, wären nicht Frauen da, die an die Stelle der gefallenen Männer treten könnten. Ebenso falsch aber wäre es auf der anderen Seite, wollte man sich auf den Standpunkt stellen, der während des Krieges eingetretene Zuwachs an Frauenarbeit müsse als unbedingte Bereicherung der Volkswirtschaft angesehen und deshalb beibehalten werden.»* [67]

Eine Rückzugsbereitschaft aus den erworbenen Positionen deutet sich also bereits an, und doch vermochten solche Kompromisse die Frauen nicht vor noch viel größeren Enttäuschungen zu schützen.

## 3. «Kampf für die Gewalt des Rechts gegen das Recht der Gewalt» (Margarethe L. Selenka)

### Der Internationale Frauenkongreß 1915 in Den Haag

Aber es gab in der Frauenbewegung auch Frauen, die den Kriegsdienst verweigerten und an ihrem internationalen Feminismus und einem konsequenten Pazifismus festhielten: die Minderheit der radikalen Stimmrechtlerinnen um Anita Augspurg, L. G. Heymann, Helene Stöcker u. a. sowie linke Sozialistinnen um Clara Zetkin (und Rosa Luxemburg).

67 Elisabeth Altmann-Gottheiner, Die Überleitung der Frauenarbeit..., in: Jahrbuch des Bundes Deutscher Frauenvereine 1917, S. 35 f. (38).

*«Zwei Dinge waren uns klar. Erstens: Hilfe konnte nur von Frauen kommen. Zweitens: wir würden keine Arbeit für direkte Kriegszwecke leisten, wie Hospitaldienst, Verwundetenpflege. Halbtot geschundene Menschen wieder lebendig und gesund machen, um sie abermals den gleichen oder noch schlimmeren Qualen auszusetzen? Nein, für solchen Wahnsinn würden wir uns nicht hergeben.»* [68]

Daß gerade die Frauenrechtlerinnen bei Ausbruch des Krieges zu aktiven Pazifistinnen wurden, ist ihrem Rechtsverständnis nach nur konsequent. Denn mehr Rechte auch für Frauen, geregelte und gerechtere Verhältnisse waren für sie die einzig denkbare Alternative zu Gewalt und damit auch zum Krieg als ihrer brutalsten Form. Sowohl die Frauen- als auch die Friedensbewegung aber führte *«einen Kampf für die Gewalt des Rechts gegen das Recht der Gewalt»* [69] – so die Formulierung der frühen Friedenskämpferin Margarethe Lenore Selenka (1860–1923, Mitglied des Münchener «Stimmrechtsvereins» und des «Bundes für Mutterschutz»), die bereits 1899, anläßlich der Ersten Haager Friedenskonferenz, unterstützt von Bertha von Suttner, einen Aufruf an die Frauen aller Länder auf den Weg gebracht hatte. Mehrere Millionen Frauen aus 19 Ländern hatten daraufhin in Telegrammen, Manifestationen und insgesamt 565 Kundgebungen ihren Friedenswillen demonstriert und die Einrichtung eines internationalen Gerichtshofes und einer Schiedsgerichtsbarkeit zur Vermeidung von Kriegen gefordert. Auch der BDF hatte sich auf Anregung von M. L. Selenka programmatisch zur Verbreitung der Friedensidee verpflichtet, ja durch seinen Beitritt in den «Frauenweltbund» (ICW) eigentlich erste Schritte in Richtung Völkerverständigung unternommen.

Doch im September 1914 fühlte sich der «Deutsche Verband für Frauenstimmrecht» mit der Vorsitzenden Marie Stritt gezwungen, seine Einladung zu dem für Juni 1915 in Berlin geplanten Kongreß des «Weltbundes für Frauenstimmrecht» («International Alliance for Woman's Suffrage») zurückzuziehen. [70] Auch die Präsidentin des

68 Vgl. auch zum folgenden L. G. Heymann / A. Augspurg, Erlebtes – Erschautes, S. 120 ff. (121), sowie Rose Rauther, Rosika Schwimmer, in: Feministische Studien Nr. 1, 1984, S. 63 ff.
69 Zit. n. Frauen gegen den Krieg, hg. v. G. Brinker-Gabler, Frankfurt 1980, S. 16; auch zum folgenden.
70 Internationaler Frauenkongreß, Bericht – Rapport – Report, Amsterdam 1915, S. XXV.

Weltbundes, Marie Chapman Catt, sah sich nach einer Umfrage bei allen Mitgliedsverbänden nicht in der Lage, den Kongreß unter den Kriegsbedingungen zu veranstalten. Da ergriffen L. G. Heymann und A. Augspurg die Initiative und appellierten an die Schweizer Frauen, die Frauen der neutralen Staaten aufzurufen und mit einer Frauenkonferenz gegen den Krieg ein Zeichen weiblicher Solidarität zu setzen.

Schon im Februar 1915 traf sich ein kleines Vorbereitungskomitee aus England, Belgien und Deutschland bei Aletta Jacobs, der führenden niederländischen Frauenrechtlerin, und entwarf ein Programm für einen außerordentlichen Frauenkongreß, der schon Ende April in Den Haag stattfinden sollte. Einladungen wurden in aller Frauen Länder verschickt, Jane Addams, Sozialreformerin, Mitbegründerin der amerikanischen Women's Peace Party[71] und Friedensnobelpreisträgerin von 1931, sagte zu, das Präsidium zu übernehmen. Aber bis zur Eröffnung des Kongresses am 27. April 1915 waren noch viele Hindernisse zu überwinden.

Absagen und verständnislose Reaktionen kamen von mehreren nationalen Frauenverbänden oder Einzelpersonen. So schrieb z. B. der «Conseil National des Femmes Françaises»:

*«Wie sollte es möglich sein, in dieser Stunde den Frauen aus den Ländern unserer Feinde zu begegnen? Haben sie die politischen Verbrechen ... ihrer Regierung verurteilt? Haben sie protestiert gegen die Verletzung der Neutralität Belgiens?»* [72]

Um so mutiger war der Entschluß von fünf Belgierinnen, trotzdem teilzunehmen, obwohl eine zu bedenken gab: *«Obgleich mein Frauenherz mir sagt, daß der Krieg nicht weitergehen kann, können wir keinen Frieden um jeden Preis wollen... Ich kann nicht denken wie sie alle, je suis Belge avant tout!»*

Kanadische Frauen sagten die Teilnahme ab, weil sie glaubten, *«daß die Zeit für einen Frieden noch nicht gekommen sei»* [73].

---

71  Vgl. hierzu ausführlich M. L. Degen, The History of the Women's Peace Party, New York 1939.
72  Internationaler Frauenkongreß, Bericht, S. 313.
73  Internationaler Frauenkongreß, Bericht, S. 136 u. 308, vgl. auch R. Rauther, Rosika Schwimmer, in: Feministische Studien 1984, Nr. 1, S. 69.

Übereifrig und scharf war die Reaktion des BDF. Er veröffentlichte kurz vor der Konferenz, in der Presse breit gestreut, folgende «Erklärung»:

*«Der Bund Deutscher Frauenvereine hat eine Beteiligung an dem Internationalen Frauenkongreß im Haag abgelehnt. Er erklärt die Propaganda für diesen Kongress sowie die Beteiligung daran für unvereinbar mit der vaterländischen Gesinnung und der nationalen Verpflichtung der deutschen Frauenbewegung. Auf Grund der Einmütigkeit, die sich in der Ablehnung des Kongresses bei den Vereinen der organisierten Frauenbewegung gezeigt hat, muß der Bund jede Propaganda deutscher Frauen für den Kongreß als einen Verstoß gegen die Solidarität der deutschen Frauenbewegung betrachten. Eine solche Propaganda, sowie den Besuch des Kongresses erklärt der Bund für unvereinbar mit jeder verantwortlichen Stellung und Arbeit innerhalb des Bundes deutscher Frauenvereine.»* [74]

Dieses Vorgehen rief bei vielen Entrüstung und Empörung hervor. Minna Cauer, die dem Bundesvorstand ebenfalls in einem Anschreiben *«autokratisches Regiment»* und *«Bevormundung»* vorwarf, notierte in ihrem Tagebuch:

*«Am 25. April erhielt ich die Resolution des Bundes über die Boykottierung derjenigen, die den Kongreß im Haag mitmachten. Unerhört, schamlos, schmachvoll!»* [75]

Trotz aller Schwierigkeiten und Gefährdungen – überall an den Grenzen wurden die Frauen aufgehalten oder erhielten erst gar kein Visum, die Präsidentin Jane Addams kam buchstäblich in letzter Minute, weil das Schiff mit der amerikanischen Delegation vor Dover vier Tage festgehalten wurde – nahmen rund 1200 Delegierte, insgesamt aber 2000 Frauen an dem Kongreß teil. Aus Deutschland hatten insgesamt 28 Frauen den Mut zu kommen und mischten sich zum Teil lebhaft in die Debatten ein; darunter neben A. Augspurg und L. G. Heymann als Delegierte auch Helene Stöcker, Elisabeth Rotten, Constanze Hallgarten und Auguste Kirchhoff.

74  «Die Frauenfrage», Centralblatt des Bundes Deutscher Frauenvereine, 1915, Nr. 11.
75  Else Lüders, Minna Cauer, Leben und Werk, S. 186.

**Auguste Kirchhoff** (geb. Zimmermann, geb. am 23. Juni 1867 in Ansbach, gest. am 12. Juli 1940 in Bremen) war Senatorengattin, hatte fünf Kinder und führte in Bremen ein großbürgerliches und geselliges Haus. Sie selbst war zeitweise als Gesangslehrerin tätig. Trotz dieses Hintergrundes war sie, unterstützt von ihrem Mann, außerordentlich aktiv in der Frauenbewegung, und zwar auf ihrem radikalen Flügel. Sie engagierte sich im Kampf um das Frauenstimmrecht, für die Ziele des Mutterschutzes und der Sexualreform und für den Frieden. Schon sehr früh hat sie in Bremen die entscheidenden Anregungen gegeben zur Gründung des «Vereins für Frauenstimmrecht» im Jahr 1905, eines Mütter- und Säuglingsheims 1906, der Bremer Ortsgruppe des «Bundes für Mutterschutz und Sexualreform» 1909 und des «Bremer Hausfrauenvereins» 1915. Als Teilnehmerin des Haager Frauenkongresses war sie es auch, die von 1919 an die Bremer Sektion der «Internationalen Frauenliga für Frieden und Freiheit» leitete. Sie verfaßte zahlreiche politische Schriften[76] und gehörte zu den frühen Warnerinnen vor Nationalsozialismus und Antisemitismus. Nach 1933, aller politischen Handlungsmöglichkeiten beraubt, verstummte sie, und es scheint, als ob ihre dann einsetzende geistige Verwirrung ihr in den letzten Lebensjahren Schutz vor Verfolgung bot.

Voraussetzung für die Teilnahme am Haager Frauenkongreß war die Zustimmung zu zwei Grundsätzen – ein ungewöhnliches, aber wohl sehr wirksames Mittel, um die Grundsatzdebatten zu verkürzen und schnell zu Vereinbarungen zu kommen. Diese Grundsätze beinhalteten,

1. daß internationale Streitigkeiten durch friedliche Mittel beigelegt werden sollen,

2. daß den Frauen politische Gleichberechtigung mit den Männern zu gewähren sei.

Ferner wurden *«Erörterungen über die relative nationale Verantwortlichkeit für den gegenwärtigen Krieg»* ausdrücklich untersagt. An den nur vier Verhandlungstagen wurden insgesamt zwanzig Resolutionen verabschiedet, u. a. über die schiedsgerichtliche Austragung internationaler Streitigkeiten, über den Aufbau einer interna-

76 Vgl. Hannelore Cyrus/Verena Steineke, Ein Weib wie wir?! Auguste Kirchhoff. Bremen 1989.

Auguste Kirchhoff

tionalen Organisation als «Vereinigung der Nationen», über Abrüstung und Waffenkontrolle, gegen die internationale Kapitalver-
flechtung und Handelskriege usf.

Beachtenswert ist, daß die Pazifistinnen sich nicht mit moralischen Appellen begnügten, sondern sehr realistisch und kompetent
insbesondere auch die wirtschaftlichen Ursachen und machtpoliti-
schen Ziele des Krieges diskutierten. Eine, die dem internationalen
Auditorium so recht aus dem Herzen zu sprechen wußte, war die
Ungarin und «Weltpatriotin» Rosika Schwimmer (1877–1948), deren «Feuergeist» den Kongreß wesentlich bestimmt hat[77]:

77 Vgl. hierzu R. Rauther, Rosika Schwimmer, in: Feministische Studien
1984, Nr. 1, S. 63 ff.

*«Wir wollten mit der Weise, in der wir verhandelten, mit der kühlen, geschäftsmäßigen Weise zwei Sachen demonstrieren: unsere ungebrochene und unzerbrechbare Solidarität, unsere unzerbrechliche, internationale weibliche Solidarität, und unser kaltes Blut, unser, – wie man sagt – staatsmännisches Gleichgewicht... die Schlußresolution... war eine Demonstration für zwei Tatsachen. Die Tatsache unserer internationalen Solidarität und die Tatsache der weiblichen Stärke...*

*Die Männer der Welt sind heute aufgefordert, Mut zu zeigen, den Mut, den wir so überschätzt haben, auch wir Frauen... Was ist aber physischer Mut im Vergleich zum moralischen Mut? Und heute, wo die größte Probe, die jemals von Männern verlangt wurde, abgelegt wird dafür, daß die Wahnidee des physischen Mutes zur Zerstörung der Welt führt, heute stehen wir vor einer Frage der Zukunft, der Menschheit...»* [78]

Die wichtigsten Ergebnisse der Konferenz bündeln sich in den Beschlüssen, Deputationen zu den einzelnen Regierungen zu schik-

78 Internationaler Frauenkongreß, Bericht, S. 132.

Der Haager Frauenfriedenskongreß 1915

ken sowie «Internationale Frauenkomitees für dauernden Frieden» neben nationalen Ausschüssen einzurichten.

Die Deputation mit Gesandten des Kongresses, in der Frauen sowohl aus neutralen wie kriegführenden Ländern mitwirkten, sollte *«die Regierungen der Welt veranlassen, dem Blutvergießen ein Ende (zu) machen und einen gerechten und dauernden Frieden zu schließen.»* [79]

*«Die Frauen überreichten die Haager Beschlüsse und versuchten, zwischen den Regierungen der kriegführenden Länder zu verhandeln, zu diesem Zwecke hatten sie in einigen Ländern, so in England, in Deutschland und in den Vereinigten Staaten wiederholte Audienzen. [...] Überall interessierte man sich für ihre Mission, versicherte sie der wärmsten Sympathie, und – dabei blieb es.»* [80]

79 Internationaler Frauenkongreß, Bericht, S. 53.
80 Völkerversöhnende Frauenarbeit während des Weltkrieges, Juli 1914−November 1918, hg. v. der Internationalen Frauenliga für Frieden und Freiheit/Deutscher Zweig, München 1920, S. 8.

Die Ausführung des anderen Beschlusses war im kriegführenden Deutschland deshalb besonders schwierig, weil pazifistische Aktivitäten verboten waren und jegliche Propaganda einer scharfen Zensur unterlag. Trotzdem bildete sich 1915 ein «Nationaler Ausschuß für dauernden Frieden», der an 27 Orten lediglich Geschäftsstellen unter Führung einer Vertrauensperson unterhielt. Dieser hatte keine Satzung und keine Mitglieder und konnte keine Beiträge, nur «Geschenke» entgegennehmen.

Nur unter schwierigsten Bedingungen wurden

*«Versammlungen abgehalten, Proteste beschlossen, Manifeste versandt. Die Regierung, die um die Demoralisierung der Bevölkerung fürchtete, antwortete mit Auftrittsverboten, Hausdurchsuchungen, Überwachungen, Briefzensur und Verhören. Lida Gustava zum Beispiel erhielt 1915 Redeverbot und wurde im Februar 1917 aus Bayern ausgewiesen. Trotz Schikanen und Verfolgungen wurde der Frauenausschuß jedoch nicht gänzlich verboten und blieb bis Kriegsende aktiv.»* [81]

Erst nach Kriegsende, auf dem Kongreß des «Internationalen Frauenkomités für dauernden Frieden» 1919 in Zürich, wurde als organisierter Zusammenschluß die «Internationale Frauenliga für Frieden und Freiheit» (IFFF) mit Sitz in Genf gegründet.

Inwieweit die «14 Punkte Wilsons», die 1918 Grundlage des Friedensschlusses wurden, tatsächlich auf den Beschlüssen der Haager Frauenkonferenz beruhten oder von ihnen angeleitet wurden, wird sich in unserer bisher männerorientierten Geschichtsschreibung nicht abschließend klären lassen. Im Bericht der «Internationalen Frauenliga» jedenfalls werden die Zusammenhänge ausführlich belegt. Da heißt es u. a.:

*«Der Inhalt der Haager Beschlüsse, welche die Frauen im Mai 1915 faßten, hat notorischerweise Anregung und Grundlage für Wilsons bekannte Vorschläge geboten. Als nämlich Jane Addams vor Wilsons Reise nach Europa eine Unterredung mit ihm hatte und auf die Arbeit der Frauen im Haag hinweisen wollte, sagte Wilson: ‹o, über Ihren Kongreß im Haag bin ich unterrichtet› und zog gleichzeitig ein Exemplar der ihm damals von der Deputation des Kongresses überreichten Haager Beschlüsse aus seiner Tasche, welches merklich zerlesen und abgegriffen war und die offenbaren Spuren eifriger Benutzung aufwies.*

81  Frauen gegen den Krieg, hg. v. G. Brinker-Gabler, S. 32.

*Dieses Vorkommnis ist abermals ein Beweis dafür, wie verschieden die Betätigung von Männern und Frauen eingeschätzt wird und wie dementsprechend auch die Wirkungen verschieden sind. Als Frauen 1915 weitblickend ihre Forderungen aufstellten, um die Welt aus dem Chaos des Wahnsinns zur Vernunft zurückzuführen, wurden sie verhöhnt, verlacht, ihre Unfähigkeit politisch zu denken und zu handeln an den Pranger gestellt, als einige Jahre später ein Mann dieselben Forderungen proklamierte, jauchzte ihm die Masse aus allen Ländern zu und feierte ihn wie einen Erlöser.»*[82]

## 4. «Die Zwillingsschwester des Krieges ist die Not» (Clara Zetkin)

### Die Internationale Friedenskonferenz sozialistischer Frauen 1915 in Bern

*«Die Friedenssehnsucht des internationalen Proletariats hat sich als ohnmächtig erwiesen, den Weltkrieg zu bannen. Wie Kanonen über schwache Grashalme dahinrollen, zu Boden drückend, was sich eben noch im Winde wiegte, also sind die vom Kapitalismus entfesselten und vorwärts getriebenen Kräfte des Imperialismus über die proletarischen Friedenskundgebungen und Friedenshoffnungen hinweggegangen. Nun steht die Welt in Flammen, der Krieg rast mit Schrecken, wie sie noch kein Ringen um die Macht begleitet haben…»*

Dies schrieb Clara Zetkin in ihrer Zeitschrift «Die Gleichheit» im September 1914 in der ihr eigenen Dramatik und Anschaulichkeit, und es scheint so, als ob hier ein anderer, widerständiger Ton angeschlagen wird. Doch in diesem Leitartikel unter der Überschrift «Frauenpflicht» steht auch wiederum Frauenspezifisches, das heute irritiert:

*«Die Zwillingsschwester des Krieges ist die Not. Mit dürrer, erbarmungsloser Faust klopft sie an die Tür der meisten Familien, deren Ernährer im Felde steht… Die Arbeitslosigkeit greift rascher um sich als eine verheerende Seuche; Sorge, Hunger, Kränklichkeit, Kindersterblichkeit folgen ihr auf dem Fuße. Und noch sind wir am Anfang des Krieges und im Sommer!*

82 Völkerversöhnende Frauenarbeit, S. 7, vgl. auch R. Rauther, Rosika Schwimmer, S. 72.

*Wie soll das werden? Diese Frage – hier eine flehende Bitte, dort ein trotzi-*
*ger Fluch – drängt sich auf Millionen Lippen. Eine befriedigende Antwort*
*darauf ist so wichtig wie die Entscheidung, die auf dem Schlachtfeld fallen*
*wird. Ja, mehr noch: die gewaltigen Opfer des Krieges an Gut und Blut*
*können vom Volk nur getragen werden, wenn dem Feind im Innern erfolg-*
*reich gewehrt wird: der Not.*
   *Hier ist das weite Brachfeld, auf dem die sozialistischen Frauen*
*Schlachten schlagen, die zugleich Schlachten für ihre Bürgerrechte sind.*
*Das Gebot der Stunde fordert hier Zusammenfassung aller Kräfte. So wir-*
*ken denn die Genossinnen friedlich-schiedlich neben dem bürgerlichen*
*Nationalen Frauendienst.»*[83]

Also Burgfrieden auch an der Frauenfront! Konnte Zetkin wirklich
glauben, das Engagement der Proletarierinnen im Dienst für «Volk
und Vaterland» werde die Regierung kompromißbereiter stimmen
und sich später als Bürgerinnenrecht auszahlen? Es ändert nicht
viel, wenn betont wird, daß bürgerliche und proletarische
Frauenbewegung *«als Organisation weiterhin voneinander getrennt»*
blieben[84]. Die die Wohlfahrtsarbeit organisierende Luise Zietz, einzige Frau im Parteivorstand, arbeitete doch ausdrücklich mit dem
«Nationalen Frauendienst» «Hand in Hand».
   Doch schon im Dezember 1914 zerbröckelte der «Burgfrieden»
zumindest auf dem linken Flügel der SPD, als Karl Liebknecht sich
auch im Reichstag nicht mehr der Fraktionsdisziplin beugte und gegen die Kriegskredite stimmte. Die «Gruppe Internationale», die
von ihm und Rosa Luxemburg angeführt wurde und sich später
«Spartakus» nannte, sah in der Bewilligung der Kriegskredite eine
Unterwerfung unter die herrschende Klasse und kämpfte für die Internationale und die revolutionäre Eroberung der Macht durch die
Arbeiterklasse. *«Nieder mit dem Krieg!»* war die Losung, unter der
R. Luxemburg diesen Standpunkt in ihrer im Gefängnis geschriebenen «Junius»-Broschüre 1915 programmatisch darlegte.[85]

83  Clara Zetkin, Frauenpflicht, in: Die Gleichheit 1914, Nr. 25, S. 373.
84  So R. J. Evans, Sozialdemokratie, S. 272.
85  Vgl. H. Grebing, Geschichte der deutschen Arbeiterbewegung, S. 143f.

Luise Zietz

**Luise Zietz** (geb. am 25.3.1865 in Bargteheide/Holstein, gest. am 27.1.1922 in Berlin) mußte als Tochter eines Wollwirkers früh ihr Brot verdienen. Sie arbeitete zunächst im väterlichen Betrieb, dann als Kindermädchen und erhielt später eine Ausbildung als Kindergärtnerin. Im Hamburger Hafenarbeiterstreik von 1896 trat sie zum erstenmal als Rednerin auf. Luise Zietz gilt neben Clara Zetkin als die große Agitatorin der sozialistischen Frauenbewegung und wurde deshalb auch als «weiblicher Bebel» bezeichnet[86].

Zietz wurde 1908 als erste deutsche Frau Vorstandsmitglied einer politischen Partei. Ihre Zugehörigkeit zur Parteibürokratie und ihre «Linientreue» brachten sie häufig in Konflikt mit C. Zetkin. Doch während des Krieges geriet sie wie Zetkin zunehmend in Opposition zur Parteiführung. Sie trat 1917 der USPD bei, wurde 1919 in die Nationalversammlung gewählt und nahm auch ihr Reichstagsmandat bis zu ihrem Tod 1922 wahr.

86  Vgl. H. Niggemann, Emanzipation, S. 348.

**Rosa Luxemburg** (geb. am 5. März 1871 in Zamocz/Polen, ermordet am 15. Januar 1919 in Berlin) verließ Polen aus politischen Gründen, studierte und promovierte in Zürich und arbeitete seit der Jahrhundertwende in der deutschen Sozialdemokratie. Wegen ihrer leidenschaftlichen Opposition gegen Monarchie und Militarismus wurde sie als Staatsfeindin verfolgt und brachte fast den ganzen Weltkrieg im Gefängnis zu, von wo aus sie dennoch politisch einflußreich blieb. Obwohl eng mit Clara Zetkin befreundet, kann Rosa Luxemburg nicht zur proletarischen Frauenbewegung gerechnet werden. Die Frauenfrage stand nie im Vordergrund ihres theoretischen und praktischen Engagements. Als exponierteste Vertreterin der äußersten Linken trat sie für den Massenstreik als politisches Kampfmittel ein. Sie war Herausgeberin von «Die Rote Fahne», die die Revolution anleiten sollte. Im Januar 1919 wurde sie zusammen mit Karl Liebknecht von Soldaten der Reichswehr in Berlin verhaftet, mißhandelt und ermordet.[87]

Auch Clara Zetkin, die zu der «Gruppe Internationale» gehörte, kam wegen ihrer Haltung gegen den Krieg zunehmend in Konflikt mit der Mehrheitsfraktion der SPD und dem Parteivorstand. Als Sekretärin der «Sozialistischen Fraueninternationale» versuchte sie, zumindest in der «Gleichheit» unerschrocken gegen den Krieg zu agitieren und ihre internationale Orientierung nicht aufzugeben. Viele weiße Flecken und leere Seiten in dieser Zeitschrift zeugen vom Eingreifen des Zensors. Eine zentrale Bedeutung in der Verschärfung des schwelenden Konfliktes mit der Staatsmacht und der SPD aber hatte die 1915 von Zetkin einberufene Frauenkonferenz in Bern, mit der sie demonstrieren wollte, daß zumindest die Frauen der internationalen Solidarität treu geblieben waren.[88]

Insgesamt nahmen nur 70 Frauen aus Rußland, Polen, Holland, Deutschland, Österreich, England, Italien, Frankreich und der Schweiz an dieser Konferenz teil, darunter aber viel sozialistische

87 Vgl. u. a. Frederik Hetmann, Rosa L., Die Geschichte der Rosa Luxemburg, Frankfurt 1979, sowie Rosa Luxemburg, hg. v. Kristine v. Soden, Berlin 1988.
88 Vgl. hierzu, auch zum folgenden, Frauen gegen den Krieg, hg. v. G. Brinker-Gabler, S. 27 f., sowie die Zusammenstellung der wichtigsten Dokumente zur Berner Konferenz, ebd., S. 151 ff.

Prominenz: z. B. Nadeshda Krupskaja, die Frau Lenins, Alexandra Kollontay, die österreichische Sozialdemokratin Therese Schlesinger, die Deutschen Toni Sender, Käthe Duncker und Lore Agnes. Während Frau Krupskaja eine Resolution durchbringen wollte, die die Kriegspolitik der sozialistischen Parteien in den einzelnen Ländern verurteilen sollte, wollte Zetkin zu dieser Zeit noch den völligen Bruch mit ihrer Partei vermeiden und setzte eine Kompromißresolution durch: Die Friedenskonferenz *«habe nur eine Aufgabe: eine zielklare und kraftvolle einheitliche internationale Friedensaktion der Genossinnen in die Wege zu leiten».* In dieser Resolution wurde ferner beschlossen, ein Manifest als Flugblatt zu verbreiten.[89]

Dieses Flugblatt, das – wie es heißt – in 300 000 Exemplaren verteilt wurde, um den Friedenswillen der Frauen zu mobilisieren, führte nicht nur zur Ablehnung durch den SPD-Parteivorstand, obgleich L. Zietz noch zu vermitteln suchte, sondern auch zu einem Strafverfahren gegen Zetkin wegen Landesverrats.

Zetkin wurde Ende Juli festgenommen, aber nach etwa zehn Wochen aus dem Gefängnis wegen Krankheit und gegen Kaution entlassen. Verhöre, Hausdurchsuchungen und ständige Überwachung haben ihr bis zum Kriegsende viel Kraft geraubt. Nachdem die Gewerkschaften schon im Juli 1915 die Abonnements der «Gleichheit» gekündigt hatten, wurde Zetkin 1917 auch die verantwortliche Redaktion der Zeitschrift durch Beschluß des SPD-Vorstandes entzogen. Statt dessen wurde die Schriftleitung Marie Juchacz übertragen.

Nach dem Ausschluß aus der SPD im Januar 1917 gründeten die Gegner des Burgfriedens die Unabhängige Sozialdemokratische Partei (USPD). Zetkin und Zietz traten dieser Fraktion sofort bei. Damit war auch die proletarische Frauenbewegung gespalten.

Auf Initiative der englischen Delegation hatte die Berner sozialistische Frauenkonferenz in einem Grußtelegramm *«dem Internationalen Friedenskonferenz im Haag die Sympathie»* ausgedrückt.[90] Wie bedauerlich, daß die feministische und die sozialistische Friedensinitiative nicht zusammenfinden konnten. Sie wären gemeinsam stärker gewesen.

89  Ebd., S. 153 und S. 158–160.
90  Frauen gegen den Krieg, hg. v. G. Brinker-Gabler, S. 157.

# 5. «Abdankung des Kaisers, Ausbruch der Revolution...
# Ich sterbe als Republikanerin» (Minna Cauer)

## Endlich: das Frauenstimmrecht

Ein Jahr vor Kriegsende schafften es die Stimmrechtsvereine aller
Richtungen, zusammenzugehen und eine gemeinsame *«Erklärung
zur Wahlrechtsfrage»* an den Deutschen Reichstag und alle Landes-
parlamente zu schicken. Sie enthielt die Forderung, den Frauen
endlich im Reichstag, aber auch in allen Landesparlamenten ein
gleiches Stimmrecht zu geben. Auch der BDF hatte im Oktober
1917 eine Denkschrift veröffentlicht über «Die Stellung der Frau in
der politisch-sozialen Neugestaltung Deutschlands», in der er das
aktive und passive politische Wahlrecht als wesentlichen Bestandteil
der Neuorientierung bezeichnete.[91]
  Im Dezember 1917 kam es dann zu jener denkwürdigen Erklärung, bei der Marie Juchacz für die sozialdemokratischen Frauen
Deutschlands, Marie Stritt für den «Deutschen Verband für
Frauenstimmrecht» und Minna Cauer für den «Deutschen
Frauenstimmrechtsbund» unterschrieben.[92]

Die Wahlrechtsfrage in Preußen, d. h. die endgültige Abschaffung
des Dreiklassenwahlrechts im führenden deutschen Bundesstaat,
hat eine lange Vorgeschichte, war aber nach Ausbruch des Krieges
erst 1917 wieder in Gang gekommen. Sie wurde zu einer politischen
Prinzipien- und Machtfrage zwischen den Konservativen, der
Kriegs- oder Vaterlandspartei im Verbund mit Militär und Monarchie, und der Reichstagsmehrheit, die sich auf das Zentrum, die
Fortschrittspartei und die Sozialdemokraten stützen konnte. Dem
Dissens in der Frage der Demokratisierung und Parlamentarisie-
rung entsprach die politische Spaltung zwischen denen, die für
einen Verständigungsfrieden ohne Annexionen eintraten, und der
Vaterlandspartei, die bis zum bitteren Ende auf einen sog. Siegfrie-

---

91  «Bund Deutscher Frauenvereine», Die Stellung der Frau..., eine Denk-
    schrift, 1917.
92  Abgedruckt in: Die Gleichheit 1917, Nr. 6, S. 42.

den um der eigenen Machterhaltung willen setzte. Im Streit um die Kriegsziele brachen zugleich, je länger der Krieg dauerte, die Klassengegensätze um so schärfer hervor. Immer häufiger war es seit 1917 zu Demonstrationen, Hungerrevolten und Streiks gekommen, an denen insbesondere die für das tägliche Brot zuständigen, aber nicht gewerkschaftlich organisierten Frauen beteiligt waren. Seit dem Januar 1918 weitete sich die Verbitterung und Unruhe zu einer Massenbewegung gegen die Militärdiktatur aus und durchsetzte zunehmend auch die unteren Ränge der Armee. Im Generalstreik in Berlin im Januar 1918 hatten erstmals Arbeiterräte an Stelle der Gewerkschaften die Forderungen der Streikenden formuliert; sie verlangten:

«...schleunige Herbeiführung des annexionslosen Friedens, sodann die durchgreifende Demokratisierung der gesamten Staatseinrichtungen... Die Berliner Arbeiter wollten einen gemäßigten Frieden, Brot und bürgerliche Demokratie, das heißt die Beseitigung der Militär- und ‹Junker›herrschaft. Klassenmäßig sozialistische Forderungen lagen jenseits ihres Horizonts.»[93]

Noch im Mai 1918 lehnten die Junker, Industriellen und die militärische Aristokratie im preußischen Abgeordnetenhaus das gleiche Wahlrecht für alle preußischen Bürger (auch die Frauen) mit großer Mehrheit ab. Erst drei Wochen vor dem militärischen Zusammenbruch, im Oktober 1918, waren die Herren bereit, ihre angestammten Bastionen zu räumen und wenigstens einer Wahlrechtsreform zuzustimmen. Doch mittlerweile war es zu spät, auch das preußische Abgeordnetenhaus wurde von der Revolution am 9. November überrascht.

Am gleichen Tag notierte Minna Cauer in ihrem Tagebuch:

«Abdankung des Kaisers, Ausbruch der Revolution. Meine Wohnung fast erstürmt von Menschen, – ich bleibe zu Hause. Ich bin freudig erschüttert, habe nur die Hände am Abend gefaltet, und die Tränen sind mir über die Wangen gelaufen. Traum meiner Jugend, Erfüllung im Alter! Ich sterbe als Republikanerin. Eine Erschütterung geht durch die Welt, wie sie nie gewesen...»[94]

93 Arthur Rosenberg, Entstehung und Geschichte der Weimarer Republik, Frankfurt 1978, S. 185.
94 Else Lüders, Minna Cauer. Leben und Werk, S. 223.

Am 12. November 1918 wurde das Frauenwahlrecht in Deutschland durch einen Aufruf des «Rates der Volksbeauftragten» an das deutsche Volk eingeführt. Er bestimmte im vorletzten Absatz:

*«Alle Wahlen zu öffentlichen Körperschaften sind fortan nach dem gleichen, geheimen, direkten, allgemeinen Wahlrecht aufgrund des proportionalen Wahlsystems für alle mindestens zwanzig Jahre alten männlichen und weiblichen Personen zu vollziehen.»* [95]

## Lesetips

Frauen gegen den Krieg, hg. v. G. Brinker-Gabler, Frankfurt 1980
Frauen riefen, aber man hörte sie nicht: die Rolle der deutschen Frauen in der internationalen Frauenfriedensbewegung zwischen 1892 und 1933, hg. v. S. Hering, C. Wenzel, Kassel 1986.
Ilka Riemann: Soziale Arbeit als Hausarbeit. Von der Suppendame zur Sozialpädagogin, Frankfurt 1985.
Alice Salomon: Charakter ist Schicksal. Lebenserinnerungen, Weinheim, Basel 1983.

95 Zit. n. R. Hartwig, Wie die Frauen im deutschen Reichstag von ihrem politischen Wahlrecht Gebrauch machen, in: Allg. Statistisches Archiv, Bd. 17, Jena 1928, S. 497.

# 9. KAPITEL

## 1919–1933
## Etablierung und Ende
## der Bewegung

# 1. «Grundsätzlich gleichberechtigt» – Staatsbürgerin und Wählerin

Es war kein günstiger Zeitpunkt, an dem die Frauenbewegung end-lich eines ihrer wichtigsten Ziele erreicht hatte und mit Hilfe des gleichen Wahlrechts für Frauen und Männer versuchte, sich in den Institutionen des Staates zu etablieren.

Die blutige Bilanz des Krieges, in Zahlen ausgedrückt, lautete: insgesamt 7 Millionen Gefallene, 20 Millionen Verwundete; allein in Deutschland 2 Millionen Tote, 4,2 Millionen Verwundete, viele hunderttausend Waisen und Witwen und in der Folge eine Bevölke-rungsmehrheit von 2,8 Millionen Frauen.[1]

Der im Juni 1919 in Versailles unter ultimativen Bedingungen un-terzeichnete Friedensvertrag wurde von der deutschen Bevölkerung wegen der damit verbundenen «Kriegsschulderklärung» als natio-nale Schande und Demütigung empfunden. Das sog. *«Diktat von Versailles»* verpflichtete u. a. zur Abtretung der Gebiete Elsaß-Loth-ringen, der Provinz Posen, Westpreußens und des Memelgebiets; es enthielt den Verlust sämtlicher Kolonien, die Entwaffnung und Re-duzierung der Reichswehr auf 100 000 Mann sowie hohe Wieder-gutmachungszahlungen und wirtschaftliche Sanktionen. Die erste deutsche Republik hatte damit für einen Schaden zu zahlen, der ei-gentlich nicht auf ihr Konto ging, der aber doch die Etablierung der jungen Demokratie verhindern sollte. Denn

*«der Bankerott des kaiserlichen Deutschland befreite nicht nur, er bürdete dem republikanischen Erben auch schwere Hypotheken auf».*[2]

Zu dieser Hypothek gehörte neben dem Staatsbankrott, den Repa-rationsschulden und der Not der Bevölkerung auch der Umstand, daß dem politischen Umbruch keine soziale Revolution folgte, so daß der alte Beamtenapparat, Justiz und Militär ihre Führungsrolle behielten, und daß bei Kriegsende trotz all der Verdienste der Frauen um «Volk und Vaterland» auf den entscheidenden Ebenen männlicher Macht ganz neue Bündnisse geschlossen wurden, die

1 Vgl. Hans Mottek, Wirtschaftsgeschichte Deutschlands – Ein Grundriß, Bd. 3, Berlin 1974, S. 224.
2 D. Langewiesche, Liberalismus in Deutschland, S. 233.

sich nicht nur gegen die Gefahr von links, sondern explizit auch gegen Frauen richteten. Solche typischen Männerbündnisse ohne oder auf Kosten der Frauen waren:

● z. B. das informelle Abkommen, das Friedrich Ebert, der führende Mann der Mehrheitssozialisten und seit dem 9. November 1918 Reichskanzler, sogleich mit General Groener, dem obersten Vertreter der Armee, schloß. Dieser Pakt, der die Reste der kaiserlichen Armee der neuen Regierungsgewalt zur Verfügung stellte, sollte in dieser Übergangzeit die revolutionäre Massenbewegung im Zaum halten und eine bestimmte, d. h. alte «Ordnung» garantieren.[3] Es war schließlich der sozialdemokratische Volksbeauftragte Gustav Noske, der den Aufstand der radikalen Arbeiterschaft, des «Spartakus», im Januar 1919 in Berlin mit Hilfe der von Offizieren der alten Armee aufgestellten Freikorps niederschlagen ließ. Den republikanischen und demokratisch gesinnten Freiwilligen, die bereit waren, die Errungenschaften der Revolution zu verteidigen, hatte die SPD-Führung nicht getraut.[4]

● Mit dem sog. Zentralarbeitsabkommen zwischen dem Gewerkschaftsführer Carl Legien und dem Industriellen Hugo Stinnes, also den Vertretern von Arbeit und Kapital, wurden Weichen für die zukünftige Sozialpolitik in Deutschland gestellt. Denn diese Vereinbarung vom 15. November 1918 enthielt u. a. neben der Anerkennung der Gewerkschaften als legitime Vertretung der Arbeitnehmerschaft auch die Übereinkunft, daß *«sämtliche aus dem Heeresdienst zurückkehrenden Arbeitnehmer»* (insgesamt sechs Millionen Soldaten sowie drei Millionen dienstverpflichtete Rüstungsarbeiter) einen Anspruch auf ihre alten Arbeitsplätze hätten. Faktisch bedeutete diese Vorsorge für die männlichen Kriegsteilnehmer die Verdrängung der Frauen aus den im Krieg errungenen Erwerbschancen und -stellen.

---

### Frauenarbeit nach dem Ersten Weltkrieg

Das schon am 12. November eingerichtete Reichsamt für wirtschaftliche Demobilmachung sowie die bis 1923 wirksamen Demo-

---

3  Vgl. H.-U. Wehler, Das Deutsche Kaiserreich, in: Deutsche Geschichte, Bd. 3, S. 388.
4  A. Rosenberg, Entstehung und Geschichte der Weimarer Republik, S. 50 f.

bilmachungsverordnungen legitimierten eine rigorose Entlassungspraxis, wonach zuerst «*Frauen, deren Männer Arbeit hatten*», dann
aber auch alleinstehende Frauen und Mädchen ihren Arbeitsplatz
für Männer zu räumen hatten. Die Folge war, daß schon innerhalb
weniger Monate laut Krankenkassenstatistik die Erwerbsbeteiligung der Frauen auf den Vorkriegsstand zurückgefallen war[5], also
genau die «Friedenszustände» geschaffen waren, die selbst der BDF
1917 mit seiner «gemäßigten» Denkschrift verhindern wollte (vgl.
Kap. 8, S. 308). Damit aber war auch für die zukünftigen Krisen des
Sozialstaates die Formel gefunden, mit der unter dem Vorwand «sozialer» Gesichtspunkte Frauen als Personen, «*die nicht auf Erwerb
angewiesen*» bzw. wegen ihrer Familienpflichten nicht «verfügbar»
sind, jederzeit wieder vom Arbeitsmarkt verdrängt werden konnten.[6]
Gertrud Hanna, die Leiterin der gewerkschaftlichen Frauenarbeit,
mußte damals zugeben:

«*Gestützt auf die Vorschriften wurde... nicht selten rücksichtslos die
Entlassung verheirateter Frauen gefordert mit der altehrwürdigen Begründung: Die Frau gehöre ins Haus, und das ohne Rücksicht darauf..., ob für den Unterhalt der Frauen gesorgt war...*»[7]

Doch ein breiter Konsens bei allen am Demobilisierungsprozeß
Beteiligten, bei den Arbeiter- und Soldatenräten, bei Gewerkschaften und Ministerien, bei den kommunalen Behörden und den Vete-
ranen, sorgte für eine ziemlich lautlose Verdrängung und damit
Rückkehr zu «normalen» Verhältnissen. Ja, auch die Frauen selbst
schienen sich nach der Erschöpfung durch Not und Krieg und der
Doppelarbeit in Familie und Fabrik freiwillig in die vertraute, patriarchalische Ordnung zu fügen.

Immerhin stellte bei einer gemeinsamen Interpellation der
Frauen aller Fraktionen die sonst um Vermittlung bemühte DDP-
Abgeordnete Dr. Marie Baum in der Nationalversammlung die besorgte Frage, ob mit Hilfe der Demobilmachung nun «*auf dem Markt
der Arbeit anstelle des Klassenkampfes ein Kampf der Geschlechter um
die Arbeitsplätze*» getreten sei.[8]

---

5 S. Bajohr, Die Hälfte der Fabrik, S. 158, u. Richard Bessel, «Eine nicht
 allzu große Beunruhigung des Arbeitsmarktes», in: Geschichte und Gesellschaft, 1983, S. 211 ff.
6 Vgl. L. Preller, Sozialpolitik in der Weimarer Republik, S. 52 ff., 180 ff. u.
 226 ff.; zur Bedeutung und Auswirkung für Frauen im einzelnen vgl.: Auf
 Kosten der Frauen, hg. v. U. Gerhard u. a.
7 Gertrud Hanna, Die Arbeiterin in der Gewerkschaft, in: Sozialistische
 Monatshefte 1922, S. 509.
8 Reichstags-Protokoll, Nat. Vers. 1919, 84. Sitzung, S. 2709.

Die Möglichkeit zur Neugestaltung der deutschen Verhältnisse wurde von den Hauptakteuren in den ersten Wochen des Umbruchs offenbar mehr als Beunruhigung denn als Chance begriffen. Auch die politisch aktiven Frauen reagierten, wie nicht anders zu erwarten, sehr unterschiedlich. Während Clara Zetkin die Leserinnen der «Roten Fahne» geradezu beschwor:

*«Die Revolution hat den schaffenden Frauen ihr Bürgerrecht gebracht…*
*Nun gilt es für die Frauen, ihre Dankesschuld der Revolution zu bezahlen*
*und das in sie gesetzte Vertrauen zu rechtfertigen…»* [9]

veröffentlichte der BDF im November 1918 eine Erklärung, in der er den vergangenen Krieg als *«eine Notwendigkeit»* und *«Aufgabe nationaler Verteidigung»* rechtfertigte. Ein *«Gewaltfrieden»*, aber auch ein Völkerbund, *«der begründet ist auf der zertretenen deutschen Ehre»*, wurden abgelehnt. *«Das öffentliche Bekenntnis»* schloß mit den Worten:

*«Ehe das deutsche Volk Bedingungen auf sich nimmt, die das Andenken*
*seiner Toten verleugnen und seinem Namen einen unauslöschlichen Makel*
*anheften, würden auch die Frauen bereit sein, ihre Kräfte für einen Vertei-*
*digungskampf bis zum äußersten einzusetzen.»* [10]

Dagegen gingen die radikalen Feministinnen wie L. G. Heymann oder H. Stöcker ganz selbstverständlich davon aus, daß nicht nur *«das kaiserliche Deutschland»*, sondern auch die bisherige *«Männerpolitik bankrott»* gemacht hatte [11] und die Zulassung der Frau als gleichberechtigte Staatsbürgerin *«als ein Eingeständnis des Zusammenbruchs der bisherigen männlichen Politik»* zu verstehen war.[12] Auf einer erstmals wieder erlaubten Kundgebung «vereinigter pazifistischer Organisationen», in einer großen Versammlung am 8. November 1918 im Opernhaus zu Berlin, auf der neben Helene Stöcker auch der Völkerrechtler und Pazifist Walther Schücking sprach,

9  Zit. n. C. Zetkin, Ausgewählte Reden und Schriften, Bd. 2, S. 57.
10  Zit. n. H. Lange, Kampfzeiten, Bd. 2, S. 227f.
11  Lida Gustava Heymann, Frauenpolitik – Männerpolitik, in: Die Frau im Staat, Nr. 7/8, 1920, S. 2.
12  Helene Stöcker, Die Frauen und die Parteien, in: Die Frau im Staat 1919, Nr. 1, S. 6.

gab die Deutschschweizerin Elisabeth von Rotten (1882–1964) eine sehr nüchterne Einschätzung der Lage:

*«Der Militärismus hat sich überschlagen, und daß die Matrosen und Soldaten ihm das äußere Ende gesetzt, ist ein Symbol dafür, daß das deutsche Volk in sich die Kraft gefunden, ihn siegreich von innen zu überwinden. Aber vergessen wir nicht: mit der äußeren Beseitigung des alten Systems, mit dem Bruch mit den bisherigen Machthabern ist es nicht getan. Wir stehen an der Schwelle von etwas ganz Neuem, das wir erst herbeiführen müssen.»* [13]

Der Rat der Volksbeauftragten, die erste Exekutive der neuen Republik aus je drei Vertretern der Mehrheitssozialisten und Unabhängigen Sozialdemokraten, hatte in seinem «Aufruf an das deutsche Volk» vom 12. November 1918 neben dem allgemeinen Wahlrecht einige wichtige, auch Frauen betreffende Entscheidungen mit Gesetzeskraft getroffen: Neben der Aufhebung des Belagerungszustandes und der Zensur wurden endlich die feudalen Gesindeordnungen außer Kraft gesetzt, die zum Beispiel in Preußen noch aus dem Jahr 1810 stammten. Außerdem wurden die 1914 suspendierten Arbeitsschutzgesetze für Frauen wieder wirksam.

Doch in den Räten selbst waren Frauen offenbar nicht vorgesehen. Auf dem Allgemeinen Kongreß der Arbeiter- und Soldatenräte vom 16. bis zum 21. Dezember 1918 in Berlin waren unter den 496 Delegierten nur zwei Frauen: Käthe Leu aus Danzig für die USPD und Klara Noack aus Dresden für die SPD. [14]

In einigen Großstädten wie Berlin oder Frankfurt kam die Bildung von Hausfrauenräten zur Sprache, in Jena soll sogar ein Hausfrauenrat gleichberechtigt neben dem Arbeiterrat existiert haben.

*«Frauenräte. In vielen Städten haben sich entsprechend der Zusammenfassung und Gliederung aller Interessengruppen in Räte auch Frauenräte gegründet. Sie vertreten zum großen Teil die Hausfraueninteressen, die ja sonst in den beruflichen Körperschaften nicht vertreten sind, zum großen Teil aber umfassen sie Frauenvereine oder Frauen verschiedenster Berufsstände und Parteien zur Wahrnehmung der Fraueninteressen als solcher.»* [15]

13  Elisabeth Rotten, Ansprache bei der Kundgebung zum Rechtsfrieden, in: Die Frauenbewegung 1918, Nr. 23, S. 19.
14  U. Frevert, Frauen-Geschichte, S. 164.
15  In: Die Frau 1918/19, Nr. 3, S. 96.

Doch bei den Neuwahlen zum Bremer Arbeiter- und Soldatenrat im Januar 1919 einigten sich die Vertreter der drei Arbeiterparteien darauf, nur denen das Wahlrecht zuzugestehen, *«die gegen Lohn und Gehalt beschäftigt»* sind. D. h. auch in dem kurzlebigen Experiment einer Räterepublik in Bremen, die ebenfalls von der Reichswehr Anfang Februar 1919 niedergeschlagen wurde, hatten die beteiligten Männer die Haus- und Ehefrauen überhaupt nicht im Blick.[16]

Lediglich in der Bayerischen Räterepublik unter der Führung von Kurt Eisner war es gelungen, eine breitere Basis für das Rätemodell auch unter der Landbevölkerung zu gewinnen. Hier war der Räteregierung von Anfang an ein «Referat für Frauenrecht» angegliedert, das von Gertrud Baer in enger Zusammenarbeit mit Augspurg und Heymann geleitet wurde. Frauen der radikalen Frauenbewegung und unabhängige Sozialdemokratinnen wie Hedwig Kämpfer schlossen sich hier zum «Bund sozialistischer Frauen» zusammen und organisierten einen gemeinsamen Wahlkampf. Die großbürgerliche Anita Augspurg tingelte hierzu, unterstützt von Gertrud Baer, durch die verschneiten oberbayerischen Dörfer, *«mit Rucksäcken beladen, die das erforderliche Propagandamaterial und eine Glocke enthielten… Mit der Glocke wurde mächtig geklingelt, um die Bevölkerung in Schule oder Wirtshaus zur Versammlung zu laden.»*[17] Doch es half nichts, A. Augspurg wurde nicht gewählt, und die gute feministische und sozialistische Zusammenarbeit endete mit Kurt Eisners Ermordung am 21. Februar 1919.

---

**Gertrud Baer** (1890–1981), ausgebildete Lehrerin, engagierte sich seit dem Ersten Weltkrieg für die Friedensarbeit und organisierte als Mitarbeiterin von Augspurg und Heymann den in dieser Zeit illegalen «Nationalen Ausschuß für dauernden Frieden». In den zwanziger Jahren war sie führend tätig in der «Internationalen Frauenliga» und wirkte seit 1927 für die IFFF im «Deutschen Friedenskartell» und war dessen Vizepräsidentin. Nach 1933 ausgebürgert, emigrierte sie in die USA und arbeitete weiterhin für die «Frauenliga» zunächst von New York aus, später in Genf.[18]

---

16  Barbara Debus, Die Frauen in den einundneunzig Tagen revolutionärer Männer-Räte in Bremen 1918/19; in: TAZ vom 10. 11. 1986.
17  L. G. Heymann/A. Augspurg, Erlebtes – Erschautes, S. 166.
18  Vgl. Gertrud Pinkus, Gertrud Baer. Frauenbewegung bis 1920, in: Frauenoffensive Journal 1978, Nr. 10, S. 30 ff.

Nachdem sich auf dem Rätekongreß im Dezember 1918 in Berlin die Mehrheitssozialisten durchgesetzt hatten und damit die Entscheidung zur Abhaltung von Wahlen und zur Einberufung einer Nationalversammlung gefallen war, begann ein lebhaftes Werben um Frauenstimmen, gerade auch von den Parteien, die vorher die eifrigsten Gegner des Frauenstimmrechts gewesen waren. Selbst der «Deutsch-Evangelische Frauenbund» (DEF), der noch vor Kriegsende wegen seiner Gegnerschaft zum Frauenstimmrecht aus dem BDF ausgeschieden war, beteiligte sich nun zusammen mit dem BDF und dem «Verband Vaterländischer Frauenvereine», dem «Katholischen Frauenbund» und «Jüdischen Frauenbund» an einem «Ausschuß zur Vorbereitung der Frauen für die Nationalversammlung». Die Kommission zur «Politisierung der Frau» gab *«Flugblätter, Werbematerial nicht parteipolitischen Charakters»* heraus, um die Frauen auf ihre Verpflichtung zu wählen und ihr Verantwortungsgefühl hinzuweisen. Der BDF stellte in besonderen «Richtlinien» an seine Vereine klar, warum er trotz des immer noch verteidigten Grundsatzes *«politischer Neutralität»* die Frauen ermunterte, «ihre» Partei zu wählen.[19] Aus der im BDF in dieser Frage offenbar intensiv geführten Diskussion berichtete A. v. Zahn-Harnack:

*«Man war sich bewußt, daß man keinesfalls jetzt den Gedanken einer Frauenpartei verfolgen dürfe: ‹Die Frauen dürfen sich jetzt nicht auf eine Insel zurückziehen, wo sie gewissermaßen über dem Kampf stehen und überparteiliche Werte pflegen – nein, sie müssen sich hineinstürzen in die Wogen des Kampfes, der nicht ausbleiben wird, wo um der Menschheit große Gegenstände, um Herrschaft und um Freiheit gerungen wird›. Gewiß werden sie auch als Frauen arbeiten, werbend, zunächst die Seelen stärkend, das politische Gewissen der Frauen weckend; aber all das kann nur Vorbereitung sein auf die Herausbildung zur Parteireife – und in den Stunden der Entscheidung, wenn die Würfel fallen, dann ist der Platz der Frauen in den Parteien.»*[20]

19  Wahlwerbearbeit der Frauenvereine, in: Die Frau 1918/19, Nr. 3, S. 95.
20  A. v. Zahn-Harnack, Die Frauenbewegung, S. 316.

## Die ersten Wahlergebnisse

Die Wahlbeteiligung, insbesondere der Frauen, war außerordentlich hoch, wie später nie mehr, sie betrug fast 90 Prozent. Mit 41 weiblichen Abgeordneten, das waren 9,6 Prozent der Mitglieder der Nationalversammlung, stand diese verfassunggebende Versammlung damals einmalig da in der Welt. Eine entsprechende Frauenvertretung wurde in der Weimarer Republik bei keiner Wahl mehr, aber auch in der Bundesrepublik erst 1983 wieder erreicht.[21] Die meisten Parlamentarierinnen, insgesamt zwanzig, kamen aus der Sozialdemokratischen Partei (SPD), darunter Anna Blos, Schriftstellerin aus Stuttgart, Helene Grünberg, Arbeitersekretärin aus Nürnberg, Marie Juchacz, Vorstandsmitglied der SPD, sowie Toni Pfülf aus München, Elfriede Rynek, Tochter der frühen Sozialdemokratin Pauline Staegemann und Louise Schroeder, nach 1945 Oberbürgermeisterin von Berlin.

Für die Unabhängigen Sozialdemokraten (USPD) waren drei Frauen gewählt worden, unter anderen Luise Zietz. Clara Zetkin kam erst 1920 in den Reichstag, da die Kommunistische Partei (KPD), an der Jahreswende 1918/19 gegründet, die ersten Wahlen zur Nationalversammlung boykottiert hatte. In der Deutschen Demokratischen Partei (DDP), der liberalen Mitte, der auch Friedrich Naumann und Theodor Heuss angehörten, war die BDF-Führung vertreten durch Gertrud Bäumer, Marie-Elisabeth Lüders und Marie Baum, Leiterin der Sozialen Frauenschule in Hamburg.

Zu den sechs Parlamentarierinnen des Zentrums zählten Hedwig Dransfeld, die Führerin des «Katholischen Frauenbundes», Christine Teusch, Gewerkschaftssekretärin aus Köln, nach dem Zweiten Weltkrieg Kultusministerin in Nordrhein-Westfalen, und Helene Weber, 1948 eine der vier «Mütter» des Grundgesetzes.

In der von Gustav Stresemann gegründeten Deutschen Volkspartei (DVP) arbeitete neben Clara Mende, die nichts mit der Frauenbewegung zu tun hatte, ab 1920 die passionierte Politikerin und Dame der Gesellschaft Katharina von Oheimb-Kardorff[22] mit.

---

21 Vgl. Gabriele Bremme, Die politische Rolle der Frau in Deutschland, Göttingen 1956, S. 124.
22 Vgl. hierzu die Hommage von Ilse Reicke, Die großen Frauen der Weimarer Republik, Freiburg, Basel, Wien 1984, S. 29 f.

Zur konservativen Deutsch-Nationalen Volkspartei (DNVP) gehörten die frühere radikale Suffragette Käthe Schirmacher, ferner aus dem BDF Anna von Gierke, die zusammen mit ihrem Vater, dem Rechtsgelehrten und Reichstagsabgeordneten Otto von Gierke, aus der Partei austrat, als sich dort antisemitische Strömungen bemerkbar machten.[23] Und schließlich noch Margarete Behm, die sich um den gesetzlichen Schutz der Heimarbeit verdient gemacht hat.[24]

L. G. Heymann, die sich selbst vergeblich um ein Mandat in der Hamburger Bürgerschaft bemüht hatte, kommentierte das Ergebnis dieser ersten Wahlen, an denen Frauen teilnehmen konnten, überaus kritisch und sarkastisch:

«*Der alte Reichstag und die neue Nationalversammlung haben ein verflucht ähnliches Aussehen. Viele der alten Abgeordneten aus dem selig dahingeschiedenen Reichstage kehren wieder zurück. Sie haben sich, so unglaublich das auch scheint, von ihrer alten Partei unter neuer Firma aufstellen lassen und sind, was noch unglaublicher ist, von deutschen Männern – und leider auch Frauen – wiedergewählt worden. Dieselben altersschwachen Greise, dieselben Parteigötzen, die seit Jahrzehnten an jedem Kuhhandel, zu jeder Konzession bereit waren, die sich von der verflossenen preußisch-monarchistischen, militärischen Regierung so schmachvoll hatten betrügen lassen, die deren verbrecherische Kriegspolitik mitgemacht haben und dadurch eine nie wieder gutzumachende Schuld auf sich luden, diese Männer ziehen wieder in die Nationalversammlung ein.*»

Sie hielt an der Forderung nach Frauenlisten fest als ihrer Meinung nach einziger Möglichkeit, männliche Parteihierarchie zu sprengen:

«*Hätte die gesamte Frauenbewegung sich entschlossen, gemeinsame Frauenlisten herauszugeben, so wären zweifelsohne 80–100 weibliche Abgeordnete in die Nationalversammlung eingezogen. Die Frauen bildeten ja bei der Wahl die Majorität.*»[25]

Es gehört zu den Widersinnigkeiten der Geschichte, daß einige der Frauen, die vorher das Frauenstimmrecht vehement abgelehnt hat-

23 I. Reicke, Große Frauen der Weimarer Republik, S. 20.
24 Vgl. die Übersicht bei Regine Deutsch, Die politische Tat der Frau, Gotha 1920, S. 44f., sowie B. Greven-Aschoff, Die bürgerliche Frauenbewegung, S. 159ff.
25 Lida Gustava Heymann, Das erste Wahlergebnis der deutschen Republik, in: Die Frau im Staat 1919, Nr. 2, S. 4 u. 5.

# 10 Gebote zum Frauenwahlrecht.

### I.

Du sollst aus dem unerwarteten und schweren Recht, als Bürgerin zu wählen, eine gewissenhaft erfüllte Pflicht machen.

### II.

Du sollst nicht aus falscher Vornehmheit oder aus einer engen Vorstellung von „Weiblichkeit" glauben, daß dich die ganze Sache nichts anginge.

### III.

Du sollst nicht der guten alten Zeit nachtrauern, in der die Frauen es „soviel leichter" hatten, sondern du sollst dich fest und freudig auf den Boden der Gegenwart stellen.

### IV.

Du sollst dich erprobten geistigen Führern unterordnen; auch das gleiche Wahlrecht schließt die Achtung vor Autorität nicht aus.

### V.

Du sollst die hohen Ideale von Frauenanmut und Frauenwürde nicht töten und zu Grabe tragen, sondern sie in der neuen Zeit neu gestalten.

### VI.

Du sollst dich für eine Partei entscheiden und sie nicht ohne Not verlassen; über ihre Schwächen sollst du hinwegsehen, wenn du mit ihrer Grundrichtung übereinstimmst.

### VII.

Du sollst mit der Politik weder dir noch anderen die Zeit stehlen, aber sie auskaufen, damit du zu einer selbständigen Überzeugung kommst.

### VIII.

Du sollst nicht falsch Zeugnis ablegen gegen die Männer und Frauen, die zu einer anderen Partei als du selber gehören, aber auch jede Verleumdung der eigenen Partei kräftig abwehren.

### IX.

Du sollst den Mut der Ueberzeugung, aber nicht den Eigensinn des Fanatismus haben.

### X.

Du sollst in der Politik nicht begehren deines Nächsten Recht, Besitz oder Ehre, auch nicht deine eigene Ehre suchen, sondern du sollst deinen Willen und deine ganze Kraft nur auf das Wohl deines Vaterlandes richten.

(Aus: Agnes von Zahn-Harnack, Die Frauenbewegung. Berlin 1928)

ten, zu den ersten Parlamentarierinnen gehörten (z. B. Paula Müller-Otfried vom «Deutsch-Evangelischen Frauenbund», DEF), während es keine der radikalen Feministinnen schaffte, über die von Männern dominierten Parteien, über *«ein listengebundenes, von der Parteiwillkür bestimmtes Proportionalwahlrecht»* in den Reichstag zu kommen. Autonome feministische Politik hatte gegenüber einer nach Klassen organisierten Verbandspolitik (d. h. Arbeitgeberverbänden und Gewerkschaften), aber auch gegenüber dem *«politischen Organisationsmonopol der Parteien»* [26] offenbar keine Chance. Zweifellos hatte der Rat der Volksbeauftragten, als er den Frauen das Wahlrecht gewährte, nicht im entferntesten daran gedacht, mit der Einführung der Demokratie in Deutschland zugleich die traditionelle Geschlechterordnung und Arbeitsteilung, insbesondere die «Ordnung der Familie» zu ändern. Denn trotz staatsbürgerlicher Gleichberechtigung der Frauen blieb der patriarchale Vorrang der Männer in Familie, Beruf und Politik unangetastet. Die Gesetze, die den Ehemännern das alleinige Entscheidungsrecht in allen ehelichen Angelegenheiten sowie die Verfügungsmacht über Arbeit und Körper ihrer Frauen garantierten, blieben auch 1919 unverändert in Kraft: z. B. das Bürgerliche Gesetzbuch (BGB) von 1900 mit seinem patriarchalischen Eherecht oder das Strafgesetzbuch (StGB) mit seinem Paragraphen 218. Familienpatriarchalismus, systematische Benachteiligungen auf dem Arbeitsmarkt und doppelte Lasten unterliefen auf diese Weise von vornherein die formale Möglichkeit, aktiv Politik zu treiben und entscheidend und gestaltend einzugreifen.

*«Die Gleichberechtigung der Frauen... stand in der Verfassung, war auf dem Papier vorhanden, das war aber auch alles. Die Wirtschaft, die Finanzen, Verwaltung, der gesamte Staatsapparat, der bei Revolutionen und Umwälzungen ausschlaggebender Faktor ist, befanden sich ausschließlich in den Händen der Männer. Nicht einmal bei den Wahlen hatten Frauen die gleiche Möglichkeit freier Auswirkung wie die Männer. Denn diese allein beherrschten wiederum den Parteiapparat wie die Parteikassen und damit die Propaganda.»* [27]

26  Vgl. Otto Kirchheimer, Weimar – und was dann?, in: ders., Politik und Verfassung, Frankfurt 1964, S. 23 u. 49.
27  L. G. Heymann/A. Augspurg, Erlebtes – Erschautes, S. 187.

## Über das Wahlverhalten der Frauen in der Weimarer Republik oder: Haben die Frauen Hitler an die Macht gebracht?

Wie um den Frauen erneut ihre Politikfähigkeit abzusprechen, wird immer wieder ins Feld geführt, Frauen hätten schließlich Hitler an die Macht gebracht. Die Diskussion um das Wahlverhalten der Frauen ist schon in der Weimarer Zeit gerade auch von linker Seite heftig geführt worden. Denn die Behauptung, die Rechtslastigkeit der weiblichen Stimmen habe den Wahlsieg der Sozialisten verhindert, gab neuen antifeministischen Vorurteilen Auftrieb. Bedenklich stimmen könnte der Hinweis, daß Hitler offenbar selbst diesen Mythos bereits gestützt hat[28] und Historiker jeder Couleur sich bis heute nicht scheuen zu behaupten, Frauen hätten Hitler «*entdeckt, gewählt und vergöttert*»[29].

Eine geschlechtsspezifische Bewertung der Wahlergebnisse ist überhaupt nur möglich, weil schon eine Wahlverordnung vom November 1918 nach Geschlechtern getrennte Wahlurnen vorsah. Trotzdem gibt es keine umfassende Übersicht, da nur wenige Wahlkreise und auch diese unregelmäßig von dieser Kann-Bestimmung Gebrauch machten.[30]

Festzustellen ist, daß die Frauen offenbar ihr Stimmverhalten nicht danach richteten, ob die betreffende Partei frauenpolitische oder frauenspezifische Interessen vertrat. Offensichtlich hatte auch der jahrzehntelange Einsatz der SPD für das Frauenwahlrecht der Partei keineswegs Vorteile gebracht, im Gegenteil. Durchgängig ist «*eine Bevorzugung der christlichen und konservativen Parteien...,* *wobei ‹die christliche› Bindung als die entscheidende angesehen werden kann*».[31] Nutznießer dieses Abstimmungsverhaltens war insbesondere das Zentrum. Der SPD, die immerhin 1928 und 1930 be-

28 Rita Thalmann, Frausein im Dritten Reich, München/Wien 1984, S. 68 f.
29 Vgl. Joachim Fest, Hitler, Frankfurt u. a. 1973, S. 188. Zur Geschichtsklitterung trägt selbst die neueste Analyse von Jochen Hofmann-Göttig, Emanzipation mit dem Stimmzettel. 70 Jahre Frauenwahlrecht in Deutschland, Bonn 1986, S. 34/35, bei, die trotz Kenntnis der ungenügenden Datenbasis falsche Schlußfolgerungen provoziert.
30 Vgl. auch zum folgenden G. Bremme, Die politische Rolle der Frau in Deutschland, S. 25.
31 Ebd., S. 100.

reits die Hälfte ihrer Stimmen den Frauen verdankte, sollen die Frauen anfangs im wesentlichen ihre antikirchliche Propaganda verübelt haben.

*«Überblickt man (die Wahlergebnisse)..., so ergibt sich ganz deutlich, daß Frauen das Zentrum und die Rechte, also die mehr konservativ gerichteten Parteien, bevorzugen, nach links hin im steigendem Maße Zurückhaltung üben und die Radikalen aller Lager deutlich ablehnen...»* [32]

*«Die Radikalen aller Lager»* bezieht sich auf die KPD und die NSDAP, die beide als *«ausgesprochene Männerparteien»* bezeichnet werden. Der KPD hatten bis zu 20 Prozent mehr Männer als Frauen ihre Stimme gegeben und dies, obwohl die KPD zum Ende der zwanziger Jahre den höchsten Prozentsatz weiblicher Parlamentarierinnen aufwies, nämlich 17,1 Prozent [33]. Im Hinblick auf die NSDAP, die erst 1930 mit ihrem Wahlerfolg von 18,3 Prozent auf Reichsebene einen Durchbruch erzielte, kann von einer *«Bevorzugung der NSDAP seitens der Frauen... teilweise bis 1932 keine Rede sein».*

*«Auf alle Fälle geht aus dem verfügbaren statistischen Material hervor, daß die Frauen in ihrem Votum für die NSDAP – oder Hitler – den männlichen Wählern nicht vorangingen, sondern nur langsam folgten, um zu dem Wahlsieg 1932–33 allerdings entscheidend mit beizutragen.»* [34]

All dies ist kein Ruhmesblatt politischen Frauenwillens, und dennoch: Es waren nicht vorwiegend die Frauen, die Hitler an die Macht gebracht haben. Allenfalls haben sie dieses Ende der Weimarer Republik nicht entschieden genug verhindert.

32  R. Hartwig, Wie die Frauen im deutschen Reichstag von ihrem politischen Wahlrecht Gebrauch machen, in: Allgemeines und Statistisches Archiv, Bd. 17, Jena 1928, S. 497 ff.
33  G. Bremme, Die politische Rolle der Frau, S. 73, S. 124.
34  Ebd., S. 73 u. S. 75; vgl. auch R. Thalmann, Frausein im Dritten Reich, S. 70.

## 2. «Es wird uns nicht einfallen, unser Frauentum zu verleugnen, weil wir in die politische Arena getreten sind» (Marie Juchacz) – Parlamentarische Frauenarbeit

Die erste Rede einer Frau in einem deutschen Parlament hielt die Sozialdemokratin Marie Juchacz am 19. Februar 1919 in der 11. Sitzung der Nationalversammlung.

> **Marie Juchacz**, geb. am 15.3.1879 in Landsberg, gest. am 28.1.1956 in Bonn, Zimmermannstochter, arbeitete nach dem Besuch der Volksschule als Dienstmädchen und Fabrikarbeiterin. Über ihren Bruder kam sie zur SPD und trat ihr 1908 bei. Sie war von 1913 bis 1917 als Frauensekretärin in Köln angestellt und in dieser Funktion am «Nationalen Frauendienst» beteiligt. 1917 übernahm sie als Vertreterin eines reformistischen Kurses zwei gewichtige Ämter: von Clara Zetkin die Redaktionsleitung der Zeitschrift «Die Gleichheit» (bis 1921) und von Luise Zietz das Amt der Frauensekretärin und wurde damit automatisch Mitglied im SPD-Parteivorstand. Durch ihre Mitwirkung kam 1917 in der Wahlrechtsfrage ein erstes Zusammengehen zwischen bürgerlicher und proletarischer Frauenbewegung zustande. 1919 wurde M. Juchacz in die Nationalversammlung gewählt und gehörte bis 1933 dem Reichstag an. Sie gründete Ende 1919 die «Arbeiterwohlfahrt». Während der Zeit des Nationalsozialismus mußte sie in die USA emigrieren und kehrte 1949 in die Bundesrepublik zurück. Sie blieb bis zu ihrem Tod in der Wohlfahrtsarbeit engagiert.[35]

Der Präsident mußte während der ersten Frauenrede wiederholt mit der Glocke für Ruhe sorgen, weil *«die Unterhaltung hinter dem Präsidialtische mit einer derartigen Lebhaftigkeit geführt»* wurde. Juchacz entwickelte die besonderen «Frauenaufgaben» der Parlamentarierinnen auf dem Gebiet der Sozialpolitik und gab damit bereits die Richtung an, in der sich die ersten Frauenpolitikerinnen

---

35 Vgl. auch ihre Schrift M. Juchacz, Sie lebten für eine bessere Welt; zur Person: Antje Dertinger, Die bessere Hälfte kämpft um ihr Recht, Köln 1980, S. 119 ff.

Marie Juchacz während einer Rede in Berlin 1919

von da an profilieren, aber gleichzeitig auch auf allzu Frauenspezifisches beschränken sollten. Luise Zietz, nun bei der USPD, widersprach ihrer Kollegin bei nächster Gelegenheit:

*«Bisher faßten Sozialdemokraten die staatsbürgerliche Gleichberechtigung der Frau nicht so auf, daß bestimmte Gebiete des öffentlichen Lebens für die Betätigung der Frau abgetrennt und ihr zugewiesen würden, sondern wir Sozialdemokraten haben stets unter der politischen und staatsbürgerlichen Gleichberechtigung der Frau verstanden, daß die Frau neben dem Mann überall gemeinsam sich betätigen soll.»* [36]

36 Zit. n. R. Deutsch, Die politische Tat der Frau, S. 3.

Und doch haben die Parlamentarierinnen, besonders, soweit sie sich der Frauenbewegung verpflichtet fühlten, ihr Aufgabenfeld im Bereich der Frauenfragen gesehen. Diese Spezialisierung barg das Dilemma, daß die weiblichen Abgeordneten sich auch in den Ausschüssen und Plenarsitzungen fast nur zu Frauenthemen äußerten und mit diesem «Weiberkram», wie die Männer meinten[37], keine Lorbeeren ernten konnten. Die großen politischen Fragen, vor allem auch die Wirtschafts- und Finanzpolitik, blieben wiederum Ressort der Männer.

## Verfassungsfragen

Auf eine erste Probe gestellt wurde die «Schwesterlichkeit» bei der Diskussion über die die Frauen betreffenden Grundrechtsartikel der Weimarer Verfassung. Zur Debatte stand z. B. das kleine Wörtchen «grundsätzlich». Der zweite Entwurf sah für Art. 109 Abs. II vor: «*Männer und Frauen haben* grundsätzlich *dieselben staatsbürgerlichen Rechte und Pflichten.*»

Das bedeutete, daß Ausnahmen vom Grundsatz der Gleichberechtigung möglich sein sollten, und wurde damit begründet, daß Frauen nicht zur Wehrpflicht heranzuziehen seien. In Wirklichkeit befürchtete man die Konsequenzen, die ein so weit gehender Gleichberechtigungsartikel für alle übrigen Rechtsfragen haben könnte. Der von den Frauen der SPD und der USPD vorgetragene Antrag auf Streichung des Wortes «grundsätzlich» wurde von der Mehrheit abgelehnt, darunter auch von den Frauen des Zentrums (mit Ausnahme von Hedwig Dransfeld), während drei der DDP-Frauen (darunter auch G. Bäumer) sich opportunistisch aus der Affäre zogen und der Abstimmung fernblieben.[38]

Noch deutlicher wurden die ideologischen und parteilichen Trennungslinien bei der Verabschiedung der Bestimmungen über die unehelichen Kinder. Der Antrag von L. Zietz (USPD) auf Gleichberechtigung der unehelichen Kinder ging den bürgerlichen Frauen entschieden zu weit, weil sie damit den «Verfall» der Familie und der bürgerlichen Ordnung befürchteten.

37  Vgl. M.-E. Lüders, Fürchte Dich nicht, S. 97.
38  R. Deutsch, Die politische Tat der Frau, S. 5/6.

*«Die Ehe und Familie müßten im Volksbewußtsein ihren besonderen ge-*
*heiligten Platz behalten. Verlasse man diese ethische Form, so verliere man*
*die sichere Fahrrinne und in den Wogen und Stürmen gelange man leicht*
*zur Strandung im Kommunismus.»* [39]

Auffällig ist, daß nur noch die Sozialistinnen in dieser verfassung-
gebenden Versammlung für die alten Forderungen der Radikalen
und der Sittlichkeitsbewegung eintraten, so auch in einem Antrag,
der von Lore Agnes eingebracht wurde. Sie verlangte als Zusatz zu
Artikel 114, der von der Unverletzlichkeit der Person handelte, die
Aufhebung der Ausnahmegesetze gegen Prostituierte, insbesondere
die Beseitigung der Polizeiaufsicht und der polizeiärztlichen
Zwangsuntersuchung. Die Aussprache war sehr lebhaft, schien den
Herren immer wieder Anlaß zu ungehörigen Zwischenrufen und den
üblichen schlechten Scherzen zu geben, gegen die sich alle Frauen
verwahrten. Doch die Mehrheit lehnte dieses Ansinnen ab, da solche
konkreten Forderungen nicht in eine Verfassung gehörten. [40]

## Frauengesetze

Zumindest auf frauenspezifischem sozialpolitischem Gebiet hatten
die Beteiligten offenbar das Gefühl, eine «reiche Ernte» eingebracht
zu haben. Als besondere «Frauengesetze», die dem Engagement der
ersten Parlamentarierinnen zu verdanken sind, wurden immer wieder genannt [41]:

● das Gesetz über die religiöse Kindererziehung (1921);
● das Jugendwohlfahrtsgesetz (1922), das Jugendpflege und Jugend-
  fürsorge in der Zuständigkeit neugeschaffener Jugendämter bündelte und u. a. auch die Amtsvormundschaft für uneheliche Kinder
  regelte. Zum gleichen Problemkreis gehörte das 1923 verabschiedete
  Jugendgerichtsgesetz;
● das Gesetz über die Zulassung der Frauen zu den Ämtern und Berufen der Rechtspflege (1922). Damit konnten Juristinnen in Deutschland erstmalig Rechtsanwältin oder Richterin werden;

39 Anna v. Gierke, zit. n. R. Deutsch, ebd., S. 9.
40 Ebd., S. 6.
41 Zum folgenden vgl. Agnes v. Zahn-Harnack, Wandlungen des
   Frauenlebens, Berlin/Hannover/Frankfurt 1951, S. 52, sowie M.-E.
   Lüders, Fürchte Dich nicht, S. 95 f.

das Heimarbeitsgesetz (1924), nach seiner Hauptbefürworterin Margarethe Behm (DNVP) «Lex Behm» genannt. Es regelte Mindestlöhne und endlich auch die Einbeziehung der Heimarbeiterinnen in die Sozialversicherung;

- das in mehreren Entwürfen von 1921 bis 1930 diskutierte Hausgehilfinnengesetz, das Arbeitszeit, Urlaub und die Rechtsansprüche der Hausangestellten (so nannte man inzwischen die Dienstmädchen) verbessern sollte, kam bezeichnenderweise bis zum Ende der Weimarer Zeit nicht mehr zur Verabschiedung.[42] *Die Hausangestelltenfrage... eins der dunkelsten Kapitel unserer sozialen Frage»*[43] – auch der bürgerlichen Frauenbewegung–, blieb damit bis zu ihrem Ende ungelöst;

- das Gesetz zum Schutz der Frau vor und nach der Niederkunft (1927), das eine Erweiterung des Mutterschutzes und eine Verbesserung der Wöchnerinnen-Fürsorge vorsah. Die Hausgehilfinnen waren hierbei wegen der geplanten Sonderregelung ausgenommen worden (dies betraf immerhin 1,3 Mill. Frauen[44]), und auch für die landwirtschaftlichen Arbeiterinnen wurde der Mutterschutz erst in Aussicht gestellt.[45]

- Die Fragen des Ehe- und Familienrechts waren von Anbeginn ein Schwerpunkt der Rechtskommission des Bundes gewesen. Gerade weil das Programm des BDF «Schutz und Förderung der Familie» an die erste Stelle gesetzt hatte, blieb es ein Hauptinteresse, die Reform des Familienrechts voranzutreiben. Eine der nun führenden Juristinnen, die Rechtsanwältin Dr. Marie Munk, hat verschiedene Gesetzentwürfe zum ehelichen Güterrecht, zur Erleichterung der Ehescheidung und zur Besserstellung der unehelichen Kinder ausgearbeitet und mit Erfolg auf Deutschen Juristentagen vertreten.[46] Und doch wurden die meisten Vorschläge erst bei der Reform des Eherechts nach 1953 bzw. erst nach 1969 berücksichtigt.

- Das Reichsgesetz zur Bekämpfung der Geschlechtskrankheiten (RGBG) (1927), an dem die Frauen aller Parteien besonders aktiv mitgewirkt hatten, schloß ein langes Kapitel Frauenbewegungsgeschichte ab. Damit wurde endlich die abolitionistische Forderung er-

42 Ingrid Wittmann, «Echte Weiblichkeit ist ein Dienen» – Die Hausgehilfin in der Weimarer Republik und im Nationalsozialismus, in: Mutterkreuz und Arbeitsbuch, hg. v. Frauengruppe Faschismusforschung, Frankfurt 1981, S. 15 ff. (22).
43 7A. v. Zahn-Harnack, Die Frauenbewegung, S. 69.
44 I. Wittmann, Echte Weiblichkeit, in: Mutterkreuz und Arbeitsbuch, S. 17.
45 Regine Deutsch, Parlamentarische Frauenarbeit II, Berlin 1928, S. 42.
46 Vgl. A. v. Zahn-Harnack, Die Frauenbewegung, S. 51 f.

füllt, Prostitution auch bei Frauen nicht unter Strafe zu stellen. Vor allem wurde die Sittenpolizei mit ihren Sonderbefugnissen abgeschafft. Nach wie vor verboten blieb die gewerbsmäßige Unzucht, also das Halten von Bordellen, insbesondere die Kasernierung der Prostituierten in bestimmten Häusern oder Wohnbezirken. Bei Verdacht auf Geschlechtskrankheiten waren nun Personen beiderlei Geschlechts zur ärztlichen Behandlung verpflichtet und konnten hierzu auch gezwungen werden. Hierfür zuständig waren nun nicht mehr die Polizei, sondern die Gesundheitsbehörden.

Die Wirklichkeit aber sah trotz dieser Rechtsreform zur Enttäuschung der Frauen nach wie vor anders aus. Zwar wurden einige Bordellstraßen aufgelöst, doch die nach § 180 StGB verbotenen Bordelle wurden (und werden) von der Polizei (bis heute) geduldet, und auch die Not der in Abhängigkeit geratenen Frauen blieb bestehen. Ebenso warf die ärztliche Behandlung der Geschlechtskrankheiten vor der Anwendung des Penicillins gravierende Probleme auf.

Beispielhaft ist der «Fall Kolomak» aus Bremen, der kurz vor Verabschiedung des Gesetzes weit über Bremen hinaus für Aufsehen und Empörung in der Öffentlichkeit gesorgt hatte:

*«Die sechzehnjährige Lisbeth Kolomak war auf den Verdacht hin, geschlechtskrank zu sein, auf der Polizeistation verhört und auf ihre Männerbekanntschaften ausgefragt worden. Der Polizeiarzt diagnostizierte Syphilis im fortgeschrittenen Stadium. Lisbeth wurde in ein Krankenhaus zwangseingewiesen. Auf der Station für geschlechtskranke Prostituierte unterzog man sie, ohne Einverständnis der Eltern, einer Salvarsankur, einem schon damals bei vielen Medizinern umstrittenen chemotherapeutischen Verfahren... Einige Wochen später veranlaßte die Mutter die Entlassung ihrer Tochter. Kurz darauf starb Lisbeth Kolomak in ihrem Elternhaus.*

*Die Mutter gab zwei Jahre später anonym das Buch ‹Vom Leben getötet – Bekenntnisse eines Kindes› heraus, das die Polizei scharf anklagte. Nach Enthüllung der Anonymität schlug nun die Polizei zurück und verhaftete die Mutter unter dem Verdacht der schweren Kuppelei, begangen an ihrer eigenen Tochter. Dieser Vorfall löste bei den Bremer Frauengruppen große Betroffenheit aus. Sie veröffentlichten eine Erklärung in allen Zeitungen und beriefen am 8. Februar 1927 eine große Protestversammlung ein, an der 47 Frauenvereine teilnahmen.»*[47]

47 Monika Mohrmann, Staatlich reglementierte Prostitution, in: Bremer Frauen in der Weimarer Republik 1919–1933, hg. vom Staatsarchiv Bremen, Bremen 1987, S. 130ff.

Ein anderes Rechtskapitel, das die Parlamentarierinnen bis zum
Ende der Republik in Atem hielt, waren die Entlassungspraxis des
öffentlichen Dienstes und die Rechtslage der Beamtinnen. Denn
ganz entgegen der Zusicherung gemäß Art. 128 der Verfassung, wonach Ausnahmebestimmungen gegen weibliche Beamte zu beseitigen seien, wurden im Laufe der zwanziger Jahre Beamtinnen nicht
nur bei Heirat grundsätzlich aus dem Dienst entlassen, sondern
auch, wenn sie ein uneheliches Kind hatten oder bekamen. Dieser
Verfassungsbruch des öffentlichen Arbeitgebers war im Reichstag
mehrfach Anlaß zu sehr lebhaften Auseinandersetzungen, an denen
sich die Frauen aller Fraktionen beteiligten. Da wurde zum Beispiel,
als der Postminister seine Entlassungspraxis erläuterte, erregt da-
zwischengefragt, ob denn die männlichen Beamten als uneheliche
Väter auch entlassen würden (Abg. M.-E. Lüders).[48] Doch im Zuge
der finanziellen Engpässe des Staates, im Zusammenhang mit der
Inflation und schließlich der Weltwirtschaftskrise fand sich immer
wieder ein Grund, durch sog. Personalabbauverordnungen die diskriminierenden Sonderregelungen beizubehalten. Zum Ende der
zwanziger Jahre zerbröckelte die Frauenfront. Insbesondere der
dem BDF angeschlossene «Verband der deutschen Reichspost- und
Telegraphenbeamtinnen» (VRPT) hatte, weil auch für ihn Ehe und
Familie wichtiger waren als Gleichberechtigung, zunehmend die
Abfindungssumme für freiwillig ausscheidende Beamtinnen als beste Lösung angesehen und gemeinsam mit dem BDF durchgesetzt.[49] 1932 wurde dann sogar mit Hilfe der SPD unter dem Motto
«Kampf den Doppelverdienern» ein «Gesetz über die Rechtsstellung der weiblichen Beamten» verabschiedet, das das Beamtinnen-
Zölibat erneut legalisierte.[50]

48  Regine Deutsch, Parlamentarische Frauenarbeit, Stuttgart 1924, S. 52.
49  Ausführlich B. Greven-Aschoff, Die bürgerliche Frauenbewegung,
    S. 176.
50  Vgl. ausführlich Claudia Hahn, Der öffentliche Dienst und die Frauen –
    Beamtinnen in der Weimarer Republik, in: Mutterkreuz und Arbeits-
    buch, S. 49 ff.

Der in den Selbstdarstellungen immer wiederholte Hinweis auf die beachtliche Arbeit der Parlamentarierinnen vermag nicht darüber hinwegzutäuschen, daß sich in der Frauenbewegung nach Erreichen des Stimmrechts nicht mehr viel bewegte, und zwar sowohl auf der rechten wie auf der linken Seite. Die proletarische Frauenbewegung war wie die Arbeiterbewegung geschwächt durch die Aufspaltung zwischen Sozialdemokratischer Partei und Unabhängigen Sozialisten bzw. Kommunistischer Partei. Die Sozialdemokratinnen, wie ihre männlichen Kollegen eingebunden in die Koalition mit den bürgerlichen, die Republik tragenden Parteien und um Abgrenzung zum Bolschewismus der KPD bemüht, übernahmen in der Partei die geschlechtsspezifischen Aufgaben der Wohlfahrtsarbeit, eine gewiß unentbehrliche, aber politisch einflußlose Schattenarbeit.

Selbst Clara Zetkin, seit Gründung der Partei 1919 Mitglied der KPD und bald in ihre Zentrale gewählt und immer an führender Stelle im Aufbau der «Kommunistischen Internationale» engagiert, hatte unter den Genossen hart darum zu kämpfen, die von ihr erarbeiteten «Richtlinien für die kommunistische Frauenbewegung»[51] in die Parteipraxis umzusetzen. Immer wieder mußte sie die eigene Frauenzeitung, «Die Kommunistin» (1919–1923), die besonderen Frauenkonferenzen und die seit 1911 mit Unterbrechungen gefeierten Internationalen Frauentage (seit 1921 auf den 8. März festgesetzt)[52] gegen den Vorwurf des *Separatismus* und der *Frauenrechtelei* verteidigen. Immer wieder drohte die Frauenfrage *als Teil der sozialen Frage, der Arbeiterfrage* im «proletarischen Klassenkampf» zu verschwinden bzw. auf die Zeit nach dem «Sieg der proletarischen Weltrevolution» vertagt zu werden.[53] Erst zum Ende der 1920er Jahre, nach vielen Streiks, mit zunehmender Massenarbeitslosigkeit und einer Verschärfung der wirtschaftlichen und politischen Lage, gelang es der KPD, unter dem Motto *«Heran an die*

---

51 Abgedr. in: Clara Zetkin, Ausgewählte Reden und Schriften, Bd. 2, S. 260.

52 Vgl. hierzu R. Wurms, Wir wollen Freiheit, Frieden, Recht, S. 55 f.

53 Vgl. Clara Zetkin, Zur Geschichte der proletarischen Frauenbewegung, S. 224 ff.; vgl. auch Renate Wurms, Gleichberechtigt, aber «zur linken Hand», in: Neue Frauen, Die zwanziger Jahre, hg. v. K. v. Soden/M. Schmidt, Berlin 1988, S. 59 f., sowie Silvia Kontos, Die Partei kämpft wie ein Mann. Frauenpolitik der KPD in der Weimarer Republik, Frankfurt 1979.

*Massen»* im «Roten Frauen- und Mädchenbund» (RFMB) verstärkt Arbeiterfrauen und Arbeiterinnen zu mobilisieren und Sympathisantinnen zu gewinnen. *«Die sozialistischen Frauen aller Richtungen»*, so das harsche Urteil der Sozialpsychologin Alice Rühle-Gerstel in ihrer Studie aus dem Jahr 1932, *«… haben zwar ihre Frauenprobleme in die Parteiprogramme eingehäkelt, aber mehr als einen schäbigen Platz zur linken Hand haben sie nicht erobern können.»* [54]

Der BDF, der 1920 nach Auskunft der Schriftführerin Alice Bensheimer 47 Verbände mit 3778 Vereinen umfaßte, hatte in dieser Zeit etwa 920000 Mitglieder.[55] Immer mehr Bedeutung erlangten die Berufsverbände, einen Mitgliederzuwachs verzeichneten aber auch der «Verband Deutscher Hausfrauenvereine» (VDH) und der «Reichsverband Landwirtschaftlicher Hausfrauenvereine» (RLHV), allein die Hausfrauenvereine zählten um 1930 ca. 200000 Mitglieder.[56] Das heißt, der BDF hätte gerade auch für die Parlamentarierinnen eine Hausmacht oder Pressure-group darstellen können. Doch es zeigten sich in jeder Einzelfrage die unterschiedlichen Interessen und politischen Orientierungen. So sehr der BDF sich auch bemühte, durch die Vorbereitung aller Gesetzesinitiativen in unzähligen Kommissionen und Ausschüssen oder durch interfraktionelle Absprachen und Eingaben die parlamentarische Frauenarbeit abzustützen, im Zweifel und im politischen Kampf bot offenbar die Fraktionsdisziplin und Parteizugehörigkeit mehr Sicherheit als die Hoffnung auf die Solidarität der Frauen.

Zu beobachten war, wie einzelne «Führerinnen» zwar aufstiegen, zu Ämtern und Würden kamen, sich jedoch damit auch von der Basis entfernten. In den Vereinen und Verbänden übernahmen immer mehr Funktionärinnen die Arbeit. So hatte z. B. Gertrud Bäumer den Vorsitz im BDF 1919 an Marianne Weber abgegeben und war zur ersten Ministerialrätin im Innenministerium aufgerückt.

54  Alice Rühle-Gerstel, Das Frauenproblem der Gegenwart, Leipzig 1932, S. 142.
55  In: Jahrbuch des BDF, Leipzig/Berlin 1921, S. 65.
56  Vgl. Jahrbuch des BDF, Berlin/Leipzig 1932, Anhang S. 49.

**Marianne Weber** (1870–1954), die Ehefrau Max Webers, hat den BDF auch schon vor der Übernahme des Vorsitzes vor allem in Rechts- und Sittlichkeitsfragen in konservativer Richtung geprägt und be- einflußt. Unter vielen anderen Schriften aber ragt ihr rechtshistori- sches und rechtssoziologisches Werk «Ehefrau und Mutter in der Rechtsentwicklung» aus dem Jahre 1907 als bisher unübertroffenes Kompendium zur Rechtsgeschichte der Frauen hervor.[57]

Von 1921 bis 1931 hat Emma Ender (zunächst als Geschäftsfüh- rende) den BDF-Vorsitz innegehabt, eine Organisatorin und Funk- tionärin, die politisch keine Zeichen gesetzt hat. So blieb Gertrud Bäumer zumindest bis 1931, als Agnes von Zahn-Harnack den Vor- sitz des BDF übernahm, die geheime Führerin, die mit Hilfe des BDF-Apparates die nationale und internationale Szene be- herrschte. In der Rückschau findet sich im Jahrbuch des Bundes von 1932 eine sehr vorsichtige Selbstkritik:

*«Die Tätigkeit des Bundes in bezug auf die staatsbürgerliche Arbeit der Frau konnte in den Jahren, über die hier berichtet werden soll, nicht der heroische Kampf ums Recht sein. Wir sind vor die Aufgabe der Durchfüh- rung formal vorhandener, durch die Verfassung gesetzter Rechte gestellt. Aber dieser Durchführung war es bis jetzt durch die Ungunst der Zeiten nicht gegeben, den klaren Umriß großer Gestaltung zu ziehen. Nur kleine Striche konnten in das Bild dessen, was notwendig kommen muß, einge- zeichnet werden.»*[58]

57  Marianne Weber, Ehefrau und Mutter, 1907.
58  Aus der Arbeit des Bundes Deutscher Frauenvereine, in: Jahrbuch des BDF, hg. v. E. Wolff, Mannheim/Berlin/Leipzig 1932, S. 31.

# 3. «Frauen sind, nur weil sie Frauen sind, gegen jede brutale Gewalt» (A. Augspurg / L. G. Heymann)

## Frauen und Pazifismus

Minna Cauer hat die folgende Geschichte der radikalen Feministinnen nicht mehr beeinflußt. Die große alte Dame der Frauenbewegung, die entschiedene Demokratin mit politischem Gespür starb 1922. Für die Radikalen, die den «*katastrophalen Zusammenbruch des Weltkrieges*» als «*Männerbankerott*» kennzeichneten, gab es in der Folgezeit nur einen Schwerpunkt: die Arbeit für Frieden, Abrüstung und Völkerversöhnung. Nicht weil sie sich beschränken wollten, sondern weil sie hierin den Brennpunkt aller weiteren politischen Aufgaben gerade auch für Frauen sahen. Ihr politisches Glaubensbekenntnis, das die Programmatik der radikalen Pazifistinnen zusammenfaßt, haben A. Augspurg und L. G. Heymann in der ersten Nummer ihrer neuen Zeitschrift «Die Frau im Staat» abgelegt, die von nun an bis 1933 ihre Arbeit gut belegt:

*«Die ‹Frau im Staat› will die wesentlichen Zusammenhänge von Frauenpolitik, Völkerverständigung und dauerndem Frieden klarlegen; sie hat den Zweck, das politische Leben von Standpunkten der Forderungen und der Mitwirkung der Frauen zu verfolgen, nicht vom einengenden nationalen, sondern vom allumfassenden internationalen...*

*Frauen sind, nur weil sie Frauen sind, gegen jede brutale Gewalt, die nutzlos zerstören will, was gewachsen, was geworden ist, sie wollen aufbauen, schützen, neu schaffen, neu beleben. Viele Frauen haben sich durch die ihnen im Männerstaate aufgezwungene Erziehung und Art, die Dinge nur vom männlichen Standpunkte aus zu betrachten, weit von ihrem ursprünglichen Wesen entfernt, sie mit ihrem ursprünglichen, eigenen, altenneuen Geist wieder zu erfüllen, ist eine der vornehmsten Aufgaben der Zukunft...*

*Die ‹Frau im Staat› will nicht die von Männern seit Jahrhunderten vertretene Politik übernehmen, oder nachahmen, sie will im Gegenteil, – deren viele Mängel und Zweckwidrigkeit erkennend, – eigene Wege gehen. Sie redet der ganz selbständigen politischen Betätigung der Frauen das Wort, denn nur diese schafft den Staaten neue Werte.»* [59]

59 A. Augspurg/L. G. Heymann, Was will die «Frau im Staat»? In: Die Frau im Staat 1919, Nr. 1, S. 1.

Es fragt sich, inwieweit diese Überzeugung von einem spezifisch *«weiblichen Pazifismus»*, die besonders A. Augspurg und L. G. Heymann vertraten[60], sich eigentlich von den Bestimmungen *«weiblicher Eigenart»* und der Politik *«organisierter Mütterlichkeit»* unterschied, die das Leitmotiv der konservativen und gemäßigten Frauenbewegung geworden und im Weltkrieg so überaus nützlich zur Stärkung der «Heimatfront» gewesen war. Doch die Rede vom *«weiblichen Pazifismus»* ist bei L. G. Heymann nicht ohne weiteres als biologisches, angeborenes Merkmal, vielmehr als Ergebnis der weiblichen Sozialisation und anderer Erfahrungen zu verstehen. Denn auch unter den radikalen Pazifistinnen herrschte keineswegs Einigkeit darüber, ob traditionelle «Weiblichkeit» oder Mütterlichkeit nicht eher zu kritisieren als zu kultivieren wären.[61]

Unabhängig davon nutzten die Radikalen die bisherigen Geschlechtsrollenzuweisungen zu einer vehementen Patriarchatskritik am *«Männerstaat»* und sahen die Hauptaufgabe künftiger Politik in der Erziehung zum Frieden, zu Gewaltlosigkeit, und zwar mit Hilfe des Rechts und mit «geistigen» Waffen. *«Frauenfrage und Pazifismus»* gingen deshalb für sie *«Hand in Hand»*, weil sie davon ausgingen, daß mit dem *«Prinzip der Gewalt… automatisch auch die Unterdrückung der Frau»* hinfällig würde. Rosa Schwann-Schneider schlug deshalb als Programm einer Friedenserziehung vor, in Zukunft lieber *«Knaben zur Fürsorge für andere»* einzusetzen, ihnen *«Mütterlichkeit anzuerziehen, (die) in jedem Menschen schlummert, (die) aber im Knaben systematisch unterdrückt wurde».*[62]

## Die «Internationale Frauenliga für Frieden und Freiheit»

Schon auf dem Internationalen Frauenkongreß 1915 in Den Haag hatten die Beteiligten beschlossen, sich sofort nach Beendigung des Krieges wieder zu treffen, um der notwendigen Friedenskonferenz

60  Vgl. insbes. L. G. Heymann, Weiblicher Pazifismus (1917), abgedr. in: Frauen gegen den Krieg, hg. v. G. Brinker-Gabler, S. 65 f.
61  Vgl. etwa Rosa Mayreder, Zur Kritik der Weiblichkeit, München 1982, oder H. Stöcker u. v. a.
62  Rosa Schwann-Schneider, Die Frau und der Militarismus, in: Die Frau im Staat 1919, Nr. 10, S. 4 u. 5.

*«praktische Ratschläge»* zu unterbreiten. «Die Fraueninternationale» – wie sie sich selbst bezeichnete[63] – tagte daher vom 12. bis zum 17. Mai 1919 in Zürich, wiederum unter dem Vorsitz der amerikanischen Pazifistin Jane Addams, und konstituierte sich hier als «Internationale Frauenliga für Frieden und Freiheit» (IFFF). Sie verlegte nun ihr zentrales Büro nach Genf, um in der Nähe des geplanten Völkerbundes zu sein.

*«In der Rue du Vieux Collège 6 hat die Fraueninternationale das Feld ihrer Tätigkeit aufgeschlagen: ‹Maison Internationale› ist kein gewöhnliches Haus, sondern eine Arbeitsstätte, wo Fraueninitiative, Frauensinn und Frauenfühlen waltet. Ein altes Haus aus ehrwürdigen Zeiten, mit großen und kleinen Räumen, 14 an der Zahl, mit Ecken und Winkeln, mit schwebendem Garten, wo rieselnder Springbrunnen, lauschige Plätze, herrlichste Rosen uns anheimeln! Schon äußerlich eine Stätte des Friedens und der Ruhe. Hier fließen alle Fäden zusammen, welche die Frauen von 22 Nationen in gleicher Gesinnung im Kampfe für Frieden und Freiheit verbinden.»[64]*

Die Hauptthemen der Konferenz waren die Friedensbedingungen der Konferenz von Versailles, die gerade bekanntgeworden waren, und die vorgelegte Satzung des Völkerbundes. Die Frauen formulierten einen *«flammenden Protest gegen die Beschlüsse des Friedensvertrages»*, wohlwissend, welcher Zündstoff für weitere Kriege in diesen Bedingungen lag. Doch entscheidend war, wie das Protokoll vermerkt, daß *«dieser Protest von den Frauen der siegenden Länder* (ausging), *nicht von den besiegten».*[65]

Aus dem deutschen «Frauenausschuß für dauernden Frieden», der in Zürich mit 27 Frauen vertreten war, wurde nun die «Internationale Frauenliga für Frieden und Freiheit, Deutscher Zweig». Und so streng das Reglement auf internationaler Ebene auch war, so fällt doch auf, daß der nationale Ausschuß seine im Krieg unter dem

63 Vgl. auch zum folgenden Völkerversöhnende Frauenarbeit, II. Teil, hg. v. der Internationalen Frauenliga für Frieden und Freiheit, Stuttgart 1921, S. 5 f.
64 Völkerversöhnende Frauenarbeit, II. Teil, S. 7.
65 Ebd., S. 5/6, vgl. auch Bericht des Internationalen Frauenkongresses, Zürich 1919, hg. v. Internationale Frauenliga für Frieden und Freiheit, Genf o. J., S. 131 f.

Vereins- und Versammlungsverbot begonnene informelle Organisationsform beibehielt und zu einer ganz unkonventionellen, aber sehr konzentrierten Arbeitsgemeinschaft ausbaute, bewußt jenseits hergebrachter *«bürokratischer Vereinsmeierei»* und falscher Autoritäten.

Die Arbeit im «Deutschen Zweig» wurde von fünf, später sieben Beauftragten und einer Schatzmeisterin erledigt, die durch Kommissionen, Vertrauenspersonen und Ortsgruppen in zunächst 42 Städten unterstützt wurden. Anfangs gab es vier Kommissionen:

- die Pressekommission,
- Erziehungskommission, die z. B. eine Kampagne und Petitionen gegen die Prügelstrafe in den Schulen einleitete,
- die Kommission für Kriegsdienstverweigerung und
- eine Kommission für «Persönlichkeitslisten», also den Versuch, unabhängig von Parteien parlamentarischen Einfluß zu nehmen.

Beauftragte waren: Anita Augspurg, Lida Gustava Heymann, ab 1921 auch Auguste Kirchhoff, ferner Frida Perlen und Lydia Stöcker (die Schwester von Helene Stöcker) sowie später Gertrud Baer und Magda Hoppstock-Huth.[66]

Weitere Kommissionen kamen später hinzu und kennzeichnen die Schwerpunkte der Arbeit, z. B.:

- die Kommission für den Kampf gegen die Kriegsführung mit wissenschaftlichen Mitteln,
- eine Kommission für Wirtschaftsfragen,
- eine Kommission für deutsch-dänische und deutsch-polnische Verständigung
- und seit 1924 die Kommission zur Bekämpfung des Antisemitismus, die von Auguste Kirchhoff initiiert wurde. Wie früh antisemitische Hetze, Saalschlachten und Pressekampagnen die Öffentlichkeitsarbeit der Pazifistinnen erschwerten, ist aus der Presse der zwanziger Jahre zu entnehmen.

*«Deutschnationale Gassenjungen antisemitischer Färbung waren gestern auf Veranlassung einiger ihrer unverantwortlichen Führer in großer Zahl in der von der Ortsgruppe der Internationalen Frauenliga und der Ortsgruppe Bremen der Deutschen Friedensgesellschaft einberufenen Versammlung in der ‹Union› erschienen, in der ausgesprochenen Absicht, diese zu stören… Schon vor Beginn der Versammlung flatterten farbige*

66  Alle Angaben Völkerversöhnende Frauenarbeit II, S. 10, und VI, S. 40.

# Mütter!
# Erzieher! Kinderfreunde!

Das Fest der Gaben naht! Laßt es ein Fest der Freude sein für unsere Kinder! Ein Fest der Wiedergeburt des Lebens. Fort mit der Atmosphäre von Mord und Zerstörung!

**Lehnt es ab,** Spielzeug zu schenken, das an den Weltzerstörer, den Krieg, an das große Sterben gemahnt! Weigert Euch, die Kinder mit kriegerischer Wehr und Kleidung auszustaffieren! Verweigert Spielsoldaten! Verweigert Spielwaffen!

**Schenkt** Bau- und Knetkasten, Dresdner Holzspielzeug und Arbeitsausrüstungen (Bergmann, Handwerker, Seemann).

**Lehnt es ab,** Bücher zu schenken, die den Krieg verherrlichen, „kriegerischen" Geist wecken, kriegerische Tat rühmen!

**Schenkt** Bücher über Tiere und Pflanzen, über ferne Länder und die Sterne, Märchenbücher und Bücher der Arbeit.

**Lehnt es ab,** Bilder zu schenken, die die Stätten der Schlacht, die Qualen Verwundeter, Sterbender, den Rausch des Sieges darstellen!

**Schenkt** Landschafts-, Städte- und Märchenbilder.

**Vergiftet nicht** länger die Seele, die Phantasie Eures Kindes mit dem Geist der Feindschaft, den Ihr weckt und nährt durch jene Spiele und Bücher.

**Besinnt Euch** auf das Recht des Kindes! Gebt ihm das wahre Kinderland zurück!

Ein Reich des Frohsinns — ohne Grausamkeit!
Ein Reich der Güte — ohne Waffen!
Ein Reich der Friedfertigkeit — ohne Haß!
Ein Reich der Versöhnung — ohne Feindschaft!
Ein Reich des Lebens — des Friedens — der Arbeit — der gegenseitigen Hilfe!

# Wie Ihr die Jugend bildet,
# bildet Ihr die Zukunft!

**Internationale Frauenliga für Frieden und Freiheit, Deutscher Zweig**

Druck von Konrad Hanf Hamburg 8

Flugblatt der «Internationalen Frauenliga für Frieden und Freiheit»

*antisemitische Handzettel von der Galerie. Daß von dort auch während des Vortrages auf den Tisch der Pressevertreter gespuckt wurde, verdient zur Charakterisierung des geistigen Tiefstandes dieser Radauhelden besonders hervorgehoben zu werden. Schon bei der Eröffnung der Versammlung durch die Vorsitzende, Frau Dr. Kirchhoff, ging der Spektakel los.»*[67]

Ein Kommentator dieser Vorgänge in der «Bremischen Arbeiterzeitung» bemerkte u. a. weitsichtig: *«Vielleicht ist das nur ein Vorspiel und eine Vorübung zu dem, was kommt.»* [68]

## Internationale Beziehungen

Neben der «Internationalen Frauenliga» (IFFF) gab es in den 1920er Jahren noch zwei große internationale Frauenorganisationen, den «Frauenweltbund» (ICW), dem der BDF seit 1897 offiziell angehörte, und den «Weltbund für Frauenstimmrecht» («International Alliance for Women's Suffrage and Equal Citizenship», IAW), 1904 auf Initiative der radikalen Stimmrechtlerinnen in Berlin gegründet.

Nach dem Krieg, ja noch 1920 hatte der BDF es abgelehnt und Alice Salomon, der Schriftführerin des «Frauenweltbundes» (ICW), sogar verboten, an der ersten Generalversammlung des ICW in Christiana/Norwegen teilzunehmen, weil auf der Un-Rechtsbasis des Versailler Vertrages und des Ausschlusses Deutschlands vom Völkerbund *«eine freie und unbefangene Zusammenarbeit der Frauen verschiedener Länder»* nicht möglich sei.[69] 1925 nahm erstmals wieder eine achtköpfige deutsche Delegation an der Generalversammlung des ICW in Washington teil. Doch bei der Abstimmung eines Antrages zu Abrüstung und Abrüstungskontrolle enthielten sich die deutschen Frauen (darunter die BDF-Vorsitzende Emma Ender sowie Emmy Beckmann und Ilse Reicke) der Stimme, weil sie in der *«Forderung nach Einschränkung der Rüstungen eine Ungerechtigkeit*

67  Bremer Volksblatt 1920, zit. in: Bremer Frauen in der Weimarer Republik, hg. v. Staatsarchiv Bremen 1987, S. 26.
68  «Zur Psychologie der Bremer Radauversammlung», in: Bremische Arbeiterzeitung v. 27. 2. 1920.
69  Auch zum folgenden: Irmgard Remme, Die internationalen Beziehungen der deutschen Frauenbewegung vom Ausgang des 19. Jahrhunderts bis 1933, Diss. Berlin 1955, S. 102.

(sahen) *gegenüber den Ländern, die zu einer völligen Abrüstung gezwungen waren».*[70]

Der Allgemeine deutsche Frauenverein (ADF) hatte nach 1919, also nach der Erlangung des Stimmrechts und der Auflösung aller Stimmrechtsvereine, die deutsche Vertretung im «Weltbund für Frauenstimmrecht» übernommen. Er hatte sich jetzt zum «Deutschen Staatsbürgerinnenverband» gemausert – eine kleine Ironie der Geschichte, da hiermit *«der älteste und konservativste Verein der deutschen Frauenbewegung international das Erbe ihres jüngsten und radikalsten Zweiges antrat».*[71]

In Vertretung des «Staatsbürgerinnenverbandes» nahmen Adele Schreiber, Marie-Elisabeth Lüders und Gertrud Bäumer 1926 zum erstenmal am Internationalen Frauenstimmrechtskongreß in Paris teil. Gertrud Bäumer, die hier, an die Französinnen gewandt, versöhnliche Worte sprach, wurde deshalb von der französischen Vorsitzenden der Allianz demonstrativ umarmt, eine Geste, die eine große Presse hatte. Und doch sorgte eine fälschlich schwarzweißrote statt schwarzrotgoldene Fahne unter der deutschen Delegation für erhebliche Verstimmung. Ganz abgesehen davon, daß die Vertreterinnen «organisierter Mütterlichkeit» in der Frage des Frauenarbeitsschutzes gegenüber der sog. «Open-door-Bewegung» hier zum erstenmal in die Defensive gerieten.

Die Engländerinnen hatten den Antrag eingebracht, auch in Fragen des Arbeitsschutzes für völlige Gleichberechtigung einzutreten und alle diskriminierenden Sonderbestimmungen wie Nachtarbeitsverbot oder Mutterschutz abzulehnen. Statt dessen forderten sie «freie Bahn» – eine «offene Tür» –, also das Recht auf Arbeit für jede Frau «unabhängig von Ehe und Wochenbett» und Schutzbestimmungen für Männer und Frauen, die sich jedoch nach der Art der Arbeit und nicht nach dem Geschlecht richten sollten. Noch auf dem Jubiläumskongreß zum 25jährigen Bestehen des «Weltbundes für Frauenstimmrecht» ebenfalls in Berlin hat die Differenz in diesen Fragen die Manifestation eines gemeinsamen Frauenwillens gestört und im Grunde die alten Fronten aufbrechen lassen. Denn die pazifistische Minderheit um Augspurg und Heymann trat im Gegensatz zu den BDF-Vertreterinnen dem «Open door Council» bei.[72]

70  Ebd., S. 111.
71  Else Ulich-Beil, Ich ging meinen Weg, Berlin 1961, S. 103.
72  Vgl. Else Lüders, Die «Open-Door»-Bewegung, in: Die Kultur der Frau,

Auch in der internationalen Arbeit unterschied sich die Politik des BDF in den zwanziger Jahren grundlegend von der Praxis der radikalen Pazifistinnen. Der BDF knüpfte zwar wieder internationale Verbindungen an, doch ohne seine nationale Orientierung aufzugeben, im Gegenteil: Die internationale Zusammenarbeit wurde immer wieder an die Voraussetzung nationaler Anerkennung und die Rücksichtnahme auf ein deutsches Geltungsbedürfnis geknüpft, mit all den diplomatischen Tücken und protokollarischen Empfindlichkeiten, die auch sonst die außenpolitischen Beziehungen zwischen den Staaten prägen. Die «Frauenliga» hatte dagegen kein Problem damit, die deutsche Kriegsschuld anzuerkennen, bzw. waren sich die Frauen auf internationaler Ebene einig, sich in Zukunft entschiedener gegen Machtpolitik und Krieg wehren zu müssen. Und obwohl die Liga immer wieder betonte, neutral zu sein, keiner bestimmten Partei anzugehören, scheute sie sich nicht, in all ihren Entschließungen und Vorschlägen für eine Verständigungspolitik gegen die bestehenden kapitalistischen Gesellschaftsordnungen, z. B. *«gegen den Schutz von Geldanlagen der Kapitalisten»*, Partei zu ergreifen.[73]

*«Gerade mit dieser Ansicht stand sie* (die «Frauenliga») *im schärfsten Gegensatz zu der gemäßigten internationalen Frauenbewegung, die soziale Reformen forderte, aber durchaus nicht Beseitigung der Klassen, Verstaatlichung der Industrie und Bodenreform.»*[74]

Dieses *«verglichen mit der Gesamtbevölkerung Deutschlands kleine Häuflein Frauen»*[75] hatte vermutlich gerade wegen dieser Zwischenstellung keine politische Basis. Sie wurden wie die anderen im «Deutschen Friedenskartell» zusammengeschlossenen pazifistischen Vereinigungen als *«bürgerliche Utopisten»* oder *«sentimentale Pazifisten»* verfemt.

Besondere Beachtung im Reigen der zahlreichen Friedens- und Abrüstungskonferenzen verdient die im Januar 1929 von der IFFF

hg. v. A. Schmidt-Beil, Berlin 1931, S. 376f., und Lida Gustava Heymann, The Open Door Council, in: Die Frau im Staat 1929, Nr. 5, S. 1.

73  Vgl. Resolutionen, Bericht des Internationalen Frauenkongresses 1919, S. 342.
74  I. Remme, Die internationalen Beziehungen, S. 120/121.
75  Die Frau im Staat 1931, Nr. 11, S. 1.

«Deutscher Zweig» in Frankfurt veranstaltete internationale Konferenz über «Die modernen Kriegsmethoden und den Schutz der Zivilbevölkerung», auf der die Schweizer Chemieprofessorin Gertrud Woker über die verheerenden Folgen eines Gaskrieges aufklärte. Ihr vielbeachtetes, aufrüttelndes Referat[76] und die Unterstützung durch Prominente, Wissenschaftler und Künstler (u. a. Albert Einstein, Bertrand Russell und Käthe Kollwitz) gaben den entscheidenden Anstoß zu einer weltweiten Abrüstungskonferenz, die jedoch erst 1932 in Genf zustande kam. Auf Anregung der «Frauenliga» wurden hierzu in der ganzen Welt über acht Millionen Unterschriften gesammelt, die die Regierungen von dem *Wunsch der Welt* nach einer allgemeinen Abrüstung überzeugen sollten und die von 200 Frauen im Sitzungssaal des Völkerbundes in Genf übergeben wurden.[77]

Auch die BDF-Spitze, in den Völkerbund-Kommissionen insbesondere vertreten durch Marie-Elisabeth Lüders und Agnes von Zahn-Harnack, hatte sich aktiv an der Vorbereitung der Genfer Konferenz beteiligt und zusätzlich eine deutsche Liste mit rund einer Million Unterschriften erstellt – doch sich mit dieser Abrüstungsinitiative in den eigenen Reihen eine «nationale Opposition» eingehandelt. Noch einmal – kurz vor dem Ende der Republik – sah es so aus, als ob die organisierten Frauen zumindest in der Abrüstungsfrage zusammenarbeiteten. Im August 1932 kam es auf dem internationalen Antikriegskongreß in Amsterdam zu einer gemeinsamen Willenskundgebung der «Frauenliga» und der Sozialistinnen *gegen Faschismus und Kriegsgefahr*, an der sich u. a. Anita Augspurg und Lida G. Heymann, Helene Stöcker und Clara Zetkin beteiligten. Doch zu spät: Heymanns Hilferuf «S.O.S.», ein Leitartikel aus dem letzten Jahrgang von «Die Frau im Staat», drückt die Verzweiflung und Dringlichkeit ihrer Anliegen aus. Sie wußte, *der Zeiger steht auf zwölf*.[78]

76  Abgedr. in: Frauen gegen den Krieg, hg. v. G. Brinker-Gabler, S. 280.
77  Vgl. Emmy Freundlich, Die Frauen auf der Genfer Abrüstungskonferenz, in: Frauen gegen den Krieg, hg. v. G. Brinker-Gabler, S. 312 f.
78  Die Frau im Staat 1932, Nr. 1, S. 1.

## S. O. S.

Wer kennt ihn nicht, den Ruf aller Verzweifelten auf hoher See, im Eis und Nebel, in seelischer und körperlicher Not?

1914: Frauen riefen, aber man hörte sie nicht! Der Krieg durchtobte die Welt.

1915: In Amsterdam und dem Haag kamen sie aus vielen Ländern zusammen und forderten sofortige Beendigung des Weltkrieges. Sie entsandten ihre Delegierten von einer Regierung zur anderen, in die Vereinigten Staaten, zum Papst, nach England, Frankreich, Deutschland, Belgien, Rußland, Skandinavien, Österreich usw. Frauen vermittelten unter den kriegführenden Mächten, sie forderten Frieden.

Man anerkannte die Berechtigung dieser Frauenforderungen, aber kein Mann fand den Mut, ihnen entsprechend zu handeln. Der Wahnsinn des Weltkrieges ging weiter.

S. O. S. 1919: Frauen riefen, aber man hörte sie nicht!

Frauen vieler Länder versammelten sich in Zürich, mahnend erhoben sie ihre Stimmen, dem alles zerstörenden Weltkriege einen Frieden folgen zu lassen, der den Völkern Vertrauen zurückgebe; Abrüstung, Sicherheit, friedliche Zusammenarbeit gewährleiste.

Delegierte gingen von Zürich nach Paris, wurden von den Siegern des Weltkrieges empfangen. Frauen sagten, diese Verträge, die ihr heute abschließt, werden der Welt nicht Frieden, sondern Kriege in neuer und noch schrecklicherer Form bringen. Man ließ sie sprechen, gab ihnen recht — speiste sie mit leeren Redensarten ab.

Der Krieg mit Waffen war beendet, die Völker „erfreuten" sich des bewaffneten Friedens. Mißtrauen, Rache, Haß, Feindschaft fraßen weiter am Körper der Menschheit; wirtschaftliche Not wirkte zersetzend überall. Der Gewaltgeist von 1914 bis 1919 schritt drohend weiter durch alle Lande.

1922: S. O. S.! Frauen riefen, aber man hörte sie nicht!

Wiederum kamen die Frauen im Haag zusammen, einer neuen Wirtschaftsordnung galt ihr Ruf. Gleichgesinnte und Einsichtige schlossen sich an. Der Widerhall war überraschend. 111 international oder national organisierte Vereine mit über 20 Millionen Mitgliedern waren durch 350 Delegierte und 111 Besucher vertreten. Sie forderten die Einberufung eines Weltkongresses der Völker, eines Kongresses, der wirtschaftlichen Aufbau und friedliche Zusammenarbeit der Völker anbahne.

Abermals verhallte der Frauenruf ungehört.

In allen Ländern wurde weiter gerüstet, in den Kriegsministerien, den Parlamenten, auf dem Gebiete der Technik, in den chemischen Laboratorien und, was das Schlimmste war, in den Schulen, in den Seelen der Aufwachsenden. So wuchs gegenseitiges Mißtrauen, wirtschaftliche Unsicherheit stieg von Jahr zu Jahr, langsam aber sicher vollzog sich der moralische und wirtschaftliche Zusammenbruch der Völker vieler Länder.

S. O. S.! Frauen glaubten, wenn man den Völkern das wahre Gesicht zukünftiger Kriege zeigte, so müßten sie zur Vernunft kommen.

1929 nach Frankfurt am Main beriefen die Frauen der Internationalen Frauenliga für Frieden und Freiheit eine Konferenz von Sachverständigen, die auf Grund wissenschaftlicher Forschungen den Völkern ohne jede Übertreibung das wahre Gesicht zukünftiger Kriege vor Augen führten. Es gibt keine Schutzmaßnahmen gegen die Zerstörungsmittel, welche die Wissenschaft erfindet, die sich zum Dienst des Krieges erniedrigt hat. Der chemische Luftkrieg ist ein Krieg Aller gegen Alle, ist Vernichtung alles Lebenden in des Wortes vollster Bedeutung. Die Frankfurter Konferenz brachte Aufklärung über Zukunftskriege, aber Frauenforderungen: daß die Völker der Welt endlich auf das atavistische Mittel des Krieges als letzte Instanz zur Regelung von Streitigkeiten ein für alle Mal verzichteten, fanden keine Erfüllung.

1932: S. O. S.! Frauen fordern die allgemeine und totale Abrüstung zu Wasser, zu Lande und in der Luft. Nur totale Abrüstung bahnt den Weg zur Beseitigung von Unsicherheit und Kriegsgefahr.

In 45 Ländern rütteln die Frauen in 23 Sprachen das Gewissen der Menschen wach; machen öffentliche Meinung mobil, damit diese die Regierungen endlich zum Handeln zwingen.

In den Frauen ist der Wille zur Tat lebendig und stark, er könnte den Boden zu neuer Gestaltung bereiten. „Geht zu den Müttern!" Warum verschließt Mannes Ohr sich höchster Vernunft? Frauen rufen nochmals laut und vernehmlich in letzter Stunde.

S. O. S.! S. O. S.! Der Zeiger steht auf zwölf, entsagt der Gewalt auf ganzer Linie.

Soll Frauenruf abermals ungehört verhallen?

Lida Gustava Heymann

(Lida Gustava Heymann, S.O.S. In: «Die Frau im Staat», H. 1 / 1932)

# 4. «Braves, dummes, kleines Bürgermädchen – arbeitest dir Spinnweben ins Gesicht» (Irmgard Keun)

## Die «neue» Frau

Doch die Resolutionen und Kongresse zu Frieden und Abrüstung hatten wenig mit dem Alltag der Frauen in den zwanziger Jahren zu tun, und genau dies war das Problem. Da gab das Bild einer *«neuen*

359

*modernen Frau*» den Ton an. Die «*neue Frau*»[79] war jung, sportlich und fesch gekleidet, finanziell anscheinend unabhängig. Sie hatte Bubikopf und «Sexappeal» und blieb doch – widersprüchlich genug – einerseits auf Ehe und Familie fixiert, andererseits auf Lohnarbeit angewiesen.

Sie wurde als Konsumentin entdeckt mit einer «*Mode für alle*»[80]; das Zeitalter der Massenkonfektion begann, die nicht mehr nach Klassen oder Schichten trennte, sondern sich – außer nach dem Geldbeutel – nach der Tageszeit richtete: das schlichte, gerade geschnittene Kostüm für den beruflichen Alltag, die sportlich biedere Freizeitkleidung, die Garderobe für den Abend, teuer, aufregend und damenhaft zugleich.

*«Während es Zeiten gab, wo es unschicklich war, den Fuß zu zeigen, so wird jetzt gegen 1910 der Rock fußfrei, gegen 1914 knöchelfrei, 1923 wadenfrei und 1927 kniefrei. Nachdem hier die äußerste Grenze des Möglichen erreicht war, sehen wir 1930 schon wieder in der Verlängerung des hinteren Teils des Rockes das allmähliche Entstehen einer Schleppe.»*[81]

Für alle schienen auch die gleichen Möglichkeiten zu bestehen, sich zu amüsieren. Denn auch «*die Ladenmädchen* (gingen) *ins Kino*», bevölkerten die Lokale und die Cafés, die «*Paläste der Zerstreuung*»[82], um der monotonen Berufsarbeit und einer oft armseligen Wirklichkeit zu entfliehen. Gymnastik und Frauenturnen schienen der Prüderie entgegenzuwirken und ein neues Körpergefühl zu schaffen, ein spezifischer Frauensport setzte sich unter Mitwirkung von Ärztinnen, Gymnastiklehrerinnen und Pädagoginnen gegen die Standards männlichen Leistungssports durch: 1929 waren mehr als 2 ¼ Millionen Frauen im «Reichsverband für Frauenturnen» bzw. gemischten Sportverbänden organisiert.[83] Lockere Formen des Tanzes, Jazztanz, Foxtrott und Charleston unterliefen den Füh-

79 Vgl. zum Ganzen das sehr informative BilderLesebuch Neue Frauen. Die Zwanziger Jahre, hg. v. K. v. Soden, M. Schmidt, Berlin 1988.
80 Vgl. Christiane Koch, Sachlich, sportlich, sinnlich, in: Neue Frauen, S. 16 ff.
81 Charlotte Willke, Mode, Frauentyp und Zeitgeist, in: Die Kultur der Frau, S. 40.
82 Siegfried Kracauer, Das Ornament der Masse, Frankfurt 1977, S. 285 ff.
83 Edith von Lölhöffel, Die Frau im Sport, in: Die Kultur der Frau, S. 450.

«Sex-Appeal» 1929

rungsstil der klassischen Tänze, lädierten das patriarchalische Rollenbild.

Zu den neuen Freizügigkeiten und Attraktionen der Großstädte in der Nachkriegszeit paßte das Sichtbarwerden einer lesbischen Subkultur, der Ausdruck lesbischen Selbstbewußtseins in Wort und Bild. Neben Paris war Berlin in den zwanziger Jahren ein Zentrum der lesbischen Welt. Man traf sich in Clubs und Tanzlokalen, über die zum Beispiel Margarete Roelligs in ihrem Führer «Berlins lesbische Frauen» aus dem Jahr 1929 ausführlich berichtete. Die bekannteste Bar war der «Damenclub Violetta», der ungefähr 400 Mitglieder hatte und sich sowohl kulturell als auch politisch betätigte. Er arbeitete eng mit dem von Max Hirschfeld gegründeten «Wissenschaftlich humanitären Komitee» und dem «Bund für Menschen-

rechte» zusammen, die sich für die Entkriminalisierung der Homosexualität, die Aufhebung des § 175 StGB einsetzten.[84] Vorerst war
weibliche Homosexualität straffrei, gleichwohl diskriminiert und in
der Regel verschwiegen. Den Antifeministen waren sogar
Frauenfreundschaften und Frauenwohngemeinschaften verdächtig
gewesen, wie die Diskussion um die Ausdehnung des § 175 StGB im
Jahre 1911 gezeigt hatte.[85] Um so bedeutsamer wurden deshalb in
den zwanziger Jahren die neuen Zeitschriften wie «Die Freundin»
oder «Garçonne», die ein eigenes Kommunikationsnetz unter den
Lesben schufen und Anzeigen ermöglichten wie: *Mädel sucht
Freundin.*» Und die Romane und Filme, die die lesbische Liebe thematisierten. Zu den bekanntesten gehörten die Filme «Mädchen in
Uniform» und «Die Büchse der Pandora» sowie der dreibändige
Roman «Der Skorpion» von Anna Elisabeth Weirauch. Er wurde
1926 als jugendgefährdende Schrift verboten und fiel damit fataler-
weise unter das «Schund- und Schmutzgesetz», das die Frauen im
Parlament gerade mit so viel Bravour und Stolz verabschiedet hatten. Dasselbe galt zeitweilig für die Lesben-Zeitschriften.

## Die weibliche Angestellte

Der Prototyp der «neuen Frau» war die «kleine Angestellte», die
Verkäuferin, Sekretärin oder Stenotypistin.

*«Wer morgens kurz vor 8 Uhr oder abends nach Büro- oder Geschäfts-
schluß durch das Geschäftsviertel einer Großstadt geht, dem begegnet als
charakteristischer Ausdruck ein Heer von jungen Mädchen und Frauen,
die eilig zur Arbeit in die großen Geschäftshäuser streben oder müde von
der Arbeit kommen – es sind die Massen der weiblichen Angestellten. Sie
geben der Großstadtstraße das beherrschende Bild, sie geben dem Waren-*

84  Ilse Kokula, Freundinnen. Lesbische Frauen in der Weimarer Zeit, in:
    Neue Frauen, S. 163, vgl. auch Eldorado. Homosexuelle Frauen und
    Männer in Berlin 1850–1950, hg. v. Berlin Museum, Berlin 1984, sowie
    Hanna Hacker, Frauen und Freundinnen. Studien zur «weiblichen
    Homosexualität», Weinheim/Basel 1987.
85  Vgl. Margit Göttert, Über die «Wuth, Frauen zu lieben», in: Feministi-
    sche Studien, Nr. 2, 1989, S. 23–38 (29).

Weibliche Angestellte: Die Schreibdame

*haus, Schreibbüro des Betriebes die charakteristische Prägung – mehr noch:*
*sie sind heute eigentlich zum Typus der berufstätigen Frau geworden; die*
*weibliche Angestellte ist die typische erwerbstätige Frau der Masse.»*[86]

Die Ausweitung von Handel, Verkehr und Versicherungen, die Entwicklung zum Großbetrieb, eine erste umfassende Welle der Ratio-
nalisierung nach amerikanischem Muster hatten die Nachfrage
nach Angestellten überhaupt und damit auch nach weiblichen
enorm erhöht. Dem entsprach auf der Seite der Frauen eine größere
Bereitschaft und auch Notwendigkeit, berufstätig zu sein, einerseits
für Töchter aus dem Bürgertum, die, nach Krieg und Inflation ver-
armt, zumindest bis zur Ehe auf einen Geldverdienst nicht mehr
verzichten konnten. Andererseits galt der Angestelltenberuf für Ar-
beitertöchter als sozialer Aufstieg, und so fand seit der Mitte der
zwanziger Jahre eine Umschichtung von der Fabrikarbeit hin zur

86  Susanne Suhr, Die weiblichen Angestellten, Berlin 1930, S. 3/4.

Büroarbeit und zu den Dienstleistungsberufen statt. 1925 gab es dreimal soviel weibliche Angestellte wie 1907, ihre Zahl stieg bis 1930 auf 1,4 Millionen.

### Frauenarbeit zwischen den Weltkriegen

Doch prägt sich die allgemeine Aufmerksamkeit, die der Angestelltenberuf öffentlich genoß, noch nicht in der Berufsstatistik aus. Von den 11,5 Millionen erwerbstätigen Frauen waren bei der großen Berufszählung 1925 immer noch die meisten Frauen als mithelfende Familienangehörige, also in der Landwirtschaft oder im Gewerbe des Ehemannes, der Familie tätig. Von je 100 erwerbstätigen Frauen waren 1925 tätig als:

| | | | |
|---|---|---|---|
| Mithelfende | 36,0 % | absolut: | 4,1 Millionen |
| Arbeiterinnen | 30,5 % | absolut: | 3,5 Millionen |
| Angestellte u. Beamte | 12,5 % | absolut: | 1,4 Millionen |
| Hausangestellte | 11,4 % | absolut: | 1,3 Millionen |
| Selbständige | 9,6 % | absolut: | 1,1 Millionen[87] |

Der Zustrom zum Angestelltenberuf durch Frauen hielt jedoch weiter an. Schon die 1930 von Susanne Suhr erarbeitete Studie nennt die Probleme dieses typischen Frauenberufs:

● die schlechte Bezahlung der weiblichen Angestellten, die nicht das eigene Auskommen sicherte, sondern die Abhängigkeit von der Familie bzw. einem Mann voraussetzte. – Die Lohnungleichheit (mit schon laut Tarifvertrag durchschnittlichen Abzügen von 10 bis 25 Prozent gegenüber Männern). Erklärt wurde die Minderbezahlung mit dem Argument, die Frauen lebten auch billiger.

● Die geringe berufliche Qualifikation, weil die Berufstätigkeit von allen Beteiligten, auch den Frauen selbst, nur als «Durchgangsstadium zur Ehe» akzeptiert wurde. Hieran wird deutlich, wie wenig selbst die Theoretikerinnen der Frauenbewegung die Probleme der geschlechtsspezifischen Arbeitsteilung und der daraus folgenden Ungleichheit erkannten.

● Schließlich die fehlenden Aufstiegschancen; hierin zeichnet sich die geschlechtsspezifische Teilung auch dieses Arbeitsmarktes aus: Frauen erhielten immer nur die schlechtbezahlten, nicht versicherten und leicht kündbaren Jobs.

87 Rosa Kempf, Die deutsche Frau nach der Volks-, Berufs- und Betriebszählung von 1925, Mannheim 1931, S. 44–45.

● Anders als heute war damals der allergrößte Teil der weiblichen
Angestellten unverheiratet (in der Untersuchung von S. Suhr sogar 92 Prozent) und unter 25 Jahre alt. D. h., verheiratete Sekretä-
rinnen oder Verkäuferinnen hatten – wie früher die Dienstmädchen – schlechte Berufschancen; jung und schön zu sein war Teil
ihrer «Qualifikation». Zugleich bekamen die Frauen auch in diesem neuen Berufszweig die Kampagnen gegen «Doppelverdie-
ner» als erste zu spüren, obgleich viele verheiratete Frauen gerade
wegen der Arbeitslosigkeit ihrer Männer auf Erwerb angewiesen
waren.[88]

Der Glanz der «goldenen» zwanziger Jahre verblaßte schon vor dem
Ende der Republik. Eine Weltwirtschaftskrise und eine Massenarbeitslosigkeit in einem bis dahin nicht gekannten Ausmaß führten
1929 zu fast 2 Millionen Arbeitslosen, 1930 dann zu 3 Millionen,
1932 zu 5,6 Millionen.[89] Die Zahlen der erwerbslosen Frauen werden
üblicherweise nicht genannt, bzw. die «nur» 1,25 Millionen bei den
Ämtern als arbeitslos registrierten Frauen sind nur von statistischer
Bedeutung[90]. Denn der Ausschluß der verheirateten Frauen von der
Arbeitslosenunterstützung als angeblich *nicht auf Erwerb angewie-
sene*, wegen *ihrer häuslichen Pflichten... tatsächlich nicht zur Verfügung stehende* Personen (eine Novelle zum Arbeitslosen-Versiche-
rungsgesetz, AVAVG, von 1929), der Wegfall der Unterstützungen bei
geringfügigen Beschäftigungen unter 30 Stunden in der Woche (eine
Notverordnung von 1930) hatten diese «Frauenprobleme» bereits im
Vorfeld mit «gesetzlichen» Mitteln gelöst. Buchstäblich erst in letzter
Minute war die Frauenbewegung aus ihrer Lähmung erwacht und
agitierte gegen die Doppelverdienerkampagne.
    Keine andere hat den falschen «Glanz» dieser Zeit aus der Per-

---

88 Alle Angaben S. Suhr, Die weiblichen Angestellten, vgl. auch Ute Frevert, Vom Klavier zur Schreibmaschine – weiblicher Arbeitsmarkt und
   Rollenzuweisungen am Beispiel der weiblichen Angestellten in der Weimarer Republik, in: Frauen in der Geschichte, hg. v. A. Kuhn/G. Schneider, Düsseldorf 1979, S. 82 ff.
89 Sozialgeschichtliches Arbeitsbuch III, hg. v. D. Petzina u. a., München
   1978, S. 119.
90 Vgl. S. Bajohr, Die Hälfte der Fabrik, S. 168 f., u. Auf Kosten der Frauen,
   hg. v. U. Gerhard u. a., S. 51 f.

spektive der «kleinen Angestellten» und damit die innere und äußere Zeitgeschichte treffender zum Ausdruck gebracht als Irmgard Keun. Ihre Romane «Gilgi, eine von uns» (1931) und «Das kunstseidene Mädchen» (1932) waren damals Bestseller und wurden kurz darauf von den Nazis verboten und verbrannt.

*«Braves, dummes, kleines Bürgermädchen – arbeitest dir Spinnweben ins Gesicht – warum? Wozu? Soviel Willen um so wenig Wert. Soviel verkrampfter Ehrgeiz um so kleines Ziel.»*[91]

## Gegen den § 218

Die Kampagne gegen den § 218 StGB, der die Bestrafung der Abtreibung regelt, hat die Widersprüche und Unvereinbarkeiten der politischen und gesellschaftlichen Kräfte am Ende der Weimarer Republik noch einmal deutlich gemacht. Wie in einem Brennglas wird hierbei der Blick auf die Abhängigkeit und die Not der Frauen gelenkt, deren *«Biologie»* wieder *«zum Schicksal»* gemacht wurde.[92] Zugleich bündeln sich in der Kampagne der zwanziger Jahre die «Klassenfrage» und das Geschlechterproblem.

Der § 218 wurde als ein *«Klassenparagraph»* bezeichnet, weil der Mangel an Aufklärung und das Verbot von Verhütungsmitteln vor allem ein Problem der Arbeiterinnen war: *«Noch hat nie eine reiche Frau wegen § 218 vorm Kadi gestanden»*, so Gustav Radbruch als sozialdemokratischer Justizminister 1921. Für das Verhältnis der Geschlechter aber hat dieser Paragraph deshalb eine so herausragende politische Bedeutung, weil er die männliche Kontrolle über die weibliche Sexualität und die Verfügung über die wichtigste Produktivkraft der Frauen, ihre Gebärfähigkeit, zu sichern versucht. Denn in den mittlerweile jahrzehntelangen Kämpfen und ideologischen Auseinandersetzungen um diese Strafrechtsnorm geht es nicht um den Schutz werdenden Lebens – das war immer ein Interesse vor

---

91  Irmgard Keun, Gilgi – eine von uns, Bergisch-Gladbach 1931, S. 46.
92  Vgl. auch zum folgenden When Biology Became Destiny, hg. v. R. Bridenthal, A. Grossmann und M. Kaplan, New York 1984, hier insbes. A. Grossmann, S. 66 ff., sowie aus der Fülle der Literatur beispielhaft Luc Jochimsen, § 218. Dokumentation eines 100jährigen Elends, Hamburg 1971, Silva Kontos, Die Partei kämpft wie ein Mann und Kristine von Soden, «Hilft uns denn niemand?», in: Neue Frauen, S. 103 f.

allem von Frauen –, sondern um die Bestrafung der Frau für eine Entscheidung, die nur sie allein fällen kann.

Bereits 1920 war von den Parlamentarierinnen der USPD der Antrag auf ersatzlose Streichung des § 218 im Reichstag eingebracht worden und verursachte großes Aufsehen. Die SPD zog nach und legte den Entwurf für eine Fristenlösung vor, also Straflosigkeit wenigstens in den ersten drei Monaten. Der «Bund für Mutterschutz und Sexualreform» (vgl. Kap. 7, S. 262 ff.) stand in den zwanziger Jahren an der Spitze einer Sexualreformbewegung, die für Freigabe des Schwangerschaftsabbruchs eintrat und in den überall in der Republik geschaffenen Ehe- und Sexualberatungsstellen praktische Sexualberatung und Mutterschaftshilfe betrieb. Die Sexualreformbewegung[93] dieser Zeit wurde von sehr unterschiedlichen Strömungen getragen, von Bevölkerungspolitikern, Sozialhygienikern und Medizinern, darunter Liberale, aber in der Mehrheit Sozialisten, Feministinnen und Kommunisten. Keineswegs hatten alle dabei das Selbstbestimmungsrecht der Frauen im Sinn, sondern vielmehr die Volksgesundheit, Geburtenkontrolle, manche auch schon das sog. «lebensunwerte Leben». Lediglich die KPD hatte nur die Kritik am staatlichen Gebärzwang in ihr Programm aufgenommen und die Aktion gegen § 218 zur Mobilisierung der «Frauenmassen» benutzt:

*«Die Bourgoisie fürchtet, daß sich die Objekte ihrer Ausbeutung vermindern könnten, daß ihr in den Zeiten der Hochkonjunktur die nötigen Arbeitskräfte fehlen könnten, die ihr auch in den Zeiten der Krise und der Depression als ein Heer von Lohndrückern, als industrielle Reservearmee, die auf den Lebensstandard der ganzen Arbeitermasse drückt, willkommen ist. Noch mehr fürchtet sie, bei ihrem nächsten Krieg um die Aufteilung der Welt zu kurz zu kommen, wenn nicht genügend Kanonenfutter vorhanden ist.»*[94]

Gerade Clara Zetkin, die doch 1913 noch nichts von einem Gebärstreik der Arbeiterklasse wissen wollte (vgl. S. 200), mußte in dieser Zeit von Lenin einen Rüffel einstecken und zitierte ihn sogar in ihren «Erinnerungen an Lenin»:

93 Vgl. ausführlich K. v. Soden, Die Sexualberatungsstellen der Weimarer Republik.
94 Stellung der KPD zu den §§ 218 u. 219, zit. n. K. v. Soden, «Hilft uns denn niemand?», in: Neue Frauen, S. 103.

*«Ihr Sündenregister, Clara, ist noch größer. Es wurde mir erzählt, daß in den Lese- und Diskussionsabenden der Genossinnen besonders die sexuelle Frage behandelt werde… Ich glaubte meinen Ohren nicht trauen zu dürfen, als ich das hörte. Der erste Staat der proletarischen Diktatur ringt mit der Gegenrevolution der ganzen Welt. Die Lage in Deutschland selbst fordert die größte Konzentration aller proletarischen, revolutionären Kräfte… Die tätigen Genossinnen aber erörtern die sexuelle Frage und die Frage der Eheformen in Vergangenheit, Gegenwart und Zukunft…»*[95]

1926 kam es endlich zu einer Reform des Strafrechtsparagraphen, dabei wurde jedoch lediglich das Verbrechen in ein Vergehen umdefiniert, das nicht mehr mit Zuchthaus, sondern mit Gefängnis bestraft wurde. Der BDF aber konnte sich in diesem Zusammenhang nur zur Zulassung einer medizinischen Indikation unter Berücksichtigung sozialer Gesichtspunkte entschließen, und selbst dies nur gegen den Widerstand der Hausfrauen- und Landfrauenverbände:

*«Wenn wir trotz alledem nicht den Weg der Freigabe befürworten…, so tun wir das aus der Überzeugung, daß das Strafrecht… zugleich für das Volk die grobe, aber doch deutliche Verbotstafel darstellt, deren Inhalt in seine Seelen eingegraben werden soll.»* [96]

Das Elend der Frauen, die abgetrieben hatten oder eine Möglichkeit zur Abtreibung suchten, kam durch sozial engagierte Ärztinnen und Ärzte zunehmend zur Sprache; die Zahl der jährlichen Abtreibungen wurde auf 1 200 000 geschätzt. Wegen fehlerhaft durchgeführten Abbruchs starben etwa 25 000 Frauen, 250 000 blieben krank. «Die Neue Generation», herausgegeben von Helene Stöcker, informierte laufend über das Abtreibungselend und schaltete sich entschieden in die Debatte ein. Wie ein Fanal wirkte schließlich die Aufführung des Theaterstücks «Cyankali» von Friedrich Wolf unter der Regie von Erwin Piscator im September 1929 am Berliner Lessingtheater.

*«Duch ‹Cyankali› erhält die Protestbewegung gegen den § 218 zunächst einen ungeahnten Aufschwung. Hunderttausende ziehen auf die Straßen, vielerorts finden Kundgebungen statt, eine der eindrucksvollsten mit Friedrich Wolf und seiner Stuttgarter Kollegin Dr. Else Kienle im Berliner*

95  Clara Zetkin, Lenin ruft die werktätigen Frauen, Berlin 1926, S. 22/23.
96  Zit. n. B. Greven-Aschoff, Die bürgerliche Frauenbewegung, S. 116f. und 241.

*Sportpalast. Unmittelbar nach diesem Auftritt werden die beiden Ärzte vom Vorsitzenden der Württembergischen Ärztekammer denunziert und in der Hoffnung, die Spitze der Bewegung brechen zu können, am 19. Februar 1931 verhaftet. Doch mit dieser Aktion wird das genaue Gegenteil erzielt. Innerhalb weniger Tage entstehen 800 ‹Kampfausschüsse zur Verteidigung von Wolf und Kienle›… Unter diesem öffentlichen Druck müssen die württembergischen Behörden Wolf und Kienle wieder freilassen.»*[97]

Erstaunlich, daß diese Massendemonstrationen vor Ort nicht von der KPD, sondern von ihrer Hilfsorganisation, der «Internationalen Arbeiterhilfe» (IAH), aber auch von überparteilichen Arbeitsgemeinschaften getragen wurden. Damit bot die Kampagne eine der wenigen Chancen zum Zusammengehen von KPD und SPD. Einzigartig war aber auch die Solidarisierung namhafter Künstler, Schriftsteller und Wissenschaftler wie Albert Einstein, Sigmund Freud, Erich Kästner. Käthe Kollwitz entwarf das bekannte Plakat *«Nieder mit dem Abtreibungsparagraphen!»* – Doch die Bewegung verebbte sehr schnell wieder. Das im Oktober 1931 in den letzten Reichstag von der KPD eingebrachte «Schutzprogramm der KPD für die arbeitende Frau» wurde von der SPD mit keiner einzigen Stimme unterstützt. Der Gesetzentwurf, der neben der Abschaffung des § 218 Lohngleichheit, umfassende Schutzmaßnahmen für die Frauen am Arbeitsplatz, für schwangere und erwerbslose Frauen vorsah, scheiterte an der Uneinigkeit der Linken und Demokraten. Die verbissene Gegnerschaft zwischen SPD und KPD in der Weimarer Republik hatte auch diesmal das notwendige gemeinsame Vorgehen gegen den wirklichen politischen Gegner, die Nationalsozialisten, verhindert.

In ihrer letzten Rede, die Clara Zetkin 1932 als Alterspräsidentin zur Eröffnung des letzten Reichstages vor der «Machtergreifung» Hitlers hielt, sprach sie – fast erblindet und todkrank – mit großen Worten, wie immer, von der notwendigen *«Einheitsfront aller Werktätigen»*, in der *«die Millionen Frauen nicht fehlen»* dürften, *«die noch immer die Ketten der Geschlechtssklaverei tragen* (‹sehr gut!› bei den Kommunisten) *und dadurch härtester Klassensklaverei ausgeliefert sind».*[98]

---

97  K. v. Soden, «Hilft uns denn niemand?», in: Neue Frauen, S. 110.
98  C. Zetkin, Ausgewählte Reden und Schriften, Bd. 3, S. 413f., und Bd. 1, Vorwort von Wilhelm Pieck.

Die letzten zehn Jahre hatte Zetkin vorwiegend in der Sowjetunion gelebt, sie gehörte zur Führung der Kommunistischen Internationale, war seit 1925 Präsidentin der Organisation «Internationale Rote Hilfe» (IRH) wie auch erste Vorsitzende des «Roten Frauen- und Mädchen-Bundes» (RFMB). Noch im hohen Alter hatte sie viele beschwerliche Reisen unternommen und überall in der Sowjetunion, ihrem Vorbild und ihrer politischen Heimat, große Reden gehalten. «Die Vorkämpferin und Organisatorin der internationalen Frauenbewegung» starb am 20. Juni 1933 in Archangelskoje bei Moskau.

## Generationskonflikt: die Studentinnen

Die bürgerliche Frauenbewegung war alt geworden und hatte Nachwuchssorgen. Helene Lange war am 13. Mai 1930 gestorben. Der jungen Generation hatte sie in ihren 1928 herausgegebenen «Aufsätzen und Reden aus vier Jahrzehnten» wie zum Vermächtnis mit auf den Weg gegeben:

*«Es ist begreiflich, daß die wachsende Selbständigkeit der Mädchen in manchen Kreisen sie auch im schlechten Sinne ‹emanzipiert› hat und sie in die moralische Krisis der Jugend in der Nachkriegszeit hineinreißt… Aber diese Frauen sind nicht ‹die Frauenbewegung›. Diese hält in ihren großen Organisationsformen durchaus fest an dem Programm, das bei uns in der Mitte des vorigen Jahrhunderts entworfen und seither nur immer mehr ausgebaut und vertieft, nicht aber in seinen Grundzügen verändert worden ist.»* [99]

Doch die, denen dieses Programm vor allem gegolten hatte, die erste Generation von Studentinnen, die regulär in den zwanziger Jahren mit einem akademischen Studium beginnen konnten, wußten inzwischen mit der Frauenbewegung wenig anzufangen. Die Zahl der weiblichen Studierenden war mit einem Anteil von 9,5 Prozent im Jahre 1919 bis 1932 auf 18,8 Prozent angestiegen (17 192 Studentinnen). Zwischen 1908, der offiziellen Zulassung zum Studium, und 1933 promovierten in Deutschland 10 595 Frauen, doch nur 54 wurden Dozentinnen, 24 Professorinnen und nur zwei erhielten einen

99  H. Lange, Kampfzeiten, Bd. 2, S. XI.

Lehrstuhl: Margarethe von Wrangell, Botanikerin und Ernährungswissenschaftlerin, und Mathilde Vaerting, Pädagogin.[100]

Immer wieder waren die Generationsprobleme nach 1919 zur Sprache gekommen.[101] Doch zum Ende der zwanziger Jahre gerieten der Liberalismus, die Weimarer Demokratie wie auch die Sozialdemokratie, die diese *«Insel der Demokratie»*[102] bis zuletzt verteidigte, gegenüber allen völkischen, nationalen und nationalsozialistischen Gruppen zunehmend in die Defensive. In dieser Zeit machten sich insbesondere Studentinnen zum Sprachrohr der «Jugend», die nicht nur mit dem *«Namen der Frauenbewegung»*, sondern auch mit ihrem *«überalterten Sinngehalt»* Probleme hatte.

In der Zeitschrift «Die Studentin», die seit 1924 mit dem Ziel herausgegeben wurde, *«das Bewußtsein gemeinsamer Aufgaben in den* deutschen *Studentinnen zu wecken»*, war 1929 zu lesen:

*«Eine leise Unruhe hat die Frauenbewegung, d. h. vor allem den Bund Deutscher Frauenvereine ergriffen, angesichts der Haltung der jungen Generation, die teils mit unverhohlener Skepsis auf die Errungenschaften der Führerinnen blickt, teils sich abkehrt und erklärt, eigene Wege einschlagen zu wollen. Man erkennt und beklagt diese Eigenwilligkeit und versucht vielfach, die Jugend auf die erprobten Wege zurückzuführen, die die Führerinnen gebahnt haben.»*[103]

Da wird von «Ausspracheabenden» berichtet, auf denen sich die «Führerinnen» den Fragen der Jugend stellten. *«Wozu noch Frauenbewegung»*, *«Wozu noch diese Sonderorganisation von Frauen»*, heißt es da, und sehr viel Kritik an den politischen Formen überhaupt, aber auch an der Überorganisation, dem Reglement und Führungsstil der Frauenvereine wird laut. Es werden auch die «Strömungen» genannt, die der Frauenbewegung zunehmend

100 Vgl. Kristine von Soden, Frauen in der Wissenschaft, in: Neue Frauen, S. 125 u. 128.
101 Vgl. hierzu Irene Stoehr, Neue Frau und Alte Frauenbewegung? Zum Generationenkonflikt in der Frauenbewegung der Weimarer Republik, in: Frauenmacht in der Geschichte, hg. v. J. Dahlhoff u. a., Düsseldorf 1986, S. 390.
102 Vgl. zum Ganzen A. Rosenberg, Entstehung und Geschichte der Weimarer Republik, S. 188 ff.
103 Gabriele Humbert, Jugend und Frauenbewegung, in: Die Studentin 1929, Nr. 5/6, S. 41.

Konkurrenz machen: die Möglichkeit zu *«kameradschaftlicher Zusammenarbeit mit dem Manne»* in den Gewerkschaften, *«die idealistische Hoffnung, unsere Kultur zu verbessern»* in der Jugendbewegung und schließlich *«der neugerichtete politische Aufbauwille, wie es der Jungdeutsche Orden erstrebt».*[104]

In einem anderen Beitrag zum Generationenproblem befaßte sich die Jurastudentin Annemarie Doherr u. a. mit dem *«ungeheuren Zulauf der Jugendlichen* (zur) *nationalsozialistischen Partei».* Sehr kritisch war sie gegenüber der *«großen Masse der Mitläufer»*, in der *«eine unbeschreibliche Gleichgültigkeit gegen jede politische Betätigung der Frau herangezüchtet wird»*, aber auch gegenüber der «bündischen Jugend», die die Mitwirkung der Frau nur in der Form weiblicher Spezialisierung zulassen wollte unter dem Stichwort *«Mütterlichkeit in die Politik tragen»*, und gegenüber der Idee eines eigenen Parlaments als «Frauenkammer». Doch sie hat Verständnis für die Motive, warum die Jungen in der Frauenbewegung *«nur eine rechtlerische, unnatürlich gleichmachende, ‹liberale› Bewegung»* sehen. Auch sie störte der *«Ton der Rechtelei»*, eine *«Kampfesweise»*, die nur den *«Gegensatz der Geschlechter»* betont.[105]

In der Kritik der Jungen waren die Kerben vorgezeichnet, in die die Nationalsozialistinnen, an die Macht gekommen, nur hineinzuschlagen brauchten. So schrieb Paula Siber von Groote, 1933 vorübergehend Referentin für Frauenfragen im Reichsinnenministerium und mit der «Gleichschaltung» der Frauenorganisationen beauftragt:

*«Die(se) Frauenbewegungen… sind an der großen Allgemeinheit ‹Frau› vorbeigegangen… Im Geiste der Demokratie artete dann diese rechtlerische Frauenbewegung aus in dem Streben nach Männerangleichung von der Arbeit bis zur Lebensweise.»*[106]

104 Ebd.
105 Annemarie Doherr, Zum Generationenproblem in der Frauenbewegung, in: Die Frau 1930/31, Nr. 9, S. 532.
106 Paula Siber von Groote, Die Frauenfrage und ihre Lösung durch den Nationalsozialismus, Berlin 1933, S. 6 u. 11.

# 5. «Unter diesen Umständen beschlossen die Vertreterinnen..., den Bund Deutscher Frauenvereine mit sofortiger Wirkung aufzulösen»

In einer Analyse der politischen Verhältnisse nach der Reichstagswahl 1930, in der die Nationalsozialisten den entscheidenden Durchbruch erzielt hatten, behandelte Dorothee von Velsen (1883–1970), Vorsitzende des «Deutschen Staatsbürgerinnenverbandes» und Mitglied im engeren Vorstand des BDF, das Dilemma der Verfassungstreuen und Demokraten zwischen den Extremen von rechts und links. Beiden Flügeln gemeinsam war *«die Kampfansage gegen die bestehende Gesellschaftsordnung und Regierungsform, notfalls durch einen Umsturz»*. Und sie betrachtete die Gruppen, aus denen sich die Gegner rekrutierten:

*«Neben den Kreisen, die aus traditions- und gefühlsmäßigen Bindungen eine Rückkehr zur Monarchie anstreben,* (war es) *die große Masse der Unzufriedenen, die, im wesentlichen durch gesellschaftliche Herkunft bestimmt, der Kommunistischen und der Nationalsozialistischen Partei zufließen... Während der Kommunismus Erbe geistiger Bewegungen des gesamten Abendlandes ist, stammt die völkische Aktion aus bestimmten, eng zu umschreibenden Tatsachen. Sie ist einmal der Gegenstoß der ‹Neuarmen›, der Kreise, die sich ohne genügende moralische Reserven einem plötzlichen Umschwung ihrer Verhältnisse ausgesetzt sahen. Zu diesen Schichten unzufriedener Bürgerlicher, die umso leichter jeder Agitation anheimfallen, als sie nicht gewohnt sind, politisch nachzudenken, kommt die fluktuierende Menge der von anderen Parteien Enttäuschten. Und wir müssen uns fragen, was lockt diese, was lockt und hält vor allem die Jugend?»* [107]

Seit dem Oktober 1931, also seit der Gründung der «Nationalsozialistischen Frauenschaft» («NS-Frauenschaft») gingen die Nationalsozialistinnen zum offenen Angriff gegen die Frauenbewegung über. [108]

107 Dorothee von Velsen, Staatsbürgerin und Parteiwesen, in: Die Frau 1930/31, S. 91 f.
108 Zu den NS-Frauenorganisationen und ihrer Vorgeschichte vgl. R. Thalmann, Frausein im Dritten Reich; Claudia Koonz, Mothers in the Fatherland, London 1987, sowie Hiltraud Schmidt-Waldherr, Emanzipation durch Professionalisierung, Frankfurt 1987.

Die BDF-Führung, geschwächt durch eine «nationale Opposition» in den eigenen Reihen, reagierte hilflos. Die «nationale Opposition» im BDF stützte sich auf den «Reichsverband Deutscher Hausfrauenvereine» (RDH) und den «Reichsverband Landwirtschaftlicher Hausfrauenvereine» (RDHL). Auch die «Vereinigung evangelischer Frauenverbände», die gar nicht mehr Mitglied im BDF war, hat nicht unwesentlich zur Stärkung der rechtsstehenden Frauen beigetragen. Die deutschnationalen Frauen sympathisierten – nicht anders als das Männerbündnis zwischen Hugenberg und Hitler (die sog. Harzburger Front) – mit den Nationalsozialisten. Immer wieder hatte es Konflikte aus «nationalen Gründen» gegeben. 1932 endlich nahmen Hausfrauen- und Landfrauenverbände die Beteiligung des BDF an der Genfer Abrüstungsinitiative zum Anlaß, aus dem BDF demonstrativ auszutreten.[109]

Auf der Generalversammlung des BDF im Herbst 1931 war Agnes von Zahn-Harnack zur Vorsitzenden gewählt worden und versuchte nun zu retten, was zu retten war.

**Agnes von Zahn-Harnack** (geb. am 19. Juni 1884 in Gießen, gest. am 22. Mai 1950 in Berlin) stammte aus einer Gelehrtenfamilie. Sie wuchs in Berlin auf, besuchte hier ein Lehrerinnenseminar und studierte als eine der ersten regulär immatrikulierten Studentinnen Theologie, Germanistik und Anglistik. 1912 promovierte sie zur «Dr. phil.». Sie unterrichtete zunächst an einer privaten höheren Mädchenschule und betrieb literaturwissenschaftliche Studien. Schon im Kreis der Frauenbewegung, insbesondere durch ihre sozialpädagogische Arbeit mit Alice Salomon, Anna von Gierke, Hedwig Heyl bekannt, wurde sie 1916 von M.-E. Lüders ins Frauenreferat des Kriegsministeriums berufen.

1919 heiratete sie den Juristen Karl von Zahn und führte ein Familienleben mit zwei Kindern. Doch sie schrieb nebenbei, hielt zunehmend Vorträge und machte Ende der zwanziger Jahre erste Rundfunksendungen. Sie verfaßte zwei Standardwerke zur Frauenbewegung: die Monographie «Die Frauenbewegung. Geschichte, Probleme, Ziele» (1928) und – gemeinsam mit Hans Sveistrup – die Bibliographie zur «Frauenfrage in Deutschland.

109 Vgl. im einzelnen B. Greven-Aschoff, Die bürgerliche Frauenbewegung, S. 183 f., u. D. Kaufmann, Frauen zwischen Aufbruch und Reaktion, S. 94 f.

1790–1930» (1934). 1926 gründete Zahn-Harnack den «Deutschen Akademikerinnenbund» und war von 1931 bis 1933 die letzte Vorsitzende des BDF. Sie gehörte in der Zeit des Nationalsozialismus zum deutschen Widerstand und war eine der ersten, die nach 1945 an die alte Frauenbewegung anzuknüpfen versuchte. Sie gründete schon im Frühjahr 1945 den «Wilmersdorfer Frauenbund», der bald in «Berliner Frauenbund e. V.» umbenannt wurde. Für die 1936 erschienene Biographie ihres Vaters, des Theologen Adolf von Harnack, wurde ihr 1949 der Ehrendoktor der Theologie von der Universität Marburg verliehen.

Zwischen 1930 und 1932 hatte A. v. Zahn-Harnack gemeinsam mit dem «Jüdischen Frauenbund» (JFB) Aufklärungskampagnen initiiert, um mit Führungen durch Synagogen, mit Vorträgen und Versammlungen dem wachsenden Antisemitismus entgegenzuwirken.[110] Buchstäblich in letzter Minute wurden nun über das «Nachrichtenblatt des Bundes Deutscher Frauenvereine» – bis Februar 1933 – sog. Gelbe Blätter herausgegeben, *«die insbesondere dem Abwehrkampf gegen die immer stärker werdenden frauenfeindlichen Bestrebungen in der Öffentlichkeit dienen»* sollten.[111]

Unter dem Titel «Material zum Kampf der Frauen um Arbeit und Beruf» wurde vielseitig informiert und entschieden Stellung bezogen zu politischen Ereignissen, zur NSDAP und ihrer frauenfeindlichen Propaganda. Es wurden Presseauszüge abgedruckt mit Angriffen auf die Frauenbewegung sowie Flugblätter und immer wieder Appelle, die *«staatsbürgerlichen Rechte der Frauen zu wahren»*, *«für Wiederherstellung und Ausbau der Gleichberechtigung der Frauen in Familie, Beruf und Staat, für Verwirklichung des Menschenrechts auf Arbeit und Beruf…»* usf. Die Frauen wußten, was ihnen drohte: *«Die Frau im Dritten Reich – Ihr Schicksal soll Sklaverei und Rechtlosigkeit sein.»*[112]

Nach Reichstagsbrand und den Reichstagswahlen am 5. März 1933 wurde der Druck stärker und die Sprache unmißverständlich. Eine Freiin von Schmidtfeld warf dem BDF in der «Deutschen Allgemeinen Zeitung» vor:

110  R. Thalmann, Frausein im Dritten Reich, S. 67.
111  Die Gelben Blätter befinden sich im Helene-Lange-Archiv, Berlin.
112  Gelbe Blätter, Juni 1932f. (Helene-Lange-Archiv, Berlin).

# FRAUEN,

so geht's euch im »Dritten Reich«!

»Die Frau muß wieder Magd und Dienerin werden« sagt der Naziführer Feder. Deshalb ist auch in der Hakenkreuzfraktion <u>keine Frau</u> vertreten.

## Eure Antwort:

# Kampf den Nazi – –
### für die Sozialdemokratie!

Verantwortlich: E. Hauschild, Berlin · Vorwärts Buchdruckerei, Berlin · 1 12 30

Wahlkampfflugblatt

*«Die deutsche Frauenwelt hat in ihrer überwiegenden Mehrheit am 5. März des Jahres mit dem Stimmzettel zum Ausdruck gebracht, daß sie sich von dem bisherigen demokratischen System abwendet. Damit hat sie sich hinter die nationale Regierung gestellt. Sie jubelt den nationalen Fahnen zu, die über Deutschland wehen.*

*Aber während der Sturm der nationalen Revolution Menschen und Organisationen zu klarer Stellungnahme für und wider das neue Deutschland aufrüttelt, schweigt die organisierte Frauenbewegung…»*[113]

Die Bundesvorsitzende Zahn-Harnack antwortete kleinmütig und ausweichend mit dem Hinweis auf die Goethesche Iphigenie und die *«Kulturaufgabe der Frau»*, mit Verständnis für eine *«biologistische Politik»*, für die der Bund in seinem bevölkerungspolitischen Ausschuß die Vorarbeiten geleistet habe. Und schlimmer noch: *«Ein Bewahrungsgesetz, vom Bund seit Jahrzehnten gefordert, muss nun endlich unser Volk vor asozialen Personen schützen…»*

Aber es nützte nichts mehr, auch nicht der Opfergang des «Jüdischen Frauenbundes», der am 9. Mai durch eigenen Beschluß aus dem BDF austrat, *«da eine weitere Zusammenarbeit unter den gegenwärtigen Verhältnissen für beide Teile statt fördernd und ersprießlich, nur hemmend wirken könnte».*[114] Lydia von Gottschewski, vorläufige Führerin der «Frauenfront» und des «Bundes Deutscher Mädel» (BDM), hatte bereits Anfang Mai kurzerhand den «Badischen Verband für Fraueninteressen» sowie bezeichnenderweise die Ortsgruppe der Vereine «Frauenbildung–Frauenstudium» *«aufgrund des Rechts der Revolution»* aufgelöst. Sie forderte nun auch den BDF ultimativ auf, der «Deutschen Frauenfront» beizutreten, und diktierte die Bedingungen. Das Protokoll der Gesamtvorstandssitzung des BDF vom 15. Mai 1933, «Vertraulich!», hält hierzu fest:

*«Als Aufnahmebedingungen wurden genannt:*

*1. Bedingungslose Unterstellung unter den Führer der NSDAP.*

*2. Anerkennung der Aufgaben, die der nationalsozialistische Staat den Frauen stellt.*

*3. Entfernung nichtarischer Mitglieder aus den Vorständen.*

*4. Wahl der nationalsozialistischen Frauen in die prominenten Stellen.*

*Als Arbeitsmethode sei in Aussicht genommen: Zusammenkünfte eines sog. Frauenkapitels in regelmäßigen Zeitabständen zur Entgegennahme*

---

113  Auch zum folgenden: Helene-Lange-Archiv, Abtlg. 15, IV, Karton 7.
114  Blätter des Jüdischen Frauenbundes vom 10. Mai 1933.

*der Weisungen über Aufgaben und Arbeitsmethoden. Frl. Gottschewski betonte ausdrücklich, dass, da die NSDAP das parlamentarische System ablehne, eine Abweichung von den gegebenen Anweisungen nicht zulässig sein würde…»*

Auch die vorgesehene Beitrittserklärung des BDF war vorformuliert und lautete:

*«‹Als verantwortliche Leiterin des Bundes… erkläre ich für mich und den mir unterstellten Bund, daß ich mich dem Führer der Nationalsozialistischen Deutschen Arbeiterpartei, Adolf Hitler, bedingungslos unterstelle.›…*
*Unter diesen Umständen beschlossen die Vertreterinnen der im Bund angeschlossenen Verbände, den Bund Deutscher Frauenvereine mit sofortiger Wirkung aufzulösen. Der Beschluß wurde mit allen gegen eine Stimme… gefaßt.»*

Anscheinend ein alltäglicher bürokratischer Vorgang, dessen Bedeutung jedoch dadurch unterstrichen wird, daß in allen Zeitungen mehr oder weniger ausführlich Mitteilung über die «Liquidation der Frauenbewegung» gemacht wird; siehe gegenüberliegende Seite.

Vorsorglich hatte Zahn-Harnack die «Altershilfe» des Bundes, einen Selbsthilfefonds zur Unterstützung hilfebedürftiger Mitglieder, vor dem nationalsozialistischen Zugriff gerettet. Für die Abwicklung der Bundesangelegenheiten wurde noch für kurze Zeit ein Bürobetrieb aufrechterhalten. Unter dem Stapel von sehr persönlichen, sehr traurigen und nur wenigen opportunistischen Briefen, die noch eingingen, fällt ein Schreiben des «Jüdischen Frauenbundes» vom 18. Mai 1933 auf, unterzeichnet von Hannah Karminski. U. a. heißt es da:

*«Es bleibt uns Frauen, die wir so fest in der Frauenbewegung und allem, was damit verbunden ist, wurzeln, nur übrig, jeder an seiner Stelle unentwegt seine Pflicht zu tun… und auf einen Wandel im Zeitgeschehen und in der Gesinnung zu hoffen, der unseren Idealen wieder günstiger ist.»*

Hannah Karminski starb 1942 auf dem Transport in ein Konzentrationslager. In ihrem Schlußbericht über die Arbeit des «Bundes Deutscher Frauenvereine», der in der Zeitschrift «Die Frau» erschien, schrieb Agnes von Zahn-Harnack:

*«Wir glaubten in 25 Jahren zu erreichen, wozu Jahrhunderte gehören: eine Umdenkung der Kulturmenschheit, eine Umschaltung der männlichen Welt in eine Menschenwelt. Sieht man die Aufgabe so, so bedeutet ein*

# Liquidation der Frauenbewegung.

Die Führerin der neugebildeten Deutschen Frauenfront, Lydia Gottschewski, schreibt im „Zeitungsdienst" über die Arbeit der neuen Organisation: „Wie die nationale Revolution aufräumt mit den Trümmern des Liberalismus, so wird die Deutsche Frauenfront die alte Frauenbewegung liquidieren."

Es sei möglich, daß große Teile der deutschen Frauen weiterhin international und pazifistisch beeinflußt würden und volksfremde Frauen unter den geistigen Führerinnen wären. Der Kern der Deutschen Frauenfront sei selbstverständlich die NS-Frauenschaft, die beim Kampf um die nationale Revolution half. Nationalsozialistische Ideen müßten in das Leben der deutschen Frau hineingetragen werden; so solle zum Beispiel die soziale Tätigkeit der Frauen von Grund auf umgestaltet werden. Die liberale Wohlfahrtspflege mit ihrem allzu großen Apparat und die Almosenverteilung vom hohen Roß solle durch das große Mütter- und Jugendwerk der deutschen Frauen ersetzt werden, die der Rasse und der Zukunft dient.

Die Frauenfront sei aus der klaren Erkenntnis entstanden, daß alle Teilfronten heute sinnlos seien.

(Aus: Helene-Lange-Archiv)

*Rückschlag von 10, 20 oder selbst 50 Jahren überhaupt gar nichts. Augenblicklich ist ein Zeitalter der äußersten Männlichkeit heraufgezogen mit einer Hoch- und Überspannung aller spezifisch männlichen Eigenschaften und Kräfte und mit entsprechend starker Wirkung auf alle die weiblichen Wesen, die sich ihres Frauentums noch nicht voll bewußt geworden sind. Aber man braucht kein Prophet zu sein, um zu wissen, daß sich ein solcher Spannungszustand nach einem gewissen Zeitablauf wieder lösen muß… Was wir Frauen jetzt im äußeren verlieren – es ist sehr viel! – müssen wir im Inneren wieder gewinnen: In jede Tochter und in jeden Sohn, den wir erziehen, in jeden Berufs- und Lebenskreis, in den wir treten, müssen wir etwas hineinprägen von unserem Glauben ‹an jene unendliche Menschheit, die da war, ehe sie die Hülle der Weiblichkeit und der Männlichkeit annahm›…»*[115]

115 Agnes v. Zahn-Harnack, Schlußbericht (1933), abgedr. in: Informationen für die Frau 5/1988, S. 6.

## Lesetips

Barbara Greven-Aschoff: Die bürgerliche Frauenbewegung in Deutschland. 1894–1933, Göttingen 1981

Ute Frevert: Frauen-Geschichte. Zwischen Bürgerlicher Verbesserung und Neuer Weiblichkeit, Frankfurt 1986

Neue Frauen. Die Zwanziger Jahre, hg. v. K. v. Soden, M. Schmidt, Berlin 1988

Rita Thalmann: Frausein im Dritten Reich, München, Wien 1984

Mutterkreuz und Arbeitsbuch, hg. v. Frauengruppe Faschismusforschung, Frankfurt 1981

# Wie ging es weiter?
## Ein Nachwort

Die Geschichte der alten Frauenbewegung endet hier, nicht nur weil die Dachorganisation der bürgerlichen Frauenbewegung, der BDF, aufgelöst, *«das Haus»*, in dem sich die Beteiligten eingerichtet hatten, *«zerfallen»* war (G. Bäumer). Der Verlust von Rechtserrungenschaften, die Entfernung aller Frauen aus den wenigen höheren Positionen in Schule, Hochschule, Verwaltung und Justiz, die Einführung eines Numerus clausus für Studentinnen waren prinzipiell (z. B. in den Beamtengesetzen) vorbereitet und brauchten nun bloß vollzogen zu werden. Wie alle anderen Demokraten, Linken, PazifistInnen und GewerkschaftlerInnen waren nun erst recht Feministinnen gefährdet, die entschieden den engen Zusammenhang zwischen Frauenemanzipation und politischen Verhältnissen, zwischen privater und öffentlicher Unfreiheit, Patriarchat und Diktatur erkannt und bekämpft hatten.

Helene Stöcker zum Beispiel mußte unverzüglich das Land verlassen, Lida Gustava Heymann und Anita Augspurg kehrten im Frühjahr 1933 erst gar nicht von ihrer Auslandsreise nach Deutschland zurück. Auch Marie Juchacz emigrierte, die SPD-Abgeordnete Toni Pfülf und die Gewerkschaftlerin Gertrud Hanna nahmen sich das Leben.[1] KommunistInnen kamen in Gestapohaft und ins KZ, erst recht alle, die nun aufgrund der «Nürnberger Gesetze» zur jüdischen Rasse gezählt, verfolgt und später ermordet wurden.[2] Die Geschichte der EmigrantInnen wäre erst noch zu schreiben, aber auch die der Frauen aus der Frauenbewegung, die sich unauffällig arrangierten und die Zeitläufe überdauerten: etwa jener Vorsitzenden des Landfrauenverbandes aus dem Oldenburgischen, die gleich nach 1945 von der englischen Besatzungsmacht das Zeugnis politischer

---

1 Christl Wickert, Unsere Erwählten, Sozialdemokratische Frauen im Deutschen Reichstag und Preußischen Landtag, Bd. 1, Göttingen 1986, S. 236 f.
2 Vgl. Hanna Elling, Frauen im deutschen Widerstand 1933–1944, Frankfurt 1981; Opfer und Täterinnen, Frauenbiographien des Nationalsozialismus, hg. v. Angelika Ebbinghaus, Nördlingen 1987; Sigrid Jacobeit, Lieselotte Thoms-Heinrich, Kreuzweg Ravensbrück, Leipzig 1987.

Zuverlässigkeit erhielt und ihren Verband wie seit dem Ende der zwanziger Jahre ununterbrochen weiterführen konnte. Zuwenig noch wissen wir über die Frauen im Widerstand, und zwar auch in jenen alltäglichen, unauffälligen Formen, die als «Listen der Ohnmacht» nützlich waren, für die es aber – zum Glück – bisher keine Orden und Verdienstkreuze gibt.[3]

Doch halten wir fest: Es gibt auch nichts zu beschönigen bezüglich der politischen Einsichtsfähigkeit des weiblichen Geschlechts; zu kurz war offensichtlich die Gelegenheit zu demokratischen Übungen, zu selbstverständlich waren die jahrhundertealten Gewohnheiten, sich anzupassen und zu fügen, zu anfällig war die so disziplinierte Weiblichkeit für einen falschen, unmenschlichen Kult der Mütterlichkeit.

Hat sich demnach – so Virginia Woolf, den *«berühmtesten lebenden Romanschriftsteller Englands»* (H. G. Wells) zitierend – *«die gesamte sogenannte ‹Frauenbewegung› als Fehlschlag erwiesen»*, da sie *«trotz des Wahlrechts und der Macht die dieses Wahlrecht gebracht haben muß, ... der praktischen Auslöschung* (ihrer) *Freiheit durch die Faschisten oder Nazis nicht widerstanden»* hat? In dem Essay «Drei Guineen» aus dem Jahr 1938 hat V. Woolf beinahe alle Argumente des alten und neuen Feminismus vorgebracht, erwogen und bestätigt: Sie beharrte darauf, daß die materiellen Voraussetzungen – Kapital, Grundbesitz und Grundrechte, die gleichen Ausgaben und Chancen für Bildung, die gleichen Löhne für Frauen und die Bezahlung ihrer privaten Dienste – stimmen müssen, um überhaupt von Selbständigkeit, Autonomie, politischem Einfluß der Frauen reden zu können. Also nicht nur *«ein Zimmer für sich allein»*, sondern *«für jede von uns»* mindestens *«500* (Pfund) *im Jahr»*. Als Antwort auf die oben zitierte Frage machte die Dichterin nebenbei eine kleine Rechnung auf, die die Tatsachen und Schuldzuweisungen in ein Verhältnis setzt. Die englische Frauenwahlrechtsbewegung hatte sich in den fast 100 Jahren Kampf ums Wahlrecht 1919 insgesamt 42000 Pfund zusammengespart. Doch *«wieviel Frieden kann man mit 42000 Pfund*

---

3  Beispielsweise Lisa Fittko, Mein Weg über die Pyrenäen, München, Wien 1985, die 1940/41 Hitler-Gegner über einen alten Schmuggler-Pfad zur spanischen Grenze führte.

*im Jahr kaufen, zu einer Zeit, da dreihundert Millionen Pfund im Jahr
für Waffen ausgegeben werden».?*[4]

Die besondere Rolle und die Geschichte der Frau im Nationalsozialismus sind bereits gründlich behandelt.[5] Im Hinblick auf das
Ende der Frauenbewegung bleibt zu erwähnen, daß die NationalsozialistInnen der ersten Stunde, die aus der nationalsozialistischen
«Bewegung» gekommen waren und die Abrechnung mit dem Feminismus, der bürgerlichen Frauenbewegung theoretisch angeführt
hatten, z. B. Elsbeth Zander, Lydia Gottschewski, Sophie Rogge-
Börner oder Guida Diehl, sehr bald ergebeneren Frauenschaftsfüh-
rerinnen weichen mußten.[6] An der Spitze stand die blondzöpfige
achtfache Mutter Gertrud Scholtz-Klink, die die unbedingte Unterwerfung unter den Männerwillen und den Führer praktizierte. Wie
eine Verhöhnung der Geschichte der Frauenbewegung muß daher
die unverfrorene Inanspruchnahme ihres Erbes durch die Nationalsozialisten wirken: Auf einer Ausstellung zum Nürnberger Parteitag
1937 schmückte man sich mit den überdimensionalen Portraits
«deutscher Frauenführerinnen», u. a. Louise Ottos, Auguste
Schmidts, Helene Langes und Franziska Tiburtius. Darunter ein
Spruchband mit dem nicht gerade einfallsreichen Zitat der Reichs-
frauenführerin Scholtz-Klink: *«Wir achten jede echte Leistung, die in
früherer Zeit getan wurde, weil das dem Sinn des Nationalsozialismus
entspricht.»*

Die Frage stellt sich, warum die Pause in der Geschichte der deutschen Frauenbewegung sehr viel länger dauerte als die Zeit natio-
nalsozialistischer Herrschaft. Warum wurden die Errungenschaften
und Kämpfe der Frauen des zurückliegenden Jahrhunderts so
gründlich vergessen, als erst mehr als eine Generation später – erst
Ende der 1960er Jahre – die neue Frauenbewegung ohne Wissen

4  Virginia Woolf, Drei Guineen (1938!), München 1977, S. 61–63, sowie
   dies., Ein Zimmer für sich allein (1928), Frankfurt 1981, S. 129/130.
5  Z. B. Rita Thalmann, Frausein im Dritten Reich, München, Wien 1984,
   Jill Stephenson, The Nazi Organisation of Women, London 1981, Gisela
   Bock, Zwangssterilisation im Nationalsozialismus, Opladen 1986, sowie
   die gute Zusammenfassung bei Ute Frevert, Frauen-Geschichte,
   S. 200 ff., mit vielen Literaturhinweisen.
6  Claudia Koonz, Das «zweite» Geschlecht im «Dritten Reich», in: Feministische Studien 1986, Nr. 2, S. 14 ff.

um ihre Vorgängerinnen anscheinend ganz von neuem begann? Dieser Bruch und Geschichtsverlust der deutschen Frauenbewegung, ihre Trennung in Generationen ist auffällig, gerade auch im internationalen Vergleich.

Ein Teil der Antwort ist in der für die deutsche Geschichte «unbewältigten Vergangenheit» enthalten. Dazu gehörte, daß radikale, unbequeme Einsichten und Positionen verdrängt wurden, man nach 1945 von den Verfolgten und in den Gaskammern Umgekommenen ebensowenig wissen wollte wie von denen, die in der Emigration überlebt hatten und nur zögernd oder gar nicht nach Deutschland zurückkehrten. Gertrud Bäumers «Unfähigkeit zu trauern» ist gewiß nicht nur ihrer Alterssenilität zuzuschreiben, sondern eher typisch für einen politischen Habitus, der in der BRD sehr schnell reüssierte und auch heute, 50 Jahre nach Beginn des Zweiten Weltkrieges, aus der Geschichte nichts lernen will. Ihre 1946 veröffentlichte kleine Schrift «Der neue Weg der deutschen Frau» jedenfalls bleibt ein deprimierendes Zeitdokument. In ihrer Schilderung der «Kristallnacht» fällt kein Wort der Scham oder der Trauer. Und als Anweisung für die Bewältigung der Gegenwart ist da zu lesen:

*«Es lohnt sich wirklich nicht, den geistigen Kampf mit dem Nationalsozialismus noch einmal wieder aufzunehmen. Man soll nicht ausweichen, selbstverständlich, wo er noch einen Verteidiger findet, und ihr Bedürfnis nach Auseinandersetzung wird die Jugend schon selbst anmelden. Aber im übrigen: Guarda e passa!* (Ein Blick auf sie und weiter!)»[7]

Die «Internationale Frauenliga für Frieden und Freiheit», die gleich nach 1945 ihre Arbeit in zahlreichen Ortsgruppen wieder aufnahm, an ihrer Spitze Magda Hoppstock-Huth, versuchte die peinlichen Auftritte Bäumers durch öffentlichen Protest zu verhindern. Die IFFF ist übrigens eine der wenigen Organisationen der alten Frauenbewegung, die dank ihrer internationalen Anbindung und Solidarität die Zeit des Faschismus überdauert hat und bis heute besteht.[8] Doch in dem sich zuspitzenden «Kalten Krieg» zwischen

7 Gertrud Bäumer, Der neue Weg der deutschen Frau, Stuttgart 1946, S. 10 u. 43.
8 Vgl. Pax, 50 Jahre Internationale Frauenliga für Frieden und Freiheit, Hamburg 1969.

Ost und West fanden PazifistInnen – schon immer linksverdächtig – kein Gehör, ebensowenig wie die westdeutsche Friedens- und Antiatomkraftbewegung der fünfziger Jahre, die wesentlich von Frauen getragen wurde. Noch weniger hatte der zunächst von west- und ostdeutschen Frauen gemeinsam gegründete «Demokratische Frauenbund» (DFD) nach der Etablierung zweier deutscher Staaten eine politische Chance. Der DFD wurde 1957 nach dem KPD-Verbot in der Bundesrepublik als *«kommunistische Tarn-Organisation»* eingestuft und verboten.[9]

Einzelne aus der gemäßigten Richtung der bürgerlichen Frauenbewegung versuchten nach 1945 dort wieder anzuknüpfen, wo sie 1933 aufgehört hatten, so insbesondere Agnes von Zahn-Harnack, die gleich im Frühjahr 1945 den «Wilmersdorfer» später «Berliner Frauenbund e. V.» gründete und als integre und überzeugende Sachwalterin der deutschen Frauenorganisationen wieder internationale Verbindungen knüpfte. Nach ersten Zusammenkünften von Frauenorganisationen in den Besatzungszonen wurde 1949 der «Deutsche Frauenring» gebildet, der sich von nun an als Nachfolgeorganisation des «Staatsbürgerinnenverbandes» und damit auch des ehemaligen «Allgemeinen Deutschen Frauenvereins» (ADF) verstand.[10] 1949 gelang es den vier *«Müttern des Grundgesetzes»*, die Gleichberechtigung der Frau auch im privaten Recht im Grundgesetz zu verankern, doch schon gegen erheblichen Widerstand der männlichen Gesetzgeber und nur mit Hilfe eines unerwarteten außerparlamentarischen Protestes der Frauen in den Parteien, Gewerkschaften und Verbänden.[11] Dabei brachten die ParlamentarierInnen hier nur etwas zu Ende, was von der Frauenbewegung und den in ihrem Geist ausgebildeten Juristinnen bereits in den zwanziger Jahren juristisch ausdiskutiert und überfällig war: Gleichberechtigung auch in der Ehe, auch im ehelichen Güterrecht, Abschaffung der ehemännlichen Entscheidungsrechte nicht zuletzt im Hinblick auf die Kindererziehung usf. Doch ihre Einlösung sollte

9  Brot & Rosen, Geschichte und Perspektiven der demokratischen Frauenbewegung, hg. v. Florence Hervé, Frankfurt 1979, S. 155 ff.
10  Gabriele Strecker, Überleben ist nicht genug, Frauen 1945–1950, Freiburg 1981; Cordula Koepcke, Frauen zeigen Flagge, Opladen 1984.
11  Vgl. Marianne Feuersenger, Die garantierte Gleichberechtigung. Ein umstrittener Sieg, Freiburg 1980.

dauern, denn es zeigte sich, daß gerade die Rechte, die sich gegen bestehende Privilegien und Gewohnheiten richten, immer wieder erkämpft und verteidigt werden müssen.

Die wenigen privilegierten Töchter der Frauenrechtlerinnen aber meinten, es nun geschafft zu haben mit der individuellen Möglichkeit, «Zahnarzt oder Rechtsanwalt» zu werden. Auffällig ist, daß zum Beispiel der Anteil der Studentinnen am Beginn der fünfziger Jahre so niedrig war wie nach 1933, nämlich nur knapp über 16 Prozent betrug.[12] Die Mehrheit der Mitläuferinnen, in BDM und Arbeitsdienst groß geworden, um Jugend, Hoffnungen und Leben betrogen, gehörte zu jener *«skeptischen Generation»* (H. Schelsky), für die Politik, Frauenpolitik gar, ein *«garstig Lied»* war. Nach dem Tod der alten Führerinnen, einer Art Wachablösung um 1950, gab es daher für die nun in den Frauenverbänden aktiven Funktionärinnen angeblich *«keine ‹Frauenfrage› mehr, ... nur noch (einzelne) Frauenfragen»*[13], die, wie sie meinten, auf dem Wege gesetzlicher Reformen schrittweise zu lösen wären – ein, wie sich herausstellen sollte, gründlicher Irrtum.

Der große Rückschlag in der Frauenpolitik nach 1950 aber ist nicht allein den Frauen anzulasten, sondern ist durch erneute patriarchalische Übergriffe zu erklären. Denn die Frauen, die bis zur Erschöpfung im und nach dem Krieg das Überleben gesichert, die Trümmer nicht nur praktisch, sondern auch politisch beseitigen halfen und den Wiederaufbau zum Teil auf wichtigen Posten organisierten[14], wurden mit der Rückkehr der Männer aus Krieg und Gefangenschaft wiederum ins zweite Glied gedrängt. Zu erinnern ist an die Arbeit der sog. Frauenausschüsse und die Tatsache, daß es nach dem Krieg einen Frauenüberschuß von sieben Millionen Frauen gab.[15]

12 Vgl. Ulla Bock, Androgynie und Feminismus, Weinheim, Basel 1988, S. 195.
13 Gabriele Strecker, Frauensein heute, Weilheim 1965, S. 67.
14 Z. B. Dr. Rosemarie Ellscheid, Sozialdezernentin und langjährige Vorsitzende des «Deutschen Frauenrings» Köln, die in der Tradition und im Bewußtsein frauenrechtlerischer Notwendigkeiten für mich persönlich eine Brücke bildete, vgl. auch ihre Schrift: Der Stadtverband Kölner Frauenvereine, Köln 1983.
15 Vgl. hierzu «Das Schicksal Deutschlands liegt in der Hand seiner Frauen» – Frauen in der Deutschen Nachkriegsgeschichte, hg. v. A.-E.

Die Restaurationsphase der BRD war nicht nur ökonomisch und politisch reaktionär, auch im Geschlechterverhältnis brachen nun wieder «finstere Zeiten» an. Der Patriarchalismus des *«deutschen Vaters»* (René König), die Heim- und Herdideologie der fünfziger Jahre sitzen den heute Vierzig- bis Fünfzigjährigen noch tief in den Knochen, bildeten Grunderfahrungen für eine Empfindlichkeit oder «Betroffenheit», die die neue Frauenbewegung möglich und endlich notwendig machte. Das *«Problem* – zunächst noch – *ohne Namen»* (Betty Friedan) wurde von dieser Generation weltweit auf die politische Tagesordnung gesetzt.

Der Aufbruch gemeinsam mit der Studentenbewegung und den Bürgerrechtsbewegungen war deshalb von Bedeutung, weil damit die politischen Herrschaftsverhältnisse insgesamt in Frage gestellt wurden. Doch die Zuspitzung, die solche Herrschaftskritik in der Einbeziehung auch der privaten Beziehungen, der Geschlechterverhältnisse erhielt, war die Radikalisierung, die der neuen Frauenbewegung noch heute ihre Stoßkraft gibt. Selbstbestimmung gerade auch im Privaten, im weiblichen Lebenszusammenhang, in Fragen der Liebe und Sexualität (deshalb die Kampagne gegen den §218) und die Bewußtwerdung bisheriger Unterdrückung und Leiderfahrungen, ja die Organisation von Bewußtwerdungsprozessen in sog. Selbsterfahrungsgruppen standen am Anfang und haben einen kollektiven Lernprozeß eingeleitet. Selbstbestimmung und Selbsterfahrung wurden Kennzeichen und Methode des neuen Feminismus, keineswegs allgemeine Rechtsfragen oder Gleichberechtigungsprobleme oder gar die Anknüpfung an historische Kämpfe oder bisher Uneingelöstes – ganz im Gegenteil. Die neue Bewegung war bemüht um Abgrenzung von trügerischen Gleichberechtigungsparolen und von den Resten bürgerlicher Frauenpolitik, die sich als Frauenverbände im vorparlamentarischen Raum allzu genügsam etabliert hatten. Ausgehend von den Marxismusdebatten in der Studentenbewegung und ihren kulturrevolutionären Ansprü-

Freier, A. Kuhn, (= Frauen in der Geschichte V), Düsseldorf 1984, Renate Wiggershaus, Geschichte der Frauen und der Frauenbewegung, Wuppertal 1979; Frauenalltag und Frauenbewegung im 20. Jahrhundert: Bd. 4, Frauen in der Nachkriegszeit und im Wirtschaftswunder, hg. v. A. Kuhn, D. Schubert, Frankfurt 1980.

chen, lag anfangs allenfalls die historische Anknüpfung an die proletarische Frauenbewegung nahe, doch eigentlich mehr aus theoretischem Interesse an der «richtigen» Emanzipationstheorie. Erst als im Fortgang der Bewegung die historische Frauenforschung mit ihren Grabarbeiten begann und eine bisher verschüttete und von der Geschichtswissenschaft verschwiegene Frauengeschichte entdeckte, wurde auch die Geschichte der Frauenbewegung zu einer Quelle widerständigen Bewußtseins und politischer Identifikationsmöglichkeiten. Parallel zu den Phasen der neuen Frauenbewegung und ihren Themen und Debatten – über Lohn für Hausarbeit, die Mütterlichkeit oder Gewalt gegen Frauen –, wurden dann jeweils andere politische Richtungen rehabilitiert, doch in der gegenseitigen Abgrenzung manchmal das Ziel, die nur sogenannte allgemeine, weil Männergeschichte, zu revidieren, vernachlässigt.

Das «*Private auch als das Politische*» zu begreifen, dieses Leitmotiv des neuen Feminismus, aber macht nur Sinn, wenn das bisher sogenannte Private nicht im Individuellen verbleibt, wenn es gesellschaftlich Bedeutung gewinnt. Der Anspruch, im weitverzweigten Netz von Frauenprojekten eine Gegenkultur und Gegenöffentlichkeit zu bilden, kann nicht nur auf Selbsterfahrung und «Betroffenheit» vertrauen. Zur Teilhabe an Kultur und Politik und ihrer Veränderung, zu einem neuen Selbstbewußtsein gehören auch das Wissen und die kritische Auseinandersetzung mit der eigenen Geschichte.

# ANHANG

# Literaturverzeichnis

(Dieses Literaturverzeichnis enthält nur Monographien und nicht die in
den Anmerkungen zitierten Aufsätze.)

Arendt, Henriette: Menschen, die den Pfad verloren, Stuttgart (1907)
Dies.: Erlebnisse einer Polizeiassistentin, München 1910
Arnim, Bettina von: «Dies Buch gehört dem König», in: Werke und
    Briefe, Bd. 3, Frechen 1963
Aston, Louise: Meine Emancipation, Verweisung und Rechtfertigung,
    Brüssel 1846
Baader, Ottilie: Ein steiniger Weg (1921), Berlin, Bonn 1979
Bäumer, Gertrud: Geschichte der Gymnasialkurse für Frauen zu Berlin,
    Berlin 1906
Dies. u. a.: Frauenbewegung und Sexualethik: Beiträge zur modernen
    Ehekritik, Heilbronn 1909
Dies.: Der Krieg und die Frau, Stuttgart, Berlin 1914
Dies.: Heimatchronik während des Weltkrieges (= Quellenhefte zum
    Frauenleben in der Geschichte, Heft 22–24), Berlin 1930
Dies.: Lebensweg durch eine Zeitenwende, Tübingen 1932
Dies.: Der neue Weg der deutschen Frau, Stuttgart 1946
Bajohr, Stefan: Die Hälfte der Fabrik. Geschichte der Frauenarbeit in
    Deutschland 1914 bis 1945, Marburg 1979
Bauer, Karin: Clara Zetkin und die proletarische Frauenbewegung,
    Berlin 1978
Bebel, August: Die Frau und der Sozialismus (1879), 61. Aufl. Berlin
    1964
Bericht des Internationalen Frauenkongresses der Internationalen
    Frauenliga für Frieden und Freiheit, Zürich 12.–17. Mai 1919, Genf
    o. J.
(Adeline Berger:) Die zwanzigjährige Arbeiterinnenbewegung Berlins
    und ihr Ergebniß. Beleuchtet von einer Arbeiterin, Berlin 1889
Bernays, Marie: Die deutsche Frauenbewegung, Leipzig, Berlin 1920
Bieber-Böhm, Hanna: Vorschläge zur Bekämpfung der Prostitution,
    Berlin 1895
Bischoff, Theodor L. W. von: Das Studium und die Ausübung der Medi-
    zin durch Frauen, München 1872
Blochmann, Elisabeth: Das «Frauenzimmer» und die «Gelehrsam-
    keit». Eine Studie über die Anfänge des Mädchenschulwesens in
    Deutschland, Heidelberg 1966
Blos, Anna: Frauen der deutschen Revolution 1848. Zehn Lebensbilder,
    Dresden 1928

Bock, Gisela: Zwangssterilisation im Nationalsozialismus. Studien zur Rassenpolitik und Frauenpolitik, Opladen 1986

Bock, Ulla: Androgynie und Feminismus, Weinheim, Basel 1988

Boetcher Joeres, Ruth-Ellen: Die Anfänge der deutschen Frauenbewegung: Louise Otto-Peters, Frankfurt 1983

Braun, Lily: Die Bürgerpflicht der Frau, Berlin 1895

Dies.: Die Frauenfrage, ihre geschichtliche Entwicklung und wirtschaftliche Seite (1901), Berlin, Bonn 1979

Dies.: Memoiren einer Sozialistin, Kampfjahre, in: L. Braun, Gesammelte Werke, Bd. 3, Berlin (1923)

Bremer Frauen in der Weimarer Republik 1919–1933, hg. v. Staatsarchiv Bremen, Bremen 1987

Bremme, Gabriele: Die politische Rolle der Frau in Deutschland, Göttingen 1956

Brenneisen, Johannes: Das bürgerliche Gesetzbuch und die Frauen, Forst, Leipzig 1896

Brot & Rosen, Geschichte und Perspektiven der demokratischen Frauenbewegung, hg. v. F. Hervé, Frankfurt 1979

Büchner, Luise: Die Frauen und ihr Beruf, Frankfurt 1856

Bulling, Carl: Die deutsche Frau und das bürgerliche Gesetzbuch, Berlin 1896

Bussemer, Herrad-Ulrike: Frauenemanzipation und Bildungsbürgertum, Sozialgeschichte der Frauenbewegung in der Reichsgründungszeit, Weinheim 1985

Campe, Johann Heinrich: Väterlicher Rath für meine Tochter, Braunschweig 1789

Cauer, Eduard: Die höhere Mädchenschule und die Lehrerinnenfrage, Berlin 1878

Cauer, Minna: 25 Jahre Verein Frauenwohl Groß-Berlin, Berlin 1913

Craig, Gordon A.: Deutsche Geschichte 1866–1945. Vom Norddeutschen Bund bis zum Ende des Dritten Reiches, München 1980

Cyrus, Hannelore, Verena Steinecke: Ein Weib wie wir?! Auguste Kirchhoff, Bremen 1989

Davidis, Henriette: Die Hausfrau. Practische Anleitung zur selbständigen und sparsamen Führung des Haushalts, Essen 1861

Degen, Marie Louise: The History of the Women's Peace Party, New York 1939

Dertinger, Antje: Die bessere Hälfte kämpft um ihr Recht, Köln 1980

Deutsch, Regine: Die politische Tat der Frau. Aus der Nationalversammlung, Gotha 1920

Dies.: Parlamentarische Frauenarbeit I, Stuttgart 1924, II, Berlin 1928

Der deutsche Frauenkongreß 1912. Sämtliche Vorträge, hg. v. G. Bäumer, Berlin 1912

Das deutsche Recht und die deutschen Frauen. Kritische Beleuchtung des Entwurfes eines bürgerlichen Gesetzbuches für das deutsche Reich, hg. v. Rechtsschutzverein für Frauen in Dresden, Frankenberg 1895

Dischner, Gisela: Bettina von Arnim. Eine weibliche Sozialbiographie aus dem 19. Jahrhundert, Berlin 1977

Dittmar, Louise: Das Wesen der Ehe. Nebst einigen Aufsätzen über die soziale Reform der Frauen, Leipzig 1849

Dohm, Hedwig: Der Frauen Natur und Recht, Berlin 1876

Dies.: Schicksale einer Seele (Roman), Berlin 1899

Dies.: Die Antifeministen. Ein Buch der Verteidigung (1902), Frankfurt o. J.

Drewitz, Ingeborg: Bettine von Arnim. Romantik – Revolution – Utopie, München 1986

Einige deutsche Gesetzesparagraphen über die Stellung der Frau, hg. v. Allgemeinen deutschen Frauen-Verein, Leipzig 1876

Eldorado. Homosexuelle Frauen und Männer in Berlin 1850–1950. Geschichte, Alltag und Kultur, hg. v. Berlin Museum, Berlin 1984

Elling, Hanna: Frauen im deutschen Widerstand 1933–1945, Frankfurt 1978

Ellscheid, Rosemarie: Der Stadtverband Kölner Frauenvereine: ein Kapitel Frauenbewegung und Zeitgeschichte von 1900–1933, Köln 1983

Engels, Friedrich, Karl Marx: Die heilige Familie. Oder Kritik der kritischen Kritik (1845), in: MEW, Bd. 2

Engels, Friedrich: Der Ursprung der Familie, des Privateigenthums und des Staats (1884), in: MEW, Bd. 21

Evans, Richard J.: The Feminist Movement in Germany 1894–1933, London 1976

Ders.: Sozialdemokratie und Frauenemanzipation im deutschen Kaiserreich, Berlin, Bonn 1979

Das Familienleben der Gegenwart. 182 Familienmonographien, hg. v. A. Salomon, M. Baum, Bd. 1, Berlin 1930

Familienrecht; Petition und Begleitschrift betr. d. Familienrecht in dem Entwurf des neuen bürgerlichen Gesetzbuches für das Deutsche Reich (= Schriften des Bundes deutscher Frauenvereine, Heft 2), Leipzig (1899)

Fest, Joachim C.: Hitler. Eine Biographie, Frankfurt, Berlin, Wien 1973

Feuersenger, Marianne: Die garantierte Gleichberechtigung. Ein umstrittener Sieg der Frauen, Freiburg 1980

Fittko, Lisa: Mein Weg über die Pyrenäen, München, Wien 1985

Flexner, Eleanor: Hundert Jahre Kampf. Die Geschichte der Frauenrechtsbewegung in den Vereinigten Staaten, Frankfurt 1978

Fourier, Charles: Theorie der vier Bewegungen und der allgemeinen Bestimmungen, Frankfurt 1966

Frauenalltag und Frauenbewegung im 20. Jahrhundert: Bd. 4, Frauen in der Nachkriegszeit und im Wirtschaftswunder 1945–1960, hg. v. A. Kuhn, D. Schubert, (Katalog, Historisches Museum) Frankfurt 1980

Frauenbewegung und Frauenbildung, hg. v. E. Dauzenrath, Bad Heilbrunn 1964

Frauenemanzipation im deutschen Vormärz, hg. v. R. Möhrmann, Stuttgart 1978

Frauenemanzipation und Sozialdemokratie, hg. v. H. Niggemann, Frankfurt 1981

Die Frauenfrage in Deutschland. 1865–1915, hg. v. E. Frederiksen, Stuttgart 1981

Frauen gegen den Krieg, hg. v. G. Brinker-Gabler, Frankfurt 1980

Frauen riefen, aber man hörte sie nicht, hg. v. S. Hering, C. Wenzel, Kassel 1986

Frauen suchen ihre Geschichte, hg. v. Karin Hausen, München 1983

Frauen und Sexualmoral, hg. v. Marielouise Janssen-Jurreit, Frankfurt 1986

Frevert, Ute: Frauen-Geschichte. Zwischen Bürgerlicher Verbesserung und Neuer Weiblichkeit, Frankfurt 1986

Gerhard, Ute: Verhältnisse und Verhinderungen. Frauenarbeit, Familie und Rechte der Frauen im 19. Jahrhundert, Frankfurt 1978

Geyer, Anna: Die Frauenerwerbstätigkeit in Deutschland, Jena 1924

Goetzinger, Germaine: Für die Selbstverwirklichung der Frau: Louise Aston, Frankfurt 1983

Goldschmidt, Henriette: Ideen über weibliche Erziehung im Zusammenhang mit dem System Friedrich Fröbels, Leipzig 1882

Grebing, Helga: Geschichte der deutschen Arbeiterbewegung. Ein Überblick, München 1970

Greven-Aschoff, Barbara: Die bürgerliche Frauenbewegung in Deutschland. 1894–1933, Göttingen 1981

Grubitzsch, Helga, Loretta Lagpacan: «Freiheit für die Frauen – Freiheit für das Volk!» Sozialistische Frauen in Frankreich 1830–1848, Frankfurt 1980

Haasis, Helmut G.: Volksfest, sozialer Protest und Verschwörung. 150 Jahre Hambacher Fest, Heidelberg 1981

Hacker, Hanna: Frauen und Freundinnen. Studien zur «weiblichen Homosexualität», Weinheim, Basel 1987

Handbuch der Frauenbewegung, hg. v. H. Lange, G. Bäumer, 5 Bände, Berlin 1901 ff.

Hauff, Lilly: Die deutschen Arbeiterinnen-Organisationen, Halle 1912

Henkel, Martin, Rolf Taubert: Das Weib im Conflict mit den socialen Verhältnissen. Mathilde Franziska Anneke und die erste deutsche Frauenzeitung, Bochum 1976

Hetmann, Frederik: Rosa L. Die Geschichte der Rosa Luxemburg und ihrer Zeit, Frankfurt 1979

Heymann, Lida Gustava, Anita Augspurg: Erlebtes – Erschautes. Deutsche Frauen kämpfen für Freiheit, Recht und Frieden 1850–1940, hg. v. M. Twellmann, Meisenheim 1977

Hirsch, Jenny: Geschichte der fünfundzwanzigjährigen Wirksamkeit des Lette-Vereins, Berlin 1891

Hof-Atelier Elvira 1887–1928. Ästheten, Emanzen, Aristokraten, hg. v. R. Herz, B. Bruns, München 1985

Hofmann-Göttig, Jochen: Emanzipation mit dem Stimmzettel. 70 Jahre Frauenwahlrecht in Deutschland, Bonn 1986

Huber, Ernst Rudolf: Deutsche Verfassungsgeschichte seit 1789, Bd. 4, Stuttgart, Berlin, Köln, Mainz 1982

Ichenhäuser, Eliza: Die Dienstbotenfrage und ihre Reform, Berlin 1900

Ihrer, Emma: Die Arbeiterinnen im Klassenkampf, Hamburg 1898

Der Internationale Frauen-Kongreß in Berlin 1904, hg. v. M. Stritt, Berlin 1905

Internationaler Frauenkongreß, Bericht – Rapport – Report, Amsterdam 1915

Der Internationale Kongress für Frauenwerke und Frauenbestrebungen in Berlin 19.–26. September 1896, hg. v. R. Schoenflies u. a., Berlin 1897

Jacobeit, Sigrid, Lieselotte Thoms-Heinrich: Kreuzweg Ravensbrück. Lebensbilder antifaschistischer Widerstandskämpferinnen, Leipzig 1987

Janssen-Jurreit, Marielouise: Sexismus. Über die Abtreibung der Frauenfrage, München, Wien 1979

Jochimsen, Luc: Paragraph 218. Dokumentation eines 100jährigen Elends, Hamburg 1971

Juchacz, Marie: Sie lebten für eine bessere Welt. Lebensbilder führender Frauen des 19. und 20. Jahrhunderts, Hannover 1971

Kaiser, Jochen Christoph: Frauen in der Kirche, Düsseldorf 1985

Kaplan, Marion A.: Die jüdische Frauenbewegung in Deutschland. Organisationen und Ziele des Jüdischen Frauenbundes 1904–1938, Hamburg 1981

Kaufmann, Doris: Frauen zwischen Aufbruch und Reaktion. Protestantische Frauenbewegung in der ersten Hälfte des 20. Jahrhunderts, München 1988

Kempf, Rosa: Die deutsche Frau nach der Volks-, Berufs- und Betriebszählung von 1925, Mannheim, Berlin, Leipzig 1931

Kempin, Emilie: Die Stellung der Frau nach den zur Zeit in Deutschland gültigen Gesetzesbestimmungen, sowie nach dem Entwurf eines Gesetzbuches für das deutsche Reich, hg. v. Allgemeinen deutschen Frauenverein, Leipzig 1892

Keun, Irmgard: Gilgi – eine von uns (Roman), Bergisch-Gladbach 1931

Key, Ellen: Über Liebe und Ehe, Berlin 1905

Kirchhoff, Auguste: Zur Entwicklung der Frauenstimmrechtsbewegung, Bremen 1916

Knigge, Adolf von: Über den Umgang mit Menschen, Hannover 1788

Kocka, Jürgen: Klassengesellschaft im Krieg, Göttingen 1978

Koepcke, Cordula: Frauen zeigen Flagge, hg. v. Deutschen Frauenring, Opladen 1984

Kontos, Silvia: Die Partei kämpft wie ein Mann. Frauenpolitik der KPD in der Weimarer Republik, Frankfurt 1979

Koonz, Claudia: Mothers in the Fatherland, London 1987

Kracauer, Siegfried: Das Ornament der Masse, Frankfurt 1977

Kuczynski, Jürgen: Die Geschichte der Lage der Arbeiter unter dem Kapitalismus, Bd. 18: Frauenarbeit, Berlin 1963

Die Kultur der Frau, hg. v. Ada Schmidt-Beil, Berlin 1931

Lange, Helene: Die Frauenbewegung und ihre modernen Probleme, Berlin 1908 (Nachdruck Münster 1980)

Dies.: Lebenserinnerungen, Berlin 1925

Dies.: Kampfzeiten. Aufsätze und Reden aus vier Jahrzehnten, 2 Bände, Berlin 1928

Langewiesche, Dieter: Liberalismus in Deutschland, Frankfurt 1988

Ledermann, Frieda: Zur Geschichte der Frauenstimmrechtsbewegung, Berlin 1918

Lewald, Fanny: Osterbriefe für die Frauen, Berlin 1863

Dies.: 14 Briefe. Für und wider die Frauen, Berlin 1870

Lion, Hilde: Zur Soziologie der Frauenbewegung. Die sozialistische und die katholische Frauenbewegung, Berlin 1926

Lischnewska, Maria: Die deutsche Frauenstimmrechtsbewegung zwischen Krieg und Frieden, Berlin 1915

Loewenherz, Johanna: Prostitution oder Production, Eigentum oder Ehe? Studie zur Frauenbewegung, Neuwied (1895)

Losseff-Tillmanns, Gisela: Frauenemanzipation und Gewerkschaften (1800–1975), Wuppertal 1978

Lüders, Else: Der «linke Flügel». Ein Blatt aus der Geschichte der deutschen Frauenbewegung, Berlin 1904

Dies.: Minna Cauer, Leben und Werk. Dargestellt an Hand ihrer Tagebücher und nachgelassenen Schriften, Gotha 1925

Lüders, Marie-Elisabeth: Das unbekannte Heer. Frauen kämpfen für Deutschland 1914–1918, Berlin 1936

Dies.: Fürchte Dich nicht, Köln, Opladen 1963

Luxemburg, Rosa: Gesammelte Werke, Bd. 4, Berlin 1983

Lyschinska, Maria L.: Henriette Schrader-Breymann. Ihr Leben aus Briefen und Tagebüchern, 2 Bände, Berlin 1922

Marholm, Laura: Das Buch der Frauen, Paris, Leipzig 1895

Mayreder, Rosa: Zur Kritik der Weiblichkeit. Essays, München 1982

Mill, John Stuart: Die Hörigkeit der Frau (1869), hg. v. H. Schröder, Frankfurt 1976

Möhrmann, Renate: Die andere Frau. Emanzipationsansätze deutscher Schriftstellerinnen im Vorfeld der Achtundvierziger Revolution, Stuttgart 1977

Moltmann-Wendel, Elisabeth: Frauenbefreiung, München, Mainz 1978

Dies.: Frau und Religion. Gotteserfahrungen im Patriarchat, Frankfurt 1983

Morgenstern, Lina: Die Frauen des 19. Jahrhunderts. Biographische und culturhistorische Zeit- und Charactergemälde, 3 Bände, Berlin 1888 ff.

Mutterkreuz und Arbeitsbuch, hg. v. Frauengruppe Faschismusforschung, Frankfurt 1981

Das nächste Jahrhundert wird uns gehören. Frauen und Utopie 1830 bis 1840, hg. v. C. v. Alemann, D. Jallamion, B. Schäfer, Frankfurt 1981

Neue Frauen. Die Zwanziger Jahre, hg. v. K. v. Soden, M. Schmidt, Berlin 1988

Nienhaus, Ursula: Berufsstand weiblich. Die ersten weiblichen Angestellten, Berlin 1982

Niggemann, Heinz: Emanzipation zwischen Sozialismus und Feminismus. Die sozialdemokratische Frauenbewegung im Kaiserreich, Wuppertal 1981

Nipperdey, Thomas: Deutsche Geschichte, 1800–1866. Bürgerwelt und starker Staat, München 1983

Opfer und Täterinnen. Frauenbiographien des Nationalsozialismus, hg. v. A. Ebbinghaus, Nordlingen 1987

Otto, Louise: Lieder eines deutschen Mädchens, Leipzig 1847

Dies.: Das Recht der Frauen auf Erwerb, Hamburg 1866

Dies.: Frauenleben im deutschen Reich. Erinnerungen aus der Vergangenheit mit Hinweis auf Gegenwart und Zukunft, Leipzig 1876

Otto-Peters, Louise: Das erste Vierteljahrhundert des Allgemeinen deutschen Frauenvereins gegründet am 18. Oktober 1865 in Leipzig. Auf Grund der Protokolle mitgeteilt, Leipzig 1890

Otto, Rose: Über Fabrikarbeit verheirateter Frauen, Stuttgart, Berlin 1910

Patacky, Sophie: Lexikon deutscher Frauen der Feder, Berlin 1898

Peters, Dietlinde: Mütterlichkeit im Kaiserreich. Die deutsche Frauenbewegung und der soziale Beruf der Frau, Bielefeld 1984

Petitionen des Bundes für Mutterschutz 1905–1916, hg. im Auftrag des Bundes für Mutterschutz Berlin v. H. Stöcker, Berlin 1916

Peyser, Dora: Alice Salomon: die Begründerin des sozialen Frauenberufs in Deutschland; ihr Leben und ihr Werk, Köln, Berlin 1958

Plothow, Anna: Die Begründerinnen der deutschen Frauenbewegung, Leipzig 1907

Proelss, Sera, Marie Raschke: Die Frau im neuen bürgerlichen Gesetzbuch, Berlin 1895

Die Radikalen in der alten Frauenbewegung, hg. v. U. Gerhard, H. Schlüpmann (= Feministische Studien Nr. 1, 1984)

«Dem Reich der Freiheit werb' ich Bürgerinnen». Die Frauen-Zeitung von Louise Otto, hg. v. U. Gerhard, E. Hannover-Drück, R. Schmitter, Frankfurt 1979

Reicke, Ilse: Die großen Frauen der Weimarer Republik, Freiburg 1984

Remme, Irmgard: Die internationalen Beziehungen der deutschen Frauenbewegung vom Ausgang des 19. Jahrhunderts bis 1933, Phil. Diss. Berlin 1955

Richarz-Simons, Ingeborg: Helene Stöcker. Sexualreformerin und Pazifistin, München 1969

Richebächer, Sabine: Uns fehlt nur eine Kleinigkeit. Deutsche proletarische Frauenbewegung 1890–1914, Frankfurt 1982

Riemann, Ilka: Soziale Arbeit als Hausarbeit. Von der Suppendame zur Sozialpädagogin, Frankfurt 1985

Rosa Luxemburg, hg. v. K. v. Soden, Berlin 1988

Rosenberg, Arthur: Entstehung und Geschichte der Weimarer Republik, Frankfurt 1978

Rousseau, Jean-Jacques: Emile oder über die Erziehung, Stuttgart 1963

Rühle-Gerstel, Alice: Das Frauenproblem der Gegenwart, Leipzig 1932

Rürup, Reinhard: Deutschland im 19. Jahrhundert, 1815–1871, in: Deutsche Geschichte, hg. v. R. Rürup, H.-U. Wehler, G. Schulz, Bd. 3, Göttingen 1985, S. 3 ff.

Sachße, Christoph: Mütterlichkeit als Beruf. Sozialarbeit, Sozialreform und Frauenbewegung 1871–1929, Frankfurt 1986

Salomon, Alice: Charakter ist Schicksal. Lebenserinnerungen, Weinheim, Basel 1983

«Das Schicksal Deutschlands liegt in der Hand seiner Frauen» – Frauen in der deutschen Nachkriegsgeschichte, hg. v. A.-E. Freier, A. Kuhn (= Frauen in der Geschichte V), Düsseldorf 1984

Schimpfende Weiber und patriotische Jungfrauen. Frauen im Vormärz und in der Revolution von 1848/49, hg. v. C. Lipp, Moos, Baden-Baden 1986

Schlüter, Anne: Quellen und Dokumente zur Geschichte der gewerblichen Berufsbildung von Mädchen, Köln, Wien 1987

Schmidt-Waldherr, Hiltraud: Emanzipation durch Professionalisierung?, Frankfurt 1987

Schmoller, Gustav: Zur Geschichte der deutschen Kleingewerbe im 19. Jahrhundert, Halle 1870

Schneider, Lothar: Der Arbeiterhaushalt im 18. und 19. Jahrhundert. Dargestellt am Beispiel des Heim- und Fabrikarbeiters, Berlin 1967

Schulte, Regina: Sperrbezirke. Tugendhaftigkeit und Prostitution in der bürgerlichen Welt, Frankfurt 1979

Schwestern, zerreißt eure Ketten. Zeugnisse zur Geschichte der Frauen in der Revolution von 1848/49, hg. v. G. Hummel-Haasis, München 1982

Sheehan, James J.: Der deutsche Liberalismus, München 1983

Siber von Groote, Paula: Die Frauenfrage und ihre Lösung durch den Nationalsozialismus, Berlin 1933

Soden, Kristine von: Die Sexualberatungsstellen der Weimarer Republik, Berlin 1988

Die Staatsbürgerin. Offenbach a. M. 1886. Originalgetreuer Nachdruck der ersten Arbeiterinnenzeitschrift Deutschlands, hg. v. H. Gebhardt, U. Wischermann, München u. a. 1988

Statistik der Frauenorganisationen im Deutschen Reich, bearbeitet im Kaiserlich Statistischen Amte, Abt. f. Arbeiterstatistik, Berlin 1909

Stein, Lorenz von: Die Frau auf dem Gebiete der Nationalökonomie, 5. Aufl. Stuttgart 1876

Stephenson, Jill: The Nazi Organizations of Women, New York 1980

Stöcker, Helene: Die Liebe und die Frauen, Minden 1906

Strecker, Gabriele: Überleben ist nicht genug. Frauen 1945–1950, Freiburg 1981

Dies.: Frausein – heute, Weilheim 1965

Stritt, Marie, Ika Freudenberg: Der Bund deutscher Frauenvereine. Eine Darlegung seiner Aufgaben und Ziele (= Schriften des BDF, Heft 5), Frankenberg 1900

Stürmer, Michael: Das kaiserliche Deutschland, Politik und Gesellschaft 1870–1918, Düsseldorf 1984

Suhr, Susanne: Die weiblichen Angestellten. Arbeits- und Lebensverhältnisse. Eine Umfrage des Zentralverbandes der Angestellten, Berlin 1930

Sybel, Heinrich von: Über die Emanzipation der Frauen, Bonn 1870

Thalmann, Rita: Frausein im Dritten Reich, München, Wien 1984

Thönnessen, Werner: Frauenemanzipation. Politik und Literatur der deutschen Sozialdemokratie zur Frauenbewegung 1863–1933, Frankfurt 1969

Tiburtius, Franziska: Erinnerungen einer Achtzigjährigen, Berlin 1929

Tornieporth, Gerda: Studien zur Frauenbildung, Weinheim, Basel 1979

Treitschke, Heinrich von: Politik. Vorlesungen gehalten an der Universität zu Berlin, Leipzig 1897

Tristan, Flora: L'Union Ouvrière, Paris 1967

Dies.: Arbeiterunion. Sozialismus und Feminismus im 19. Jahrhundert, hg. v. P. B. Kleiser, Frankfurt 1988

Twellmann, Margrit: Die deutsche Frauenbewegung. Ihre Anfänge und erste Entwicklung. 1843–1889, 2 Bände, Meisenheim 1972

Ulich-Beil, Else: Ich ging meinen Weg. Lebenserinnerungen, Berlin 1961

Valentin, Veit: Geschichte der deutschen Revolution 1848–49, 2 Bände, Köln 1977

Varnhagen, Rahel: Gesammelte Werke, München 1983

Völkerversöhnende Frauenarbeit während des Weltkrieges, Juli 1914–Nov. 1918 (I), hg. v. der Internationalen Frauenliga für Frieden und Freiheit, Deutscher Zweig, München 1920

Völkerversöhnende Frauenarbeit (II), hg. v. der Internationalen Frauenliga für Frieden und Freiheit, Deutscher Zweig, Stuttgart 1921

Vossler, Otto: Die Revolution von 1848 in Deutschland, Frankfurt 1978

Waescher, Johanna: Wegbereiter der deutschen Frau. 18 Lebensbilder aus der Frühzeit der deutschen Frauenbewegung, Kassel 1931

Wagner, Maria: Mathilde Franziska Anneke in Selbstzeugnissen und Dokumenten, Frankfurt 1980

Weber, Marianne: Ehefrau und Mutter in der Rechtsentwicklung. Eine Einführung (1907), Aalen 1971

Wehler, Hans-Ulrich: Das Deutsche Kaiserreich 1871–1918, 5. Aufl. Göttingen 1983

Weil, Julius: Die Frauen im Recht. Juristische Unterhaltungen am Damentisch, Berlin 1872

Weiland, Daniela: Geschichte der Frauenemanzipation in Deutschland. Biographien, Programme, Organisationen, Düsseldorf 1983

When Biology became Destiny. Women in Weimar and Nazi Germany, hg. v. R. Bridenthal, A. Grossmann, M. Kaplan, New York 1984

Wickert, Christl: Unsere Erwählten. Sozialdemokratische Frauen im deutschen Reichstag und im preußischen Landtag 1919–1933, Bd. 1, Göttingen 1986

Wierling, Dorothee: Mädchen für alles. Arbeitsalltag und Lebensgeschichte städtischer Dienstmädchen um die Jahrhundertwende, Berlin, Bonn 1987

Wiggershaus, Renate: Geschichte der Frauen und der Frauenbewegung, Wuppertal 1979

«Wissen heißt Leben...» Beiträge zur Bildungsgeschichte von Frauen im 18. und 19. Jahrhundert, hg. v. I. Brehmer, J. Jacobi-Dittrich, E. Kleinau, A. Kuhn (= Frauen in der Geschichte IV), Düsseldorf 1983

Woolf, Virginia: Drei Guineen (1938), München 1977

Dies.: Ein Zimmer für sich allein, Frankfurt 1981

Wurms, Renate: Wir wollen Freiheit, Frieden, Recht. Der Internationale Frauentag. Zur Geschichte des 8. März, Frankfurt 1983

Zahn-Harnack, Agnes von: Der Krieg und die Frauen, Berlin 1915

Dies.: Wandlungen des Frauenlebens vom 18. Jahrhundert bis zur Gegenwart, Berlin, Hannover, Frankfurt 1951

Dies.: Die Frauenbewegung. Geschichte, Probleme, Ziele, Berlin 1928

Zeppler, Wally: Sozialismus und Frauenfrage, Berlin 1919

Zetkin, Clara: Lenin ruft die werktätigen Frauen, Berlin 1926

Dies.: Ausgewählte Reden und Schriften, 3 Bände, hg. v. Institut f. Marxismus und Leninismus beim ZK der SED, Berlin 1957 ff.

Dies.: Zur Geschichte der proletarischen Frauenbewegung Deutschlands (1928), Frankfurt 1971

Zinnecker, Jürgen: Sozialgeschichte der Mädchenbildung. Zur Kritik der Schulerziehung von Mädchen im bürgerlichen Patriarchalismus, Weinheim, Basel 1973

# Zeitschriftenverzeichnis

Der Abolitionist, hg. v. K. Scheven (später A. Pappritz), Dresden (später Berlin) 1902 ff.

Centralblatt des Bundes deutscher Frauenvereine, hg. v. J. Schwerin (später M. Stritt), Leipzig, Berlin 1899/1900 ff.

Die Frau, hg. v. H. Lange (später zus. m. G. Bäumer), Berlin 1893/94 ff.

Der Frauen-Anwalt, hg. v. J. Hirsch, Berlin 1870 ff.

Die Frauenbewegung, hg. v. M. Cauer, Berlin 1895 ff.

Die Frau im Staat, hg. v. A. Augspurg, L. G. Heymann, München (später Stuttgart; Frankfurt) 1919 ff.

Die Gleichheit, hg. v. E. Ihrer (später C. Zetkin; M. Juchacz), Stuttgart 1892 ff.

Jahrbuch der Frauenbewegung, hg. im Auftrag des Bundes deutscher Frauenvereine (später Jahrbuch des Bundes deutscher Frauenvereine), hg. v. E. Altmann-Gottheiner, Leipzig, Berlin 1912 ff.

Mutterschutz, hg. v. H. Stöcker, Frankfurt 1905 ff. (Forts. u. d. Titel: Die neue Generation)

Die neuen Bahnen, hg. v. L. Otto-Peters, A. Schmidt (später E. Krukenberg; G. Bäumer; E. Altmann-Gottheiner), Leipzig 1866 ff.

Die neue Generation, hg. v. H. Stöcker, Berlin 1908 ff. (Anf. u. d. Titel: Mutterschutz)

Parlamentarische Angelegenheiten und Gesetzgebung, hg. v. A. Augspurg, Berlin 1899 ff. (= Beilage zu: Die Frauenbewegung)

# Abbildungsnachweis

S. 33 Kathinka Zitz: Stadtarchiv Mainz, Nachlaß Zitz

S. 33 Mathilde Franziska Anneke: Illustrirte Zeitung, Leipzig Nr. 324, 1849, S. 168

S. 34 Louise Aston: Illustrirte Zeitung, Leipzig Nr. 253, 1848, S. 310

S. 47 Weberaufstand von Käthe Kollwitz: Käthe Kollwitz, Blaue Bücher, Königstein 1975, S. 16

S. 55 Barrikadenbau: Schwestern zerreißt eure Ketten, hg. v. G. Hummel-Haasis, München 1982, S. 328

S. 58 Emma Herwegh: Anna Blos, Frauen der deutschen Revolution 1848, Dresden 1928, S. 60

S. 78 Auguste Schmidt; Louise Otto: Die Gartenlaube Nr. 49, 1871, S. 817

S. 95 Berliner Volksküche: Illustrirte Zeitung, Leipzig Nr. 1317, 1868, S. 212

S. 105 Hedwig Dohm: Anna Plothow, Die Begründerinnen der deutschen Frauenbewegung, Leipzig 1907, S. 138

S. 110 Inneres einer Handwirkerstube: Die Gartenlaube Nr. 34, 1894, S. 573

S. 120 Pauline Staegemann: Marie Juchacz, Sie lebten für eine bessere Welt, Hannover 1971, S. 29

S. 132 Getrud Guillaume-Schack: Anna Plothow, Begründerinnen (vgl. Dohm), S. 166

S. 146 Helene Lange: Anna Plothow, Begründerinnen (vgl. Dohm), S. 208

S. 158–59 Drei Studentinnen: Ingeborg Weber-Kellermann, Frauenleben im 19. Jahrhundert, München 1983, S. 144

S. 161 Franziska Tiburtius: Franziska Tiburtius, Erinnerungen einer Achtzigjährigen, Berlin 1929, S. 80

S. 177 Marie Stritt, Anna Plothow, Begründerinnen (vgl. Dohm), S. 224

S. 187 Clara Zetkin: Illustrirte Zeitung, Leipzig Nr. 3092, 1902, S. 502

S. 193 Ottilie Baader: (vgl. Zetkin)

S. 198 Lily Braun: Julie Vogelstein, Lily Braun, Berlin 1922; Umschlaginnenseite

S. 208–09 Internationaler Frauenkongreß 1904: Archiv Ute Gerhard

S. 211 Internationaler Frauenkongreß 1904; Empfang: Berliner Illustrirte Zeitung 1904

S. 217 Minna Cauer: Nachlaß Cauer

S. 220–21 Die Radikalen; Anita Augspurg u. a.: Archiv Ute Gerhard

S. 226 Anita Augspurg: Süddeutscher Verlag Bilderdienst, München

S. 237 Jeanette Schwerin: Anna Plothow, Begründerinnen (vgl. Dohm), S. 192

# Personenregister

(Eine hervorgehobene Seitenzahl verweist darauf, daß an dieser Stelle biographische Angaben zur Person gemacht werden.)

rororo
SACHBUCH

C 2182/6

**neue frau**

Eine
Auswahl

C 912/1

neue frau

ro ro
ro ro

C 912/1 a

**neue frau**

Eine
Auswahl

C 912/1 b

C 912/1 c